D1748870

Langzeitarchivierung von Forschungsdaten

Eine Bestandsaufnahme

Heike Neuroth, Stefan Strathmann, Achim Oßwald,
Regine Scheffel, Jens Klump, Jens Ludwig [Hrsg.]

Langzeitarchivierung von Forschungsdaten

Eine Bestandsaufnahme

GEFÖRDERT VOM

Förderkennzeichen: 01 DL 001 B

Langzeitarchivierung von Forschungsdaten. Eine Bestandsaufnahme
hg. v. Heike Neuroth, Stefan Strathmann, Achim Oßwald, Regine Scheffel, Jens Klump,
Jens Ludwig
im Rahmen des Kooperationsverbundes nestor – Kompetenznetzwerk Langzeitarchivierung
und Langzeitverfügbarkeit digitaler Ressourcen für Deutschland
nestor – Network of Expertise in Long-Term Storage of Digital Resources
http://www.langzeitarchivierung.de/

Kontakt: editors@langzeitarchivierung.de
c/o Niedersächsische Staats- und Universitätsbibliothek Göttingen,
Dr. Heike Neuroth, Forschung und Entwicklung, Papendiek 14, 37073 Göttingen

Die Herausgeber danken Anke Herr (Lektorat) und Sonja Neweling (Redaktion) sowie Martina
Kerzel und Lajos Herpay (Gestaltung und Montage) für ihre unverzichtbare Unterstützung bei
der Fertigstellung des Handbuchs.

Bibliografische Information der Deutschen Nationalbibliothek
Die Deutsche Nationalbibliothek verzeichnet diese Publikation in der Deutschen
Nationalbibliografie; detaillierte bibliografische Daten sind im Internet unter
http://www.d-nb.de/ abrufbar.

Die Inhalte des Buches stehen auch als Onlineversion
(http://nestor.sub.uni-goettingen.de/bestandsaufnahme/)
sowie über den Göttinger Universitätskatalog
(http://www.sub.uni-goettingen.de) zur Verfügung.

Die digitale Version dieses Werkes steht unter einer Creative Commons Namensnennung-
Nicht-kommerziell-Weitergabe unter gleichen Bedingungen 3.0 Unported Lizenz.

Einfache Nutzungsrechte liegen beim Verlag Werner Hülsbusch, Boizenburg.
© Verlag Werner Hülsbusch, Boizenburg, 2012
http://www.vwh-verlag.de
In Kooperation mit dem Universitätsverlag Göttingen.

Markenerklärung: Die in diesem Werk wiedergegebenen Gebrauchsnamen, Handelsnamen,
Warenzeichen usw. können auch ohne besondere Kennzeichnung geschützte Marken sein und
als solche den gesetzlichen Bestimmungen unterliegen.

Druck und Bindung: Kunsthaus Schwanheide
Printed in Germany – Als Typoskript gedruckt –

ISBN: 978-3-86488-008-7

Inhaltsverzeichnis

Vorwort   9
Matthias Kleiner

1 Langzeitarchivierung von Forschungsdaten
  Einführende Überlegungen   13
  Achim Oßwald, Regine Scheffel, Heike Neuroth

2 Stand der Diskussion und Aktivitäten   23
  2.1 National   23
       Stefan Winkler-Nees
  2.2 International   41
       Stefan Strathmann

3 Vorgehensweise   51
  Heike Neuroth
  3.1 Untersuchungsgegenstand   51
  3.2 Aufbau des Sammelwerkes   52
  3.3 Leitfragen für die exemplarische Kartierung
       der jeweiligen Fachdisziplin   53

4 Sozialwissenschaften   61
  Markus Quandt, Reiner Mauer
  4.1 Einführung in den Forschungsbereich   61
  4.2 Kooperative Strukturen   62
  4.3 Daten und Metadaten   66
  4.4 Interne Organisation   76
  4.5 Perspektiven und Visionen   78

5 Psycholinguistik   83
  Peter Wittenburg, Sebastian Drude, Daan Broeder
  5.1 Einführung in den Forschungsbereich   83
  5.2 Kooperative Strukturen   85
  5.3 Daten und Metadaten   90

	5.4 Interne Organisation	97
	5.5 Perspektiven und Visionen	102
6	**Pädagogik und Erziehungswissenschaft**	**111**
	Doris Bambey, Anke Reinhold, Marc Rittberger	
	6.1 Einführung in den Forschungsbereich	111
	6.2 Kooperative Strukturen	113
	6.3 Daten und Metadaten	118
	6.4 Interne Organisation	132
	6.5 Perspektiven und Visionen	133
7	**Geisteswissenschaften**	**137**
	Wolfgang Pempe	
	7.1 Einführung in den Forschungsbereich	137
	7.2 Kooperative Strukturen	140
	7.3 Daten und Metadaten	142
	7.4 Interne Organisation	153
	7.5 Perspektiven und Visionen	156
8	**Altertumswissenschaften**	**161**
	Ortwin Dally, Friederike Fless, Reinhard Förtsch	
	8.1 Einführung in den Forschungsbereich	161
	8.2 Kooperative Strukturen	163
	8.3 Daten und Metadaten	164
	8.4 Datenhaltung und Langzeitarchivierung	166
	8.5 Interoperabilität	168
	8.6 Pre-processing und Analyse	175
	8.7 Interne Organisation: Perspektiven und Visionen	176
9	**Geowissenschaften**	**179**
	Jens Klump	
	9.1 Einführung in den Forschungsbereich	179
	9.2 Kooperative Strukturen	181
	9.3 Daten und Metadaten	184
	9.4 Interne Organisation	191
	9.5 Perspektiven und Visionen	192

Inhaltsverzeichnis

10 Klimaforschung — **195**
Bernadette Fritzsch
10.1 Einführung in den Forschungsbereich — 195
10.2 Kooperative Strukturen — 197
10.3 Daten und Metadaten — 202
10.4 Interne Organisation — 208
10.5 Perspektiven und Visionen — 210

11 Funktionelle Biodiversität — **213**
Jens Nieschulze, Birgitta König-Ries
11.1 Einführung in den Forschungsbereich — 213
11.2 Kooperative Strukturen — 215
11.3 Daten und Metadaten — 218
11.4 Interne Organisation — 223
11.5 Perspektiven und Visionen — 224

12 Medizin — **227**
Frank Dickmann, Otto Rienhoff
12.1 Einführung in den Forschungsbereich — 227
12.2 Kooperative Strukturen — 230
12.3 Daten und Metadaten — 241
12.4 Interne Organisation — 253
12.5 Perspektiven und Visionen — 254

13 Teilchenphysik — **257**
Volker Gülzow, Yves Kemp
13.1 Einführung in den Forschungsbereich — 257
13.2 Kooperative Strukturen — 260
13.3 Daten und Metadaten — 262
13.4 Interne Organisation — 269
13.4 Perspektiven und Visionen — 272

14 Astronomie und Astrophysik — **275**
Harry Enke, Joachim Wambsganß
14.1 Einführung in den Forschungsbereich — 275
14.2 Kooperative Strukturen — 276
14.3 Daten und Metadaten — 281

14.4	Interne Organisation	290
14.5	Perspektiven und Visionen	292

15 Zusammenfassung und Interpretation — **295**
Jens Ludwig

15.1	Kooperative Strukturen	296
15.2	Daten und Metadaten	299
15.3	Interne Organisation	307
15.4	Perspektiven und Visionen	309

16 Erkenntnisse und Thesen zur Langzeitarchivierung von Forschungsdaten — **311**
Heike Neuroth, Achim Oßwald, Uwe Schwiegelshohn

Literaturverzeichnis — **321**

Verzeichnis von Abkürzungen und Erläuterungen — **363**

Autorenverzeichnis — **375**

Vorwort

Matthias Kleiner

Gemeinsam mit ihren Partnern aus der Allianz der Wissenschaftsorganisationen setzt sich die Deutsche Forschungsgemeinschaft (DFG) seit Jahren engagiert dafür ein, dass Wissenschaftlerinnen und Wissenschaftler direkt von ihrem Arbeitsplatz aus einen möglichst umfassenden und komfortablen Zugriff auf elektronische Ressourcen haben. Eine Forschung, die zunehmend durch die kooperative Tätigkeit weltweit vernetzter Communities und durch den Einsatz Computerbasierter Verfahren bestimmt ist, erfordert nun einmal die kontinuierliche und vor allem langfristige Verfügbarkeit von Publikationen und Forschungsdaten über das Internet. Nicht nur die Notwendigkeit, Forschungsergebnisse durch den Rückgriff auf die diesen Ergebnissen zugrunde liegenden Daten verifizieren zu können, sondern auch die produktive Nachnutzung von Forschungsdaten in anderen Kontexten setzt voraus, dass digital kodierte Information über Jahrzehnte hinweg authentisch verfügbar bleibt.

Die Langzeitverfügbarkeit von Forschungsdaten zu gewährleisten, bedeutet in erster Linie, sich mit der Organisation und Standardisierung von Arbeitsschritten und Prozessen zu befassen, die zu digital kodierter Information führen. Um Integrität und Authentizität dieser Informationen zu bewahren, müssen Standards für die Erzeugung, Erfassung und Dokumentation von Forschungsdaten definiert und eingehalten, technische, rechtliche und inhaltliche Metadaten vergeben, Workflows definiert und Schnittstellen für das Einspeisen ebenso wie für das Auslesen von Forschungsdaten aus einem Archiv geschaffen und optimiert werden. Im Prozess des wissenschaftlichen Arbeitens muss die Langzeitarchivierung daher stets schon bei der Erzeugung der Inhalte ansetzen. Ein essentieller Schritt, die Prozesskette im Hinblick auf die langfristige Verfügbarkeit von Forschungsdaten zu optimieren, ist daher darin zu sehen, dass zunehmend mehr Förderorganisationen – wie es auch die DFG tut – verlangen, mit jedem Antrag ausführlich zu beschreiben, in welcher Art und Weise Projektnehmer dafür Sorge tragen, die in einem Projekt erhobenen Forschungsdaten langfristig verfügbar und potenziell nachnutzbar zu halten.

Der eigentliche Sinn jedweder langfristigen Archivierung liegt darin, dass einmal erfasste Forschungsdaten erneut genutzt werden können. Die Effekte solcher Nachnutzung werden umso größer sein, wenn Forschungsdaten in dezidierte, in einer Community weithin bekannte und akzeptierte Repositorien eingepflegt und von dort abgerufen werden können. In unterschiedlichen Wissenschaftsbereichen entwickeln sich dergleichen Archive in verschiedenen Geschwindigkeiten: Während manche Fachgebiete noch vor der Aufgabe stehen, Standards für die Erfassung und Beschreibung von Forschungsdaten zu entwickeln und deren allgemeine Verbindlichkeit abzusichern, professionalisieren andere Disziplinen den Umgang mit bereits etablierten Datenarchiven. All diesen Anstrengungen ist gemeinsam, dass Konzepte für die Organisation des Workflows, für die Gestaltung von Schnittstellen, für die Beschreibung von Metadaten am effizientesten umgesetzt werden können, wenn sie im engen Dialog von Wissenschaftlerinnen und Wissenschaftlern mit Vertreterinnen und Vertretern von Einrichtungen der Informationsinfrastruktur entwickelt werden.

Im Wissen darum, dass Wissenschaftlerinnen und Wissenschaftler zunehmend auf den kontinuierlichen und langfristigen Zugang zu digitalen Ressourcen angewiesen sind, hat die DFG in Forschungsprojekten ebenso wie in ihren Förderprogrammen zum Aufbau einer modernen Informationsinfrastruktur sowohl den Bereich der Langzeitarchivierung als auch den der Forschungsdaten adressiert.

Dabei wird die oben angemahnte Zusammenarbeit von Wissenschaft und Informationsinfrastruktur in vielen der im Jahr 2011 bewilligten Projekte zum Auf und Ausbau von Forschungsdatenrepositorien realisiert. Ebenso zeigt sich in dezidiert der Langzeitarchivierung gewidmeten DFG geförderten Projekten, dass für die Langzeitarchivierung nicht allein technische Fragestellungen gelöst werden müssen, sondern vor allem organisatorische Herausforderungen zu bewältigen sind, die nach kooperativen Ansätzen verlangen: So projektiert das Vorhaben „LOCKSS und KOPAL

Vorwort

Infrastruktur und Interoperabilität" eine technische Entwicklung, indem der Vorteil einer kostengünstigen Speicherung elektronischer Ressourcen mit effizienten Werkzeugen für die Migration kombiniert wird, während das ebenfalls DFG geförderte Projekt „Digital Preservation for Libraries" eine Organisationsform für die Langzeitarchivierung entwickelt, die auf die kooperative Nachnutzung des KOPAL Systems abzielt und dabei auch Forschungsdaten im Blick behält.

Langzeitarchivierung, das belegt die aufmerksame Lektüre dieses Bandes, ist und bleibt ein Zukunftsthema, das sorgfältig gestaltet werden muss. Wie andere Organisationen wird sich auch die DFG weiterhin verantwortlich dieses Bereichs annehmen, wenn Anfang 2012 in einer Ausschreibung zur Weiterentwicklung überregionaler Informationsservices der Bereich der Langzeitarchivierung eigens ausgelobt werden wird. Allerdings kann die DFG nur Impulse dafür setzen, dass sich über die Projektförderung Infrastrukturen so entwickeln, wie sie von der Wissenschaft benötigt werden. Diese Strukturen müssen dann dauerhaft abgesichert werden, was – und auch das zeigt der vorliegende Band – nicht nur als rein nationale Aufgabe begriffen werden kann. Doch ist darauf zu dringen, dass im nationalen Rahmen die Träger von Universitäten und Forschungsinstituten, von Bibliotheken, Daten und Rechenzentren ihre Verantwortung dafür wahrnehmen, die Investitionen in gute Forschung auch durch eine auskömmliche und verlässliche Finanzierung der Langfristverfügbarkeit der Forschungsergebnisse abzusichern. Denn gerade die Langzeitverfügbarkeit ist es, die das Potenzial der Wissenschaft maßgeblich erhöht, zumal wissenschaftliche Ergebnisse heute häufig nur noch in digitaler Form dargestellt werden.

In diesen skizzierten Sinnen wünsche ich dieser Veröffentlichung lange Gültigkeit, weitreichende Verfügbarkeit und viele Leserinnen und Leser, die dazu greifen und die darin zusammengetragenen Erkenntnisse und Betrachtungen diskutieren und natürlich nutzen und weiterentwickeln.

– Präsident der Deutschen Forschungsgemeinschaft (DFG) –

1 Langzeitarchivierung von Forschungsdaten
Einführende Überlegungen

Achim Oßwald, Regine Scheffel, Heike Neuroth

Spätestens seit die Medien darüber berichtet haben, dass die NASA Daten des ersten bemannten Mondflugs nur mit hohem Aufwand wieder herstellen konnte,[1] wurde erkennbar, dass erhebliche Anstrengungen notwendig sind, um digitale Daten aus der Wissenschaft für die Zukunft zu sichern. Weitere Datenpannen großen Ausmaßes[2] bestätigen diese Notwendigkeit auch für andere Bereiche des gesellschaftlichen Lebens. Darüber hinaus gibt es immer wieder Belege für die bewusste Manipulation von Forschungsdaten durch Wissenschaftler.[3]

Für den Wissenschaftsbetrieb ist der verlässliche und langfristige Zugriff auf Forschungsdaten aus mehreren Gründen notwendig: Der Skandal z.B. um den Zellbiologen Tae Kook Kim[4] hat deutlich gemacht, wie wichtig es ist, Forschungsdaten, auf denen aktuelle wissenschaftliche Veröffentlichungen beruhen, verfügbar und damit auch verifizierbar zu halten. Digitale Forschungsdaten – heute unverzichtbare Grundlage wissenschaftlicher Erkenntnis – sind aber vielfach nicht mehr reproduzierbar und damit im Falle eines Verlustes unwiderruflich verloren, d.h. auch nicht mehr verifizierbar. Messdaten aus dem Bereich der Klimaforschung aus den letzten Jahrzehnten zeigen dies z.B. eindrücklich. In diesen Fällen macht erst die Archivierung und Langzeitverfügbarkeit die Verifizierbarkeit, Interpretierbarkeit und Nachnutzung der einmal erhobenen Forschungsdaten möglich. Dabei ist zu beobachten, dass sich die Formen der Nachnutzung mit den erweiterten Möglichkeiten des Zugriffs ausdifferenzieren: zum einen eröffnet die Integration von digitalen Daten in neue fachwissenschaftliche Kontexte der Wissenschaft neue Chancen,

---
1 Schmundt (2000); Hammerschmidt (2002).
2 Vgl. z.B. o.V. (2007).
3 Vgl. z.B. o.V. (2010).
4 Vgl. Kennedy; Alberts (2008).

indem alte Forschungsfragen neu beantwortet oder gänzlich neue Forschungsfragen generiert werden. Zum anderen werden Langzeitstudien wie zum Beispiel in der Klimaforschung oder in den Sozialwissenschaften erst möglich. In der Astronomie zum Beispiel[5] wurde seit Ende des 19. Jahrhunderts die (analoge) Fotografie genutzt, um Sterndaten dauerhaft zu speichern. Zu den umfangreichsten Datensammlungen gehören das Archiv des Harvard College Observatory[6] mit über 500.000 Fotoplatten, die in einem Zeitraum von mehr als 100 Jahren bis 1989 aufgenommen wurden. Ein anderes Beispiel ist das Archiv der Sternwarte Sonneberg[7], das etwa 300.000 Fotoplatten aus 70 Jahren umfasst, mit denen mehr als 10.000 veränderliche Sterne entdeckt wurden. Diese enormen Datenarchive werden nach und nach digitalisiert, um sie der Nachwelt zu erhalten und mit Computertechniken auswerten zu können. Insbesondere für Helligkeitsveränderungen in Zeiträumen von vielen Dutzenden von Jahren und für Positionsänderungen von Sternen sind sie eine unverzichtbare Quelle.

Auch die interdisziplinäre Nutzung von Daten wird erst durch den freien Zugang und die Referenzierbarkeit von Forschungsdaten ermöglicht. Eine neue Form der Nachnutzung entwickelt sich in den USA mit dem Trend zum *Crowdsourcing*[8], bei dem die Öffentlichkeit oder eine definierte Teilmenge der (Fach-) Öffentlichkeit (z.B. Diplomanden) an der Generierung oder qualitativen Anreicherung von Forschungsdaten beteiligt werden. Ein Beispiel für *Citizen Science*[9] oder *Crowdsourcing*, bei dem interessierte Laien mit in den Forschungsprozess eingebunden werden, ist das Projekt *Galaxy Zoo*[10]: Moderne Himmelskartierungen erstellen unzählige Aufnahmen von Galaxien bzw. weit entfernten Milchstraßen. Die Galaxienformen sind so vielfältig und komplex, dass es bis heute keine gute computerisierte Klassifizierung gibt. Im Juli 2007 gingen amerikanische Astrophysiker mit diesem Thema deshalb an die Öffentlichkeit.

---

5   Freundliche Mitteilung von Prof. Wambsganß, Astronomisches Rechen-Institut (ARI) am Zentrum für Astronomie der Universität Heidelberg (ZAH).
6   Vgl. Harvard College Observatory (2011).
7   Vgl. Sternwarte Sonneberg (2011).
8   Vgl. o.V. (2011b).
9   Vgl. o.V. (2011a).
10 Vgl. Galaxy Zoo (2011).

1 Einführende Überlegungen

Sie luden interessierte Sternenfreunde ein, bei der Klassifizierung dieser Galaxien mitzuwirken. Dazu wurden Trainingssequenzen angeboten, so dass die neuen Teilnehmer die Kriterien zur Klassifizierung lernen konnten. Als strukturell ähnlich gelagertes Beispiel sei aus den Geisteswissenschaften das Projekt *Collaborative Manuscript Transcription*[11] genannt.

Im Sinne der Langzeitarchivierung (LZA) geht es also darum, einerseits Forschungsdaten – zum Teil auch als eigenständige Publikation[12] – langfristig digital zur Verfügung zu stellen und damit verifizierbar, interpretierbar und nachnutzbar zu machen und andererseits Forschungsdaten auf der Basis von Forschungsinfrastrukturen miteinander zu vernetzen und so insbesondere die potentielle Nachnutzung auch interdisziplinär zu erhöhen. Damit rückt zugleich eine neue Vision einer Forschungsumgebung in den Fokus, die die *High Level Expert Group on Scientific Data*, eine Expertengruppe der Europäischen Kommission, im Oktober 2010 als Vision 2030 für Forschungsdaten formuliert hat:

> "Our vision is a scientific e-infrastructure that supports seamless access, use, re-use, and trust of data. In a sense, the physical and technical infrastructure becomes invisible and the data themselves become the infrastructure – a valuable asset, on which science, technology, the economy and society can advance."[13]

Die Realisierung dieser Vision ist jedoch noch mit einer Reihe offener Fragen und ungelöster Probleme verbunden. Das beginnt schon bei dem Begriff *Forschungsdaten* selbst: Was sind Forschungsdaten? Dies können zum Beispiel Messdaten aus Instrumenten wie einem Teleskop sein, Rohdaten aus einem Massenspektrometer, aber auch digitale Karten oder Volltexte z.B. zur Erstellung kritischer Editionen, d.h. der Begriff Forschungsdaten ist immer in Bezug zur jeweiligen Fachdisziplin zu setzen. Ebenso sind Anforderungen an das Management und die Langzeitverfügbarkeit (LZV) von Forschungsdaten immer auf generische sowie fachspezifische Aspekte und Lösungen hin auszudifferenzieren.

Bislang gibt es (nicht nur) in Deutschland noch keine Definition von digitaler Langzeitarchivierung, die sich eines breiten Konsenses erfreut. Auch das deutsche Kompetenznetzwerk zur digitalen Langzeitarchivierung

---

11 Vgl. Collaborative Manuscript Transcription (2011).
12 Vgl. z.B. PANGAEA (2011a).
13 High Level Expert Group on Scientific Data (2010), S.4.

nestor¹⁴, das sich seit Jahren intensiv mit diesem Themenbereich beschäftigt, bietet auf seiner Homepage keine Definition an. Daher soll an dieser Stelle auf die Einführung des nestor-Handbuches¹⁵ verwiesen werden:

> „Langzeitarchivierung meint in diesem Zusammenhang mehr als die Erfüllung gesetzlicher Vorgaben über Zeitspannen, während der steuerlich relevante tabellarisch strukturierte Daten verfügbar gehalten werden müssen. ‚Langzeit' ist die Umschreibung eines nicht näher fixierten Zeitraumes, währenddessen wesentliche, nicht vorhersehbare technologische und soziokulturelle Veränderungen eintreten; Veränderungen, die sowohl die Gestalt als auch die Nutzungssituation digitaler Ressourcen in rasanten Entwicklungszyklen vollständig umwälzen können. Es gilt also, jeweils geeignete Strategien für bestimmte digitale Sammlungen zu entwickeln, die je nach Bedarf und zukünftigem Nutzungsszenarium die langfristige Verfügbarkeit und Nachnutzung der digitalen Objekte sicherstellen. ‚Langzeit' bedeutet für die Bestandserhaltung digitaler Ressourcen nicht die Abgabe einer Garantieerklärung über fünf oder fünfzig Jahre, sondern die verantwortliche Entwicklung von Strategien, die den beständigen, vom Informationsmarkt verursachten Wandel bewältigen können." [16;17]

Unter Langzeitarchivierung verstehen wir hier die für den jeweiligen Kontext definierte Zeitspanne der Bewahrung digitaler Objekte auch über grundlegende technologische und soziokulturelle Wandlungsprozesse hinaus. Mit ihr wird ermöglicht, den Zugriff auf und die Nachnutzung von Forschungsdaten auch in der Zukunft zu sichern.

Die Herausforderungen, die sich daraus ableiten, liegen auf der Hand: Wir können nicht alle Forschungsdaten aufbewahren. Was aber sind dann die Auswahlkriterien und wer legt sie fest? Wer kann heutzutage sicher abschätzen, was auch für zukünftige (Forscher)Generationen von Interesse ist? Wie gehen wir mit Forschungsdaten um, die sich nicht mehr reproduzieren lassen (z.B. die angesprochenen Klimadaten oder Himmelsbeobachtungen)? Deutlich ist, dass die reine *Bitstream-Preservation*¹⁸, also

---

14 Vgl. nestor (2011a).
15 Vgl. die gedruckte Ausgabe 2.0 des nestor Handbuchs von 2009 sowie die aktuelle Online-Version 2.3 von 2010.
16 Liegmann; Neuroth (2010), Kap. 1:5f.
17 In diesem Zusammenhang stellt sich die Frage, ob die ursprünglich von Schwens und Liegmann 2004 publizierte Erläuterung von Langzeitarchivierung und Langzeitverfügbarkeit auch von den wissenschaftlichen Communities angenommen werden kann. Vgl. Schwens; Liegmann (2004), S. 567.
18 Vgl. Ullrich (2010), Kap. 8:3-8:9.

1 Einführende Überlegungen

die alleinige Bewahrung der Bits und Bytes des *physical object*[19], hierfür allenfalls ein erster Schritt sein kann. Langzeitverfügbarkeit, also die zukünftige Interpretierbarkeit und Nutzbarkeit von wissenschaftlichen Daten, stellt ungleich höhere Anforderungen, weil künftige technische Nutzungsumgebungen nicht prognostizierbar sind. Deshalb müssen digitale Objekte, die in ein Langzeitarchiv[20] eingeliefert werden, durch Metadaten beschrieben werden. Bewahrt und (standardisiert) dokumentiert werden muss auch, unter welchen technischen und organisatorischen Rahmenbedingungen die Daten entstanden sind. Nur dann besteht eine Chance, dass ihre Nutzung in Zukunft – ggf. auf der Grundlage von Emulation[21] oder Migration[22] – möglich sein wird.[23] Doch bereits auf kürzere Sicht werden schon beschreibende (deskriptive), technische und administrative Metadaten benötigt. Dies zeigen u.a. die Beispiele aus dem *Factsheet Keeping Research Data Safe* (KRDS)[24], einer Zusammenfassung von zwei Studien zu den Kosten der Langzeitarchivierung von Forschungsdaten.[25] Selbst Forschungsergebnisse von Studien, die erst vor einigen Jahren abgeschlossen wurden, konnten von den beteiligten Wissenschaftlern nicht weitergenutzt werden, weil z.B. die Erhebungsmethoden nicht detailliert genug dokumentiert wurden.[26] Dies gilt erst recht, wenn Forschungsdaten über grundlegende soziokulturelle Wandlungsprozesse hinaus langfristig nutzbar erhalten werden sollen: So werden z.B. alte Kirchenbücher heute unter Genderaspekten analysiert, ein Aspekt, der damals sicherlich nicht angedacht wurde. Um heutige Verwaltungsunterlagen und Datenbanken, die vergleichbare Daten beinhalten, für künftige Forschungsfra-

---

19 Thibodeau unterscheidet bei einem digitalen Objekt die Ebene des conceptual object, das als bewahrungswürdig eingestuft wurde, das logical object der Realisierung in Form von Dateien, die an eine bestimmte Hard- und Softwareumgebung gebunden sind, sowie das physical object des reinen Bitstreams (vgl. Thibodeau (2002)).
20 Hier wird von einem Langzeitarchiv nach dem OAIS-Modell ausgegangen. Vgl. das Ergebnis der Diskussion zur aktuellen Version des Standards unter Reference Model for an Open Archival Information System (vgl. OAIS (2009)) und die sich wiederum hierauf beziehenden Diskussionen. Einen Überblick zu OAIS gibt das Referenzmodell OAIS (vgl. OAIS (2010)).
21 Vgl. Funk (2010a), Kap. 8:16-8:23.
22 Vgl. Funk (2010b), Kap. 8:10-8:15.
23 Unter welchen rechtlichen Bedingungen dies dann zulässig sein wird, ist ebenfalls zu klären.
24 Vgl. Charles Beagrie Ltd; JISC (2010).
25 Vgl. Beagrie; Chruszcz; Lavoie (2008); Beagrie; Lavoie; Woollard (2010).
26 Vgl. Beagrie; Lavoie; Woollard (2010), S. 2.

gen nutzbar zu machen, müssen entsprechende Metadaten mit erfasst, archiviert und verfügbar gemacht werden. Hierbei sollte von unterschiedlichen zukünftigen Nutzungsszenarien und potentiellen Nutzergruppen (sog. designated communities) und deren Erwartungen an die Beschreibung der überlieferten Daten in die konzeptionellen Überlegungen der Langzeitarchivierung ausgegangen werden.

Folglich kommt den deskriptiven Metadaten eine besondere Bedeutung zu, insbesondere den systematisch ausdifferenzierten Detailangaben, die Aufschluss geben über die Kriterien für die Auswahl des Untersuchungsgegenstands, die Untersuchungs-, Mess- oder Erhebungsmethoden, ihre Anwendung sowie über die Untersuchungsergebnisse selbst. Die hier vorgelegte Bestandsaufnahme (vgl. Kap. 4 und Folgende) versucht u.a. zu ermitteln, ob es bereits disziplinabhängige oder -übergreifende Konventionen gibt, die im Hinblick auf die Langzeitverfügbarkeit von Forschungsdaten und den Aufbau von deutschlandweiten Forschungsinfrastrukturen relevant sind.

Insgesamt wird deutlich, dass derartiges digitales Kuratieren (*digital curation*)[27] von Forschungsdaten im Hinblick auf Langzeitarchivierung und Langzeitverfügbarkeit auch bereits für den aktuellen Forschungsbetrieb Vorteile hat. Die Zugänglichkeit publizierter Forschungsdaten dient der Qualitätssicherung des Wissenschaftsbetriebs und der Erleichterung des wissenschaftlichen Publizierens.[28] Als Nebeneffekt erhöht sie das Forschungsniveau und die Produktivität des Forschungsbetriebs. Dies zeigt sich z.B. in ganz pragmatischen Aspekten wie der Sicherstellung der Kontinuität von Forschungsarbeiten über mehrere Forschergenerationen hinweg. Ein weiterer Vorteil der systematischen Dokumentation und Pflege von Forschungsdaten bereits während ihrer Produktion liegt in der langfristigen Kostenersparnis. Die nachträgliche Korrektur fehlerhafter Metadaten kann u.U. um den Faktor 30 teurer sein als die eigentliche Erstellung der Daten selbst.[29]

---

27 Der Begriff digitales Kuratieren, eine Übersetzung des englischen digital curation, beginnt sich auch im deutschsprachigen Bereich immer stärker durchzusetzen für die systematische Planung, Erstellung, Pflege, Bewertung und ggf. Kassation oder Transformation und Weiternutzung digitaler Forschungsdaten und – im weiteren Sinne – aller digitalen Objekte (vgl. DCC (2011b)).
28 Charles Beagrie Ltd; JISC (2010), S. 2.
29 Vgl. ebenda.

1 Einführende Überlegungen

Längst haben die Wissenschaftsorganisationen in Deutschland hierauf mit Vorgaben für eine vorsorgliche Datensicherung reagiert. So ist z.B. eine Auflage der Deutschen Forschungsgemeinschaft (DFG) an Projektnehmer, die Daten, auf denen ihre Forschungsergebnisse beruhen, mindestens zehn Jahre verfügbar zu halten.[30] Die Allianz der deutschen Wissenschaftsorganisationen[31] arbeitet daran, die Bereitstellung und Nachnutzung von Forschungsdaten durch die Entwicklung von Standards, Archivstrukturen und Anreizsysteme zu verbessern.[32] Auch der Wissenschaftsrat (WR) hat sich in seinen „Übergreifende(n) Empfehlungen zu Informationsinfrastrukturen"[33] vom Januar 2011 diesbezüglich klar positioniert und eine dauerhafte Förderung entsprechender Forschungsinfrastrukturen und Langzeitarchivierungskonzepte eingefordert. Die Identifizierung von Forschungsdaten durch persistente Identifikatoren (z.B. URN[34], DOI[35], EPIC[36]) ist dabei ein wesentlicher Schritt u.a. auch zur dauerhaften Zitierfähigkeit dieser Daten und Datensammlungen. Doch die 10-Jahres-Perspektive der DFG ist nur ein Beitrag zur Datensicherung, die Nachnutzung der Forschungsdaten setzt ihre Langzeitarchivierung und Langzeitverfügbarkeit voraus.

Für das Gelingen der Langzeitarchivierung von Forschungsdaten spielen Kooperationen eine zentrale Rolle. Sie finden auf verschiedenen Ebenen statt: Auf der lokalen bzw. institutionellen Ebene, die den Vorteil bietet, dass hier Auswirkungen für die Wissenschaftler am besten einzuschätzen sind und Einflussnahme direkt stattfinden kann. Auf der regionalen, sicher aber auf der nationalen Ebene werden dann institutionell und/oder gesetzlich abgesicherte Maßnahmen angesiedelt sein. Auf der europäischen und internationalen Ebene sind ebenfalls (im Idealfall standardisierte) Strukturen und Verfahren zu etablieren, um der zunehmend global stattfindenden Forschung Rechnung tragen zu können. Disziplinspezifische Daten-

---

30 Vgl. DFG (1998), S. 12.
31 Vgl. Allianz-Initiative (2011b).
32 Vgl. Allianz-Initiative (2010a).
33 Vgl. Wissenschaftsrat (2011b).
34 Vgl. Schöning-Walter (2010).
35 Vgl. Brase (2010).
36 Vgl. EPIC (2011).

zentren[37], die bereits heute effizientes Datenmanagement gewährleisten, können dabei Knotenpunkte eines Langzeitarchivierungsnetzwerks werden. Zusammen bilden sie eine auf die Langzeitverfügbarkeit wissenschaftlicher Forschungsdaten angelegte Langzeitarchivierungsinfrastruktur.

Auch wenn in den vergangenen Jahren bereits umfangreiche Vorarbeiten geleistet und Konzepte für den nachhaltigen Umgang mit Forschungsdaten erarbeitet wurden, so steckt deren Umsetzung immer noch in den Anfängen. Ein wichtiger Faktor scheint dabei zu sein, dass die bisher erprobten Lösungen sich noch nicht gut genug in die wissenschaftliche Arbeit integrieren lassen. Eine Studie der SURFfoundation[38] untersuchte die Ergebnisse aus 15 Projekten zum Umgang mit Forschungsdaten, insbesondere welche Anforderungen seitens der Wissenschaftler an Forschungsdateninfrastrukturen gestellt werden und zu erfüllen sind, damit diese die Infrastrukturen für Forschungsdaten nutzen. In der Zusammenfassung der untersuchten Studien werden zwei Rollen unterschieden: der Wissenschaftler als Produzent von Daten und der Wissenschaftler als Konsument von Daten. Dabei zeigt sich, dass die Bedürfnisse dieser beiden Perspektiven fast diametral auseinander liegen: Während der Konsument einen zentralen Zugang mit vielfältigen Kombinationsmöglichkeiten von Daten und Werkzeugen erwartet, wünscht der Produzent eine lokal betreute, maßgeschneiderte Arbeitsumgebung. Hinzu kommt, dass formelle Regelungen, Datenmanagementpläne und deren Überprüfung als Hindernisse wahrgenommen werden. Diese Widersprüche zwischen den Akteuren zu überbrücken, bleibt eine große Herausforderung. Ein wichtiges Anliegen muss daher sein, die Ursachen für diese Ambivalenz genauer zu untersuchen und herauszufinden, wie sie abgebaut werden kann. Eine Möglichkeit könnte zum Beispiel darin bestehen, eine intuitiv nutzbare Infrastruktur zur Verfügung zu stellen oder Anreiz- bzw. Sanktionssysteme zu etablieren und damit die Entwicklung einer neuen Publikationskultur von Forschungsdaten zu beför-

---

37 Insbesondere die Helmholtz-Gemeinschaft (HGF) betreibt bereits einige fachspezifische Datenzentren, z.B. Deutsches Fernerkundungszentrum am Deutschen Zentrum für Luft- und Raumfahrt, World Data Center for Remote Sensing of the Atmosphere (WDC-RSAT) u.a.
38 Vgl. Eeijen (2011).

1 Einführende Überlegungen

dern. Den hier genannten Herausforderungen können sich nur Politik, Wissenschaft und Infrastruktureinrichtungen gemeinsam stellen. Dabei gilt es fachspezifische Besonderheiten und Anforderungen zu berücksichtigen und zu beachten, dass dieser Prozess nur aus den jeweiligen Fachdisziplinen heraus gestartet werden kann. Ein Top-down-Ansatz oder eine Standardlösung für alle Disziplinen werden nicht akzeptiert werden und deshalb wenig erfolgversprechend sein.

In den vergangenen Jahren war die öffentliche Diskussion um die Langzeitarchivierung digitaler Daten – z.B. im Zusammenhang mit nestor – stark auf einen eher traditionell verstandenen Bereich des kulturellen Erbes fokussiert. Es ist an der Zeit, dass Politik und Öffentlichkeit auch Forschungsdaten als nationales, wissenschaftliches Kulturgut erkennen und zum (Förder-) Gegenstand von bewahrenden Infrastrukturmaßnahmen machen.

2 Stand der Diskussion und Aktivitäten

2.1 National

Stefan Winkler-Nees

Die Diskussion in Deutschland über den Umgang und die Nachnutzung von wissenschaftlichen Daten aus öffentlich geförderten Projekten ist geprägt von einer relativ großen Unabhängigkeit und Selbständigkeit der Forschenden. Der Grundsatz der Wissenschaftsfreiheit, festgeschrieben im Grundgesetz Artikel 5 Absatz 3, bestimmt auch die Haltung zum Umgang mit individuell oder kollaborativ erarbeiteten wissenschaftlichen Erkenntnissen und damit auch den Willen zur Bereitstellung der Daten. Zum Teil bestehende, zum Teil auch nur gefühlte Anrechte auf dieses erarbeitete Wissen führen zu Unsicherheiten und Bedenken hinsichtlich einer unkontrollierbaren Nachnutzung und eines möglichen Missbrauchs einmal bereitgestellter Daten. Diese Unsicherheiten erschweren eine konstruktive Diskussion über die Potenziale und Möglichkeiten der standardisierten Bereitstellung von Forschungsdaten.

Zugleich ist inzwischen allgemein anerkannt, dass insbesondere in der öffentlich geförderten Forschung angesichts der „Virtualisierung der Wissenschaft"[1] ein nachhaltiger Umgang mit Projektergebnissen in der Vergangenheit nicht ausreichend berücksichtigt wurde. Die sich beschleunigende und gleichzeitig grundlegende Veränderung im wissenschaftlichen Arbeiten und die Nutzung der großen Potenziale eines professionellen Informationsmanagements erfordern organisatorische Anpassungen der strukturellen Rahmenbedingungen.

Relativ unkoordiniert haben sich in der jüngeren Vergangenheit, in Teilbereichen auch bereits im Verlauf der vergangenen Jahrzehnte, einige Aktivitäten in diesem Themenfeld entwickelt. Diese Aktivitäten führten

---
1 Vgl. Horlings et al. (2006).

zur Entwicklung einiger auf disziplinärer Ebene hoch anerkannter Infrastrukturen. Solche „Graswurzelprojekte" wurden jedoch nicht von einer allgemeinen interdisziplinären Diskussion begleitet oder in ein übergeordnetes, abgestimmtes Konzept eingebettet. Die heterogene, vielfältige Wissenschaftslandschaft in Deutschland, deren föderale Struktur und häufig ungeklärte Verantwortlichkeiten, führten dazu, dass die bereits frühzeitig gesetzten Impulse nicht koordiniert aufgegriffen und in die Zukunft gerichtete strukturelle Maßnahmen flächendeckend diskutiert wurden. Erst die „Vorschläge zur Sicherung guter wissenschaftlicher Praxis" enthielten eine allgemeine, disziplinübergreifende Anforderung, Daten über einen festen Zeitraum hinweg gesichert aufzubewahren.[2] Damit verbunden war ursprünglich jedoch nicht die Forderung, Forschungsdaten für wissenschaftliche Zwecke und zur Nachnutzung bereitzustellen. Beginnend mit der sich zunehmend intensivierenden Diskussion um Open Access-Publizieren und dem damit verbundenen Wandel im Bewusstsein für einen notwendigen Zugang zu digitaler Information kamen Forschungsdaten verstärkt ins Blickfeld. Neben den Forschenden fühlen sich Akteure aus den wissenschaftlichen Organisationen, dem Umfeld der Wissenschaftspolitik, den Informationsinfrastruktureinrichtungen und den Förderorganisationen zunehmend dafür verantwortlich, geeignete Maßnahmen zu entwickeln, zu koordinieren und umzusetzen.

2.1.1 Wissenschaftsorganisationen

Die stärkste Motivation wissenschaftliche Daten nach professionellen Maßstäben zu sichern, zu archivieren und bereitzustellen besteht im Erkennen und Nutzen der dadurch erzielten Potenziale. Wissenschaftliche Disziplinen, die aufgrund ihrer Themen und Methoden intensiv mit Daten arbeiten und dabei auch international kooperieren, haben in vielen Fällen bereits Systeme und Infrastrukturen aufgebaut, mit denen sie versuchen den jeweiligen Anforderungen gerecht werden. Aufgrund der hohen Akzeptanz seitens der Wissenschaft stellen solche Systeme heute teilweise erfolgreiche Vorzeigeprojekte für einen sinnvollen und effektiven Umgang mit Forschungsdaten dar.

---

2 Vgl. DFG (1998).

2 Stand der Diskussionen und Aktivitäten

Beispielhaft sei hier das Engagement im Bereich der Meeres- und Umweltwissenschaften genannt, das bereits vor mehr als zwei Jahrzehnten zum Aufbau des Informationssystems PANGAEA geführt hat. Im Verbund der ICSU World-Data-Centers[3] ist es gelungen, in einer Kooperation zwischen einem der führenden deutschen Meeresforschungsstandorte, dem Alfred-Wegener-Institut für Polar- und Meeresforschung (Helmholtz-Gemeinschaft) in Bremerhaven, sowie dem Marum Zentrum für Marine Umweltwissenschaften der Universität Bremen, eine international anerkannte Informationsinfrastruktur zu etablieren. Neben dem nachhaltigen Engagement der beteiligten Personen hat zu dessen Erfolg beigetragen, dass Wissenschaftler PANGAEA zunehmend als Informationsquelle und Datenrepositorium in ihr wissenschaftliches Arbeiten integriert haben. Weiterhin ist es gelungen, Geldgeber von der Bedeutung und dem Nutzen dieses Systems zu überzeugen, so dass ein langfristiger und nachhaltiger Betrieb realisierbar ist. Die Beteiligung der Helmholtz-Gemeinschaft an der Diskussion über den Zugang zu Forschungsdaten – insbesondere im Rahmen ihrer Open-Access-Aktivitäten – trug zu dieser Entwicklung bei. So haben sich bereits viele Forschungszentren in der Gemeinschaft grundsätzlich dem freien Zugang zu Forschungsdaten verschrieben und ein weiteres ICSU World-Data-Center konnte etabliert werden (WDC for Remote Sensing of the Atmosphere).[4]

Die Forschungseinrichtungen innerhalb der Leibniz-Gemeinschaft haben bisher individuelle Ansätze zum Umgang mit Forschungsdaten gesucht, die auf disziplinärer Ebene in einzelnen Initiativen Erfolge vorweisen können. So ist es zum Beispiel dem Leibniz-Zentrum für Psychologische Information und Dokumentation ZPID[5] gelungen, eine einzigartige Referenzdatenbank zu psychologischer Literatur, Testverfahren und verschiedenen anderen Materialien aufzubauen. Als Dienstleistungseinrichtung der Leibniz-Gemeinschaft hat es sich die Technische Informationsbibliothek (TIB)[6] in Hannover zur Aufgabe gemacht, Forschungsdaten besser und effizienter für die Wissenschaft zugänglich zu machen. Wissenschaftliche Daten, die die Grundlagen für Publikationen bilden, wer-

---

3 Vgl. ICSU (2011).
4 Vgl. WDC for Remote Sensing of the Atmosphere (2011).
5 Vgl. ZPID (2011).
6 Vgl. TIB (2011).

den in der Regel nicht in der TIB selbst gehostet, sondern durch Vergabe einer DOI registriert und recherchierbar gemacht, um somit eine nachhaltige Zitierfähigkeit herzustellen. Diese Dienstleistung soll generell allen Disziplinen und Institutionen auch außerhalb der Leibniz-Gemeinschaft offen stehen.

Der Umgang mit Forschungsdaten an Universitäten hat flächendeckend bisher noch keine besondere Bedeutung. Im Gegensatz zu Ansätzen auf internationaler Ebene sehen sich Universitäten in Deutschland bisher nicht in der Pflicht und in der Lage, Maßnahmen zur Verbesserung der Situation zu ergreifen. Verschiedentlich haben allerdings Universitätsbibliotheken, die Initiative ergriffen wie z.B. die Niedersächsische Staats- und Universitätsbibliothek in Göttingen. Das unter Federführung der Deutschen Nationalbibliothek und in Kooperation mit weiteren Bibliotheken, Archiven, Museen und Hochschuleinrichtungen durchgeführte Projekt nestor[7] hat mit einer Reihe von Studien Grundlagenarbeit für die laufende Diskussion geleistet. Auf disziplinärer Ebene nutzen Wissenschaftler überwiegend jedoch die bestehenden überregionalen Angebote der Wissenschaftsorganisationen oder versuchen über institutseigene Lösungen spezifische digitale Inhalte bereitzustellen. Derartige Ansätze verfügen allerdings in vielen Fällen nicht über die geforderte Nachhaltigkeit und Überregionalität für Forschungsdatenrepositorien. In einer vergleichbaren Situation befinden sich die Wissenschaftler an den deutschen Akademien. Beispielhaft kann das seit 2002 an der Berlin-Brandenburgischen Akademie der Wissenschaften in Berlin etablierte System TELOTA genannt werden.[8] Hierbei sollen insbesondere die in großen Mengen entstehenden Forschungsdaten in den Langfristvorhaben des Akademieprogramms, wie Editionen, Wörterbücher, Bibliografien und Dokumentationen in geeigneter Weise aufbewahrt und wieder bereitgestellt werden. Die thematische Spannbreite, von antiken Inschriften über mittelalterliche Glasmalereien und Urkunden über Seidenstraßentexte, antike Inschriften bis hin zur Bearbeitung von elektronischen „Nachlässen" erscheint geeignet, ein System mit Dienstleistungen für die gesamten Geisteswissenschaften zu entwickeln.

---

7 Vgl. nestor (2009).
8 Vgl. TELOTA (2011).

Die Max-Planck-Gesellschaft etablierte im Jahr 2007 mit der Max Planck Digital Library (MPDL) eine neue Serviceeinheit, die „den Forschern der Max-Planck-Gesellschaft helfen soll, den wissenschaftlichen Informationsablauf zu organisieren"[9]. Schwerpunkte der Arbeit der MPDL sind die wissenschaftliche Informationsversorgung, die Informationsdissemination, eScience-Services und die Unterstützung der Max-Planck-Gesellschaft in der Umsetzung des Open Access Gedankens. Mithilfe intern geförderter Projekte und der Beteiligung an extern geförderten Projekten soll den Wissenschaftlern insbesondere innerhalb der Max-Planck-Gesellschaft der bestmögliche Zugang zu digitalen Ressourcen ermöglicht werden.

2.1.2 Empfehlungen und Grundsatzdokumente

Vor 1998 spielte der Umgang mit Forschungsdaten wissenschaftspolitisch nach heutigem Verständnis keine wesentliche Rolle. Erst mit der Thematisierung von Fällen wissenschaftlichen Fehlverhaltens innerhalb der Gremien der Deutschen Forschungsgemeinschaft (DFG) kam dem notwendigen Zugang zu Forschungsergebnissen eine größere Aufmerksamkeit zu. Im Vordergrund stand hier jedoch nicht der Aspekt der wissenschaftlichen Nach- und Weiternutzung der Daten, sondern vielmehr die Option, wissenschaftlichen Veröffentlichungen zugrunde liegende Daten nach dem Erscheinen einer Publikation auf deren Richtigkeit prüfen zu können. Die Umsetzung dieser Verfügbarmachung sollte durch die Selbstverpflichtung der Empfänger von Fördermitteln der DFG zur „Sicherung guter Wissenschaftlicher Praxis" hergestellt werden. In einer Denkschrift, die 1998 von der DFG veröffentlicht wurde, heißt es in der Empfehlung Nr. 7: *„Primärdaten als Grundlagen für Veröffentlichungen sollen auf haltbaren und gesicherten Trägern in der Institution, wo sie entstanden sind, für zehn Jahre aufbewahrt werden"*[10]. Dahinter stand die Absicht, wissenschaftliche Ergebnisse in Veröffentlichungen anhand der Daten nachvollziehen zu können und wissenschaftliches Fehlverhalten so auch nachträglich besser nachweisen zu können. Form, Formate und

---
9 MPDL (2011).
10 DFG (1998).

Verantwortlichkeiten wurden nicht weiter spezifiziert, so dass diese Praxis den Anforderungen modernen Datenmanagements nicht mehr genügt.

Die am 22. Oktober 2003 von zahlreichen deutschen und internationalen Forschungsorganisationen unterzeichnete „Berliner Erklärung über offenen Zugang zu wissenschaftlichem Wissen"[11] gilt als ein wesentlicher Meilenstein auf dem Weg zu einer besseren Zugänglichkeit zu wissenschaftlichem Wissen und Forschungsergebnissen. Obgleich im Fokus der Open Access-Zugang zu wissenschaftlicher Literatur stand, erweitert die Berliner Erklärung vor dem Hintergrund der vielfältigen Möglichkeiten des überregionalen Informationszugangs durch das Internet die Definition des freien Zugangs zu wissenschaftlicher Information „… als eine umfassende Quelle menschlichen Wissens und kulturellen Erbes".

Die gravierenden Veränderungen in der Wissenschaft und der wissenschaftlichen Informationsversorgung führten zu intensiven Diskussionen über strategische Anpassungen von Förderangeboten für wissenschaftliche Informationsinfrastruktur. So hat der Ausschuss für Wissenschaftliche Bibliotheken und Informationssysteme der DFG (AWBI) 2006 ein Positionspapier erarbeitet, das angepasste Schwerpunkte für Fördermaßnahmen empfiehlt.[12] Insbesondere wird darin den durch die fortschreitende digitale Vernetzung sich verändernden Anforderungen seitens der Wissenschaft Rechnung getragen. Mit Bezug auf Forschungsdaten gelte es, neue „Strukturen zur Speicherung, Referenzierung und Verfügbarmachung"[13] dieser Daten zu entwickeln. Als wesentliche Akteure werden die bestehenden, etablierten Informationseinrichtungen, wie Bibliotheken, Archive und Museen angesehen, deren Expertise in informationsfachlicher Hinsicht mit den neuen Anforderungen für die Informationsversorgung verknüpft werden sollen. Zugleich gelte es, in der Diskussion die unterschiedlichen Anforderungen in den einzelnen wissenschaftlichen Disziplinen zu berücksichtigen und Möglichkeiten zur Verfügbarkeit und Referenzierung von Forschungsdaten herzustellen. Von zentraler Bedeutung ist es, dabei eine höhere Bereitschaft von Wissenschaftlern zur Mitarbeit beim Aufbau und der Nutzung von Informa-

---
11 Vgl. o.V. (2006).
12 Vgl. DFG (2006).
13 Ebenda.

tionssystemen für Forschungsdaten zu erreichen. Diese Notwendigkeit wurde ebenfalls in einer vom Bundesministerium für Bildung und Forschung (BMBF) beauftragten Studie unterstrichen.[14] Darin heißt es, dass Wissenschaftler größtenteils für sich selbst entscheiden, was sie für ihre Arbeit nutzen wollen, und dass demzufolge Informationsangebote eine entsprechende Attraktivität besitzen müssen.

Die Allianz der deutschen Wissenschaftsorganisationen, der die größten wissenschaftlichen Organisationen in Deutschland angehören, rief 2008 die Schwerpunktinitiative „Digitale Information" mit einer Laufzeit bis 2012 ins Leben.[15] Mit eine der Grundlagen dieser Initiative war die Erkenntnis, dass es für die Sicherung, Bereitstellung und Archivierung von Forschungsdaten keine systematischen Ansätze und Methoden und nachhaltige Infrastrukturen gibt. Sowohl organisatorische und technische als auch rechtliche und finanzielle Aspekte seien weitestgehend unklar. Ziel im Aktionsfeld der Forschungsdaten ist es daher, auch unter Berücksichtigung disziplinspezifischer Unterschiede, koordiniert Maßnahmen zu entwickeln und umzusetzen, um einen effizienten und professionellen Umgang mit Forschungsdaten in Deutschland sicherzustellen. Aktivitäten sollten sich hierbei auf drei Bereiche konzentrieren: (1) Entwicklung einer gemeinsamen Policy, auf die sich alle Allianz-Partnerorganisationen verständigen, (2) Stimulation der Entwicklung einzelner Informationsinfrastrukturen, die in enger Kooperation zwischen Fachwissenschaftlern sowie Informationsfachexperten in Form von Modellprojekten konzipiert und aufgebaut werden sollen und (3) in einem späteren Schritt die Definition und Charakterisierung der unterschiedlichen Nutzungsszenarien in den einzelnen wissenschaftlichen Disziplinen. Diese Maßnahmen sollten alle Gruppen von Akteuren einbeziehen: Wissenschaftler als Datenproduzenten und -nutzer, Forschungseinrichtungen und Universitäten, Infrastruktureinrichtungen sowie die verantwortlichen Stellen beim Bund und den Ländern. Die innerhalb der Allianz-Initiative verantwortliche Arbeitsgruppe „Forschungsdaten" hat ein Papier mit „Grundsätzen zum Umgang mit Forschungsdaten" erarbeitet, das am 24. Juni 2010 von den Vorständen aller Allianz-Partnerorganisa-

---

14 Vgl. Horlings et al. (2006).
15 Vgl. Allianz-Initiative (2008).

tionen verabschiedet wurde.[16] In dem Papier wird ein grundsätzlich offener und im Rahmen gesetzlicher Regelungen freier Zugang zu Daten aus öffentlich geförderter Forschung unterstützt. Die Rechte der Forschenden seien dabei zu berücksichtigen. Ebenfalls sollten die Unterschiede in den wissenschaftlichen Disziplinen und deren jeweilige Anforderungen berücksichtigt werden. Es wird weiterhin empfohlen, die Bereitstellung von Forschungsdaten und die damit verbundenen Aufwände zu würdigen und als einen Bestandteil der wissenschaftlichen Reputation zu etablieren. Außerdem wird die Notwendigkeit formuliert, das Management von Forschungsdaten und deren Methoden und Mechanismen sowohl in Qualifikationsmaßnahmen für Infrastrukturexperten als auch in die wissenschaftliche Lehre zu integrieren. Forschungsdaten sollten gemäß bestehender oder noch zu entwickelnder Standards erhoben, gespeichert und archiviert werden. Schließlich wird empfohlen, geeignete Infrastrukturen in Verbindung mit einem nachhaltigen Forschungsdatenmanagement zu entwickeln. Nach der Unterzeichnung dieser Empfehlungen sollen nun geeignete Maßnahmen zwischen den Partnerorganisationen abgestimmt werden, um die Umsetzung der Empfehlungen zu garantieren.

Unabhängig von der Allianz-Initiative „Digitale Information" hat der DFG-Unterausschuss Informationsmanagement des Ausschusses für Wissenschaftliche Bibliotheken und Informationssysteme im Januar 2009 „Empfehlungen zur gesicherten Aufbewahrung und Bereitstellung digitaler Forschungsdaten" veröffentlicht.[17] Diese Empfehlungen sind ein Ergebnis von verschiedenen Workshops und Expertenrundgesprächen auf Initiative der DFG. Sie enthalten eine Definition von Forschungs*primär*daten[18], sowie die Empfehlung, fachspezifische Aspekte in ausreichender Weise zu berücksichtigen. Forschungsdaten sollten unter Anwendung allgemein akzeptierter Standards aufbewahrt und gesichert und sollten mit einer Identifikation des Datenproduzenten versehen werden. Wissenschaftler werden in dem Papier aufgefordert, Forschungsdaten „nach

---

16 Vgl. Allianz-Initiative (2010b).
17 Vgl. DFG (2009c).
18 In diesen Empfehlungen wird der Terminus „Forschungs*primär*daten" verwendet, der in dieser Form bereits in früheren Papieren genutzt wurde. Aufgrund der dadurch bedingten unnötigen Einschränkung verbunden mit einer nicht abgestimmten allgemeinen Definition von „Primärdaten" sollte nur noch der Begriff Forschungsdaten verwendet werden.

Möglichkeit überregional und frei" zur Verfügung zu stellen. Daten sollten generell nach zu entwickelnden oder bereits bestehenden Standards mit Metadaten versehen werden. Die Vertreter aller wissenschaftlichen Disziplinen werden aufgerufen, Mechanismen und Methoden für eine geeignete Qualitätssicherung zu entwickeln.

Die Gemeinsame Wissenschaftskonferenz des Bundes und der Länder (GWK) hat 2009 die Leibniz-Gemeinschaft gebeten, ein übergreifendes Konzept für die Fachinformationsinfrastruktur in Deutschland zu erarbeiten.[19] Die aus diesem Auftrag heraus entstandene Kommission „Zukunft der Informationsinfrastruktur" (KII) hat im Laufe des Jahres 2010 in acht themenorientierten Arbeitsgruppen Empfehlungen zu den wichtigsten Aspekten einer zukünftigen Informationsinfrastruktur erarbeitet. Die meisten Arbeitsgruppen waren inhaltlich und organisatorisch eng mit den komplementären Arbeitsgruppen der Allianz-Initiative „Digitale Information" verzahnt. Im Gegensatz zu dem zeitlich nicht begrenzten und operativen Charakter der Allianz-Arbeitsgruppen, besaß die Kommission einen strategischen und zeitlich bis zur Fertigstellung der Empfehlungen begrenzten Auftrag. Die Arbeitsgruppe „Forschungsdaten" konstatiert, dass es trotz der Reihe einzelner Aktivitäten einen erheblichen Handlungsbedarf gebe. Dieser überschneidet sich inhaltlich mit den von der Allianz Arbeitsgruppe „Forschungsdaten" identifizierten Aufgaben: erkannt werden organisatorische, technische, rechtliche und insbesondere finanzielle Herausforderungen. Explizit eingefordert wird die Berücksichtigung der disziplinären Unterschiede. Dies drückt sich auch in den entwickelten Empfehlungen aus, die sich an die Hauptakteure im Umgang mit Forschungsdaten richten. Die Tatsache, dass sich in den Wissenschaftsbereichen mit einer hohen internationalen Vernetzung bereits jetzt z.T. institutionelle Strukturen gebildet haben, zeige, dass anerkannte und vertrauenswürdige Einrichtungen in der Lage seien, eine Führungsrolle im Prozess der Entwicklung einer nachhaltigen Forschungsdatenbereitstellung zu übernehmen. Hochschulen und Forschungseinrichtungen sieht die Arbeitsgruppe in der Verantwortung, sich an einer Bewusstseinsbildung zu beteiligen. Dies könne durch Maßnahmen wie die Etablierung zentraler Strukturen, Einführung von Datenmanagementplä-

---
19 Vgl. Kommission Zukunft der Informationsinfrastruktur (2011).

nen oder Angeboten für die Sicherung von Daten im Sinne der guten wissenschaftlichen Praxis erreicht werden. Zudem gilt es die rechtlichen Rahmenbedingungen für den Umgang mit Daten klarer zu gestalten. Die Forschungsförderorganisationen sind dazu aufgerufen, Programme zur Förderung von Pilotprojekten und wissenschaftlichen Projekten mit Bedarf eines professionellen Forschungsdatenmanagements anzubieten und Mittel zur Entwicklung disziplinspezifischer Organisationsformen bereitzustellen. Informationsinfrastrukturen werden in der Pflicht gesehen, lokale Dienstleistungs- und Beratungsangebote aufzubauen. Entsprechende Aktivitäten sollten in enger Abstimmung mit Vertretern der einzelnen Disziplinen erfolgen und überregional vernetzt werden. Ebenso sollte die vorhandene Expertise im Informationsmanagement mit Schwerpunkt Forschungsdaten durch Schulungen und Weiterbildungsangebote sowohl den Wissenschaftlern, als auch den eigenen Mitarbeitern angeboten werden. Ein weiteres Desiderat sieht die Arbeitsgruppe in der Verknüpfung von Forschungsdatenrepositorien mit geeigneten Publikationsdatenbanken der Verlage. Bund und Ländern als Träger öffentlich finanzierter Forschung wird empfohlen, Forschungsdaten als nationales Kulturgut anzuerkennen und somit Möglichkeiten für eine dauerhafte Archivierung und zukünftige Bereitstellung zu eröffnen. Dies müsse einhergehen mit einer Festlegung klarer Verantwortlichkeiten und dem Aufbau geeigneter organisatorischer Strukturen sowie der Mitwirkung an einer Klärung der rechtlichen Rahmenbedingungen. Zudem wird die Forderung formuliert, mittelfristig Mittel für den grundlegenden Aufbau einer geeigneten Forschungsdateninfrastruktur bereitzustellen.

Das von der Kommission erarbeitete Papier „Gesamtkonzept für die Informationsinfrastruktur in Deutschland" ist der GWK im Mai 2011 vorgelegt worden. Das Konzept als umfassendes Planungsdokument und der angestoßene Prozess der strukturellen Kooperation zwischen allen zentralen Akteuren der Informationsinfrastruktur wurden begrüßt und der Wissenschaftsrat wurde gebeten, die Ergebnisse bis Mitte 2012 in seine „Empfehlungen zu Forschungsinfrastrukturen" einzubeziehen.

In einem umfangreichen Positionspapier, das im Januar 2011 veröffentlicht wurde, befasst sich der Wissenschaftsrat mit der Bedeutung von

Informationsinfrastrukturen für die Forschung in Deutschland.[20] In diesem Papier werden wissenschaftliche Sammlungen, Bibliotheken, Archive und Datensammlungen im weiteren Sinn unter dem Begriff Informationsinfrastrukturen subsummiert. Im Einklang mit den Empfehlungen anderer wissenschaftspolitischer Organisationen misst der Wissenschaftsrat der Entwicklung von Informationsinfrastrukturen eine große Bedeutung für den Wissenschaftsstandort Deutschland zu. Besondere Akzente werden dabei auf die deutlich auszubauende Rolle der Universitäten und der Finanzierung durch die Länder, eine sorgfältig abgestimmte Planung und eine besonders enge Einbindung der Wissenschaft in die Gestaltungsprozesse gesetzt. Der Wissenschaftsrat plädiert dafür, bis 2020 eine „nationale Gesamtstrategie für Informationsinfrastrukturen" in Deutschland zu entwickeln.

2.1.3 Informationsinfrastruktureinrichtungen

Bereits im Jahre 1996 stellte die Hochschulrektorenkonferenz in ihren Empfehlungen des 179. Plenums fest, dass sich „in der Informationsgesellschaft [...] Methoden und Techniken der Erzeugung, Verbreitung und Vermittlung von Wissen grundlegend verändern [werden]"[21]. Als unmittelbarer Handlungsbedarf wird festgehalten, dass als „zentrale Einrichtungen [...] innerhalb der Hochschulen [...] Rechenzentren, Medienzentren und Bibliotheken verstärkt Dienstleistungsfunktionen für die Fachbereiche übernehmen [sollten]"[22]. Im Grundsatz besteht dieser Bedarf noch heute. Vor 15 Jahren stand zwar die Nutzung der Informationstechnik in der Lehre und die Verbreitung feststehender Lerninhalte im Fokus und nicht die Bereitstellung von Forschungsdaten. Allerdings unterscheiden sich die informationsfachlichen und organisatorischen Anforderungen in beiden Bereichen kaum.[23] Die zunehmende Nutzung digitaler Informa-

---

20 Vgl. Wissenschaftsrat (2011b).
21 HRK (1996).
22 Ebenda.
23 Vgl. Allianz-Initiative (2008); Allianz-Initiative (2010b); Kommission Zukunft der Informationsinfrastruktur (2011).

tionssysteme in der Wissenschaft ist ein unumkehrbarer Prozess[24], der von spezifischen Herausforderungen begleitet wird. Die Betreiber von Informationsinfrastrukturen stehen hierbei in einer besonderen Verantwortung. Disziplinspezifische Informationsinfrastrukturen sind bereits unter 2.1.2 thematisiert worden und reflektieren in gewisser Weise die in Selbstorganisation umgesetzte Deckung eines fachlichen Bedarfs an digitaler Informationsversorgung. Der von Wissenschaftlern formulierte Bedarf steht dabei im Vordergrund, was in der Vergangenheit aufgrund nicht ausreichend berücksichtigter informationsfachlicher Anforderungen vielfach zu solitären und nicht vernetzten Inselstrukturen führte.

Der 1996 von der Hochschulrektorenkonferenz identifizierte Handlungsbedarf von Seiten der „zentralen Einrichtungen" – im Sinne einer Übernahme von Verantwortung – wird nun zunehmend von einzelnen Akteuren aufgegriffen. Die TIB kann hier, wie bereits erwähnt, als ein Beispiel genannt werden. Neben den genuinen Grundaufgaben einer Bibliothek im Bereich der Literaturversorgung spielt das aktive Gestalten und Entwickeln von Systemen zur Informationsversorgung digitaler Inhalte eine immer größere Rolle. Entscheidend ist an dieser Stelle die Umsetzung eigener informationsfachlicher Expertise in Dienstleistungen, die wissenschaftlichen Anforderungen entsprechen. Neben organisatorischen und informationsfachlichen Aspekten muss hier vor allem auch die Nutzerperspektive untersucht und berücksichtigt werden. Von großer Bedeutung ist in diesem Zusammenhang die Herstellung und Vermittlung eines Mehrwerts im Sinne von Anreizen, digitale Informationssysteme nicht nur durch *data retrieval* zu nutzen, sondern auch durch Bereitstellung von Informationen diese anzureichern. Der TIB in Hannover ist es beispielsweise gelungen, sich als Agentur für die Vergabe sogenannter DOI zu etablieren und das internationale DataCite Konsortium mit zu gründen.[25] In der Bundesrepublik sind die Deutsche Zentralbibliothek für Medizin (ZB MED), das Leibniz-Institut für Sozialwissenschaften (GESIS) und die Deutsche Zentralbibliothek für Wirtschaftswissenschaften (ZBW) weitere Mitglieder bei DataCite. DOI ermöglichen das persistente Referenzieren auf digitale Inhalte im Internet. Dies ist eine

---

24 Vgl. Horlings et al. (2006).
25 Vgl. DataCite (2011).

wesentliche Voraussetzung nicht nur eines zuverlässigen Wiederauffindens bestimmter Inhalte, sondern auch eines möglichen Reputationsgewinns des ursprünglichen Datenproduzenten. Inhalte können so mit den Urhebern der Daten verknüpft werden. Darüber hinaus erlaubt das System auch eine Verknüpfung von gegebenenfalls in eigenen Repositorien gespeicherten Forschungsdaten und wissenschaftlichen Publikationen. Zugleich erleichtert eine persistente Identifikation die Entwicklung und den Betrieb innovativer Publikationsaktivitäten für Forschungsdaten[26] und hat inzwischen zu neuen Möglichkeiten von Kooperationen zwischen wissenschaftlichen Infrastruktureinrichtungen und Verlagen[27] geführt.

Derartige Initiativen stehen exemplarisch dafür, wie „traditionelle" Informationsinfrastruktureinrichtungen sich in die Diskussion über eine Verbesserung des Umgangs mit Forschungsdaten einbringen können. Auch Einrichtungen jenseits wissenschaftlicher Bibliotheken sollten in diese Diskussion einbezogen werden. Denn die langfristige Aufbewahrung von Forschungsdaten bringt vielfältige Herausforderungen mit sich, die nicht von einzelnen Akteuren gelöst werden können. Bei den Aufbewahrungsfristen geht es dabei z.B. explizit nicht um einen begrenzten, fest definierten Zeitraum, sondern vielmehr sollte die Diskussion von dem Anspruch geleitet werden, Forschungsdaten „bis auf weiteres" zu archivieren.[28] In Bezug auf Forschungsdaten und die Entscheidung, welche Daten wie aufbewahrt werden sollten, sind allgemeine Fragen der Langzeitarchivierung und der damit verbundenen langfristigen Bereitstellung zu berücksichtigen. In diesem Feld könnten sich die Archive mit ihrer Fachexpertise verstärkt einbringen. Denn es besteht der Bedarf, geeignete, wissenschaftlichen Anforderungen genügende Maßnahmen und Regelwerke zu entwickeln. Einige Landes- und Universitätsarchive zeigen

---

26 Vgl. z.B. ESSD (2011).
27 Vgl. z.B., dass zwischen Elsevier und dem Informationssystem PANGAEA unter Verwendung von DOI gegenseitig zwischen Datensätzen bei PANGAEA und digital vorliegenden Veröffentlichungen bei Elsevier verwiesen wird.
28 Stefan Luther von der Deutschen Rentenversicherung berichtete z.B. 2010 auf dem 11. Bibliotheken Summit in Weimar in seinem Vortrag über das „Zusammenspiel von hochvolumigen Archiven und Storageplattformen" davon, dass nicht das reine Datenvolumen ein Problem sei. Dies sei vielmehr das Löschen von Daten. In diesem konkreten Fall seien die ungeklärten Lebenszyklen der Daten der Hintergrund.

bereits Interesse, sich dieser Herausforderung zu stellen. Die Anforderung, Forschungsdaten professionell zu sichern, zu archivieren und bereitzustellen erfordert darüber hinaus ein auf diese Maßnahmen abgestimmtes IT-Umfeld. An dieser Stelle kann ohne Zweifel die Expertise aus Rechenzentren eingebracht werden. Primär besteht die Aufgabe von Rechenzentren zwar in der Sicherstellung des unterbrechungsfreien Betriebes der IT-Infrastruktur einer Organisationseinheit wie einer Universität. Allerdings wandeln sich die Aufgaben der Rechenzentren. Zunehmend spielen jenseits der rein technischen Betreuung der IT-Infrastruktur auch Dienstleistungen für Nutzer eine Rolle.[29] Welche dieser Dienstleistungen von den Rechenzentren mit Bezug auf das Forschungsdatenmanagement im Detail erbracht werden können, gilt es noch zu diskutieren. Es erscheint jedoch mehr als naheliegend, dass z.B. im Umfeld der Hochdurchsatztechnologien in den Lebenswissenschaften die professionelle Expertise der Rechenzentren dringend benötigt wird.

Erst seit Kurzem beteiligen sich auch wissenschaftliche Sammlungen und Museen mit Forschungsabteilungen an der Diskussion um eine übergreifende digitale Informationsversorgung. Der Aufbau und die systematische Nutzung digitaler Systeme in solchen Institutionen jenseits der reinen Sammlungsverwaltung und -inventarisierung befinden sich erst am Anfang. Auf internationaler Ebene wird der Bedarf eines koordinierten Vorgehens von den großen naturwissenschaftlichen Museen im Rahmen der Scientific Collections International (SciColl) Initiative bereits seit 2006 diskutiert.[30] Auf nationaler Ebene wurde dieses Thema inzwischen aufgegriffen und z.B. das bislang auf handschriftliche und gedruckte Überlieferung ausgerichtete Förderportfolio der DFG im Bereich Digitalisierung im Jahr 2011 um eine Ausschreibung für Pilotprojekte zur *„Erschließung und Digitalisierung von objektbezogenen wissenschaftlichen Sammlungen"* ergänzt.[31] Die Intention dieser breit angelegten Ausschreibung ist es, den Bedarf und das Interesse in diesem Umfeld zu eruieren und Erfahrungen für die Entwicklung zukünftiger Fördermaßnahmen zu sammeln. Neben den spezifischen technischen und organi-

---

29 Vgl. z.B. die Aufgabenbeschreibung des Rechenzentrums der Universität Stuttgart: http://www.rus.uni-stuttgart.de/rus/ueberuns (02.02.2012).
30 Vgl. SCICOLL (2011).
31 Vgl. DFG (2010a).

satorischen Herausforderungen im Bereich der Erschließung und Digitalsierung von Objekten ergeben sich mit der Sicherung, Archivierung und Bereitstellung der digitalen Informationen in diesem Zusammenhang konkrete informationsfachliche Erfordernisse, die auch im Bereich von Forschungsdaten eine Rolle spielen. Insofern sollten alle Maßnahmen von einschlägiger informationsfachlicher Expertise begleitet werden. Entsprechend den Empfehlungen des Wissenschaftsrates vom 28. Januar 2011 erfordern diese Maßnahmen einen hohen Grad an Eigeninitiative und Selbstorganisation seitens der Sammlungen bzw. ihrer Träger.[32]

Als Grundlagen der meisten Forschungsergebnisse sind Forschungsdaten ein integraler Bestandteil wissenschaftlicher Veröffentlichungen. Insofern ist eine Verknüpfung zwischen digital vorliegenden wissenschaftlichen Aufsätzen mit ihren zugrundeliegenden Daten nicht nur sinnvoll, sondern erscheint geradezu zwingend. Dies wird durch die Vergabe von DOI ermöglicht und ist in einigen Fällen bereits umgesetzt.[33] Für die Umsetzung dieser Verknüpfung gibt es jedoch noch kein standardisiertes Verfahren. Genauso wenig gibt es eine eindeutige Vereinbarung bezüglich der entsprechenden Verantwortlichkeiten. In diesem Bereich ist es naheliegend, dass wissenschaftliche Fachverlage eine wichtige Rolle spielen können und in die Verantwortung genommen werden sollten, diese Verknüpfung aktiv zu unterstützen. Als Voraussetzung einer freien Wissenschaft und des bestmöglichen Zugangs zu Forschungsergebnissen muss dabei ein freier und überregionaler Zugang zu den jeweiligen Daten – verlinkt über die wissenschaftlichen Publikationen oder über die Forschungsdatenrepositorien – gewährleistet sein.

2.1.4 Förderorganisationen

Als wichtigen Geldgebern für die Wissenschaft kommt den Förderorganisationen in der gesamten Diskussion eine tragende Rolle zu. Die Aufforderung an Mittelempfänger professionell mit Forschungsdaten umzugehen und sich aktiv an Maßnahmen zur Entwicklung geeigneter Systeme zu beteiligen, muss unmittelbar mit der Bereitstellung der

---

32 Vgl. Wissenschaftsrat (2011a).
33 Vgl. z.B. ESSD (2011).

dafür benötigten Mittel einhergehen. Entsprechender Handlungsbedarf und die damit verbundene Verantwortung werden seitens der Förderorganisationen weitestgehend erkannt. Es besteht jedoch angesichts zahlreicher, noch ungeklärter Detailfragen keine Einigkeit darüber, welche konkreten und vor allem langfristigen Fördermaßnahmen ergriffen werden sollten. Vor dem Hintergrund eines nicht unerheblichen Finanzbedarfs, dessen konkretes Volumen derzeit kaum ermittelbar ist, sowie der Überschneidung der Drittmittel unabhängigen, institutionellen Förderung ist es zwingend erforderlich, zunächst grundlegende Rahmenbedingungen zu erarbeiten. Vorrangig von Bedeutung sind dabei der tatsächliche Bedarf der einzelnen wissenschaftlichen Disziplinen und interdisziplinären Arbeitsbereiche, die damit einhergehenden Verantwortlichkeiten sowie die Umsetzung einer möglichst weitreichenden Akzeptanz des nachhaltigen Umgangs mit Forschungsdaten und der damit verbundenen Veränderungen des wissenschaftlichen Arbeitens. Diese tiefgreifende Veränderung in der Wissenschaftskultur macht eine frühzeitige Beteiligung der Wissenschaftler zwingend erforderlich.

Im Rahmen ihrer Förderschwerpunkte bis zum Jahr 2015 hat die DFG im Jahr 2010 die Ausschreibung zu „Informationsinfrastrukturen für Forschungsdaten"[34] zur Entwicklung und Optimierung von Informationsinfrastruktur durchgeführt, die einen effizienten und nachhaltigen Umgang mit Forschungsdaten anstreben.[35] Die Ausschreibung zielte darauf ab, neue Maßnahmen für disziplinspezifische Organisationsformen anzuregen und bestehenden Forschungsdatenrepositorien Optionen zu bieten, ihre Dienstleistungen weiter auszubauen oder zu professionalisieren. Aus dieser Ausschreibung sind Projekte aus einer Vielzahl von wissenschaftlichen Disziplinen hervorgegangen, bei denen Informationsinfrastruktureinrichtungen eng mit der Wissenschaft kooperieren. Zugleich wird seit April 2010 im Antragsverfahren für wissenschaftliche Vorhaben von Antragstellern erwartet, dass sie sich zum Umgang mit den im geplanten Projekt erzeugten Forschungsdaten äußern. Im Antragsleitfaden heißt es dazu:

> „Wenn aus Projektmitteln systematisch (Mess-) Daten erhoben werden, die für die Nachnutzung geeignet sind, legen Sie bitte dar, welche Maßnahmen ergriffen wurden bzw. während der Laufzeit des Projektes getroffen werden,

---
34 Vgl. DFG (2010b).
35 Vgl. DFG (2006).

2 Stand der Diskussionen und Aktivitäten

um die Daten nachhaltig zu sichern und ggf. für eine erneute Nutzung bereit zu stellen. Bitte berücksichtigen Sie dabei auch – sofern vorhanden – die in Ihrer Fachdisziplin existierenden Standards und die Angebote bestehender Datenrepositorien."[36]

Diese Anforderung soll dazu beitragen, dass sich Antragsteller, falls nötig, konkrete Gedanken zum Umgang mit digitalen Ergebnissen aus den mit Mitteln der DFG geförderten Projekten machen und sich ggf. mit geeigneten Partnern aus dem Bereich der Informationsinfrastrukturen zusammenschließen. Gleichzeitig eröffnet dieses Vorgehen bestehenden Forschungsdatenrepositorien die Möglichkeit, ihre Dienstleistungen präziser an die Anforderungen seitens der Wissenschaft anzupassen oder entsprechend auszubauen und dadurch eine größere Akzeptanz und Nachhaltigkeit zu erreichen. Mit ähnlicher Zielrichtung wurde bereits 2007 im Rahmen der Förderung von Sonderforschungsbereichen (SFB) die Möglichkeit eröffnet, Mittel für zentrale Teilprojekte zu beantragen, die sich in Kooperation mit geeigneten Infrastruktureinrichtungen mit Datenmanagement und nachhaltiger Verfügbarkeit der im SFB erarbeiteten Forschungsdaten befassen.[37] Derzeit nutzen bereits über 20 Sonderforschungsbereiche diese Möglichkeit. Eine vergleichbare Anpassung im Antragsverfahren erfolgte in der zweiten Runde der Exzellenzinitiative, bei der das Antragsmuster für Exzellenzcluster um die Aufforderung ergänzt wurde, Aussagen zum Datenmanagement zu machen. Hierdurch sollte erreicht werden, dass der Umgang mit Daten thematisiert und bereits zu diesem frühen Zeitpunkt geeignete Maßnahmen mit berücksichtigt werden.

Auch das BMBF verfolgt mit der Anforderung im Rahmen eines „Verwertungsplanes" in Anträgen entsprechende Aussagen zu machen die Zielrichtung, eine zukünftige (Nach-) Nutzbarkeit der Projektergebnisse zu gewährleisten. Neben einer Darstellung der wissenschaftlichen, wirtschaftlichen und technischen Erfolgsaussichten geht es dabei um die Anschlussfähigkeit im Sinne einer zukünftigen Nutzung der Projektergebnisse in wissenschaftlichen Anschlussprojekten, in der angewandten Forschung oder im Rahmen einer wirtschaftlichen Verwertung.[38] Zur Projektvorbereitung wird eine Übersicht über Fachinformationszentren und überregi-

---

36 DFG (2010c), S. 32.
37 Vgl. DFG (2009c).
38 Vgl. BMBF (2011a).

onale Informationseinrichtungen bereitgestellt,[39] die in der Regel jedoch nicht den Charakter von Forschungsdatenrepositorien besitzen. Eine Darstellung der erforderlichen Maßnahmen zur Sicherung, Archivierung und Nachnutzung von Forschungsdaten und anderen digitalen Ergebnissen ist derzeit nicht enthalten. Dieser Ansatz ist stark geprägt von den unterschiedlichen Strategien in den einzelnen Fachreferaten und ausschließlich Projekt bezogen.

Mit der D-GRID Initiative fördert das BMBF bereits seit 2005 eine nationale IT Infrastruktur, die das Ziel hat, sowohl für die Wissenschaft, als auch die Industrie eine leistungsstarke Rechen- und Speicherstruktur zur Verfügung zu stellen. Zahlreiche einzelne Projekte innerhalb von D-GRID adressieren neben wissenschaftlichen Zielsetzungen betriebliche und kommerzielle Anwendungen, sowie Projekte, die den GRID Betrieb auf unterschiedlichen Ebenen sicherstellen. D-GRID ist geprägt von intensiven Kooperationen zwischen Industriepartnern und/oder Wissenschafts- und Forschungseinrichtungen. Im wissenschaftlichen Bereich haben eine Reihe von Disziplinen spezifische GRID Initiativen ins Leben gerufen, in denen die charakteristischen Anforderungen für die Datenverarbeitung adressiert und entsprechende Angebote gemacht werden. Im Vordergrund stehen jedoch häufig Anwendungen und Dienstleistungen, die den Charakter von virtuellen Forschungsumgebungen haben. Ein nachhaltiges Daten- und Informationsmanagement, eine Langzeitarchivierung und die Betreuung und Bereitstellung von Forschungsdaten wurden bisher nur in einigen Projekten aufgegriffen (z.B. AstroGrid, C3Grid, TextGrid, WissGrid)[40].

Eine systematische Förderung von Vorhaben zum Management von Forschungsdaten seitens weiterer Förderorganisationen, Stiftungen oder anderen Geldgebern ist nicht bekannt.

---

39 Vgl. BMBF (2011b).
40 Vgl. D-GRID (2011b).

2.2 International

Stefan Strathmann

Der Umgang mit Forschungsdaten in Deutschland ist im Wesentlichen ein Spiegelbild der internationalen Situation. Auch international stehen die organisatorischen Anpassungen der strukturellen Rahmenbedingungen an die veränderten Anforderungen einer auf den umfassenden Einsatz von Informationstechnologien basierenden Forschung häufig noch aus.[41] Auch international sind vorwiegend Graswurzelprojekte und vereinzelte Leuchttürme zu beobachten, die sich aktiv den Herausforderungen eines zukunftsfähigen Forschungsdatenmanagements stellen. Auch international gibt es aber bereits seit einigen Jahren Organisationen und Institutionen, die sich bemühen, die langfristige Archivierung und Verfügbarkeit von Forschungsdaten sicherzustellen. Die im Folgenden kurz vorgestellten Organisationen und Institutionen können nur eine Auswahl sein.[42]

2.2.1 Internationale Organisationen

Die Auswahl der vorgestellten Institutionen und Organisationen erfolgt im Hinblick auf eine breite Abdeckung verschiedener Vorgehensweisen in Bezug auf die Langzeitarchivierung von Forschungsdaten. Die ausgewählten Institutionen sind somit Repräsentanten größerer Gruppen ähnlich agierender Einrichtungen.

---

41 Vgl. Kap. 2.1.
42 Neben den in diesem Kapitel institutionszentriert dargestellten Aktivitäten und Diskussionen finden selbstverständlich auch internationale übergreifende Diskussionen statt. Ergänzend zu den Community-basierten Diskussionen (vgl. Kap. 3) ist insbesondere die E-Mail Liste Research-Dataman (https://www.jiscmail.ac.uk/cgi-bin/webadmin?A0=RESEARCH-DATAMAN) zu nennen, die vom britischen Digital Curation Center (DCC) im Auftrag des Joint Information Systems Committee (JISC) initiiert wurde.

United Nations Educational, Scientific and Cultural Organization (UNESCO)

Die „Charta zur Bewahrung des digitalen Kulturerbes"[43], die am 17. Oktober 2003 auf der 32. Generalkonferenz der UNESCO[44] verabschiedet wurde, schließt auch wissenschaftliche Forschungsdaten mit ein:

> „Das digitale Erbe besteht aus einzigartigen Quellen menschlichen Wissens und menschlicher Ausdrucksweisen. Es umfasst Quellen aus Kultur, Bildung, Wissenschaft und Verwaltung ebenso wie technische, rechtliche, medizinische und andere Arten von Informationen, die digital erstellt oder von existierenden analogen Datenträgern in digitale Form konvertiert wurden."[45]

Digitale Forschungsdaten werden hier als Teil des digitalen kulturellen Erbes aufgefasst und die Mitgliedstaaten der UNESCO sind aufgefordert, dieses Erbe zu bewahren um „[…] sicherzustellen, dass es für die Öffentlichkeit zugänglich bleibt."[46] In Bezug auf die Forschungsdaten heißt es:

> „Es sollten Maßnahmen ergriffen werden, um […]
>
> (c) Universitäten und andere, sowohl öffentliche als auch private Forschungseinrichtungen zu ermutigen, ihre Forschungsdaten zu bewahren."[47]

Durch diese Charta haben die Vereinten Nationen schon relativ früh auf die Notwendigkeit umfassender Maßnahmen zur Erhaltung des kulturellen und wissenschaftlichen Erbes aufmerksam gemacht und ihre Mitgliedstaaten zur Sicherung dieses Erbes verpflichtet.

Organisation für wirtschaftliche Zusammenarbeit und Entwicklung (OECD)

In Anbetracht der enormen Kosten für die Erstellung wissenschaftlicher Forschungsdaten ist der Umgang mit Forschungsdaten auch ein Thema der OECD[48]. Bereits 2004 war die Archivierung von und der Zugang zu

---

43 UNESCO (2003).
44 Vgl. UNESCO Homepage: http://www.unesco.org.
45 UNESCO (2003).
46 UNESCO (2003).
47 UNESCO (2003).
48 Vgl. OECD Homepage: http://www.oecd.org.

(von der öffentlichen Hand) geförderten Forschungsdaten ein Gegenstand des Abschlussdokumentes[49] des „OECD Committee for Scientific and Technological Policy at Ministerial Level". Die Forschungsminister kamen zu folgendem Schluss:

> "Co-ordinated efforts at national and international levels are needed to broaden access to data from publicly funded research and contribute to the advancement of scientific research and innovation. To this effect, Ministers adopted a Declaration entrusting the OECD to work towards commonly agreed Principles and Guidelines on Access to Research Data from Public Funding."[50]

Der Zugang zu öffentlich geförderten Forschungsdaten ist ebenfalls Gegenstand eines eigenen Annex I zu diesem Dokument. Auf der Basis dieser ministeriellen Beschlüsse wurden dann Empfehlungen zum Umgang mit öffentlich geförderten Forschungsdaten entwickelt.[51] Diese „Principles and Guidelines for Access to Research Data from Public Funding" wurden von der OECD angenommen und als „Recommendation" veröffentlicht. OECD-Recommendations sind zwar formell nicht bindend, enthalten aber dennoch einen hohen Verpflichtungsgrad.[52] Der letzte Punkt, Abschnitt „M" der Empfehlungen, widmet sich der Nachhaltigkeit. Dort heißt es:

> "Due consideration should be given to the sustainability of access to publicly funded research data as a key element of the research infrastructure. This means taking administrative responsibility for the measures to guarantee permanent access to data that have been determined to require long-term retention. This can be a difficult task, given that most research projects, and the public funding provided, have a limited duration, whereas ensuring access to the data produced is a long-term undertaking. Research funding agencies and research institutions, therefore, should consider the long-term preservation of data at the outset of each new project, and in particular, determine the most appropriate archival facilities for the data."[53]

Insbesondere der Hinweis, die Langzeitarchivierung der anfallenden Forschungsdaten schon von Anfang an – sowohl von Seiten der Wissenschaftler als auch von Seiten der Forschungsförderung – mit zu berück-

---

49 Vgl. OECD (2004).
50 OECD (2004).
51 Vgl. OECD (2007).
52 Diese Recommendations sind ein sog. „soft law". Vgl. OECD (2007), S. 7.
53 OECD (2007), S. 22.

sichtigen, wird immer deutlicher zu einem Schlüssel für ein erfolgreiches Forschungsdatenmanagement.

Europäische Union (EU)

In den Forschungsrahmenprogrammen der EU finden Fragen der Forschungsdateninfrastruktur schon seit einigen Jahren eine besondere Berücksichtigung.[54] Ebenso wie Projekte zur Langzeitarchivierung von Kulturgütern werden und wurden seit Jahren auch Projekte zur Langzeitarchivierung von Forschungsdaten gefördert. Hier kann bspw. auf das abgeschlossene Projekt PARSE.Insight[55] und das laufende Projekt APARSEN[56] verwiesen werden, die beide von der „Alliance for Permanent Access"[57] initiiert wurden. Zurzeit ist die Entwicklung von Forschungsinfrastrukturen, zu denen auch Dateninfrastrukturen gehören, einer der Schwerpunkte des 7. EU Forschungsrahmenprogramms.[58] Dies beruht nicht zuletzt auch auf der Umsetzung der Vorgaben des European Strategy Forum on Research Infrastructures (ESFRI).[59] Dieses Forum ist ein strategisches Instrument zur Entwicklung der Forschungsinfrastruktur in Europa. Insbesondere die Integration und strategisch bestimmte Entwicklung von Policies zur Forschungsinfrastruktur stehen im Fokus dieser von den Forschungsministern der Mitgliedstaaten nominierten Gruppe.

Eine Vision einer EU Strategie im Umgang mit Forschungsdaten findet sich u.a. in dem Report der High-Level Group on Scientific Data „Riding the Wave: How Europe can gain from the rising tide of scientific data".[60] Zentraler Bestandteil der dort entwickelten Vision ist eine kollaborative Dateninfrastruktur, bei der die Daten die eigentliche Infrastruktur darstellen und die derzeitige physische und technische Infrastruktur unsichtbar in den Hintergrund tritt.

---

54 Vgl. z.B. EU (2007), S. 68ff.
55 Vgl. PARSE.Insight Homepage: http://www.parse-insight.eu.
56 Vgl. European Commission (2011b).
57 Vgl. Alliance for Permanent Access Homepage: http://www.alliancepermanentaccess.org.
58 Vgl. European Commission (2011a).
59 Vgl. European Commission (2011c).
60 Vgl. High Level Expert Group on Scientific Data (2010).

Auch der Bericht des Comité des Sages[61] vom Januar 2011 stellt eine zwingende Verbindung zwischen der fortschreitenden Digitalisierung und der damit verbundenen Notwendigkeit der digitalen Langzeitarchivierung her.

Weltgesundheitsorganisation (WHO) und andere

Unter maßgeblicher Beteiligung der Weltgesundheitsorganisation (WHO)[62] und des Wellcome Trusts[63] haben sich in den letzten Jahren eine Reihe von Organisationen, die Vorhaben im Bereich des Gesundheitswesens fördern, auf gemeinsame Förderziele, Visionen und Prinzipien verständigt und Anfang 2011 in einem gemeinsamen Statement einen Verhaltenskodex veröffentlicht.[64] Dieser Kodex beschreibt insbesondere wichtige Anforderungen an das Datenmanagement und den Zugang zu den durch die Förderung entstandenen Daten. Als langfristige Erwartungen werden u.a. formuliert:

> "• Data collected for health research are made available to the scientific community for analysis which adds value to existing knowledge and which leads to improvements in health [...]
>
> • To the extent possible, datasets underpinning research papers in peer-reviewed journals are archived and made available to other researchers in a clear and transparent manner"[65]

Die langfristige Verfügbarkeit der Forschungsdaten im medizinischen Sektor ist demnach erklärtes Ziel der beteiligten Förderorganisationen.

Knowledge Exchange

Knowledge Exchange[66] ist ein kooperativer Zusammenschluss von vier europäischen Förderinstitutionen, um durch den koordinierten Einsatz der Mittel ihre Förderziele besser zu verwirklichen. Die Partner sind: Denmark's Electronic Research Library (DEFF)[67], die Deutsche Forschungsgemein-

---

61 Vgl. Niggemann; De Decker; Levy (2011).
62 Vgl. WHO Homepage: http://www.who.int.
63 Vgl. Wellcome Trust Homepage: http://www.welcome.ac.uk.
64 Vgl. Wellcome Trust (2011b).
65 Wellcome Trust (2011a).
66 Vgl. Knowledge Exchange Homepage: http://www.knowlegde-exchange.info.
67 Vgl. DEFF Homepage: http://www.deff.dk.

schaft (DFG)[68], das britische Joint Information Systems Committee (JISC)[69] und die SURFfoundation[70] in den Niederlanden.

Der dauerhafte Zugang zu Forschungsdaten ist ein Schwerpunkt der gemeinsamen Aktivitäten.[71] Auf der Webseite der Kooperation wird apodiktisch ausgeführt:

> "In the future of academic and scholarly communication compound publications in the means of article and research data will play an ever increasing role. Research data have to be accessible both as open access and in the long term but also in different environments and tools."[72]

Mit der Anforderung, dass Forschungsdaten nicht nur offen und langfristig zugänglich sein müssen, sondern auch für verschiedene Umgebungen und Werkzeuge bereitgestellt werden sollten, knüpft das Knowledge-Exchange-Konsortium an die Diskussionen um ein Lebenszyklus-Modell bei der digitalen Langzeitarchivierung an.[73]

2.2.2 Beispielhafte Umsetzung

National Science Foundation (NSF)

Die US amerikanische NSF[74] hat seit Anfang 2011 die Regeln für Anträge auf Förderung weitreichend geändert:

> "The National Science Foundation has released a new requirement for proposal submissions regarding the management of data generated using NSF support. Starting in January, 2011, all proposals must include a data management plan (DMP)."[75]

D.h. jetzt verlangt jeder Antrag auf Förderung zwingend auch einen „data management plan (DMP)", in dem die während der Förderung produzierten Daten beschrieben werden und in dem erläutert wird, wie das

---

68 Vgl. DFG Homepage: http://www.dfg.de; Kap. 2.1.
69 Vgl. JISC Homepage: http://www.jisc.ac.uk.
70 Vgl. SURFfoundation Homepage: http://www.surffoundation.nl.
71 U.a. wurde von Knowledge Exchange eine eigene Arbeitsgruppe zu Forschungsdaten eingerichtet (vgl. Knowledge Exchange (2011b)).
72 Knowledge Exchange (2011a).
73 Vgl. z.B. DCC (2011a); ANDS (2011b).
74 Vgl. NSF Homepage: http://www.nsf.gov.
75 NSF (2010), S. 1.

Datenmanagement geplant ist.[76] Dies schließt sowohl die Veröffentlichung als auch die Archivierung der Daten ein:

> "The DMP should describe data formats, media, and dissemination approaches that will be used to make data and metadata available to others. Policies for public access and sharing should be described, including provisions for appropriate protection of privacy, confidentiality, security, intellectual property, or other rights or requirements. [...]
>
> The DMP should describe physical and cyber resources and facilities that will be used for the effective preservation and storage of research data. These can include third party facilities and repositories"[77]

Ein Anspruch auf eine über das Projektende hinausreichende Nachhaltigkeit wird zum einen durch die Angaben zur beabsichtigten Archivierung als auch dadurch unterstrichen, dass auch in nachfolgenden Anträgen eine Rechenschaftspflicht über das Datenmanagement in zuvor bewilligten Projekten besteht.[78]

Australian National Data Service (ANDS)

Der ANDS[79] baut einen Australian Research Data Commons (ARDC)[80] auf. Diese Allmende soll die Forschungsdaten aller Fachgebiete, aller Universitäten und Forschungseinrichtungen umfassen, die mit Fördermitteln der öffentlichen Hand in Australien erstellt werden. Die australischen Forschungsdaten sollen als Ganzes zu einer strategischen nationalen Infrastruktur transformiert werden. Zur Verwirklichung dieser Ambitionen wird vom ANDS an verschiedenen organisatorischen und technischen Herausforderungen gearbeitet und der Aufbau der Infrastruktur vorangetrieben. Zu den Zielen gehören u.a.:

- die Unterstützung der wissenschaftlichen Datenmanager

---

76 Diese Anforderung gilt generell für alle Anträge. Die spezifischen Anforderungen der einzelnen Direktorate, Förderlinien etc. sind ggf. noch im Einzelnen geregelt. Vgl. NSF (2010).
77 NSF (2010), S. 3.
78 Konkret heißt es: "Data management must be reported in subsequent proposals by the PI and Co-PIs under 'Results of prior NSF support'." NSF (2010), S. 4.
79 Vgl. ANDS Homepage: http://www.ands.org.au.
80 Vgl. ANDS (2007).

- die Förderung der Überführung von Forschungsdaten in stabile und zugängliche Langzeitarchivierungsumgebungen
- die Bereitstellung instituts- und community-unabhängiger Angebote zur Weiterbildung im Bereich Datenmanagement
- die Befähigung der Forscher zum Zu- und Umgang mit der australischen Daten-Allmende
- die Unterstützung bei der Einbindung australischer Forschungsdaten in internationale wie auch in national und multidisziplinär verteilte Forschungsgruppen.[81]

Zur praktischen Umsetzung dieser Ziele werden gegenwärtig eine Reihe von Infrastrukturbestandteilen aufgebaut:

- Data Capture Infrastructure (insbesondere Integration der bestehenden Infrastruktur)
- Research Metadata Store Infrastructure (angestrebt wird eine Kombination aus „data stores" und „metadata stores")
- Automatic Public Data Publication Infrastructure (zur Publikation von Beschreibungen von Datensammlungen bspw. aus Behörden (Meteorologie, Statistik etc.) oder anderen Anbietern von Forschungsdaten-Aggregationen (Bibliotheken, Museen etc.))
- Australian Research Data Commons Core Infrastructure (Persistente Identifikation, Normdaten, kontrollierte Vokabulare, Retrievalmöglichkeiten etc.)
- Australian Research Data Commons Applications Infrastructure (Möglichkeiten zur Datenintegration, Datenvisualisierung und Datenanalyse etc.).[82]

Im aktuellen Haushalt Australiens sind 48 Millionen australische Dollar aus dem Budget für Bildung für den Aufbau dieser Infrastrukturen vorgesehen.

Als Teil der Bemühungen zum Aufbau einer so umfassenden Forschungsdateninfrastruktur sind bereits einige der Funktionalitäten des

---

81 Vgl. ANDS (2011b).
82 Vgl. ANDS (2011c).

Australian Research Data Commons implementiert und über die ANDS Homepage zugänglich.[83] So wird die Möglichkeit geboten Forschungsdaten zu registrieren, mit Metadaten und Persistenten Identifikatoren zu versehen und zugänglich zu machen. Die eigentliche Speicherung und Archivierung obliegt den datenanbietenden Institutionen und Wissenschaftlern. Der ANDS fungiert hier als „metadata store", d.h. er bietet keine Möglichkeit die Forschungsdaten zu archivieren. Andererseits bietet er eine Suche über und Zugriff auf die umfangreichen bereits registrierten Datenbestände. Ergänzt werden diese Angebote durch eine Reihe von sehr hilfreichen Guides zum State of the Art des Forschungsdatenmanagements, der Forschungsdatenarchivierung und der juristischen Implikationen bei der Veröffentlichung von Forschungsdaten. Hinzu kommt eine Vielzahl an Informations- und Fortbildungsveranstaltungen, die Nutzern und potentiellen Nutzern die Dienste des ARDC nahebringen und die Grundlagen des Forschungsdatenmanagements erläutern.

Ein solch ambitionierter nationaler Ansatz ist nur eine Möglichkeit zur Sicherung des langfristigen Zugangs zu Forschungsdaten. Daneben gibt es weitaus häufiger nationale oder internationale, unterschiedlich dimensionierte und ausgerichtete Einzelprojekte, institutionen- oder community-spezifische Anstrengungen, die Langzeitarchivierung von Forschungsdaten zu gewährleisten. In den folgenden Kapiteln wird eine Vielzahl entsprechender Aktivitäten aus den verschiedenen Forschungsbereichen vorgestellt.

---

83 Vgl. ANDS Homepage: http://www.ands.org.au.

3 Vorgehensweise

Heike Neuroth

3.1 Untersuchungsgegenstand

Auch wenn noch viele Fragen im Zusammenhang mit der Langzeitarchivierung und Langzeitverfügbarkeit von Forschungsdaten offen sind, so wird ein erster wichtiger Schritt sein, den Status quo und die Bedürfnisse verschiedener Fachdisziplinen und ihrer Akteure zu ermitteln. So können dann die Anforderungen an Forschungsdateninfrastrukturen abgeleitet und Strategien zu deren Realisierung entwickelt werden. Bisher steht eine solche Kartierung der Wissenschaftslandschaft hinsichtlich eines nachhaltigen Forschungsdatenmanagements noch aus. Dies ist auch nur schwer umfassend zu leisten, da es zurzeit noch kein Konzept gibt, welches die Sichtbarkeit solcher Ansätze verlässlich sicherstellt – unabhängig von der Frage, welchen Erkenntnisgewinn eine flächendeckende Kartierung der Wissenslandschaft von Forschungsdaten darstellen würde. Solange ein umfassendes Bild weder vorliegt noch von einzelnen geleistet werden kann, bietet die hier vorgelegte Bestandsaufnahme einzelner Forschungsbereiche eine erste Orientierung. Die Auswahl der Fachdisziplinen unterlag dabei keinem systematischen Prozess. Stattdessen werden ausgewählte Fachdisziplinen im Sinne von Leuchttürmen aus unterschiedlichen Wissenschaftsbereichen vorgestellt, die im Umfeld von nestor[1], der eScience-Intitiative[2] oder der deutschen Grid-Initiative[3] hervorgetreten sind dadurch, dass

- der Gegenstand ihrer Forschung digital vorliegt (z.B. 3-D-Scan eines Museumsobjekts) bzw. digitale Forschungsdaten erzeugt werden,

---
1 Vgl. nestor (2011a).
2 Vgl. BMBF (2011e).
3 Vgl. D-Grid GmbH (2011); D-Grid (2011a).

- mit den Forschungsergebnissen auch Forschungsdaten veröffentlicht werden,

- diese Forschungsdaten langzeitarchiviert und für die Nachnutzung verfügbar gehalten werden sollen,

- sie zum Aufbau einer nachhaltigen Forschungsdateninfrastruktur aktiv beitragen und zumindest erste Überlegungen und Erfahrungen hierzu vorliegen.

Die hier vorgestellten Fachdisziplinen decken ein fachliches Spektrum von den Geistes- über die Naturwissenschaften inklusive der Medizin ab. Leider konnten nicht in allen Fachdisziplinen[4] Leuchtturmansätze in Deutschland identifiziert werden und sind in einigen Wissenschaftsbereichen (z.B. Lebenswissenschaften oder Ingenieurwissenschaften) bereits existierende Praktiken und Lösungen nicht berücksichtigt werden. Insofern erhebt die hier vorgelegte Fachübersicht keinen Anspruch auf Vollständigkeit.

3.2 Aufbau des Sammelwerkes

Vor dem Hintergrund einer kurzen Darstellung der nationalen und internationalen Diskussionen und Entwicklungen (vgl. Kap. 2) stellen sich die jeweiligen Fachdisziplinen auf der Basis einer Liste mit Leitfragen (s.u.) für die einzelnen Fachdisziplinen vor (vgl. Kap. 4 bis Kap. 14), so dass in einer abschließenden vergleichenden Betrachtung Unterschiede und Gemeinsamkeiten bislang vorliegender bzw. erkennbarer Ansätze herausgearbeitet werden können. Daraus abgeleitet werden Schlussfolgerungen über Faktoren, die die Entstehung und den Betrieb einer generischen und fachspezifischen Forschungsdateninfrastruktur sowie die langfristige Sicherung der Forschungsdaten befördern (vgl. Kap. 15). Diese können anderen Wissenschaftsdisziplinen als Modell dienen oder ihnen Hinweise auf Entwicklungsoptionen geben. Das abschließende Kapitel 16 leitet Erkenntnisse und Thesen aus den vorangegangenen Kapiteln (insbesondere Kap. 15) ab und zeigt einige Handlungsfelder auf, die zurzeit auch national und international diskutiert werden.

---

4   Vgl. DFG (2011b).

3 Vorgehensweise

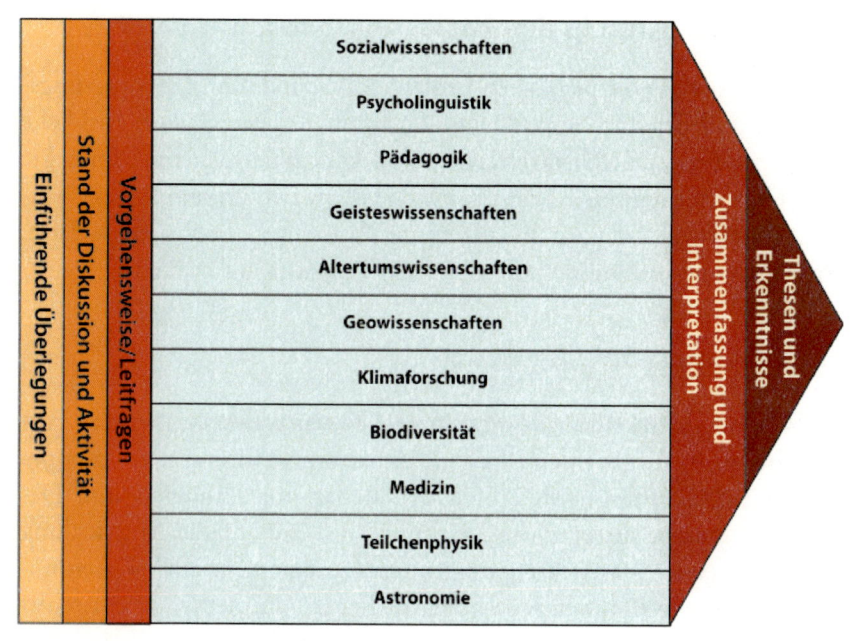

Abb. 1: Aufbau des Sammelwerkes

3.3 Leitfragen für die exemplarische Kartierung der jeweiligen Fachdisziplin

Die folgende Gliederungsstruktur samt Leitfragen wurde von den Herausgebern entwickelt und den Autorinnen und Autoren der einzelnen Fachdisziplinen zur Verfügung gestellt. Durch die einheitliche Strukturierung des jeweiligen fachspezifischen Entwicklungsstandes wird ein Vergleich des Status quo und der LZA-Praktiken möglich. Darüber hinaus sind vergleichende Analysen durchführbar, die den Aufbau von Forschungsdateninfrastrukturen in Deutschland unterstützen. Im März 2011 fand auf Einladung der D-Grid GmbH an der TU Dortmund ein Workshop mit allen Beteiligten statt, in dem erste übergreifende Lösungen und Strategien diskutiert wurden.

Im Folgenden werden die Leitfragen einzeln – zum Teil stichwortartig – vorgestellt. Erläuternde Hintergrundinformationen zu den Fragen werden stichwortartig gegeben.

3.3.1 Einführung in den Forschungsbereich

Charakterisierung des fachlichen Umfeldes, Beschreibung des Forschungsbereichs und der dort vorhandenen Strukturen. Hintergrund: Fachliche Differenzierung z.b. eher (inter)national koordinierte Verbundprojekte versus heterogene Projektlandschaft etc.; falls es sich um ein Projekt handelt, sind z.B. die Struktur, Finanzierung, Partner etc. des Projektes, Ziele, Hintergrundinformationen, Produkte des Projektes etc. relevant.

3.3.2 Kooperative Strukturen

- Ist eine *institutionenübergreifende Zusammenarbeit* in der Forschung die Regel oder eher eine Ausnahme? Hintergrund: Kooperative Zusammenarbeit erhöht den Bedarf für Lösungen zum Datenaustausch, dieser Druck wirkt sich positiv auf die Entwicklung gemeinsamer Datenaustauschstandards und gemeinsamer Datenmodelle aus. Im Rahmen wissenschaftlicher Zusammenarbeit entstehen auch Anreize, Daten zur Nachnutzung aufzubereiten.

- Gibt es eine Institution, die *bereits (zentralisierte) LZA-Dienste* für den gesamten Bereich übernimmt oder Ergebnisse des gesamten Forschungsbereichs sammelt und dokumentiert? Hintergrund: Eine bereits bestehende zentrale Einrichtung könnte deutschlandweit (zentrale) LZA-Dienste übernehmen oder koordinieren.

- Besteht in der Regel eine *Zusammenarbeit mit einer internen oder externen Service-Infrastruktureinrichtung* (z.B. IuD-Abteilung, Bibliothek, Rechenzentrum etc.)? Hintergrund: Beispiele für die Charakterisierung der Zusammenarbeit können sein: Sammeln und Bereitstellen von Forschungsdaten und/oder Publikationen. Eine solche Einrichtung könnte z.B. auch definierte LZA-Aufgaben übernehmen. Auch eine (zukünftige) Festlegung von Verantwortlichkeiten, Rollen/Pflichten etc. im Bereich Datenmanagement oder LZA wäre dann einfacher. Sofern solche Ansätze schon erkennbar sind, können diese hier beschrieben werden. Falls nicht, bitte dies auch benennen.

3.3.3 Daten und Metadaten

In diesem Fragenkomplex geht es nicht um die generelle LZA von Publikationen z.B. in Dokumentenservern, sondern um eine Klassifizierung der im Forschungsbereich anfallenden Datenquellen bzw. verschiedener Typen von digital vorliegenden Forschungsdaten! Die Fokussierung erfolgt hier „nur" auf Forschungsdaten, die Gegenstand einer Publikation sind bzw. sein sollen und als solche auch veröffentlicht werden.

- Welche *Typen von Daten* fallen im Forschungsbereich an z.B. aus Großinstrumenten (Teleskope, Beschleuniger etc.), Simulationen, Laborversuchen, Felderhebungen und -versuchen oder digitalisierten Objekten (digitale Dokumente, digitales Archivgut, digital vorliegende Fundstücke oder digitale Museumsobjekte) etc.? Hintergrund: Je nach Typ der Datenquelle müssen bestimmte LZA-Strategien definiert bzw. entwickelt werden. Falls es diese gibt, können sie hier aufgelistet werden.

- Wie werden die Forschungsdaten im Forschungsbereich *publiziert und langfristig vorgehalten*? Gibt es z.B. bereits (etablierte) Datenzentren oder Datenarchive? Hintergrund: Wenn es bereits eine Kultur des Publizierens von Forschungsdaten gibt, ist die Etablierung von Managementstrukturen für Forschungsdaten und LZA sehr wichtig.

- Gibt es Mindestanforderungen für die *Aufnahme von Forschungsdaten* in ein Datenzentrum (z.B. Formatvorgabe, Qualitätsmanagement, Metadaten, Persistent Identifier etc.). Gibt es *Managementpläne* für Forschungsdaten? Hintergrund: Falls es sie gibt, sollten diese hier beschrieben werden, da sie vielleicht von anderen Disziplinen/Forschungsbereichen für ihre LZA-Strategie (teilweise) nachgenutzt werden können.

- Welche *Forschungsdatenvolumina* fallen in etwa pro Jahr an? Wie ist die Steigerungsrate? Hintergrund: Große Datenvolumina z.B. im Peta-Bereich erfordern u.U. andere LZA-Strategien als z.B. geringere Datenvolumina, die aber bezogen auf Datentyp und/oder Datenformat wesentlich heterogener sind.

- In welchen (standardisierten) *Formaten* liegen die Forschungsdaten vor? Gibt es Empfehlungen für bestimmte Formate? Hintergrund: Formate sind wesentlich für LZA-Strategien; falls sich eine Disziplin oder ein Forschungsbereich bereits auf einige (standardisierte) Formate geeinigt hat, ist dies besonders wichtig.
- Werden die Forschungsdaten in ihrer *Nutzung beschränkt* z.B. durch Datenschutz, rechtliche Vorgaben, Vertrauensschutz, individuelle Rechte, Urheberrechte etc. Hintergrund: Einschränkungen in der Nutzung von Forschungsdaten haben direkten Einfluss auf die LZA und müssen von Beginn an konsequent berücksichtigt werden (Policy, Technologie etc.).
- Wie wichtig ist es, *ältere* Forschungsartikel, Forschungsberichte etc. und Forschungsdaten nachzunutzen? Mit „älter" sind digitale Forschungsdaten gemeint, die nicht mehr direkt im öffentlichen Zugriff stehen. Diese könnten z.B. auf internen Servern gespeichert, nicht ausreichend mit Metadaten dokumentiert und daher nicht mehr richtig interpretierbar sein. Hintergrund: Wenn in einem Bereich fast nur die neuesten Artikel und Forschungsergebnisse eine Rolle spielen, dann besteht u.U. kein LZA-Bedarf für „ältere" Publikationen/Forschungsdaten. Ansonsten müssten Verfahren entwickelt und etabliert werden, um auch diese Forschungsdaten wieder in den Forschungskreislauf zu bringen.
- Werden in *Metadaten* (eventuell sogar standardisiert) zur deskriptiven, strukturellen und administrativen Beschreibung inklusive Metadaten zur persistenten Adressierung von Forschungsdaten verwendet? Welches Persistent Identifier-System (z.B. DOI, Handle, URN) kommt zum Einsatz? Welche (fachspezifischen) Metadaten-Schemata werden verwendet? Werden mit den Forschungsdaten auch Metadaten (eventuell sogar standardisiert) zur Beschreibung der technischen Voraussetzungen mit dokumentiert und abgelegt (z.B. um auch Hardware-, Software-Rahmenbedingungen zu dokumentieren oder gar selber zu archivieren)? Hintergrund: Wenn es keine (standardisierten) Metadaten zu den Forschungsdaten gibt und auch keine persistente Identifizierung betrieben wird, dann spricht das eher

dafür, dass die Forschungsdaten nur von einem kleinen Forscherkreis weiterverwendet werden können bzw. eventuell auch nur von diesem weiterverwendet werden sollen. Ohne deskriptive, strukturelle und administrative Metadaten sind Forschungsdaten nicht interpretierbar. Daten, die aus ihrem produzierenden System exportiert wurden und deren Struktur und Herkunft nicht dokumentiert wurden, können nur unter sehr hohem Aufwand in neuen Kontexten verwendet werden.

3.3.4 Interne Organisation

- Wird die LZA von Forschungsdaten bereits nach *festen Prozessen und Regeln* durchgeführt? Gibt es etablierte LZA-Strategien, Policies, Verfahren, Umsetzungen etc.? Wird hier konkret mit anderen (nationalen, internationalen) Partnern zusammengearbeitet? Hintergrund: Ohne einen solchen strukturellen Rahmen lässt sich ein Datenarchiv nicht nachhaltig betreiben.

- Wie wird das Datenarchiv *finanziert*? Werden im Haushalt feste Mittel für die Langzeiterhaltung von Forschungsdaten eingeplant? Ist eine Bund/Land-Finanzierung gesichert oder angestrebt? Wird eine Datenpauschale (z.B. pro definierter Datenmenge) bei (externen) Projekten erhoben? Hintergrund: Erst wenn eine dauerhafte Finanzierung gesichert ist, kann von einer geregelten, institutionalisierten LZA gesprochen werden.

- Wie hoch sind schätzungsweise die *Kosten* für die Entwicklung (Initialaufwand) und den Betrieb Ihres Datenarchivs? Hintergrund: Für einige Datenarchive in Deutschland liegen bereits grobe Schätzungen vor. Erst wenn bei Politik, Förderern, Forschungsbereich, Service-Infrastruktureinrichtungen etc. Klarheit über eine Kostenabschätzung herrscht, kann es zu einer „nationalen Strategie" und damit zur Nachhaltigkeit im Bereich LZA von Forschungsdaten kommen.

- Gibt es *speziell geschultes Personal* und speziell damit beauftragte Mitarbeiter (z.B. Wissenschaftler, Datenmanager, Informationsspezialisten, IT-Experten, LZA-Experten etc.), die sich schwerpunktmäßig mit der LZA von Forschungsdaten befassen? Hintergrund: Ansonsten müssten sich die Wissenschaftler in viele und wesentliche Aspekte selbst einarbeiten, was insgesamt einem homogenen Ansatz in diesem Bereich nicht förderlich ist. Darüber hinaus sind die Wissenschaftler dann selbst für die LZA von Forschungsdaten verantwortlich, was weniger nachhaltig sein kann.

- Sind die Forscher und/oder die für das Datenmanagement Zuständigen eher *fest bei einer Institution angestellt* oder wird der Forschungsbedarf überwiegend durch Projekte mit zeitlich befristetem Personal abgedeckt? Hintergrund: Bei starker Personalfluktuation wächst der Bedarf an standardisierter Datenarchivierung und standardisierter Dokumentation der Daten. Gleichzeitig könnte jedoch die Motivation des Personals sinken, sich um eine qualitativ hochwertige Datenarchivierung zu kümmern, wenn den Wissenschaftlern klar ist, dass sie nur für eine kurze Zeit an einem speziellen Problem arbeiten.

- Werden für die Langzeiterhaltung der Forschungsdaten *externe Dienste Dritter* in Anspruch genommen? Hintergrund: Für kleinere Institutionen oder Fachbereiche kann Outsourcing von LZA-Aufgaben an größere Einheiten eine mögliche Lösung für die langfristige Erhaltung von Forschungsergebnissen sein.

3.3.5 Perspektiven und Visionen

- Gibt es *spezifische Probleme* und Herausforderungen, die bisher noch nicht benannt wurden und für die LZA relevant sind?

- Welche *Möglichkeiten* gibt es, die gemeinsame und langfristige Nutzung von Forschungsdaten (*data sharing, data reuse, data publication*) zu *initiieren und zu befördern*? Z.B. durch die Unterstützung von verschiedenen Personengruppen (Wissenschaftler, geschulte IT/LZA-Experten etc.), von bestimmten Infrastrukturbereichen (z.B. persistente Identifizierung, Authentifizierung, technische Bereitstellung von Daten-Repositories) und Sonstiges wie z.B. Forschungsdateninfrastrukturen, Förderorganisationen, EU-Richtlinien, Anreizsystemen, Ausbildungsprogrammen etc.

3 Vorgehensweise

- Welche **Wunschvorstellungen/Visionen** für die LZA von Forschungsdaten bestehen und wer kann bei der Umsetzung helfen? Was fehlt z.B. dafür, wo und wie kann auf externe Unterstützung (z.B. auf nationaler Ebene) zurückgegriffen werden?

4 Sozialwissenschaften

Markus Quandt, Reiner Mauer

4.1 Einführung in den Forschungsbereich

Der Begriff der Sozialwissenschaften bezeichnet keine in sich geschlossene Wissenschaftsdisziplin, sondern ist ein Sammelbegriff für viele akademische Fächer von der Anthropologie bis zur Volkswirtschaftslehre.[1] Als Gemeinsamkeit dieser Fächer kann man sehen, dass sie Fragen des gesellschaftlichen Zusammenlebens behandeln – etwa solche der sozialen Gerechtigkeit, der Analyse politischer Systeme, der Erklärung sozialer Probleme wie lokal erhöhter Kriminalitätsraten, oder auch der Prozesse in kleinen Gruppen. Entsprechend sind die Kernfächer der Sozialwissenschaften die Soziologie und die Politologie, die selbst wiederum zahlreiche Subdisziplinen haben.

Die für das Thema *Forschungsdaten* relevante Achse zur näheren Bestimmung des Faches ist jedoch sicher die der typischen Datenverwendung. Dies führt auf den Begriff der *empirischen Sozialforschung* als Untermenge der Sozialwissenschaften, in der eine gewisse Einheitlichkeit der Wissenschaftsauffassung und der anzuwendenden Methoden besteht, aber zugleich immer noch eine enorme thematische Offenheit. Dementsprechend behandelt empirische Sozialforschung etwa Bereiche wie die Bildungsforschung (geteilt mit der Disziplin der Erziehungswissenschaften, s. Kap. 6 in diesem Band) oder die Sozialpsychologie (geteilt mit der Disziplin der Psychologie). Eine wichtige Eigenheit des Untersuchungsgegenstandes der sozialen Phänomene ist es dabei, dass sozialwissenschaftliche Forschungsdaten sehr oft auch (partielle) Momentaufnahmen

---

1 Im englischen Sprachraum bezeichnen Social Sciences noch weit stärker als im deutschsprachigen Raum auch die Volkswirtschaftslehre. Auch die DFG führt die Wirtschaftswissenschaften in der Gruppe „Geistes- und Sozialwissenschaften".

bestimmter gesellschaftlicher Zustände sind. Diese können im Rückblick ohnehin schon neben ihrem Wert für die ursprüngliche Forschungsfrage sehr oft eine historisch beschreibende Funktion bekommen. Durch die systematische Einordnung in Zeitvergleiche oder -reihen erhalten sie aber einen besonderen Zusatzwert daraus, dass nur auf ihrer Grundlage dynamische Prozesse verstanden werden können. Sowohl historische amtliche Statistiken wie auch Daten aus Umfragen oder Beobachtungen können so einen analytischen Wert erhalten, der zum Zeitpunkt ihrer Erhebung noch nicht vorauszusehen war.

Die Projektstrukturen sind in den Sozialwissenschaften mit Ausnahme weniger Leuchtturmprojekte eher kleinteilig. So war z.B. einerseits die gesamte Fördersumme durch die DFG mit 129,7 Mio. EUR im Jahr 2008 für die Sozial- und Verhaltenswissenschaften (einschließlich Wirtschaftswissenschaften) im Vergleich zu den meisten anderen Fachgebieten recht gering, zum anderen ist die Relation von DFG-Mitteln zu Mitarbeiterzahlen um ca. ein Drittel niedriger als im Durchschnitt der DFG-Projektförderung, sozialwissenschaftliche Projekte sind also auch im Durchschnitt wenig mittelaufwändig.[2] Dabei sind die Sozial- und Politikwissenschaften (in der Definition des Statistischen Bundesamtes) mit über 3.300 Professoren und wissenschaftlichen Mitarbeitern zuzüglich 12.500 Wirtschaftswissenschaftlern an deutschen Hochschulen im Jahr 2009 durchaus ein mittelgroßes Fach.[3] Auch außerhalb der Universitäten sind die Strukturen in Deutschland dergestalt, dass Forschungsinstitute bereits mit wenigen Dutzend Mitarbeiterinnen und Mitarbeitern als groß gelten können.

4.2 Kooperative Strukturen

Typisch für die empirische Sozialforschung sind einerseits die oben genannten kleinteiligen Projektstrukturen, in denen Analysen und Publikationen von Einzelautoren oder sehr kleinen Forschergruppen erzeugt werden. Soweit nicht Daten aus amtlichen Quellen oder prozessproduzierte Daten verwendet werden (s. den folgenden Abschnitt) ist zudem

---

2 Vgl. Statistisches Bundesamt (2010b), S. 164.
3 Vgl. Statistisches Bundesamt (2010a), S. 25.

die eigentliche Datenerhebung durch Befragungen oft an Meinungs- und Marktforschungsfirmen als kommerzielle Dienstleister ausgelagert. Andererseits ist hervorzuheben, dass in Publikationen häufig Daten verwendet werden, die entweder nicht eigens zur Beantwortung der jeweiligen Forschungsfrage erhoben wurden oder die aus Datenerhebungen stammen, die von vornherein zur Beantwortung mehrerer, mitunter unverbundener, Forschungsfragen durchgeführt werden. Im ersten Fall handelt es sich beispielsweise um Daten aus der originär zu Verwaltungs- oder Planungszwecken erhobenen amtlichen Statistik, im zweiten Fall um Mehrthemenumfragen. Gerade mit den letzteren stellt die Sozialforschung seit mehreren Jahrzehnten z.B. im Rahmen von „General Social Surveys" (in Deutschland der ALLBUS[4], europaweit vergleichend der European Social Survey, weltweit etwa das International Social Survey Programme oder verschiedene „Barometer"-Studien[5]) gezielt Kollektivgüter für spätere Analysen durch die ganze wissenschaftliche Community zur Verfügung. In jüngerer Zeit werden mit Blick auf eine vorrangige Sekundär-Nutzung zunehmend methodisch höchst aufwändige Erhebungsdatensätze etwa das Sozioökonomische Panel (SOEP)[6], der Survey on Health, Ageing and Retirement in Europe (SHARE) oder pairfam[7] etabliert. Derartige Projekte sind von kleinen Teams nicht mehr zu bewältigen und erfordern relativ feste organisatorische Strukturen.

Diese Orientierung auf die Sekundäranalyse von Daten durch Forscher, die nicht selbst an der Erhebung beteiligt sind, ist besonders in international vergleichenden Projekten seit langem stark ausgeprägt. Eine international vergleichende Perspektive hat sich in der empirischen Sozialforschung seit den 1960er-Jahren fast schon als Regelfall durchgesetzt, weil sich das beste Verständnis der Wirkungsweise etwa von gesellschaftlichen Institutionen, ökonomischen Ungleichheitsstrukturen oder Wertesystemen aus Vergleichen gewinnen lässt. Die Notwendigkeit von Vergleichen bedeutet sehr oft, dass Daten aus verschiedenen Gesellschaften vorliegen müssen. Damit hat eine dominante Forschungsperspektive auch die Herausbildung wenigstens informeller internationaler Datenin-

---

4 Vgl. Koch; Wasmer (2004).
5 Vgl. Mochmann (2008).
6 Vgl. Wagner; Frick; Schupp (2007).
7 Vgl. Huinink et al. (2010).

frastrukturen frühzeitig angetrieben, indem es infolge von Kooperationen auf der Datenerhebungsseite auch solche in der Datenaufbereitung und -bereitstellung gab und gibt, die institutionell jedoch hauptsächlich von national verankerten Instituten wie GESIS in Deutschland oder dem Interuniversity Consortium for Political and Social Research in Michigan, USA, und etlichen weiteren getragen werden.[8]

Auf nationaler Ebene wurden hingegen bereits kurz nach dem 2. Weltkrieg (Roper Center, USA) sozialwissenschaftliche Datenarchive als Dienstleister speziell für die Umfrageforschung etabliert, in Europa war das deutsche Zentralarchiv für empirische Sozialforschung (jetzt GESIS Datenarchiv für Sozialwissenschaften) ab 1960 die erste dieser Einrichtungen.[9] Diese Datenarchive gewährleisten gleichermaßen die Langzeitsicherung der Daten wie die zentrale Datenbereitstellung an die nationale Forschergemeinschaft, z.T. auch mit internationaler Reichweite. Freilich sind diese Institutionen überwiegend aus bestimmten Traditionen hervorgegangen und haben zum Teil die damit gesetzten Spezialisierung – überwiegend auf die akademisch geprägte Umfrageforschung – bis heute bewahrt. Entsprechend konnten bis vor kurzem jene Subdisziplinen der Sozialwissenschaften weniger gut bedient werden, die sehr stark auch andere Datentypen wie etwa Quellen aus der amtlichen Statistik oder qualitative Daten nutzen. Ferner sind nach wie vor die direkt bei den Auftraggebern von Forschungsprojekten, darunter auch Ministerien und Stiftungen, oder die bei kommerziellen Umfrageinstituten lagernden Daten in der Regel der Forschung bestenfalls unsystematisch zugänglich. Weder sind die Gesamtbestände an derartigen „verborgenen" Daten abschätzbar, noch können Aussagen über die Langzeitsicherheit solcher Bestände gemacht werden.

Direkter Ausweis eines auch in der Forschungspolitik gestiegenen Bewusstseins für Probleme des Datenzugangs war die 2001 vom Bundesministerium für Bildung und Forschung (BMBF) eingesetzte ‚Kommission zur Verbesserung der informationellen Infrastruktur zwischen Wissen-

---

8   Vgl. Mochmann (2008).
9   Mit dem Roper Center wurde 1946 das erste sozialwissenschaftliche Datenarchiv weltweit eröffnet, 1960 folgte mit dem Zentralarchiv für Empirische Sozialforschung an der Universität zu Köln die erste Gründung in Europa. Mitte der 1960er-Jahre folgte eine Reihe weitere Gründungen in den USA und in Europa (vgl. Scheuch (2003)).

schaft und Statistik'. In der Folge des von der Kommission vorgelegten Gutachtens[10] wurde vom BMBF 2004 erstmals der Rat für Sozial- und Wirtschaftsdaten (RatSWD) berufen, der als unabhängiges Expertengremium in erster Linie eine begutachtende und koordinierende Funktion beim Aufbau von Forschungsinfrastrukturen einnimmt. Durch die parallel in Deutschland etablierten Forschungsdatenzentren und Datenservicezentren wurde insbesondere der Zugang zu solchen Daten verbessert oder erst ermöglicht, die bei Ämtern und Behörden wie der Bundesagentur für Arbeit oder den statistischen Ämtern bzw. bei Körperschaften wie der Rentenversicherung aus der Durchführung öffentlicher Aufgaben entstehen (s. Kap. 4.3). Diese Zentren sind für sich genommen kleinere Einheiten, jeweils bei der datenerzeugenden oder -haltenden Organisation angesiedelt und haben einen thematisch engen Fokus, um eine hohe fachwissenschaftliche Qualität der Datenhandhabung zu gewährleisten. Damit wird für Deutschland die Lücke zunehmend geschlossen, die neben dem breiten, aber überwiegend auf Umfragedaten gerichteten Datenservice-Angebot des GESIS-Datenarchivs bestand.[11;12]

Für den in den letzten Jahren stetig an Bedeutung gewinnenden Bereich der qualitativen Sozialforschung (mit Datentypen wie beispielsweise Tonaufnahmen, Videoaufnahmen oder Transkriptionen von Interviews) fehlt es dagegen noch weitgehend an Einrichtungen, die sich systematisch der Archivierung und Bereitstellung solcher Daten widmen.[13]

Insgesamt hat sich die sozialwissenschaftliche Dateninfrastruktur auf nationaler Ebene in den letzten Jahren dynamisch weiterentwickelt. Diese grundsätzlich positive Entwicklung führt allerdings auch zu einer gewissen Unübersichtlichkeit im Datenzugang und birgt beispielsweise das Potential zu Doppelungen in der Datenhaltung und den daraus resultierenden Unsicherheiten über ‚autoritative' Versionen. Mit der Etablierung einer Datenregistrierungsagentur für sozialwissenschaftliche Forschungs-

---

10 Vgl. Kommission zur Verbesserung der Informationellen Infrastruktur zwischen Wissenschaft und Statistik (2001).
11 Vgl. Wissenschaftsrat (2009); RatSWD (2010a).
12 Langfristsicherung von sozialwissenschaftlichen Forschungsdaten ist eine allgemeine Dienstleistung des GESIS-Datenarchivs. Bei Umfragedaten, historischen Zeitreihen/Aggregatdaten und biografischen Daten bestehen jedoch Spezialisierungen in Aufbereitung und Bereitstellung.
13 Vgl. Medjedović; Witzel (2010), S. 88; Wissenschaftsrat (2011c), S. 9 und 11.

daten versucht GESIS dem im ersten Schritt entgegenzuwirken und die Voraussetzungen für eine dauerhafte Identifizierung und Lokalisierung der reichhaltigen Datenbestände zu schaffen.[14]

Auf internationaler Ebene haben sich bis vor kurzem nur begrenzt institutionelle Strukturen ergeben, die Kooperationen zwischen Datenserviceeinrichtungen erleichtert haben. Auf europäischer Ebene wurde 1976 das Council of European Social Science Data Archives (CESSDA[15]) als freiwilliges Kooperationsnetzwerk nationaler Datenserviceeinrichtungen gegründet, ein Jahr später folgte die International Federation of Data Organizations for the Social Sciences (IFDO[16]).[17] Nach der Aufnahme von CESSDA auf die ESFRI-Roadmap[18] ist CESSDA nun auf dem Weg zu einem sog. European Research Infrastructure Consortium (ERIC[19]) und wird damit zu einer Körperschaft europäischen Rechts, die dauerhaft zentrale Koordinationsfunktionen für die sozialwissenschaftliche Datenlandschaft in Europa übernehmen und sogar eigene technische Infrastrukturen betreiben kann.

4.3 Daten und Metadaten

Sozialwissenschaftler verwenden eine Vielzahl an unterschiedlichen Methoden um Daten zur Untersuchung sozialer Phänomene zu gewinnen. Das Spektrum reicht von großen standardisierten Umfragestudien mit repräsentativen Bevölkerungsstichproben, die in Form von einfachen Querschnittstudien aber mit zunehmender Bedeutung als Längsschnittstudien (Trendstudien, Panelstudien) oder ländervergleichenden Studien (bzw. Kombinationen dieser Designs) erhoben werden über semi- bzw. unstrukturierte Interviews und Textdaten, die mit inhaltsanalytischen Verfahren analysiert werden (wie bpsw. Parteiprogramme) bis hin zu

---

14 Vgl. GESIS (2011a). Seit 2011 wird der Service in Kooperation mit der Deutschen Zentralbibliothek für Wirtschaftswissenschaften, Leibniz-Informationszentrum Wirtschaft (ZBW) auch auf wirtschaftswissenschaftliche Daten ausgeweitet.
15 Vgl. CESSDA (2011c).
16 Vgl. IFDO (2011).
17 Vgl. Mochmann (2008).
18 Vgl. ESFRI (2006).
19 Vgl. European Commission (2009).

Daten, die durch Experimente und Beobachtung gewonnen werden. Darüber hinaus spielen auch Daten eine sehr wichtige Rolle, die nicht primär für Forschungszwecke erhoben werden. Dazu zählen insbesondere Daten der amtlichen Statistik und zunehmend auch prozessproduzierte Daten, die im Rahmen von Verwaltungsprozessen bspw. bei Renten-, Kranken- und Arbeitslosenversicherung entstehen. Neuere Formen von Daten wie Transaktionsdaten[20], die bspw. bei der Verwendung von Kreditkarten, Mobiltelefonen und insbesondere auch bei der Nutzung des Internets entstehen oder die Erhebung biologischer Merkmale (bzw. Cortisol-Level) im Rahmen von Umfragestudien[21] erweitern das Datenportfolio empirisch arbeitender Sozialwissenschaftler.[22] Dementsprechend fallen sozialwissenschaftliche Forschungsdaten in sehr unterschiedlichen Formen und Formaten an.

Eine wichtige Rolle für die empirischen Sozialwissenschaften spielen insbesondere sogenannte Mikrodaten. Diese zeichnen sich dadurch aus, dass sie Informationen zu jeder Untersuchungseinheit enthalten. Eine solche Untersuchungseinheit wird im häufigsten Fall ein Individuum, kann bspw. aber auch ein Haushalt oder ein Unternehmen sein.[23] Neben den großen wissenschaftlichen Datenerhebungsprogrammen werden wichtige Mikrodaten vor allem durch die amtliche Statistik erstellt (z.B. Mikrozensus oder Einkommens- u. Verbrauchsstichprobe) oder entstehen im Rahmen von Verwaltungsakten (z.B. Rentenversicherung).

Publikation und Langzeitarchivierung von Forschungsdaten

Wie oben dargestellt existiert neben dem GESIS Datenarchiv mittlerweile eine ganze Reihe von Forschungsdatenzentren. Bei aller Heterogenität hinsichtlich der betreuten Daten und Themen ist diesen Institutionen gemein, dass sie einen starken Fokus auf Produktion und Anreicherung

---

20 Vgl. hierzu z.B. Lane (2009).
21 Vgl. z.B. Schnell (2009).
22 Einen fundierten Überblick über die verschiedenen „neuen" Datenformen und eine umfassende Darstellung der Situation der sozialwissenschaftlichen Dateninfrastruktur bietet das vom RatSWD herausgegebene zweibändige Kompendium „Building on Progress" (vgl. RatSWD (2010a)).
23 Im Gegensatz zu Mikrodaten beinhalten Makro- oder Aggregatdaten zusammengefasste Versionen solcher Informationen in der Form von Mittelwerten, absoluten oder relativen Häufigkeiten oder anderen statistischen Maßzahlen.

qualitativ hochwertiger Daten und insbesondere auf eine Verbesserung der Zugänglichkeit solcher Daten setzen. Fragen der Langzeitarchivierung sind demgegenüber allerdings bisher nicht in systematischer Weise für alle Bereiche der Sozialwissenschaften adressiert worden. Einzig das Datenarchiv der GESIS bietet gegenwärtig ausdrücklich einen Langzeitarchivierungsservice insbesondere für – aber nicht beschränkt auf – Umfragedaten an.

Die momentan 18 beim RatSWD akkreditierten Forschungsdatenzentren und Datenservicezentren[24] stellen die von ihnen – z.T. selbst produzierten – aufbereiteten und dokumentierten Datenbestände i.d.R. als faktisch anonymisierte scientific use files oder auch als absolut anonymisierte public use files für wissenschaftliche Zwecke zur Verfügung und bieten Beratung und Unterstützung bei der Nutzung. Für datenschutzrechtlich sensiblere Daten stehen entweder Arbeitsplätze im jeweiligen Datenzentrum zur Verfügung oder es werden Möglichkeiten zur kontrollierten Datenfernverarbeitung geboten. Häufig muss aufgrund der besonderen Natur der in den Forschungsdatenzentren angebotenen Daten (wie bspw. im Fall der Mikrodaten der amtlichen Statistik) die Nutzung beantragt werden und setzt den Abschluss eines Nutzungsvertrages voraus.

Im Datenarchiv der GESIS werden vorrangig Umfragedaten und Daten der historischen Sozialforschung nach internationalen Archivstandards aufbereitet, dokumentiert und langfristig gesichert. Alle Daten erhalten persistente Identifikatoren (DOIs) und werden über Portale (auch mit der Möglichkeit zu einfachen Online-Analysen) oder ftp zum Download angeboten sowie auf Offline-Medien bereitgestellt. Zur Identifikation relevanter Daten werden verschiedene Recherchesysteme angeboten. So liegen zu jeder Studie detaillierte und standardisierte deskriptive und strukturelle Metadaten vor, die sich über den sogenannten Datenbestandskatalog online durchsuchen lassen. Für die wichtigsten Studien sind Recherchen bis auf die Ebene einzelner Variablen möglich.

Ausgangspunkt für die Arbeit des Archivs ist neben der Forderung nach Reproduzierbarkeit und intersubjektiver Überprüfbarkeit von empirischen Forschungsergebnissen insbesondere die Bereitstellung von Daten für neue Forschungszwecke mit neuen Auswertungszielen bzw.

---

24 Vgl. RatSWD (2011a).

-methoden.[25] Konsequenterweise steht neben der klassischen Langzeitarchivierung mit ihren, auf den Erhalt der Interpretierbarkeit gerichteten, Maßnahmen vor allem das Kuratieren von Forschungsdaten im Mittelpunkt der Arbeit. Um eine möglichst breite und optimale Nachnutzung zu ermöglichen, werden für die Forschung besonders relevante Daten mit teils erheblichem Aufwand mit Mehrwert versehen. Seit 2009 hat GESIS diese Arbeiten ebenfalls überwiegend in den Rahmen von Forschungsdatenzentren gefasst. So werden etwa Daten der internationalen Umfrageforschung, Referenzstudien wie der ALLBUS oder auch Daten aus dem Bereich der politischen Soziologie – häufig in Kooperation mit den Primärforschern oder anderen Experten – in Datenkollektionen zusammengefasst und besonders betreut. Variablen werden harmonisiert und standardisiert, um Vergleiche über die Zeit oder über regionale Einheiten hinweg zu ermöglichen, und umfangreiche Metadaten und Dokumentationen zu diesen Daten erzeugt.

Mindestanforderungen für die Aufnahme von Forschungsdaten

Bisher gibt es neben dem Datenarchiv der GESIS keine sozialwissenschaftliche Einrichtung, die in größerem Umfang und thematischer Breite Forschungsdaten archiviert. Ein Großteil der o.g. Forschungsdatenzentren betreut ausschließlich Daten, die sie entweder – z.B. im Rahmen ihres gesetzlichen Auftrages – selbst erzeugen (wie bspw. die Forschungsdatenzentren der Statistischen Ämter) oder aber Daten mit einem eng begrenzten thematischen Fokus (wie bspw. das FDZ am Institut zur Qualitätsentwicklung im Bildungswesen, das Daten aus den großen nationalen und internationalen Schulleistungsstudien, wie IGLU oder PISA, betreut). Für derartige Datenzentren spielt die Definition von (allgemeinen) Mindestanforderungen für die Aufnahme von Daten keine bedeutende Rolle.

Am GESIS Datenarchiv werden Forschungsdaten entweder gezielt akquiriert oder aber wie in der Mehrzahl der Fälle dem Archiv von Primärforschern zur Archivierung angeboten bzw. die Übergabe erfolgt mehr oder weniger routinemäßig auf der Grundlage längerfristiger Kooperationen. Grundsätzlich werden maschinenlesbare Datensätze aus allen Berei-

---
25 Vgl. Kaase (1999), S. 64 ff.

chen der Sozialwissenschaften archiviert, wenn a) die Studien Aussagen über die deutsche Bevölkerung oder über Teile von ihr erlaubt, b) an der Untersuchung deutsche Forscher beteiligt waren, unabhängig davon, ob sie sich auf Deutschland bezieht oder nicht und c) die Studie ganz allgemein für die sozialwissenschaftliche Forschung von Interesse sein könnte. Die gezielte Akquisition richtet sich meist auf Daten zu bestimmten Forschungsgebieten (bspw. der international vergleichenden Sozialforschung) oder besonders prominente und bedeutende Erhebungsprojekte. Neben den zuvor genannten Kriterien müssen ins Archiv aufzunehmende Studien bestimmten formalen und technischen Anforderungen entsprechen. Insbesondere müssen neben den Datensätzen selbst auch alle für eine Sekundärnutzung notwendigen Materialien vorhanden sein und an das Archiv übergeben werden (Erhebungs- bzw. Messinstrumente, Codepläne, Methodenberichte etc.). Diese den Datensatz begleitenden Materialien und Dokumente bilden auch die Grundlage für die vom Datenarchiv im Rahmen der Archivierung erzeugten standardisierten Metadaten. Die Daten selbst müssen nicht unbedingt in einem bestimmten Format vorliegen (solange sie lesbar sind), sondern werden im Zuge der Archivierung in langfristsicherungsfähige Formate überführt und für den Datenservice wiederum in von den Nutzern gewünschten Formaten bereitgestellt. Vor der endgültigen Aufnahme von Daten ins Archiv wird im Rahmen des Ingestprozesses eine Eingangskontrolle durchgeführt, die sich auf die Erhebungsinstrumente, die Dokumentation und Daten bezieht und sicherstellt, dass die Informationen vollständig und lesbar sind und mit den Daten übereinstimmen. Die Kontrolle der Daten reicht von der Überprüfung der Anzahl der Fälle, dem Abgleich der Variablen mit dem Erhebungsinstrument bis hin zu Plausibilitäts- und Konsistenzkontrollen sowie der Überprüfung hinsichtlich datenschutzrechtlicher Aspekte. Eine Übernahme der Daten in das Langzeitarchiv erfolgt erst, wenn alle im Rahmen der Eingangskontrolle festgestellten Probleme bzw. Fehler behoben werden konnten (zumindest soweit, dass eine Nutzung der Daten durch Dritte möglich und in der Folge eine Langzeitarchivierung auch sinnvoll ist). In jüngerer Zeit ist das Archiv dazu übergangen die Aufnahme in das Langzeitarchiv durch Archivierungsverträge mit dem Datengeber auch rechtlich zu formalisieren. Dort werden insbesondere Fragen zu Verfügungs- und Nutzungsrechten sowie zum Datenschutz geklärt.

Insgesamt kann man feststellen, dass die Qualität der in das Archiv aufgenommenen Daten im Hinblick auf technische und formale Aspekte im Verlauf der letzten Dekade deutlich angestiegen ist – auch wenn es in der Breite der Projekte sicher noch deutliches Potential für Verbesserung gibt. Nach wie vor unklar ist häufig der rechtliche Status von Forschungsdaten (bspw. Wem gehören die Daten und wer darf wem, welche Nutzungsrechte einräumen.). In diesem Zusammenhang ist sehr begrüßenswert, dass Forschungsförderer – wie bspw. die DFG[26] – zunehmend dazu übergehen, bereits bei der Antragstellung dezidierte Aussagen zum Umgang mit Forschungsdaten zu fordern. Aus Sicht der Autoren wären allerdings konkretere und standardisierte Vorgaben erstrebenswert. Dabei ist es jedoch zunächst eine Aufgabe der einzelnen Fach-Communities und ihrer jeweiligen Datenservice-Einrichtungen, Vorschläge für die Ausgestaltung bzw. Elemente solcher Datenmanagementpläne und best practices für den Umgang mit Forschungsdaten zu erarbeiten.

Datenvolumen

Das in den Sozialwissenschaften anfallende Datenvolumen ist derzeit nicht quantifiziert. Allgemein lässt sich sagen, dass die numerischen Datensätze der empirischen Sozialforschung tendenziell eher klein sind. So summieren sich bspw. die im GESIS Datenarchiv gehaltenen Bestände – mit Daten und Dokumenten zu rd. 6.000 sozialwissenschaftlichen Studien – auf weniger als 1 TB, die sich auf knapp 600.000 Objekte verteilen. Selbst wenn man die verschiedenen on- und offline Spiegelungen bzw. Replikate des Archivs mitrechnet, ergeben sich gemessen an heutigen Speicherdimensionen keine signifikanten Größen. Allerdings lassen sich aus den genannten Zahlen nur sehr eingeschränkt Rückschlüsse auf das Gesamtvolumen an Forschungsdaten in den Sozialwissenschaften ziehen.

Datenformate

Quantitative Daten werden i.d.R. mit speziellen Statistiksoftwarepaketen verarbeitet und analysiert. In der akademischen Forschung sind dabei die Statistikpakete SPSS und Stata am weitesten verbreitet. Zunehmend ge-

---
26 Vgl. DFG (2010c), S. 31f.

winnt auch die Open Source Alternative ‚R' an Bedeutung. In der kommerziellen Forschung spielt neben den zuvor genannten Paketen auch SAS eine wichtige Rolle. Dementsprechend werden quantitative Daten in der Regel in den meist proprietären Formaten dieser Softwarepakete erstellt, analysiert und weitergegeben. Bei den am meisten genutzten Formaten handelt es sich um proprietäre Binärformate – also um nicht oder nur eingeschränkt für die Langzeitarchivierung geeignete Formate. Im Rahmen der Langzeitarchivierung ist es daher erforderlich, diese in langfristsicherungsfähige Formate umzuwandeln. Dies kann jedoch i.d.R. ohne Informationsverlust bzw. unter Erhaltung der signifikanten Eigenschaften bewältigt werden (bspw. durch Überführung der Daten in csv-Formate und der mit den Daten verbundenen internen Metadaten in textbasierte Steuerungsdateien)

Mit dem Bedeutungszuwachs der qualitativen Methoden bzw. von mixed-method Ansätzen und der generellen Tendenz zu komplexeren Studiendesigns sowie den bereits oben beschriebenen neuen Datenformen in den Sozialwissenschaften werden auch andere Formate (Audio, Video, Bildformate, Datenbanken, GIS) zunehmend wichtig und erfordern neue oder angepasste Strategien des Datenmanagements und der Langzeitarchivierung.

Nutzungsbeschränkungen

Mit Blick auf bestehende Zugangsrestriktionen zu Forschungsdaten in den Sozialwissenschaften findet sich eine ganze Bandbreite von völlig offenem und unbeschränktem Zugang für jedermann (z.B. Public Use Files) über die eingeschränkte Nutzung ausschließlich für wissenschaftliche Zwecke (z.B. Scientific Use Files) bis hin zu hochrestriktiver Nutzung (bspw. nur in extra dafür eingerichteten Räumen der datenhaltenden Institution) bzw. auch vollkommenem Ausschluss der Nutzung durch Dritte. Neben urheberrechtlich bedingten Einschränkungen handelt es sich in bestimmten Bereichen vor allem um gesetzliche und dabei insbesondere datenschutzrechtlich begründete Nutzungsrestriktionen. Dies trifft vor allem für den gesamten Bereich der prozessproduzierten Daten von Verwaltungen sowie die Mikrodaten der amtlichen Statistik zu. Immer dort, wo Daten sich auf Individuen, Betriebe o.ä. beziehen, gilt es deren Rechte zu wahren und sie vor einer De-Anonymisierung durch Unbefugte zu schützen. So bietet bspw. das Forschungsdatenzentrum der Statistischen Ämter den Zugriff auf lediglich formal anonymisierte Daten ausschließlich auf dem Weg der kontrollierten Datenfernverarbeitung an.[27] Dabei kommt der Nutzer mit den Daten nicht unmittelbar in Kontakt. Vielmehr übermittelt der Nutzer lediglich seine Auswertungsprogramme und das FDZ wertet mit diesen die Originaldaten aus. Nach einer Geheimhaltungsprüfung werden die Auswertungsergebnisse wiederum dem Nutzer übergeben. Faktisch anonymisierte Daten dagegen – also Daten, bei denen Befragte nur mit einem unverhältnismäßig hohen Aufwand an Zeit, Kosten und Arbeitskraft zu identifizieren wären – werden in Form von standardisierten Scientific Use Files auf Antrag für wissenschaftliche Zwecke auch für eine Nutzung außerhalb der geschützten Räume der Statistischen Ämter bereitgestellt. Darüber hinaus werden absolut anonymisierte Daten in Form von Public Use Files für die breite Öffentlichkeit freigegeben.

Auch bei Nutzung von Umfragedaten der akademischen Forschung sind selbstverständlich die datenschutzrechtlichen Bestimmungen zu beachten. Wenngleich dazu einschränkend anzumerken ist, dass trotz des theoretischen Risikos der Identifizierung von Befragten, die konkrete und praktische Gefahr für viele – aber keineswegs für alle! – Datensätze minimal ist bzw. gegen Null tendiert. Diese werden i.d.R. ohnehin nur in Formen weitergegeben, die als mindestens faktisch anonymisiert anzusehen sind. Viele Datensätze können sogar aufgrund ihres Designs als einfache Querschnittstudien mit einem relativ kleinen Umfang an soziodemografischen Informationen sowie ihrer relativ kleinen Stichprobengröße als absolut anonymisiert gelten. Dementsprechend kann ein Großteil der Bestände des Datenarchivs der GESIS für Zwecke der wissenschaftlichen Forschung oder Lehre direkt, d.h. ohne vorherige Bewilligung durch den Datengeber, genutzt werden. Bei ca. einem Drittel der Studien muss vor einer Nutzung eine Genehmigung des Datengebers eingeholt wird, die aber im Regelfall auch gewährt wird. Der Grund für diese Einschränkung, die ausschließlich auf Wunsch des Datengebers Anwendung findet, dürfte häufig dem Wunsch von Primärforschern entspringen, eine gewisse Kontrolle über die Nutzung der Daten zu behalten.

---

27 Vgl. Statistische Ämter des Bundes und der Länder – Forschungsdatenzentren (2011b).

Nachnutzung und Sekundärnutzung von Forschungsdaten

Wie oben bereits dargestellt, gibt es in den Sozialwissenschaften eine lange Tradition der Nachnutzung von Forschungsdaten. Sogenannte Sekundäranalysen, also die erneute Analyse von Daten aus bereits durchgeführten Untersuchungen mit zumeist neuer Fragestellung, gehören zum selbstverständlichen Repertoire empirisch arbeitender Sozialwissenschaftler. Dies liegt neben forschungsökonomischen Motiven – hochwertige Datenerhebungen sind mit erheblichem finanziellen und zeitlichen Aufwand verbunden – vor allen Dingen auch darin begründet, dass sich bestimmte Fragestellungen ausschließlich auf der Grundlage bereits erhobener Daten beantworten lassen. Insbesondere wenn Veränderungen im Zeitverlauf (bspw. der Wandel von Einstellungen oder Verhaltensweisen in bestimmten Lebensbereichen) untersucht werden sollen, besteht insofern die Notwendigkeit auf vorhandene Daten zurückzugreifen, als dass man solche Daten nicht retrospektiv erheben kann. Darüber hinaus sind sozialwissenschaftliche Forschungsdaten, insbesondere solche, die mittels Befragungen oder durch beobachtende Verfahren entstehen, nicht reproduzierbar. Da sie gesellschaftliche Verhältnisse zu einem gegebenen Zeitpunkt beschreiben, sind sie somit auch für die historische Forschung von grundsätzlicher Bedeutung. Per Definitionem handelt es sich bei der Nutzung von Daten der amtlichen Statistik und von prozessproduzierten Daten für wissenschaftliche Forschungszwecke immer um Nachnutzungen, da diese ursprünglich nicht zu dem Zweck der Forschung erhoben wurden.

Metadaten

Metadaten spielen eine entscheidende Rolle für die Nutzbarkeit sozialwissenschaftlicher Forschungsdaten. Insbesondere die Nutzung durch Dritte, die nicht unmittelbar am Entstehungsprozess der Daten beteiligt waren, ist ohne umfassende Dokumentation kaum möglich. Hinzu kommt, dass sozialwissenschaftliche Daten häufig auch viele Jahre oder gar Jahrzehnte nach ihrer Entstehung noch eine hohe Relevanz für die Forschung haben können (bspw. zur Untersuchung sozialen Wandels). Die sozialwissenschaftlichen Datenarchive stellten ihre Dokumentationen lange Zeit in der Form von sogenannten Codebüchern bereit. Diese enthielten neben Informationen zur Entstehung der Daten (z.B. beteiligte Primärforscher, Erhebungszeitraum, Beschreibung der Stichprobenziehung und der verwendeten Erhebungsmethoden) auch eine detaillierte Beschreibung des Datensatzes (z.B. Position von Variablen im Datensatz, Messniveaus, Bedeutung der numerischen Codes) und der verwendeten Messinstrumente (z.B. Frage- und Antworttexte der Fragebogen, Filterführungen, Interviewanweisungen). Mit dem Ziel eine qualitativ höherwertige und insbesondere standardisiertere und strukturiertere Form der Dokumentation zu erreichen, formierte sich 1995 eine internationale Gruppe von Datenarchiven und -produzenten zur Data Documentation Initative (DDI) und legte ein Jahr später die erste Version der DDI-Metadatenspezifikation vor.[28] Die ersten Versionen der Spezifikation orientierten sich noch sehr stark am klassischen Codebuch der Datenarchive. Mit der aktuellen Version 3 (bzw. 3.1) wurde die Spezifikation mit ihrer Ausrichtung auf den kompletten Forschungsdatenzyklus – von Design und Planung über Datenerhebung, -aufbereitung und -analyse bis hin zur Archivierung – und einem auf XML-Schemata basierenden modularen und erweiterbaren Aufbau fundamental verändert.

Für die Domäne der statistischen Aggregatdaten ist neben DDI insbesondere SDMX (Statistical Data and Metadata Exchange)[29] von Bedeutung und in Verwendung. Die Entwicklung des Standards basiert auf der Initiative von sieben inter- bzw. supranationalen Institutionen (u. a. OECD, Weltbank und EZB), die 2005 in der Veröffentlichung der ersten Version des Standards mündete.

Darüber hinaus ist als domänenübergreifender Metadatenstandard noch das kürzlich in der Version 2.1 veröffentlichte Metadatenschema von DataCite zu nennen. Dieses umfasst einen Bestand an deskriptiven Metadaten, der in erster Linie eine konsistente Identifizierung und Zitation von Forschungsdaten unterstützen soll. Mit dem Ausbau der im DataCite-Verbund angesiedelten Registrierungsagentur da|ra und der vermehrten Vergabe von DOIs für sozialwissenschaftliche Daten wird dieser Metadatenstandard für die Referenzierung und Recherche von sozialwissenschaftliche Forschungsdaten an Bedeutung gewinnen.

---

28 Vgl. DDI (2011).
29 Vgl. SDMX (2011).

4.4 Interne Organisation

Auch in den Sozialwissenschaften gehört Datenmanagement nicht zum Ausbildungsprogramm der Fachwissenschaftler, weshalb in universitären Forschungsprojekten in der Regel keine systematische Langfristsicherung erfolgt. Durch die bereits lange Tradition der sozialwissenschaftlichen Datenarchivierung gibt es jedoch in den wenigen vorhandenen speziellen Institutionen seit langem bewährte Arbeitspraxen, viel Erfahrung mit Migrationsprozessen und etablierte Qualitätskontrollen z.B. der Metadatenaufbereitung. Diese wurden etwa durch die Kooperation im CESSDA-Verbund in internationaler Abstimmung weiterentwickelt und der Community zur Verfügung gestellt.[30] Dennoch hat bisher die selbst auf internationaler Ebene absolut gesehen geringe Mitarbeiterzahl des spezialisierten Arbeitsfeldes eine durchaus erwünschte Professionalisierung gebremst und auch die Formalisierung der Arbeitsprotokolle ist nicht überall befriedigend entwickelt. Die seit einiger Zeit neu entstehenden Normen und Standards zur Langzeitarchivierung (wie bspw. OAIS[31], „Audit and certification of trustworthy digital repositories"[32] oder auch der DIN-Norm-Entwurf „Kriterien für vertrauenswürdige digitale Langzeitarchive" [33]) werden daher aufmerksam beobachtet und in ersten Schritten implementiert.

Schon die interne Standardisierung und Qualitätssicherung von Prozessen erfordert eine entsprechende Qualifizierung des Personals. Dies gilt umso mehr, als nach langjähriger Erfahrung der Autoren der Arbeitsmarkt bislang kein Personal mit der geeigneten Misch-Qualifikation aus technischer, archivarischer und sozialwissenschaftlicher Expertise bietet, sondern diese durch mehrjähriges *training on the job* erst aufgebaut werden muss. Dies wiederum nehmen die Mitarbeiterinnen und Mitarbeiter vor allem dann mit der nötigen Motivation wahr, wenn ihnen in der Institution eine langfristige Perspektive geboten werden kann, da das zu erwerbende Spezialwissen auf dem externen Arbeitsmarkt nur schwer einsetzbar ist. Im GESIS Datenarchiv für Sozialwissenschaften als dem ältesten spezialisierten Dienstleister für wissenschaftlichen Datenservice in den Sozialwissenschaften ist

---

30 Vgl. CESSDA (2011b).
31 Vgl. ISO 14721:2003.
32 Vgl. ISO/DIS 16363.
33 Vgl. DIN 31644.

eine klare Mehrheit der Beschäftigungsverhältnisse unbefristet.[34] Diese aus den genannten Gründen notwendige hohe Mitarbeiterbindung ist aber nur möglich, wenn der Arbeitgeber selbst langfristig finanziert ist.

Das GESIS Datenarchiv, welches als Teil vom GESIS-Leibniz-Institut für die Sozialwissenschaften nach den für die Leibniz-Gemeinschaft typischen Modalitäten in einer langfristigen Bund-Länder-Finanzierung steht, erhebt von datengebenden Primärforschern keinerlei Gebühren für die Archivierungsleistung. Die inzwischen weit überwiegend genutzte Datenbereitstellung über Online-Systeme an Datennutzer ist ebenfalls gebührenfrei. Allein für manuelle Datensatzzusammenstellungen und Postversand werden geringfügige Handhabungsgebühren erhoben, die keinen relevanten Finanzierungsbeitrag darstellen.

Seit einigen Jahren (s.o.) sind als bisher meist mittelfristig finanzierte Projekte Forschungsdatenzentren hinzugekommen, die überwiegend eine Anschubfinanzierung durch das BMBF erhalten haben. Nach Auslaufen dieser Anschubfinanzierung ergeben sich unterschiedliche Finanzierungsmodelle. So werden die Forschungsdatenzentren der Länder und des Statistischen Bundesamtes in die Trägerschaft ihrer jeweiligen Mutterinstitutionen übernommen, müssen seit 2011 aber einen Teil ihrer Kosten durch Gebühren auf den Datenservice decken. Diese Gebühren sind grob aufwandsabhängig und können nach den Maßstäben der Sozialwissenschaften beträchtlich sein.[35] Andere Forschungsdatenzentren, wie jene der GESIS, das FDZ SOEP am DIW Berlin, das FDZ PsychData am ZPID Trier, sind erst in jüngerer Zeit als integraler Teil ihrer Mutterinstitute (hier jeweils Institute der Leibniz-Gemeinschaft) etabliert worden und unterliegen somit denselben Finanzierungsbedingungen wie diese Mutterinstitute. Mit dem FDZ pairfam ist zudem jüngst ein Forschungsdatenzentrum im Rahmen eines DFG-Langfristvorhabens entstanden, womit eine (nach Ablauf erneuerbare) Befristung auf einen Förderzeitraum von maximal zwölf Jahren verbunden ist.

---

34 Bei den ca. 15 technischen Sachbearbeiterstellen des GESIS Datenarchivs gelten ohnehin die üblichen Entfristungsregeln des Arbeitsrechts, bei den gut 30 wissenschaftlichen Mitarbeitern (u.a. einschließlich Mitarbeitern von drei Forschungsdatenzentren bei GESIS) kommt das Wissenschaftszeitvertragsgesetz zur Anwendung.
35 Vgl. Statistische Ämter des Bundes und der Länder – Forschungsdatenzentren (2011a); RatSWD (2010c).

Für Kooperationsbeziehungen zu Zwecken der Langzeitarchivierung gibt es keine vorgegebenen Modelle. Einzelne Forschungsdatenzentren haben bereits Vereinbarungen über eine Langzeitsicherung ihrer Daten mit dem GESIS Datenarchiv, mit weiteren FDZ gibt es Gespräche. Für das breite Feld der universitären Forscher ist weiterhin das GESIS Datenarchiv eine zentrale Institution zur Langfristsicherung, die vor allem für Umfragedaten stark genutzt wird, indem ca. 130 neue Studien pro Jahr deponiert werden. Auch größere Gruppen wie DFG-geförderte Sonderforschungsbereiche haben die erzeugten Datenbestände dem GESIS Datenarchiv zur Langfristsicherung und weiteren Bereitstellung überantwortet oder sind im Begriff dies zu tun.

4.5 Perspektiven und Visionen

Zwar haben die Sozialwissenschaften mit den oben dargestellten Institutionen und dem robusten Angebot öffentlicher Aggregatdaten durch statistische Ämter usw. bereits einen vergleichsweise guten Reifegrad der Infrastrukturangebote erreicht. Es kann dennoch leider nicht behauptet werden, dass data sharing für sozialwissenschaftliche Forscher aus allen Disziplinen bereits eine Selbstverständlichkeit sei. Selbst für Umfragedaten ist die Abdeckung nur partiell, und z.B. für qualitative Daten sind entsprechende Strukturen erst in den Kinderschuhen. In den Wirtschaftswissenschaften scheinen die beim Rat für Sozial- und Wirtschaftsdaten akkreditierten Forschungsdatenzentren eher Ausnahmecharakter zu haben, insofern als für das breite Feld akademischer Einzelprojekte Datensicherungsangebote erst in der Planungsphase sind.[36]

Dies hat sich auch durch die DFG-Empfehlungen zur guten wissenschaftlichen Praxis nicht wesentlich geändert. Die dort ausgesprochene Empfehlung 7 zur Aufbewahrung von Primärdaten stellt mit der Maßgabe einer Aufbewahrungsfrist von nur zehn Jahren innerhalb der datenerzeugenden Institution allein eine gewisse Vorkehrung für gezielte Replikationsbemühungen veröffentlichter Forschungsergebnisse dar.[37] Im

---

36 Persönliche Kommunikation von Markus Quandt mit Olaf Siegert, Leibniz-Informationszentrum Wirtschaft (ZBW) über dort laufende Projektplanungen.
37 Vgl. DFG (1998), S. 12.

4 Sozialwissenschaften

Sinne der Förderung von data sharing muss man hingegen eher Sorge haben, dass sich die Empfehlung nachteilig auswirkt, denn sie könnte bei Datenproduzenten das Missverständnis erzeugen, dass eine befristete lokale Datensicherung ohne Einhaltung irgendwelcher Standards bereits hinreichend sei, um aktuellen wissenschaftlichen Normen zu genügen. Vorbildlich ist in dieser Hinsicht das britische Economic and Social Research Council, welches bei von ihm geförderten Projekten fordert, dass neu erzeugte Daten den relevanten Datenservice-Instituten kurz nach Projektende zur Archivierung angeboten werden.[38] Die Nichteinhaltung dieser Auflage ist mit finanziellen Sanktionen belegt.

Einen wesentlichen Anreiz zur Bereitstellung selbsterhobener Forschungsdaten dürften in Zukunft aber auch Systeme setzen, die veröffentlichte Forschungsdaten dauerhaft zitierbar machen und somit den Urhebern dieser Daten einen Reputationsgewinn aus solchen Zitationen ermöglichen. Da sich mehrere Forschungsdatenzentren der von GESIS und ZBW gemeinsam betriebenen Registrierungsagentur da|ra bedienen werden,[39] sind die Chancen auf eine weitere Durchsetzung dieses Lösungsansatzes in den deutschen Sozialwissenschaften gut.

Mit einer zentralen Datenregistrierung wird zudem auch ein Problem wesentlich gemildert, welches durch die Eröffnung vieler Zugänge zu neuen Daten (wie es mit dem Erfolg der Forschungsdatenzentren geschieht) erst entstanden ist, nämlich das der wachsenden Schwierigkeit für Nutzer, die Übersicht über die unterschiedlichen Datquellen zu behalten.

Ein weiteres Problem wird in den Sozialwissenschaften derzeit noch vor allem auf der internationalen Ebene sichtbar. Vor den Zeiten grenzüberschreitender Online-Zugriffsmöglichkeiten wurden inhaltsgleiche Datensätze bewusst parallel in den Beständen verschiedener nationaler Archive geführt, um sie für die jeweils nationalen Nutzerkreise schnell im Zugriff zu haben. Weil inzwischen eine digitale Bereitstellung auch über nationale Grenzen hinweg sehr einfach ist, überwiegen nun die Nachteile derartiger Parallelbestände. Diese Nachteile bestehen darin, dass zahlreiche sozialwissenschaftliche Datensätze – oft gerade die in der Forschung

---

38 Vgl. ESRC (2010).
39 Stand: Frühjahr 2011.

am stärksten nachgefragten – häufigen Aktualisierungen und Versionsänderungen unterliegen und daher die Identität zweier digitaler Datensatz-Objekte an unterschiedlichen Orten nur mit erheblichem Aufwand kontinuierlich sichergestellt werden könnte. Die einfachste Lösung dazu ist, eindeutige Verantwortlichkeiten für die Versions- und Nachweispflege („*data curation*") jedes relevanten Datensatzes an einzelne Archive zuzuweisen. Solche Vereinbarungen können aber derzeit nur bilateral geschlossen werden. Hierzu werden multilaterale internationale Vereinbarungen und verbindliche Konfliktlösungsmechanismen erforderlich werden.

Grundlegender dürfte jedoch sein, das Idealbild eines Datenlebenszyklus mit bruchlosen Übergängen zwischen den Phasen des Untersuchungsdesigns, der Datenerhebung, der Aufbereitung, Archivierung und Bereitstellung zur Sekundäranalyse in die Praxis umzusetzen. Dazu ist nicht nur auf Seiten der Datenproduzenten ein Fortgang des Bewusstseinswandels erforderlich, sondern es muss auch von den Dienstleistern in den Dateninfrastrukturen stark darauf geachtet werden, den jeweiligen Fach-Communities entgegen zu kommen. So ist z.B. die Erfassung von hinreichenden Metadaten in der Regel nur mit direkter Hilfe der Primärforscher möglich. Zwar können diese partiell von der frühzeitigen Anwendung von Metadatenstandards profitieren, etwa beim Design ihrer Forschungsinstrumente, falls entsprechende standardkompatible Softwaretools wie etwa Fragebogeneditoren mit DDI-Unterstützung verfügbar sind. Weil aber auf breiter Front von den Primärforschern eine Einarbeitung in die Verfahren des ingest oder in Verschlagwortungsthesauri kaum erwartet werden kann, ist in der Regel eine gezielte Unterstützung durch Datenmanagementspezialisten frühzeitig im Forschungsprojekt notwendig.

Um in Zusammenarbeit mit der großen Anzahl von Datenproduzenten operable Verfahren und Standards des Datenmanagements entwickeln und implementieren zu können wie auch zur Ausbildung entsprechenden Fachpersonals wären einige wenige Kompetenzzentren für Forschungsdatenmanagement in den Sozialwissenschaften erforderlich. Diese Zentren müssen untereinander stark kooperieren Auch bei Methoden der reinen Langfristsicherung wird z.B. im Zuge von Format-Migrationsprozessen, die wegen der Formatvielfalt sozialwissenschaftlicher Datenanalysesysteme erforderlich sind, weiterhin fachwissenschaftliche

Expertise unabdingbar bleiben. Allein die rein IT-technische Dienstleistung der *bitstream preservation* kann daher an Cloud-Dienste, Großrechenzentren oder ähnliches verlagert werden, soweit dies kosteneffizient ist und Vorgaben des Datenschutzrechtes dies nicht verbieten.

5 Psycholinguistik

Peter Wittenburg, Sebastian Drude, Daan Broeder

5.1 Einführung in den Forschungsbereich

Die Psycholinguistik ist der Bereich der Linguistik, der sich mit dem Zusammenhang zwischen menschlicher Sprache und dem Denken und anderen mentalen Prozessen beschäftigt, d.h. sie stellt sich einer Reihe von essentiellen Fragen wie etwa (1) Wie schafft es unser Gehirn, im Wesentlichen akustische und visuelle kommunikative Informationen zu verstehen und in mentale Repräsentationen umzusetzen? (2) Wie kann unser Gehirn einen komplexen Sachverhalt, den wir anderen übermitteln wollen, in eine von anderen verarbeitbare Sequenz von verbalen und nonverbalen Aktionen umsetzen? (3) Wie gelingt es uns, in den verschiedenen Phasen des Lebens Sprachen zu erlernen? (4) Sind die kognitiven Prozesse der Sprachverarbeitung universell, obwohl die Sprachsysteme derart unterschiedlich sind, dass sich in den Strukturen kaum Universalien finden lassen?[1]

Um diese Fragen beantworten zu können, bedient sich die Psycholinguistik verschiedener Methoden wie z.B. beobachtender Feldstudien und verschiedenartigster Experimente, die letztlich alle Modalitäten umfassen, die in der menschlichen Kommunikation verwendet werden bzw. etwas über den Zustand der kognitiven Verarbeitung aussagen können. In verstärktem Maße sind dies auch *brain imaging*-Methoden (EEG, MEG, fMRI), um Aussagen über die funktionelle Architektur des Gehirns machen zu können, und Simulationen kognitiven Verhaltens. Die Psycholinguistik als eine noch relativ junge Teildisziplin ist demzufolge von Beginn an eine datenorientierte Wissenschaft, die in starkem Maße naturwissenschaftliche Methoden übernommen hat.

---

1 Vgl. Evans; Levinson (2009).

Konsequenterweise setzt die Psycholinguistik ein ganzes Arsenal von Technologien ein, um Daten zu messen und auszuwerten. Essentiell war und ist dabei der frühe Einsatz aller Möglichkeiten der digitalen Innovation. Deshalb wurden, soweit dies von den Kapazitäten her möglich war, frühzeitig alle Video- und Audioaufnahmen digitalisiert und analysiert, um skalierbare und quantitative Auswertungsmethoden einzusetzen. Ebenso war es selbstverständlich, immer wieder auch neue dynamische Paradigmen wie z.B. *virtual reality* einzusetzen.

Mithin werden in der Psycholinguistik sehr viele verschiedene Datentypen erzeugt und ausgewertet. Diese Daten lassen sich grob in Primär- und Sekundärdaten unterteilen. Sehr grob verallgemeinert gesagt bilden Primärdaten direkt realweltliche Ereignisse ab, wohingegen Sekundärdaten gewisse Eigenschaften der Ereignisse unter Bezug auf die Primärdaten explizit machen. Typische Primärdaten sind etwa Audio- und Videoaufnahmen, die durch Sekundärdaten annotiert (transkribiert, übersetzt, glossiert, kommentiert etc.) werden. Sekundärdaten umfassen wegen der immer mehr diversifizierten Verarbeitungsmethoden ein immer größeres Spektrum.

Die Primärdaten lassen sich wiederum in zwei Kategorien unterteilen, für die unterschiedliche Zeitfenster der Erhaltung gelten: (1) Experimentelle Daten werden in einer Laborumgebung gewonnen und haben zumeist nur eine kurze Relevanz für die Forschung und für die Gesellschaft. (2) Beobachtungsdaten werden zumeist in natürlichen Umgebungen (im „Feld") aufgenommen. Sie können eine große Relevanz für die Forschung und auch die Gesellschaft haben, da sie immer auch eine Art „Momentaufnahme" des Zustandes von Sprachen und Kulturen darstellen. So gilt z.B. für alle Daten, die im DOBES Programm der Volkswagenstiftung zur Dokumentation bedrohter Sprachen[2] aufgenommen und erzeugt werden, dass sie zukünftigen Generationen zur Verfügung stehen sollen, um ihnen eine Einsicht über die Vielfalt der Sprachen und deren linguistische Systeme zu vermitteln. Das bedeutet, hier besteht die Erwartungshaltung, dass diese Daten zeitlich unlimitiert vorgehalten und genutzt werden können. Dies gilt auch für die dazugehörigen Sekundärdaten, die das linguistische Wissen über die aufgenommenen Sprachen enthalten.

---

2   Vgl. DOBES (2011).

Die Situation bezüglich der Datenmengen und der Datenorganisation in der Psycholinguistik ist sehr unterschiedlich, sie ist abhängig von der Ausstattung der Institutionen bzw. Abteilungen bezüglich der technischen und personellen Ressourcen. Die Situation am Max-Planck-Institut (MPI) für Psycholinguistik[3], die hier vornehmlich als Ausgangspunkt genommen werden soll, gibt daher nicht die allgemeine Realität wieder, kann aber als Ankerpunkt dafür genommen werden, wie derartige Institute/Abteilungen sich in Zukunft verhalten könnten und idealerweise sollten, wenn sie die entsprechenden Mittel zur Verfügung haben.

Da das MPI eine sehr breite Vielfalt an Methoden und Technologien einsetzt, können die Datenmengen und auch die Komplexität der Relationen zwischen den Objekten durchaus als exemplarisch angesehen werden. Wegen der zunehmenden Datenmengen musste das MPI frühzeitig (in den 1990er-Jahren) mit der Entwicklung von Methoden der Datenorganisation beginnen. Das Daten-Repository umfasst heute ein organisiertes Online-Archiv von 74 Terabyte, weitere ca. 200 Terabyte sind zu verwalten. Die jährliche Zunahme lässt sich derzeit mit ca. 17 TB angeben. Diese Zahlen sind heute sicherlich in vielerlei Hinsicht untypisch für die meisten psycholinguistischen Institute. Im Folgenden werden wir die Konsequenzen darstellen, die sich aus dieser Datenvielfalt und -menge ergeben.

5.2 Kooperative Strukturen

Institutsübergreifende Zusammenarbeit

Zur Beantwortung der Frage nach der Existenz kooperativer Strukturen bezüglich Daten muss man die verschiedenen Datentypen betrachten. Experimentelle Daten werden im Allgemeinen unter ganz bestimmten Rahmenbedingungen mit ganz bestimmten Personengruppen zumeist in einer Reihe von Versuchen gewonnen, um eine bestimmte wissenschaftliche Hypothese abzusichern. Ihre Austauschbarkeit ist daher relativ gering und die Datenmengen sind zumeist auch beschränkt. Es

---
3 Vgl. MPI Homepage: http://www.mpi.nl.

besteht eine Vorhaltepflicht von zehn Jahren, um Argumentationen, die in wissenschaftlichen Artikeln auf der Basis von Daten geführt werden, nachvollziehbar zu machen. Demzufolge wird die Lebensdauer der Daten im Wesentlichen von dieser Vorhaltepflicht bestimmt. Dies hat sich mit der Einführung der *brain imaging*-Techniken insofern etwas geändert, als dass die Erzeugung der Daten recht kostenintensiv ist und es dadurch einen zunehmend erhöhten Druck gibt, den Datenaustausch zwischen den Instituten zu ermöglichen. Das Gleiche mag auch gelten für neue Fachrichtungen wie z.B. der linguistischen Genetik. Man kann im Allgemeinen davon ausgehen, dass nach zumeist weniger als zehn Jahren neue Sensortechnologien zum Einsatz kommen, die dann zumeist genauere Messungen ermöglichen; d.h. abgesehen von den Fällen, bei denen z.B. historisch wertvolle Anomalien festgestellt werden, macht es keinen Sinn, die Masse der experimentellen Daten länger aufzubewahren.

Experimente bedingen oftmals geeignete Stimuli, deren Erzeugung ebenfalls recht kostenintensiv ist – vor allem bei den *virtual reality*-Experimenten. Hier gibt es einen regen Austausch zwischen kollaborierenden Gruppen. Da das Geschick der Stimuluserzeugung die Qualität der wissenschaftlichen Resultate beeinflusst, wird ein offener Austausch jedoch nur selten angestrebt, es sei denn, die Experimente dienen der Studentenausbildung.

Ganz anders sieht es bei Beobachtungsdaten aus, die normalerweise für ein bestimmtes analytisches Ziel aufgenommen werden, aber immer häufiger auch für andere Zielsetzungen mit anderen beobachtenden Daten zu neuen virtuellen Korpora verbunden werden. Im DOBES-Archiv[4] bedrohter Sprachen ist die vielfältige Verwendbarkeit sogar eines der Kriterien für die Aufnahmen und davon abgeleitete Daten. Die Erzeugung von Korpora, die neben den Aufnahmen auch Transkriptionen und weitere Annotationen umfassen, ist eine sehr kostspielige Aufgabe, so dass deren Austausch und Wiederverwendbarkeit eine Notwendigkeit ist. Da Observationen eine Momentaufnahme von sich ständig verändernden Kulturen und Sprachen darstellen, haben sie oftmals eine kulturgeschichtliche Bedeutung für zukünftige Generationen.

---

4   Vgl. DOBES Homepage: http://www.mpi.nl/dobes.

Konsequenterweise ist der Grad an Organisation der Daten des MPI im Bereich der beobachtenden Daten der am weitesten Ausgearbeitete. Es ist seit Jahren im MPI allgemein akzeptiert, dass alle Beobachtungsdaten und davon abgeleitete Daten mittels Metadaten beschrieben und in das DOBES-Archiv gestellt werden. Bezüglich der experimentellen Daten gibt es jetzt eine Vereinbarung, die *brain image*-Daten mittels erweiterter Metadaten ebenfalls organisiert in das Archiv zu stellen, um sie damit zumindest für die geforderten zehn Jahre zu sichern und sie in einfachem Maße auch außerhalb des Instituts wiederverwendbar vorzuhalten.

Dieser Unterschied lässt sich durchaus verallgemeinern. Insbesondere durch Projekte wie DOBES hat sich mittlerweile ein breites Bewusstsein über die Notwendigkeit des sorgfältigen Erhaltens und des Austauschens vieler beobachtender Daten herausgebildet. Im experimentellen Bereich gibt es diese Notwendigkeit zum langfristigen Erhalt im Allgemeinen nicht.

Die Art der kooperativen Strukturen entspricht der Art der Daten. Bezüglich der kulturell wichtigen Beobachtungsdaten gibt es eine wachsende Bereitschaft zur zentralen Speicherung und Pflege in dafür geeigneten Zentren. Wiederum ist das DOBES-Programm ein sehr gutes Beispiel, da es auch für andere nicht direkt vom Projekt finanzierte Wissenschaftler ein Signal gab, mit ihren Daten so umzugehen, dass ihr Erhalt und damit die Nachnutzung wahrscheinlicher wird. Es besteht – auch international – ein reger Austausch über Methoden der Datenaufnahme über ihre Verarbeitung und Analyse bis hin zur Langzeitarchivierung. Im experimentellen Bereich erfolgt der Austausch aus verschiedenen Gründen zumeist über die in den Publikationen beschriebenen Resultate, d.h. die Daten sind die Basis der Resultate; sie selbst werden im Allgemeinen aber nicht ausgetauscht.

Die CLARIN Forschungsinfrasturkturinitiative[5] ist ein gutes Beispiel für eine derartige kooperative Struktur. An die 200 Institute in Europa arbeiten zusammen und haben sich z.B. darauf geeinigt, dass es starke Zentren als Rückgrat der Infrastruktur geben muss, die insbesondere auch für die langfristige Vorhaltung und Pflege der Daten sorgen. Der Grad

---

5 Vgl. CLARIN (2011).

der Organisierung der wissenschaftlichen Institute mit Beobachtungsdaten und auch Korpora in dieser datenorientierten Infrastrukturinitiative ist weitaus höher als der der experimentell arbeitenden Wissenschaftler.

Langzeitarchivierungsdienste und Zusammenarbeit mit Dienstanbietern

Die Langzeitarchivierung (LZA) hat zwei Aspekte: (1) Zum einen müssen die *bitstreams* und (2) zum anderen muss ihre Interpretierbarkeit gesichert werden. Wie im Report der High Level Expert Gruppe zu Scientific Data (HLEG)[6] festgestellt wurde, ist es die Aufgabe aller Beteiligten, vom Erzeuger bis zum Service-Anbieter, für die Interpretierbarkeit der Daten zu sorgen, d.h. immer wieder geeignete Erzeugungs-, Transformations- und Organisationsmaßnahmen anzuwenden. Dies kann nur von den Experten initiiert werden, die die Inhalte zu einem gewissen Grad kennen und die Zulässigkeit von Operationen und damit die Authentizität der neu erzeugten Repräsentationen beurteilen können. Die Ausführung der u.U. rechenintensiven Aufgaben (man muss hierbei z.B. an die Transformation von Terabytes von Video-Streams von einem Codec[7] auf einen anderen denken) kann natürlich bei einem externen Serviceprovider stattfinden. Für die *bitstream preservation* ist diese Fachkenntnis nicht erforderlich, sie kann demzufolge an andere Institutionen ausgelagert werden.

Die untenstehende von der HLEG entwickelte Grafik (Abb.1), veranschaulicht die drei involvierten Schichten recht gut und deutet auch an, dass die Etablierung des gegenseitigen Vertrauens und die Datenpflege Aufgaben aller sind. Das MPI hat bereits eine solche „Architektur" in Ansätzen realisiert: (1) Es erhält von Wissenschaftlern – auch externen – Daten zur Aufbewahrung und ermöglicht ihnen auch den Zugriff darauf. (2) Es bietet umfangreiche Software an, um auf die Daten zuzugreifen, sie zu manipulieren etc., wobei Domänenwissen in die Gestaltung der Zugriffstechnologien einfließt. (3) Es tauscht mit dem Rechenzentrum (RZ) Garching und der Gesellschaft für wissenschaftliche Datenverarbeitung (GWDG) Göttingen alle Daten aus, um die *bitstream* Sicherung zu gewährleisten. Hinzu

---

6   Vgl. High Level Expert Group on Scientific Data (2010).
7   Mit dem Begriff „Codec" werden Verfahren bezeichnet, die Daten oder Signale digital kodieren und dekodieren.

kommt, dass Abkommen auf allen Ebenen geschlossen und Code of Conducts[8] etabliert wurden bzw. werden, um Vertrauen zu schaffen. Momentan wird daran gearbeitet, den Software Stack des MPI auch z.B. im RZ Garching zu installieren, um einen redundanten Pfad für Zugriffe anbieten zu können.

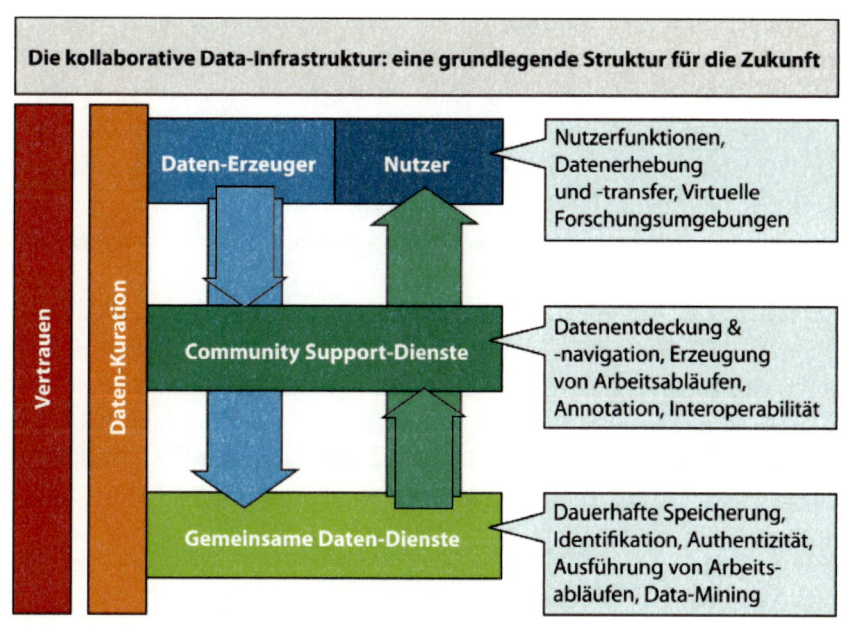

Abb. 1: Die kollaborative Dateninfrastruktur[9]

Das MPI ist wohl gegenwärtig eine der ganz wenigen Institutionen, die allen Wissenschaftlern die Möglichkeit eines „offenen Deposits" für Sprachdaten anbietet, wobei bestimmte Anforderungen an die Qualität gestellt werden und die prinzipielle Verfügbarkeit der Daten für die Forschung gegeben sein muss. Das Institut hat das oben geschilderte dreistufige System zur Sicherung der Daten und zu deren Zugänglichkeit im Rahmen eines Online-Archivs implementiert. Es verfügt selbst über Speicherplatz, um

---

8 Code of Conducts sind Handlungsanleitungen zu einem ethisch und rechtlich verantwortlichen Umgang mit Daten, die die Beteiligten im Allgemeinen unterschreiben müssen und deren Einhaltung im Allgemeinen der sozialen Kontrolle unterliegt.
9 Vgl. High Level Expert Group on Scientific Data (2010).

befugten Personen einen direkten oder web-basierten Zugang zu den Daten zu geben. Weiterhin verfügt es über ein hierarchisches *storage management*-System, so dass lokal zumindest zwei Kopien aller Objekte zur Verfügung stehen. Darüber hinaus werden Kopien aller Objekte dynamisch an den zwei Rechenzentren der Max-Planck-Gesellschaft (MPG) mittels verschiedener Protokolle[10] angefertigt, die selbst wiederum an ihren Standorten Abkommen mit leistungsstarken Partnern haben, um alle Archivdaten zu spiegeln. Von allen Objekten existieren also mindestens sechs Kopien.

Für die Kopien an den Rechenzentren gilt eine institutionelle Garantie von 50 Jahren, die vom Präsidenten der MPG gegeben worden ist. Basis dieses Langzeitarchierungsservices der beiden Rechenzentren ist eine Empfehlung des beratenden Rechenausschusses für Rechenanlagen der MPG aus dem Jahre 2004.

Das Institut hat insofern ebenfalls eine Ausnahmestellung, als dass es aktive Unterstützung geleistet hat, bisher weltweit 13 regionale Datenarchive aufzubauen, die mit dem digitalen Archiv des Instituts selbst verbunden sind. Der bisher statische Datenaustausch soll im Jahr 2011 dynamisch gestaltet werden. Allerdings sind die bisher zum Teil schlechten Netzwerkanbindungen ein Hinderungsgrund.

5.3 Daten und Metadaten

Datentypen

Die im Archiv gespeicherten Daten umfassen eine Vielfalt von Datentypen. Neben einer großen Menge digitalisierter Fotos, Audio- und Videoaufnahmen umfasst das Archiv verschiedene „Zeitreihen" (*eye tracking*, Gesture-Aufnahmen mit selektiven Techniken, EEG, fMRI), eine Reihe von strukturierten und semi-strukturierten Daten, die textuelle Darstellungen beinhalten (Annotationen der verschiedenen Aufnahmen, Lexika, linguistische Notizen etc.) und kleinere Datensätze

---

10 Vgl. u.a. Rsync (2011); AFS (2011).

mit statistischen Daten etc. Alle Daten, die im Online-Archiv enthalten sind, sind mittels IMDI-Metadaten[11] beschrieben.

Im Archiv sind alle Daten einschließlich der Metadaten in ihrem Ursprungsformat enthalten, d.h. sie werden nicht in Containern gekapselt. Dies sichert ab, dass nur eine minimale Abhängigkeit von zusätzlicher Software gegeben ist. Im Prinzip reicht ein simpler Metadaten-Browser aus, die auf einem XML-Schema basierten Metadaten „von der Wurzel her zu parsen", um das komplette Online-Archiv mit all seinen Ressourcen zugänglich zu machen. Jedes Objekt ist mit einem persistenten Identifikator (PID registrierter Handle[12]) versehen, der die Identifikation und die Integritätsprüfung erlaubt.

Langzeitarchivierung und Publikation von Daten

Wie bereits erwähnt, werden die Daten auf zweierlei Pfaden kopiert: (1) Zu den zwei Rechenzentren mittels unterschiedlicher Protokolle und (2) Teile des Archivs zu den weltweit verteilten, regionalen Repositorien. Da keines der verwendeten Protokolle gegenwärtig eine zufriedenstellende Integritätsprüfung beinhaltet, ist in einer Kollaboration zwischen der CLARIN Forschungsinfrastruktur und der DEISA Infrastruktur für High Performance Computing[13] an einer sicheren Replikation[14] gearbeitet worden, die in 2011 in den praktischen Dienst übernommen werden soll. Dabei wird bei jedem Vorgang, der mit einer der Instanzen eines Objektes zusammenhängt, überprüft, ob die mit dem persistenten Identifikator verknüpfte Prüfsumme noch zutrifft. Die registrierten PIDs können über ein API (*application programming interface*) entsprechend angesprochen werden. Dieses System ist auf der Basis expliziter *policy rules* realisiert, die festlegen, was mit den Daten geschehen darf und routinemäßig geschehen soll (Zugriffsrechte, Kopien, Konversionen etc.). Dies ist unserem Wissen nach der einzig machbare Weg, um Langzeitarchivierung in verteilten Szenarien in Zukunft vertrauensvoll und überprüfbar zu gestalten.

---

11 Vgl. IMDI (2007).
12 Vgl. Handle (2010).
13 Vgl. DEISA Homepage: http://www.deisa.eu.
14 Vgl. REPLIX (2011).

Lediglich die im Online-Archiv befindlichen Daten (74 TB) werden gespiegelt, da nur sie die erforderlichen Mindestvoraussetzungen (Metadatenbeschreibung) erfüllen.

Eine Publikation der Forschungsdaten erfolgt mittels der IMDI-Metadaten, die von jedem OAI-PMH[15] basierten Serviceprovider eingeholt werden können (dies geschieht auch tatsächlich) und die persistente Identifikatoren beinhalten. Metadaten sind offen; ein explizites XML-Schema ist über das Web zugreifbar und ein Mapping auf Dublin Core[16] wurde ausgearbeitet, das natürlich viele IMDI-Informationen nicht erfasst. Somit kann über das OAI-PMH-Protokoll auf alle Metadaten im IMDI-Format oder als Dublin Core-Beschreibung zugegriffen werden. Dies wird z.B. vom Virtual Language Observatory,[17] das von CLARIN betrieben wird, durchgeführt, wobei ein gemeinsamer Index für die Metadaten vieler Datenanbieter erzeugt wird und dann mittels z.B. *facetted browsing* durchsuchbar ist. Dies gilt z.B. auch für die Daten des Bayerischen Spracharchivs[18] und zunehmend auch für die Daten anderer deutscher Zentren.[19] Die Metadaten beinhalten zumeist den PID oder eine URL, so dass ein Zugriff auf die Daten selbst möglich ist.

Datenressourcen können beliebig zu neuen „virtuellen" Kollektionen zusammengefasst werden, wobei lediglich ein neuer Metadatensatz erzeugt wird, der die Referenzen auf die Ressourcen umfasst. Auch dieser Metadatensatz erhält eine PID und die typischen Metadatenbeschreibungen, kann also zitiert werden.

Mindestanforderungen an Daten und Formate

Bezüglich der Qualitätsanforderungen müssen zwei Ebenen unterschieden werden: (1) Die Qualität der Daten und Metadaten und (2) die Qualität des Archives.

---

15 Vgl. Open Archives (2011).
16 Vgl. Dublin Core (2011).
17 Vgl. VLO (2010).
18 Vgl. BAS (2005).
19 Vgl. u.a. IDS (2011); BBAW (2010); diverse Universitäten. Diese Zentren sind zumeist Mitglied der CLARIN Forschungs-Infrastruktur-Initiative (vgl. CLARIN (2011)), die Kriterien für Zentren aufgestellt hat, die jetzt von mehreren deutschen Teilnehmern schrittweise erfüllt werden.

5 Psycholinguistik

Ein Forschungsinstitut lebt von der Innovation und der Kreativität seiner Wissenschaftler. Eine zu strenge Standardisierung bzw. Qualitätskontrolle bezüglich der Daten wäre demzufolge kontraproduktiv. Dies ist anders bei den Metadaten, wo die Einhaltung des IMDI-Schemata gefordert wird. Das Repository eines Instituts hat immer verschiedene Bereiche, für die unterschiedliche Kriterien gelten: (1) ein Bereich, der durch Standardformate abgesichert ist und (2) ein anderer, indem der Innovation Raum gegeben wird. Grundsätzlich ist dabei zu beachten, dass eine Kontrolle der Dateninhalte kaum stattfindet. Wir vermuten sogar, dass eine inhaltliche Kontrolle mittels eines traditionellen *peer to peer review*-Systems für die meisten unserer Daten nicht einfach möglich ist.

Bezüglich der formalen Kontrolle gilt für das Online-Archiv, dass zunächst alle Objekte mittels einer IMDI Metadaten-Beschreibung assoziiert sein und dass bestimmte akzeptierte Formate (zumeist offene, standardisierte Formate wie z.B. MPEGx[20], mJPEG2000[21], XML[22], linear PCM[23] etc.) eingehalten werden müssen. Beim Hochladen von Daten mittels bereitgestellter Werkzeuge des LAMUS Systems[24] werden entsprechende Überprüfungen der Daten und Metadaten vorgenommen und somit auch eine relativ hohe Formatkonsistenz des Archivs erzeugt. Wir müssen jedoch auch immer wieder Kompromisse schließen und andere Formate wie z.B. Resultatdateien, die mittels statistischer oder mathematischer Programme (SPSS[25], Matlab[26] etc.) erzeugt werden, akzeptieren, obwohl sie z.T. proprietär sind. Nicht immer sind formale Prüfmethoden verfügbar bzw. vom Archiv schnell erzeugbar. Daher können für derartige Daten oft keine Garantien bezüglich langfristiger Pflege und Unterstützung gegeben werden.

Eine hohe Formatkonsistenz vor allem bezüglich der Primärdaten wird also angestrebt, obwohl immer wieder auch in kleinem Maßstab, insbesondere bei den Sekundärdaten, Ausnahmen gemacht werden müssen.

---

20 Mit MPEGx wird eine Klasse von Codecs beschrieben, die von der MPEG Initiative (http://www.mpeg.org/) entwickelt wurden wie z.B. MPEG1, MPEG2, MPEG4/H.264.
21 Vgl. JPEG 2000 (2011).
22 Vgl. XML Homepage: http://www.w3.org/XML/.
23 Vgl. PCM (2011).
24 Vgl. LAT (2008).
25 Vgl. SPSS (2011).
26 Vgl. Mathworks (2011).

Die Qualität des Archivs kann hauptsächlich an der Umsetzung seiner Kernaussagen und Zusagen gemessen werden. Hier hat das Institut entschieden, sich dem Qualitätskontrollprozess „Data Seal of Approval"[27] zu unterziehen. Diese Überprüfung wird regelmäßig vorgenommen. Die erste Überprüfung wurde gerade erfolgreich abgeschlossen. Wir sehen die Berechtigung, das *seal* als eine der erforderlichen vertrauensbildenden Maßnahmen zu verwenden.

Datenvolumen

Das Online Archiv umfasst gegenwärtig 74 Terabyte an Daten. Darüber hinaus werden noch weitere 200 Terabyte gespeichert. Diese Daten sind jedoch nicht mittels Metadaten beschrieben und ihre Formate sind nicht überprüft. Sie gehören zumeist den Katergorien „experimentelle Daten mit geringer Lebensdauer" oder „noch nicht-erschlossene Beobachtungsdaten" an. Der zunehmende Umfang dieser schlecht gepflegten Daten gibt zur Sorge Anlass. Momentan verzeichnet das Archiv einen Zuwachs von 17 TB pro Jahr, der durch neue Verfahren (uncompressed mJPEG2000, fMRI Scanner mit höherer Resolution, Anforderungen aus der Linguistic Genetics) in den kommenden Jahren sicherlich um ein Vielfaches zunehmen wird.

Nutzungsbeschränkungen

Der Zugriff auf Daten ist in jedem Fall kostenfrei. Allerdings handelt es sich bei vielen Daten um Aufnahmen, bei denen der rechtliche Aspekt des Personenschutzes zu garantieren ist. Wir unterscheiden vier Kategorien:[28]

- Daten, die ohne Bedenken über das Web zugänglich sind,
- Daten, die zunächst eine Registrierung und das elektronische Unterschreiben eines *code of conduct* erfordern,

---

27 Vgl. Data Seal of Approval Homepage: http://www.datasealofapproval.org/.
28 Im Jahre 2002 wurde ein Workshop mit mehreren namhaften deutschen und niederländischen Rechtsexperten im Rahmen des DOBES Projektes durchgeführt. Es konnte jedoch bezüglich der Rechtslage eines international operierenden Online-Archivs keinerlei klare Rechtsauskunft gegeben werden.

- Daten, die eine elektronische Anfrage bei dem verantwortlichen Wissenschaftler oder dem Archivleiter erfordern,
- Daten, die grundsätzlich nicht zugänglich sind – außer für den Archivbetreiber, der immer (technischen) Zugang hat.

Ein großer Teil der Daten fällt derzeit in die dritte Kategorie. Dies hat zum Teil auch mit der fehlenden Praxis des korrekten Zitierens von Web-Ressourcen zu tun, das technisch noch nicht zufriedenstellend, d.h. hochgradig automatisch, gelöst ist. Wissenschaftler befürchten oft, dass ihre in der Datenerzeugung und -pflege enthaltene Arbeit nicht entsprechend gewürdigt wird.

Die gespeicherten Ressourcen umfassen auch z.T. sehr sensible Inhalte wie z.B. Daten über *split brain*-Patienten oder Aufnahmen geheimer Zeremonien. Daher werden einige der Daten der vierten Kategorie angehören und nicht verfügbar sein. Allerdings haben wir uns in allen Fällen das Recht auf Archivierung gesichert, was die Möglichkeit des Kopierens zu vertrauenswürdigen Partnern für Archivierungszwecke einschließt.

Zugriff auf ältere Daten

Für die Beobachtungsdaten, die oft nicht nur z.B. Sprechakte, sondern eine Kultur zu einem gegebenen Zeitpunkt dokumentieren, ist der Unterschied zwischen „alten" und „neuen" Daten fraglich, da auch alte Daten ihre Relevanz nicht verlieren (oft ist das Gegenteil der Fall). Es gibt jedoch einen Unterschied zu machen zwischen der originären Forschungsfrage (für die eine bestimmte Ressource aufgenommen wurde) und neuen Forschungsfragen, die den Aufbau immer wieder neuer virtueller Kollektionen durch die Wissenschaftler erfordert. Dabei werden „ältere Daten" im Allgemeinen wieder neu annotiert, d.h. die neuen Annotationen gehören letztlich wieder zu einer Kollektion. Somit ist eine strenge Unterscheidung in alte und neue Beobachtungsdaten immer weniger sinnvoll.

Ganz anders ist es im Bereich der experimentellen Daten, wobei allerdings von einer hohen Verfallsrate ausgegangen werden muss: Alte Daten verlieren schnell an Relevanz. Zumeist führt der Weggang eines Wissenschaftlers dazu, dass seine Daten kaum noch weiter analysiert werden.

Ein anderer Grund liegt darin, dass immer neue Sensor-Technologien zum Einsatz kommen, die Daten einer höheren Qualität bieten.

Metadaten und persistente Identifikatoren

Aufgrund der extremen Datenzunahme in den letzten 15 Jahren hat sich das MPI frühzeitig um die Etablierung eines Metadaten-Standards bemüht. Zusammen mit anderen europäischen und auch einigen außereuropäischen Wissenschaftlern konnte der IMDI Best-Practice-Standard etabliert werden. Er basiert auf einem festen, strukturierten XML-Schema, in dem die relevanten Elemente in definierte Kontexte eingebunden sind und z.T. offene Vokabulare haben. Einige Flexibilitäten sind vorgesehen, spezielle Profile können gebildet werden und IMDI erlaubt es, ganze Hierarchien von (virtuellen) Kollektionen zu bilden.

So konnte sich IMDI neben dem Dublin Core-basierten „Open Language Archives Community Standard"[29] in der Fachwelt weltweit etablieren. Das MPI Archiv basiert ausschließlich auf IMDI, um einen einheitlichen Standard zur Beschreibung und zur Organisierung der Daten zu bekommen. Das Archivmanagement erfolgt im Prinzip auf der Basis von IMDI-Kollektionen, wobei eine der möglichen Hierarchien mit den Archivbetreibern als kanonisch abgesprochen wird, d.h. zum Beispiel auch zur Spezifizierung von Rechten und Kopiervorgängen verwendet wird.

Im Rahmen von CLARIN[30] wird gegenwärtig ein flexiblerer Metadaten-Standard entwickelt, dessen Konzepte in der offenen auf ISO 12620[31] basierten ISOcat-Registratur[32] enthalten sein müssen, um semantische Interoperabilität in einem durch Komponenten definierten Raum von Metadaten-Beschreibungen zu ermöglichen, die von verschiedenen Experten erzeugt worden sind. Dieser neue CMDI Standard (*component based metadata infrastructure*)[33] wird den alten IMDI Standard ablösen, wenn seine Infrastrukturmodule (Editor, Browser, Suche etc.) fertig gestellt und getestet sind und die volle Kompatibilität zum IMDI- und zu anderen Standards (z.B. OLAC) sichergestellt ist.

---

29 Vgl. OLAC (2011).
30 Vgl. CLARIN (2011).
31 Vgl. ISO (2004).
32 Vgl. ISOCAT (2011).
33 Vgl. CMDI (2011).

Alle Ressourcen im Online-Archiv müssen mit einer Metadatenbeschreibung versehen sein, wobei beim Hochladen die Korrektheit geprüft wird und regelmäßig Langzeitarchivierungsschritte vorgenommen werden. Allerdings ist der Füllungsgrad der Metadaten sehr unterschiedlich und auch die Verwendung von weniger gut spezifizierten Elementen wie z.B. „Genre" ist sehr verschieden, was genaue Suchen und damit präzise Treffermengen behindern kann. Einen „akzeptierten Metadatenelementsatz" für experimentelle Daten in der Psycholinguistik gibt es noch nicht, denn die Bedürfnisse sind a) bisher nirgendwo durch eine Gruppe formuliert worden und b) derzeit nicht durch einen starken Wunsch nach Austausch motiviert. IMDI erlaubt es jedoch, auch experimentelle Daten zu beschreiben, da jeder Wissenschaftler seine eigenen *key value*-Paare hinzufügen kann. Im MPI wurde wegen des höheren Drucks zur verbesserten Sichtbarkeit der *brain imaging*-Daten in Abstimmung mit den lokalen Wissenschaftlern ein IMDI-basiertes Profil erzeugt, das in Zukunft verwendet wird. Dieser Satz ist bisher noch nicht mit anderen Instituten abgestimmt. Einige Informationen werden dabei automatisch z.B. aus Daten im DICOM[34]-Datenstandard extrahiert, die durch fMRI-Scanner erzeugt werden. Dies bedeutet, dass IMDI und in Zukunft auch CMDI verstärkt zur Beschreibung experimenteller Daten verwendet werden.

5.4 Interne Organisation

Etablierte Langzeitarchivierungsstrategien

Die oben beschriebenen Mechanismen, inklusive der Maßnahmen zur Langzeitarchivierung, operieren nunmehr seit etwa zehn Jahren. Die beteiligten Softwarekomponenten wurden in dieser Zeit systematisch verbessert, so dass wir von einer robusten mehrschichtigen Archivierungsinfrastruktur ausgehen können, die es uns sogar ermöglicht, Daten externer Wissenschaftler zu integrieren. Dort, wo offensichtliche Lücken identifiziert wurden, werden diese in Zusammenarbeit mit anderen Partnern behoben.

---

34 Vgl. DICOM (2010).

Momentan werden die Qualitätsprozeduren, die bei dem Hochladen auszuführenden Operationen (Konversionen) und die Kommandos zur Replikation in Konfigurationsdateien spezifiziert, wobei alle Operationen auf physikalischer Ebene (Directory-Struktur) festgelegt werden. Im Replixprojekt[35] wurde mit einem *policy rules*-basierten Ansatz experimentiert, indem alle Schritte in Form von deklarativen Regeln ausformuliert und daher sowohl schneller verifizierbar als auch veränderbar werden. Dadurch sollen LZA-Maßnahmen auf logischer, d.h. Kollektions-/Metadatenebene, spezifiziert werden. Alle Schritte sollen über Pre- und Post-Verarbeitungsoperatoren evaluiert werden, so dass z.B. eine Integritätsprüfung mittels der mit dem PID assoziierten *checksum* ermöglicht wird.

Finanzierung des Datenarchivs

Die Finanzierung des Datenarchivs wurde im Wesentlichen durch die MPG und das MPI geleistet, wobei zur Software- und Standardentwicklung immer wieder auch externe Mittel eingeworben wurden. Da derartige Finanzierungen zumeist nur die Entwicklung neuer Methoden erlauben, mussten immer wieder alternative Wege gesucht werden, die Pflege des existierenden Programmcodes abzusichern.

Vier wesentliche Merkmale können genannt werden, bei denen sich neue Finanzierungsmöglichkeiten eröffneten: (1) Mit dem offiziellen Auftrag des MPG Präsidenten an die zwei Rechenzentren, den Max-Planck-Instituten einen Archivierungsdienst anzubieten, konnten ohne Schwierigkeiten seit ca. 2005 externe Kopien der Daten erzeugt werden. (2) Mit dem Start des durch die VolkswagenStiftung finanzierten DO-BES-Programmes im Jahre 2000 wurde die Archivierung zum ersten Mal in den Mittelpunkt gerückt. (3) Mit der Finanzierung des CLARIN Infrastrukturprojektes seit 2008 wurde u.a. das Datenmanagement zu einem offiziellen Förderziel der EU und nationalen Regierungen, was z.B. der Entwicklung von Standards und dem Publizieren von Metadaten sehr geholfen hat. (4) Seit September 2010 wurde offiziell eine neue Einheit am MPI mit dem Namen „The Language Archive"[36] gebildet, so dass die

---

35 Vgl. REPLIX (2011).
36 Vgl. TLA (2011).

5 Psycholinguistik

Archivierung und das Datenmanagement einen festen Platz im Institut bekommen haben und damit eine Langzeitperspektive gegeben ist.

Kosten des Datenarchivs

Bezüglich der Kosten müssen zwei Vorbemerkungen gemacht werden: (1) Die LZA-Kosten bei der Übernahme und Eingliederung neuer Daten sind z.T. erheblich und nicht vorher abschätzbar, d.h. sie können in einer Kostenübersicht nicht erscheinen und müssen über spezielle Projektfinanzierungen abgewickelt werden. (2) Ein digitales Archiv kann nur dann kosteneffizient arbeiten, wenn es über ein robustes Repository-System und ein Arsenal an Standard-Softwaretechnologien verfügt[37]. Um derartige Software lebensfähig zu halten, bedarf es einer regelmäßigen Pflege des Codes und einer Erweiterung der Funktionalität. Letzteres kann ebenfalls sehr teuer sein und nicht abgeschätzt werden, d.h. die Integration neuer Funktionalität kann ebenfalls lediglich durch gesonderte Projektmittel erfolgen. Im Folgenden werden diese zwei Bereiche (LZA neuer Datenbestände, Funktionelle Software-Erweiterungen) nicht in die Kostenübersicht einbezogen.

Auf dieser Basis können wir die Kosten für das MPI Archiv benennen (siehe folgende Tabelle). (1) Das MPI verwaltet selbst zwei Kopien aller wesentlichen Daten in einem *hierarchical storage management* (HSM) System, was auch den ständigen Zugriff und die Erweiterbarkeit ermöglicht[38]. Das Online-Archiv umfasst dabei gegenwärtig 74 TB. Daneben gibt es weitere zu verwaltende ca. 200 TB, d.h. das Online-Archiv umfasst etwa 25% des Gesamtbestandes. Die wesentlichen Hardware-Komponenten werden alle vier Jahre ausgetauscht, was einen Kostenaufwand von ca. 80.000 Euro pro Jahr ausmacht. (2) Die Kosten für die externen Kopien (lediglich *bitstream* Verwaltung) machen etwa 10.000–20.000

---

37 Im Bereich der Archivierung digitaler Bestände wird es auch sehr stark auf *economy of scale*-Faktoren ankommen. Dies wird vor allem durch die Erfahrung und das Wissen der involvierten Experten und durch die Verfügbarkeit von robusten Software-Techniken ankommen.
38 Es sollte hier hinzugefügt werden, dass einer der Grundsätze bei der Erweiterung natürlich der ist, dass existierende Ressourcen nicht manipuliert werden, d.h. alle Erweiterungen werden in den Metadaten und weiteren Indizes eingetragen, um die externen Verweise zu erhalten. Alte Versionen werden selbstverständlich bewahrt und sind weiterhin zugreifbar.

Euro aus, schlagen also insgesamt kaum zu Buche.[39] Dies hängt damit zusammen, dass die 74 TB im Rahmen der sowieso in den Rechenzentren zu speichernden PetaBytes vernachlässigbar klein sind und die Datenverwaltung sehr effizient erfolgt.[40]

Kostenfaktor	Kosten pro Jahr [€] (2011)	Kommentar
IT & Speicher Infrastruktur	80.000	Erneuerung alle 4–8 Jahre
Vier Kopien in Datenzentren	10.000–20.000	Kopien erfolgen vollautomatisch
Lokale Systemverwaltung	40.000	für verschiedene Aktivitäten gemeinsam
Archiv-Verwaltung	80.000	Archivmanager und Hilfskräfte
Repository-Software Pflege	60.000	Grundlegende Pflege des Codes
Pflege der Zugangs-/ Nutzungssoftware	> 120.000	Diese Kosten können sehr leicht stark steigen

Tab. 1: Kostenfaktoren des Archivs des TLA am MPI

Ca. 40.000 Euro sind für einen Systemmanager angesetzt, der zusätzlich benötigt wird, um z.B. alle Archiv- und Web-Applikationen lauffähig zu halten und deren Funktionsweise zu überwachen. Für das Management des Archivs bedarf es eines guten Managers, der einen Überblick über die Daten hat, die datenerzeugenden Nutzer kennt, mit ihnen Verträge schließt und sich mit den Formaten und den Metadaten sehr gut auskennt. Er wird im MPI von einigen Assistenten unterstützt, die fortwährend die Konsistenz prüfen und Verbesserungen durchführen. Um den existierenden Code, der für die Archivierung erforderlich ist (Metadaten, Content

---

39 Diese Angabe relativiert auch die gegenwärtige Diskussion über Cloud-Lösungen, die effizient sind, aber nur wirklich in der dritten Schicht sinnvoll sind und daher kostenmäßig nicht so stark ins Gewicht fallen.
40 Es sei an dieser Stelle nochmals betont, dass die MPG von Live Archives ausgeht, d.h. es wird kein getrennter, besonders zu behandelnder Datenbereich verwaltet, sondern eher auf mehrere Kopien gesetzt. Dieses Konzept wird nicht von allen Archivaren unterstützt, wird sich aber wohl aus Kostengründen und Gründen der Dynamik wissenschaftlicher Daten als ein akzeptables Modell in der Wissenschaft etablieren.

Management), lediglich zu pflegen, würde im Prinzip ein guter Entwickler ausreichen.[41]

Die Pflege der Zugangssoftware, die über den grundlegenden Zugang über den Metadatenkatalog hinausgeht, kann ein „Fass ohne Boden" sein. Man könnte ganz auf derartige web-basierte Komponenten verzichten, was die Attraktivität des Archivs jedoch stark beeinträchtigen würde, oder aber versuchen, alle Nutzerbedürfnisse, die sehr heterogen sind, befriedigen zu wollen. Wir sehen hier als Minimum zwei Entwickler für die Pflege der existierenden Zugriffskomponenten auf die verschiedenen Datentypen vor.

Personal

Die in den letzten Jahren aufgebaute TLA-Gruppe besteht momentan aus 22 Experten, wobei die meisten über Drittmittelprojekte mit einem weitgefächerten Aufgabengebiet eingebunden sind. Diese Aufgaben reichen von der funktionellen Erweiterung existierender Software-Komponenten bis hin zu einem Projekt, das Audio- und Videoinhalte (semi-) automatisch annotieren und indexieren will. Die Kerngruppe besteht aus sieben Personen (u.a. der Archivmanager), die bezüglich des allgemeinen System- und Netzwerkmanagements von der technischen Gruppe des MPI unterstützt wird. Diese Mischung wird als ausreichend für die langfristige Absicherung der Gruppe und des Archivs angesehen, wobei bezüglich des Archivmanagements *„economy-of-scale-Faktoren"* eingeplant werden können: die Verwaltung eines großen Archivs braucht üblicherweise nicht proportional mehr Verwaltungsaufwand als die eines kleinen.

Die TLA-Kerngruppe ist nunmehr für fünf Jahre abgesichert, wobei allerdings eine Planung für die kommenden 25 Jahre besteht. Von den sieben Kernmitarbeitern haben drei momentan unbefristete Verträge. Die über Drittmittel angeworbenen Mitarbeiter haben zumeist zwei- oder drei-Jahres-Verträge.

---

41 Hierbei muss berücksichtigt werden, dass bei der Übernahme externer Software auch erhebliche Kosten anfallen würden, da es sich a) nicht um Standard-Software handelt und b) da eine solche Software doch wiederum durch zu pflegende Zusätze auf die speziellen Bedürfnisse abgestimmt werden müsste.

Der Archivierungsservice der GWDG und des RZ Garching ist zeitlich nicht befristet. Alle Daten werden bereits dort repliziert. Wenn der MPI Software-Stack in diesen RZ installiert worden ist, ist auch der Zugriff relativ unabhängig von der TLA-Gruppe. Allerdings bedingt die Pflege der Zugangssoftware die Existenz von Entwicklern.

Externe Dienste

Wie bereits ausgeführt nehmen wir im Moment von den zwei MPG-Rechenzentren Archivierungsdienste an. In Zukunft wird das bisher in eigener Regie gepflegte Handle System zur Verwaltung der über eine Million registrierten Handles auf das „European PID Consortium" (EPIC)[42] übertragen. Dieser EPIC-Service wird von der GWDG, CSC und SARA[43] betrieben. Im Rahmen des geplanten EUDAT Projektes[44] soll untersucht werden, inwieweit z.B. das RZ Jülich, das nationale RZ Finnlands (CSC) und das nationale RZ der Niederlande (SARA) in die Langzeitarchivierung auf niedriger Kostenbasis eingebunden werden können.

5.5 Perspektiven und Visionen

Spezifische Herausforderungen: Abbau von Barrieren

Wie auch viele andere Wissenschaften steht die Forschung im Bereich der Psycholinguistik vor großen Umbrüchen. Diese werden insbesondere durch die technologische Innovation beeinflusst, die die Sensor-, die Kommunikations- und die Informationstechnologie umfassen. Es werden immer mehr Daten generiert und die Fähigkeit, diese Daten zu beherrschen und sie zur Beantwortung von Forschungsfragen zu verwenden, verbessert sich kontinuierlich. Auch allgemein wird in den Geistes- und Sozialwissenschaften („*humanities*") die Forschung zunehmend mehr und mehr datenorientiert („*data driven science*"). In dem aktuellen zunehmend kompetitiven Forschungsszenario wird u.a. der

---

42 Vgl. EPIC (2011).
43 CSC ist das nationale finnische Rechenzentrum, SARA das nationale niederländische.
44 Vgl. EUDAT (2011).

Wissenschaftler neue wesentliche Publikationen erzeugen können, der es versteht, die existierenden Daten geschickt zu kombinieren und auszuwerten.

Mithin wird der Wunsch größer, bestehende Barrieren bezüglich des Datenzugriffes abzubauen. Es sind dabei insbesondere nicht-technische Barrieren, die einer besseren Nutzung im Wege stehen: (1) Viele Forscher sind noch immer nicht bereit, ihre Daten einem Zentrum zu übergeben, so dass sie für andere in einer geeigneten Form zugänglich sind. Die Gründe sind vielfältig – z.B. fehlendes Vertrauensverhältnis, keine Zeit zur Strukturierung der Daten, keine Zeit zur Erzeugung von Metadaten etc. (2) Viele Forscher haben keine geeignete Möglichkeit, ihre Daten einem von ihnen akzeptierten Zentrum anzuvertrauen, weil es kein systematisches bzw. kostengünstiges Angebot gibt. (3) Nicht in allen Disziplinen ist der Gewinn durch eine „zentrale" Speicherung bereits deutlich. (4) Die Zugriffskonditionen sind momentan noch zu divergent und limitierend für Wissenschaftler.

Spezifische Herausforderungen: Werkzeuge

Natürlich gibt es auch viele technische Gegebenheiten, die zu Barrieren führen. Im Allgemeinen unterstützen die zum Einsatz kommenden Tools keine Workflows, die die Archivierung als einfach zu benutzenden Teil umfassen. Hier sehen wir eines der größten Hemmnisse: es fehlt vielfach an Werkzeugen, die bereits bei der Erstellung von Daten deren Life-Cycle-Management als integralem Bestandteil berücksichtigen. Wir wissen, dass jede Operation im Nachhinein a) nicht gerne ausgeführt wird und b) mehr Zeit kostet.

Wegen der verschiedenen Hemmnisse nehmen wir eine heterogene Situation wahr, die viele Forscher von der datenorientierten Wissenschaft ausschließt. Es müssen dringend breitflächige Maßnahmen getroffen werden, um diese Unterschiede zu beseitigen.

Spezifische Herausforderungen: DOBES und CLARIN

Das DOBES-Programm hat in der Linguistik eine breite und nachhaltige Wirkung gehabt, da es viele der erwähnten Zielstellungen bereits seit 2001 verfolgt und die Strategien optimiert hat. Es hatte zum Ziel, die eminent bedrohten Sprachen zu dokumentieren und somit einen Teil unseres kulturellen Erbes der heutigen Wissenschaft und zukünftigen Generationen verfügbar zu machen. Gut fünfzig Teams arbeiteten und arbeiten weltweit an individuellen Dokumentationen. Einem Archiv – jetzt das TLA am MPI – wurde die Aufgabe gegeben, die nachhaltige Verfügbarkeit der Daten sicherzustellen.

Die folgenden wichtigen Ergebnisse können genannt werden: Die Materialien sollen vielfältig und interdisziplinär verwendet werden; es wurde eine Vertrauensrelation zwischen den Linguisten und dem Archiv aufgebaut; Linguisten erkennen nun, dass man auch „unfertige" Ressourcen in ein Archiv stellen muss; es besteht Einigkeit, dass die Daten in akzeptierten Formaten und mit Metadaten ausgezeichnet übergeben werden müssen; das Archiv hat gelernt, was es heißt, Daten systematisch und sorgfältig zu behandeln, ohne die Wünsche nach einer kontinuierlichen Anreicherung und einer Online-Zugänglichkeit aufzugeben; etc. Dieses sehr erfolgreiche Projekt hat viele Wissenschaftler im MPI und in anderen Instituten überzeugt, in einer ähnlichen Weise zu arbeiten. Es hat eine weltweite Ausstrahlung und hat sowohl die linguistische als auch die technologische Arbeit wesentlich verändert.

Auch CLARIN soll hier als ein Beispiel genannt werden, das aufgrund neuer innovativer Gedanken einen verbesserten Zugriff auf Sprach-Ressourcen und -Werkzeuge bieten soll. Während DOBES und ähnliche Projekte eine projektspezifische Infrastruktur realisiert haben, ist es die Zielsetzung von CLARIN, eine integrierte, interoperable und persistente Domäne zu bilden, die es den einzelnen Wissenschaftlern erlaubt, möglichst barrierefrei virtuelle Kollektionen und Workflows zu erzeugen, die Daten bzw. Tools von verschiedenen Zentren umfassen. Durch CLARIN ist deutlich geworden, dass eine solche „e-Humanities" erlaubende Infrastruktur nur funktionieren kann, wenn es starke und verteilte Zentren gibt, die sich um das Management der Daten und die Verfügbarkeit von Services kümmern. Dabei spricht auch CLARIN – ganz im Sinne des obigen Drei-Schichten-Modells der HLEG – von einem Ökosystem von Infrastrukturen, an deren Basis gemeinsame horizontale Services (Standards, Protokolle, Indexierung etc., die nicht nur für eine Disziplin gültig sind) z.B. für Netzwerke und Daten stehen.

CLARIN ist noch zu jung, um von Auswirkungen sprechen zu können. Allerdings ist CLARIN genau eine der Initiativen, die eine systematische Lösung auch für das Datenmanagement im Bereich der (Psycho-) Linguistik aufbauen will und bereits wesentliche Pfeiler (PID, Metadaten, AAI[45], Konzept/Schemaregistraturen etc.) implementiert hat.

Spezifische Herausforderungen: Computational Humanities

Wenn über Visionen gesprochen wird, dann müssen die Herausforderungen der *digital humanities* umschrieben werden, die durch mächtige virtuelle Forschungsumgebungen bestimmt werden. Solche Umgebungen werden den Wissenschaftlern Zugriff auf eine große Vielfalt an Daten und Services geben. Der Report der HLEG zu wissenschaftlichen Daten mit dem Titel „Riding the Wave"[46] enthält verschiedene, noch futuristisch anmutende Szenarien. Alle Infrastrukturen, insbesondere solche, die sich mit Daten beschäftigen, müssen sich auf diese Szenarien einstellen. In diesem Zusammenhang wird des Öfteren von der *datenintensiven Wissenschaft* gesprochen, die mit intelligenten Algorithmen in großen virtuell zusammengefügten Datenmengen nach Mustern sucht. Erst vor kurzem konnte im Watson-Experiment der IBM ein „Computer" menschliche Quiz-Experten schlagen, indem große Mengen Text und Allerweltsdaten entsprechend zusammengefügt wurden.[47] Dies mag als Beispiel für datenintensive Operationen im Bereich der *Humanities* gelten.

Lanzeitarchivierungsvisionen

Die Wissenschaft ist langfristig nur an der Bewahrung und Verwaltung von Daten interessiert, die den wissenschaftlichen Zielsetzungen entsprechen, d.h. für die Forschung verwendet werden. Wenn wir in der Wissenschaft also von Archivierung sprechen, müssen wir nachweisen, dass es sich um ein Online-Zugriffsarchiv handelt, dessen Inhalt auch stetig z.B. durch Annotationen erweitert werden kann. Dieser Aspekt wurde in einer Sitzung

---

45 Mit der Abkürzung „AAI" werden die Technologien bezeichnet, die es einem im Internet arbeitenden Nutzer ermöglichen, mittels einem von einer vertrauenswürdigen Institution verliehenen Identifikator auf distribuierte Ressourcen zugreifen zu können.
46 Vgl. High Level Expert Group on Scientific Data (2010).
47 Vgl. IBM (2011).

des beratenden Ausschusses für Rechenanlagen der MPG durch die Aussage auf den Punkt gebracht: „Lassen Sie uns nicht über Archivierung sprechen, sondern über die Langzeitverfügbarkeit von Daten für die Zwecke der Wissenschaft".[48] Die Archivierung muss also Teil des normalen Wissenschaftsbetriebes sein. Nur so wird auch die Bereitschaft gegeben sein, Mittel an zentralen Stellen vorzusehen, um diese Daten auf den zwei Ebenen (*bitstream* Sicherung durch Rechenzentren, Interpretierbarkeit durch Domänen-Spezialisten) für die wissenschaftlichen Ziele verfügbar zu halten und deren kreative Verwendung auch für ursprünglich gar nicht anvisierte Zwecke zu ermöglichen. Bezüglich der *bitstream* Sicherung gilt dabei, dass die jetzt erzeugten Daten nach einem Generationswechsel in der Speichertechnologie nach ca. zehn Jahren nur noch etwa 10% des „normalen" Speichervolumens ausmachen – sie fallen also kostenmäßig nicht mehr ins Gewicht, solange man keine speziellen separaten Strukturen für die Archivierung schaffen muss, die gepflegt werden müssen.

Diesbezüglich ist es zu einer breiten Diskussion zwischen Fachleuten gekommen. Während das Konzept eines Online-Zugriffsarchivs für einen traditionellen Archivar eine Horrorvorstellung ist, erscheint es für einen IT-Experten der einzig machbare Weg für die Zukunft. Ausgangspunkt ist die fundamentale Tatsache, dass sich das „Nie berühren"-Prinzip[49], das für alle physischen Objekte und analogen Datenaufzeichnungen gilt, in ein „Berühre regelmäßig"-Prinzip bei digitalen Daten ändert. Bei digitalen Daten verzeichnen wir keinen Informations- und Qualitätsverlust mehr, wenn wir auf die Daten zugreifen, im Gegenteil: Wir sollten regelmäßig prüfen, ob die Daten noch gültig und verwendbar sind. Das wird natürlich am besten dadurch erreicht, dass tatsächlich Nutzer mit den Daten arbeiten. Hinzu kommt der Aspekt der Kosteneffizienz. Die Filmindustrie in Hollywood hat einen Kostenvergleich gemacht: Analoge Masterkopien wurden unter Berücksichtigung bestimmter Konditionen in

---

48 Karl Lackner (2010), Kommission zur Langzeit-Archivierung in der MPG (mündliche Mitteilung).
49 Mit diesem Prinzip umschreiben wir die Tatsache, dass jede Berührung eines Objektes oder auch jedes Abspielen einer analogen Bandaufzeichnung immer mit einer Beeinträchtigung des Objektes durch chemische oder physikalische Prozesse einhergeht. Beim Abspielen analoger Bänder zum Beispiel wird die magnetische Schicht durch Reibungseffekte beeinträchtigt. Aus Gründen der Langzeiterhaltung empfiehlt es sich demzufolge, die Bänder möglichst nicht abzuspielen.

ein ehemaliges Salzbergwerk eingelagert und dort so selten wie möglich angerührt. Dies macht in der komplett digitalen Produktionsumgebung keinen Sinn mehr, d.h. die digitalen „Masterkopien" werden nunmehr auf getrennten Rechnersystemen aufbewahrt – mit der Konsequenz, dass diese Aufbewahrung um den Faktor zwölf teurer ist.[50] Dies ist einer der wesentlichen Gründe für die Filmindustrie, das herkömmliche Modell der Trennung zwischen Zugriffs- und Archivgeschäft aufzugeben. Natürlich erkennen wir, dass die Abhängigkeit von robuster Software sehr groß wird. Eine Abhilfe kann nur das mehrfache Kopieren der Daten und deren Einbettung in verschiedene Softwaresysteme sein, obwohl wir wissen, dass kein einziges System wirklich fehlerfrei ist.

Langfristig brauchen wir eine systematische Archivierungslösung für alle Wissenschaftler an allen Einrichtungen Deutschlands. Die seit 2004 funktionierende Lösung der MPG ist eine Insellösung, die zunächst nur ihren Wissenschaftlern zugute kommt. Es bedarf aber einer grundsätzlichen Herangehensweise, die alle einschließt. Diese muss vor allem auch bestimmen, wie die kostenintensiven LZA-Aspekte gelöst werden sollen. Der Ansatz von Forschungsinfrastrukturen wie z.B. CLARIN und DARIAH[51] in den Humanities und CESSDA[52] in den Sozialwissenschaften scheint angemessen zu sein. Der europäische EUDAT-Projektvorschlag kann hinsichtlich einer systematischen Herangehensweise Maßstäbe setzen, da er ein Netz von Datenzentren mit den domänenbezogenen Forschungsinfrastrukturen zusammenbringt. Dieser Weg sollte auch national unterstützt werden. Die großen Forschungseinrichtungen müssen sich dazu zusammenfinden, um ein Netzwerk von starken Zentren zu etablieren, die die Langzeitarchivierung in obigem Sinne übernehmen. Ohne Frage bedarf es eines Netzwerkes von Zentren, um z.B. das Kopieren der Daten zu organisieren.

Das MPI kann im Rahmen des MPG-Services von einer bewährten Architektur ausgehen, die auch erhebliche Störungen wie z.B. den zeitweiligen Ausfall eines der zwei momentan für die Langzeitarchivierung verwendeten Zentren (z.B. wegen eines schwerwiegenden Fehlers

---

50 "To store a digital master record of a movie costs about $12.514 a year, versus the $1,059 it costs to keep a conventional film master" (Academy (2008)).
51 Vgl. DARIAH (2011).
52 Vgl. CESSDA (2011c).

in einer Kernsoftwarekomponente) überstehen kann. Grundlage ist allerdings das Repository-System am MPI selbst, durch das die Organisations-, Management- und LZA-Aufgaben bezüglich der Daten geregelt werden. Es wurde bewusst ein relativ einfaches System entwickelt, das nunmehr seit über zehn Jahren im Einsatz ist, modular umgesetzt und schrittweise optimiert wurde und auf jede Kapselung von Daten verzichtet. Das Organisieren der Daten-Migration zu den zwei Zentren ist dabei ein relativ einfach zu handhabender Teilaspekt.

Im Rahmen von CLARIN konnten wir feststellen, dass die Situation am MPI auch europaweit zu den wenigen Ausnahmen gehört. Soweit wir informiert sind, arbeiten nur wenige der gegenwärtigen Abteilungen im Bereich der (Psycho-) Linguistik auf einem derartigen Niveau der Archivierung. Im Allgemeinen herrschen Abteilungslösungen auf der Basis einfacher File-Strukturen und Abteilungsserver vor. Nur einige große Institute haben systematische Strukturen entwickelt, die das Kopieren von Daten und auch den Export von Metadaten-Informationen umfassen. Einige sind nun im CLARIN Verbund dabei, derartige Strukturen zu entwickeln. Der Aufwand, die Daten in ein *state of the art*-Repository-System zu überführen und damit die Zugriffsfähigkeit zu verbessern, ist erheblich und kann kaum von den kleineren Instituten geleistet werden. Diesbezüglich wäre es sehr wünschenswert, in Deutschland über ein verteiltes Kompetenzzentrum zu verfügen, das derartige Systeme im Detail kennt, diese zeiteffizient installiert und bei der Datenmigration helfen kann.

Eine der großen Herausforderungen ist es, die Metadateninfrastrukturen stetig zu verbessern. Dabei gilt es, diese flexibler zu machen, um neue Aspekte einfach in den normalen Arbeitsablauf integrieren zu können. Beispielsweise sollten *provenance* Informationen (die verwendete Grundlagen nennt und die ggf. schrittweise Generierung der Daten nachvollziebar macht) automatisch hinzugefügt werden, immer wenn eine Konvertierung o.Ä. angewendet wird. Gegenwärtig herrschen noch zu beschränkte Systeme vor, die von festen Schemata ausgehen und damit nur schwer an neue Anforderungen anzupassen sind. Dies ist der Grund, warum in CLARIN die *component*-Metadaten-Infrastruktur ausgearbeitet worden ist. Die Basis ist einerseits die Verwendung eines in ISOcat registrierten Vokabulars, das jederzeit erweitert werden kann, und andererseits die flexible Erstellung von maßgeschneiderten Schemata durch den Benutzer selbst.

Beides, maßgeschneiderte Schemata und die Integration von Metadatensoftwarekomponenten in die normalen Arbeitsvorgänge der Wissenschaftler, sind essentiell, um die Qualität der Metadaten schrittweise zu verbessern. Diese sind wiederum Voraussetzung für die Anwendung von modernen Verfahren wie automatisches Profile-Matching zum effizienten Auffinden geeigneter Werkzeuge. Gegenwärtig sind die mangelnde Qualität der Metadaten und deren zu geringe Granularität eines der großen Hemmnisse für den Einsatz fortgeschrittener Methoden.

6 Pädagogik und Erziehungswissenschaft

Doris Bambey, Anke Reinhold, Marc Rittberger

6.1 Einführung in den Forschungsbereich

Die *Pädagogik* beschreibt die Lehre, die Theorie und die Wissenschaft von der Erziehung und Bildung von Kindern und Erwachsenen in Familie, Schule, Freizeit und Beruf.[1] Der Terminus *Erziehungswissenschaft* wird häufig mit dem Begriff der Pädagogik gleichgesetzt, ist aber insbesondere im Bereich der empirisch orientierten Forschung verbreiteter – weil hier die methodische Nähe zu sozialwissenschaftlich-empirischen Methoden stärker zum Ausdruck kommt.[2] Das Fach Erziehungswissenschaft gliedert sich in mindestens 25 Subdisziplinen und Fachrichtungen.[3] Mit ca. 165.000 Studierenden[4] stellt es heute in Deutschland das fünftgrößte Universitätsfach dar.

Die Pädagogik bzw. die Erziehungswissenschaft erfüllt eine Doppelrolle: Sie erforscht Bildungs- und Erziehungszusammenhänge und betreibt zugleich sozialwissenschaftlich-empirische Forschung über das Bildungswesen, d.h. *empirische Bildungsforschung*, die wissenschaftliche Informationen erhebt und auswertet, „die eine rationale Begründung bildungspraktischer und bildungspolitischer Entscheidungen ermöglichen"[5]. Von besonderem Interesse sind u.a. Fragen nach dem Verlauf von Bildungsprozessen sowie dem Erwerb von Qualifikationen und Kompetenzen im Bildungssystem.[6]

---

1 Vgl. Lenzen (2005), S. 1105.
2 Neuerdings findet auch der Begriff der *Bildungswissenschaft* stärkere Verbreitung im Forschungsbereich (vgl. Sailer (2007), S. 127).
3 Vgl. ZfE (2010).
4 Das BMBF fasst in den aktuellen Grund- und Strukturdaten erstmals Lehrerausbildung und Erziehungswissenschaft zu einer gemeinsamen Fachrichtung zusammen (vgl. BMBF (2007/2008), S. 38).
5 Tippelt; Schmidt (2010), S. 9.
6 Vgl. Gräsel (2011), S. 13.

Die wichtigsten Förderer von Bildungsforschungsprojekten in Deutschland sind die DFG, das BMBF und die Europäische Union. Diese großen Förderer finanzieren ca. zwei von fünf Projekten. Die restlichen Projekte werden hauptsächlich von Stiftungen, Verbänden und Unternehmen finanziell gefördert.[7] In der Bildungsforschung spielen daneben auch ländergeförderte Projekte eine wichtige Rolle. Aktuelle Themen – beispielsweise des BMBF-Rahmenprogramms zur Förderung der Empirischen Bildungsforschung[8] – sind u.a. die *Lebenslaufforschung*, die *Lehr-Lern-Forschung*, die *Kompetenzdiagnostik* bzw. *Kompetenzentwicklung* in Vorschule, Schule und Hochschule sowie die Etablierung des Nationalen Bildungspanels (NEPS[9]) (s. Kap. 6.2). Weitere Schwerpunkte sind Steuerungsfragen, Disparitäten im Bildungssystem (ethnisch, sozial, geschlechtsspezifisch und regional) sowie die Professionalisierung des pädagogischen Personals.[10]

Bekannte Forschungsprojekte der empirischen Bildungsforschung sind die großen vergleichenden Schulleistungsstudien wie z.B. PISA[11], TIMSS[12] und IGLU/PIRLS[13]. Diese lösten Mitte der 1990er-Jahre die sogenannte *zweite empirische Wende* in der Bildungsforschung aus.[14] Eine zunehmend evidenzbasierte Politik verstärkt den Bedarf nach steuerungsorientierten und vergleichenden Evaluationen. Neuere Beispiele dafür sind – auch mit jeweils internationalem Fokus – die Projekte DESI[15] und PIAAC[16]. Das Sozio-Ökonomische Panel (SOEP) – bisher die einzige genuin nationale Panelstudie – stellt nur in geringem Maße Daten zu Bildungsverläufen und Kompetenzentwicklung zur Verfügung.[17] Diese Tatsache forcierte maßgeblich die Etablierung von NEPS.

---

7 Vgl. Huth (2012), S. 87.
8 Vgl. BMBF (2011f).
9 Vgl. NEPS (2011).
10 Vgl. BMBF (2007), S. 10ff.
11 Die Studie wird seit dem Jahr 2000 in dreijährigem Turnus durchgeführt.
12 Datenerhebungen: 1996, 1999, 2003, 2007 und 2011.
13 Die Studie wird seit dem Jahr 2001 in fünfjährigem Turnus durchgeführt.
14 Vgl. Watermann (2007), S. 214.
15 Laufzeit: 2001–2008.
16 Laufzeit: 2008–2013.
17 Vgl. Blossfeld (2009), S. 5f.

Die Bildungsforschung hat einen dezidiert inter- und multidisziplinären Charakter.[18] Je nach Forschungsfeld finden psychologische, soziologische, ökonomische oder fachdidaktische Perspektiven Berücksichtigung.[19] So weisen die *Arbeitsmarktforschung* oder die *Schulleistungsforschung* sachliche Überschneidungen mit den Wirtschafts- und Sozialwissenschaften auf. Weitere Berührungspunkte – insbesondere in der Lehr-Lern-Forschung – ergeben sich mit der *Pädagogischen Psychologie* sowie der Geschichtswissenschaft im Bereich der *Historischen Bildungsforschung*. Nicht zuletzt implizieren die Fachdidaktiken Bezüge zu nahezu allen Fächern.

6.2 Kooperative Strukturen

Institutsübergreifende Zusammenarbeit

Die interdisziplinäre Ausrichtung der Bildungsforschung und die starke Auffächerung ihrer Forschungsfelder sorgen für eine ausgeprägte Methodenvielfalt und dezentral vorliegende Datenbestände. Überproportional häufig werden kleinere Projekte an Hochschulen, Forschungseinrichtungen oder in Verbünden durchgeführt.[20] Dabei sind Projektlaufzeiten von ein bis zwei Jahren eher die Regel als die Ausnahme. Der Anteil kooperativ durchgeführter Projekte an der Gesamtforschung steigt zwar stetig an, spielt jedoch mit derzeit ca. 11% (noch) eine nur untergeordnete Rolle.[21]

Generell erschweren die verteilten Strukturen und die heterogene Datenlage die institutsübergreifende Zusammenarbeit. Bisher gibt es noch keine Mindestanforderungen und Standards für die Veröffentlichung und Sicherung von Forschungsdaten, und gerade kleinere Einrichtungen und Projekte verfügen selten über eine zentrale Anlaufstelle für nachhaltiges Datenmanagement. Eine institutsübergreifende Kooperation erfolgt in der Regel nur dann, wenn die forschungsstrategische Notwendigkeit dazu besteht. Beispiele hierfür sind die großen Schulleistungsstudien oder

---

18 Vgl. Tippelt/Schmidt (2010), S. 10.
19 Vgl. Prenzel (2005), S. 12.
20 „Bildungsforschung besteht zu 80 Prozent aus kleineren Projekten mit nur einem oder zwei Mitarbeitern" (Schulzeck 2008, S. 41).
21 Vgl. Schulzeck (2008), S. 40.

die Panelstudien. Hier ist die Politik besonders daran interessiert, Sekundäranalysen zur steuerungsorientierten Evaluation der Bildungsqualität zu initiieren – was das Vorhandensein eines kooperativ abgestimmten Datenmanagements voraussetzt.

Beispielhaft für eine solche prototypische Kooperation ist das NEPS-Projekt. Die Längsschnittstudie zu zentralen Bildungsprozessen und -verläufen über die gesamte Lebensspanne wird durch ein interdisziplinäres Konsortium von Forschungsinstituten und Forschergruppen durchgeführt.[22] Die verschiedenen Projektsäulen werden im ersten Schritt – je nach inhaltlicher oder methodischer Expertise der beteiligten Partner – dezentral bearbeitet. Im zweiten Schritt werden die generierten Forschungsdaten in ein kooperativ betriebenes Data Warehouse überführt. Diese zentrale Hosting-Struktur bietet anschließend die Grundlage für ein mehrstufiges Konzept des Datenzugriffs sowie die Weiterentwicklung von Metadatenschemata in der Domäne (s. Kap. 6.3).

Projekte wie NEPS stärken einerseits die Entwicklung von Datenaustauschverfahren und die Abstimmung von Standards. Andererseits ist die Strategie des Datenmanagements im Projekt nicht in erster Linie auf die Weiterentwicklung von generischen Metadatenstandards ausgerichtet. Im Vordergrund steht vielmehr der unmittelbar zielorientierte und effiziente Projektverlauf. Zudem werden die Hosting-Strukturen (bisher) ausschließlich für NEPS-Daten zur Verfügung gestellt, womit sich der Trend zur Dezentralisierung des Datenzugangs tendenziell verstärkt.

Dezentrale oder zentralisierte LZA-Dienste

Bisher gibt es für die Bildungsforschung noch keinen zentralen LZA-Dienst für Forschungsprimärdaten. Entsprechend den disziplinübergreifenden Forschungsbereichen sind für die halbamtlichen Daten zwei relevante Datenprovider zu nennen: das *International Dataservice Center (IDSC)* des Forschungsinstituts für die Zukunft der Arbeit (IZA) und das *German Microdata Lab (GML)* der GESIS. Weitere bildungsrelevante Forschungsdaten sind derzeit über verschiedene Forschungsdatenzentren (FDZen) mit

---

22 Die Projektpartner sind insgesamt 15 namhafte Forschungsinstitute sowie Lehrstühle von 15 Universitäten in Deutschland. Die Koordination erfolgt über das Institut für bildungs-wissenschaftliche Längsschnittforschung (INBIL) an der Otto-Friedrich-Universität in Bamberg.

jeweils eigenen Zugriffsplattformen verteilt.[23] Eine zentrale Meta-Plattform für einen fokussierten Zugriff auf Forschungsdaten der Bildungsforschung (d.h. ein Datenservicezentrum) existiert jedoch bisher nicht. In größeren kooperativen Projekten werden z.T. eigene Serviceinfrastrukturen geschaffen – wie etwa bei NEPS – oder es werden vorhandene genutzt, wie z.b. die des *Instituts für die Qualitätsentwicklung im Bildungswesen* (IQB) für die großen Schulleistungsstudien der Bundesländer (s. Kap. 6.3).

Nachdem mit Blick auf den Zugang zu anonymisierten Mikrodaten verschiedene Forschungsdatenzentren in Deutschland eingerichtet wurden[24], richtet sich der Fokus nunmehr auf die nichtamtlichen, wissenschaftsgetragenen Forschungsdaten bzw. auf eine Verkoppelung dieser Daten mit denjenigen der amtlichen Domäne. Gerade die projekt- und wissenschaftsbasierte Forschung ist durch eine stark verteilte Datenproduktion und eine erhebliche Methodenvielfalt charakterisiert und weist eine – auch technologisch bedingte – dynamische Entwicklung im Bereich neuer Analyse- und Erhebungsverfahren auf, wie z.B. bei NEPS[25].

Diese methodische Vielfalt wird jedoch kaum oder nur teilweise aufgefangen durch Verfahren vergleichsfördernder, standardisierter Datendokumentation und -information seitens der wissenschaftlichen Datenproduzenten selbst. Die Forschungslandschaft ist insgesamt stark geprägt durch Angebote von Einrichtungen und Projekten der Bildungsforschung, die sich inhaltlich und formal stark unterscheiden (s. Kap. 6.3). Somit besteht die Situation, dass es viele Einzelangebote gibt, es aber letztlich an einer zentralen Einrichtung mangelt, die unter der Perspektive der Langzeitarchivierung (LZA) die Koordination von Datendokumentation/-management, Datenzugriff/-sicherheit und Standardentwicklung betreibt.

---

23 Dabei handelt es sich um Forschungsdatenzentren an folgenden Instituten: FDZ der Bundesagentur für Arbeit im Institut für Arbeitsmarkt- und Berufsforschung (IAB), FDZ des Instituts für Qualitätsentwicklung im Bildungswesen (IQB), FDZ der Deutschen Rentenversicherung, FDZ im Bundesinstitut für Berufsbildung (BIBB), FDZ „Wahlen" und ALLBUS (GESIS), das IDSC am IZA. Zudem sind bildungsrelevante Daten über das Statistische Bundesamt Deutschland sowie die Statistischen Ämter des Bundes und der Länder zugänglich.
24 Diese Entwicklung hat ihren Ausgangspunkt in der Einrichtung der Kommission zur Verbesserung der informationellen Infrastruktur zwischen Wissenschaft und Statistik (KVI) im Jahr 1999 sowie der Gründung des Rats für Sozial- und WirtschaftsDaten (RatSWD) im Jahr 2001 (vgl. RatSWD (2011b)).
25 Vgl. Rolf; Zwick; Wagner (2008), S. 631ff.

Im Rahmen des DFG-geförderten Projekts „Kooperative Langzeitarchivierung erziehungswissenschaftlicher e-Ressourcen im Rahmen von *kopal*[26]" (LZA-Pädagogik) werden derzeit erstmals ein prototypischer Archivierungs-Workflow sowie ein Kooperationsmodell für digitale Objekte erarbeitet, das Forschungsdaten der Domäne explizit einschließt. Das Projekt wird seit 2009 vom Deutschen Institut für Internationale Pädagogische Forschung (DIPF) in Zusammenarbeit mit der Deutschen Nationalbibliothek (DNB) durchgeführt. In enger Anbindung an das Projekt DP4lib[27] sollen erziehungswissenschaftliche Archivierungsobjekte (u.a. Digitalisate historischer pädagogischer Zeitschriften und Nachschlagewerke[28] sowie audiovisuelle Forschungsdaten[29]) langzeitarchiviert werden. Das Projekt nutzt somit die Expertise verschiedener fachlicher Dienstleister und bibliothekarischer Einrichtungen innerhalb der bestehenden nationalen LZA-Strukturen.

Das vorrangige Ziel des Projekts ist, Bearbeitungsabläufe zur Langzeitarchivierung zu erarbeiten, die den gesamten LZA-Prozess – von der Objektauswahl und Qualitätssicherung über die Datenlieferung an u.a. die DNB bis zum Datenrücktransfer nach erfolgter Migration – umfassen (s. Abb. 1). Für die audiovisuellen Forschungsdaten stehen die Festlegung eines einheitlichen und offenen Datenformats, die Definition LZA-relevanter Metadaten sowie inhaltliche, rechtliche und technische Prüfroutinen im Vordergrund. Die Datensicherung im Sinne einer *bitstream preservation* ist langfristig – d.h. auf die von der DFG empfohlene Zeitperspektive von zehn Jahren[30] – angelegt, um dem Anspruch auf eine zukünftige Interpretierbarkeit der Daten gerecht zu werden.

---

26 Das BMBF-geförderte Projekt *kopal* (Laufzeit 2004–2007) wurde durchgeführt unter der Leitung der DNB und zusammen mit den Projektpartnern SUB Göttingen, der IBM Deutschland GmbH sowie dem Rechenzentrumspartner GWDG. Ziel war die Entwicklung eines Informationssystems zur kooperativen Langzeitarchivierung digitaler Objekte (vgl. kopal (2011)).

27 Das DFG-geförderte Projekt der DNB und der SUB Göttingen ist als Nachfolgeprojekt und zur Fortentwicklung von *kopal* angelegt.

28 Inhalte der Datenbank *Scripta Paedagogica Online* aus dem Bestand der Bibliothek für Bildungsgeschichtliche Forschung (BBF).

29 Datenbank „Audiovisuelle Medien für die Unterrichtsforschung" im Rahmen des Open-Access-Dokumentenservers *„pedocs"* (vgl. peDOCS (2011); Kap. 6.3).

30 Vgl. DFG (1998).

6 Pädagogik und Erziehungswissenschaft

Die folgende Abbildung zeigt schematisch eine Workflow-Variante für Archivierungsobjekte aus einem Datenspeicher in das LZA-System, wie sie zurzeit für das Projekt DP4lib entwickelt wird. Das Modell sieht vor, die Archivierungsobjekte nach einer Dateiformatmigration sowohl an den externen Datenspeicher zur Nutzung als auch in den DNB-eigenen Archivspeicher zur weiteren LZA zurückzuliefern.

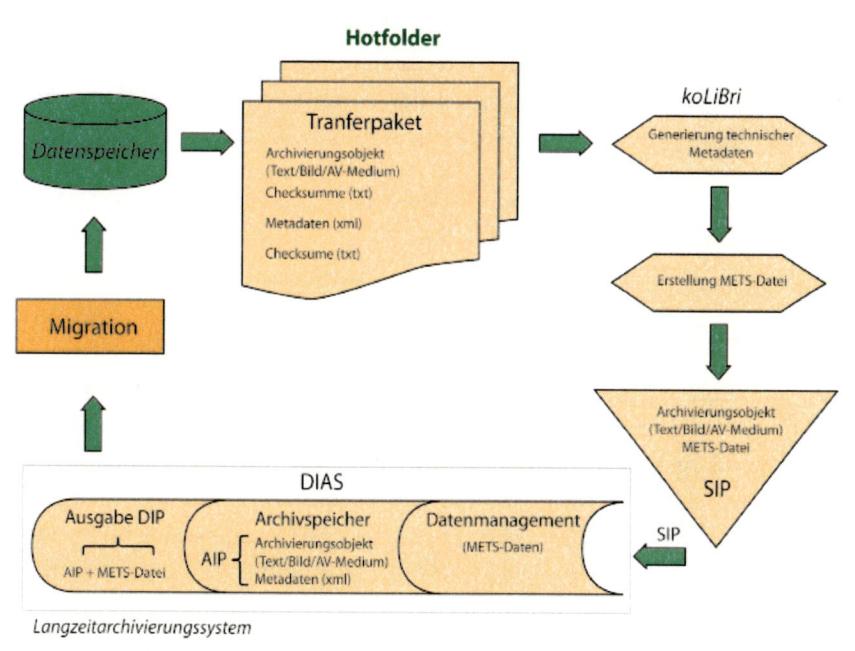

Abb. 1: Beispiel für eine Workflow-Variante für Archivierungsobjekte im Projekt DP4lib[31]

Insbesondere für den Objekttyp der audiovisuellen Forschungsdaten soll das Projekt LZA-Pädagogik eine Vorreiterrolle einnehmen. In diesem Sinne werden alle im Projekt erarbeiteten Materialien – wie z.B. methodische Leitfäden, Tools und Mustervereinbarungen, Anforderungen und Empfehlungen – dokumentiert, so dass eine Nachnutzung bzw. Adaption durch andere Institutionen und Disziplinen ermöglicht wird.

Nach wie vor werden Forschungsprimärdaten in der Bildungsforschung – insbesondere solche, die in kleineren Projekten anfallen – häufig bei

---
31 Vgl. Kreusch (2010).

den Forschern oder Forschergruppen selbst archiviert, d.h. auf Festplatten, Laufwerken oder portablen Speichermedien. Ein erster Vorstoß zur Verkoppelung von Forschungsaktivitäten mit LZA-Infrastrukturen wird durch das DP4lib-Projekt für audiovisuelle Daten (AV-Daten) vorbereitet. Als eine zentrale Plattform für die koordinierte Aggregation von bildungsrelevanten Forschungsdaten in unmittelbarer Koppelung mit einem LZA-Workflow bietet sich das Fachportal Pädagogik[32] an. So zielt das Projekt DP4lib darauf, im Rahmen des Fachportals Pädagogik audiovisuelle Daten aus verschiedenen Projekten des Forschungsbereichs *Unterrichtsqualität* prototypisch in einen kooperativen LZA-Workflow einzubinden.

6.3 Daten und Metadaten

Datenarten und Datenzugang in der Bildungsforschung

Für eine umfassende Bestandsaufnahme der in der Bildungsforschung anfallenden Forschungsprimärdaten bietet sich eine Unterscheidung in quantitative und qualitative Daten an.[33] In der erziehungswissenschaftlichen Bildungsforschung werden – abhängig von den Fragestellungen – unterschiedlich ausgeprägt quantitative oder qualitative Ansätze verfolgt bzw. aufeinander bezogen.[34] Nach wie vor sind jedoch quantitative Large-Scale-Ansätze mit hoher Reichweite für Öffentlichkeit und Politik deutlich visibler, wie es z.B. die großen Vergleichsstudien der Schulleistungsforschung demonstrieren. Jedoch lässt sich seit den 1970er-Jahren eine zunehmende nationale wie internationale Akzeptanz qualitativer Ansätze feststellen.[35] Häufig werden auch beide Ansätze innerhalb einzelner Studien kombiniert.[36]

In den internationalen Vergleichsstudien der quantitativen Bildungsforschung erfolgt die Datengewinnung vorzugsweise durch objektive Tests, Skalen und Fragebogen.[37]

---

32 Vgl. Fachportal Pädagogik (2011b).
33 Die Unterteilung des methodischen Spektrums in quantitative und qualitative Bildungs-forschung findet sich beispielsweise bei Tippelt; Schmidt (2010).
34 Vgl. Tippelt; Schmidt (2010), S. 9f.
35 Vgl. Krüger (2000), S. 327.
36 Vgl. Friebertshäuser; Prengel (2003), S. 11.
37 Vgl. Seel (2010), S. 552ff.

> „Kennzeichnend ist die Überführung verbaler oder visueller Informationen in Zahlenformate [...] und die Weiterverarbeitung dieser Zahlen. [...] Im Rahmen der Empirischen Bildungsforschung werden quantitative Verfahren häufig im Bereich der Unterrichtsforschung, Leistungs- und Kompetenztests eingesetzt."[38]

Die qualitative Bildungsforschung hingegen untersucht die Perspektiven der Akteure im Bildungsbereich möglichst „im Feld". Als Materialbasis dienen dabei die Transkriptionen von Audio- oder Videoaufzeichnungen.[39] Derzeit besteht in der qualitativen Bildungsforschung jedoch eine klare Dominanz von Befragungen.[40] Diese methodische Unterscheidung ermöglicht die Typisierung der Daten in quantitative und qualitative Daten. Gleichzeitig ist jedoch zu beachten, dass bestimmte Datenarten, wie z.B. Fragebogen – je nach Erkenntnisinteresse – sowohl quantitativ als auch qualitativ ausgewertet werden können.

Die Sekundäranalyse von Forschungsdaten spielt für den gesamten Forschungsbereich bisher nur eine untergeordnete Rolle. Für insgesamt nur 14,7% aller Bildungsforschungsprojekte in Deutschland wird die Sekundäranalyse als Methode angewandt.[41] Die Gründe dafür könnten einerseits darin liegen, dass die Forscher nicht wissen, wo und wie sie auf vorliegende Daten zugreifen können bzw. mit welchen Methoden eine Re- oder Sekundäranalyse durchführbar ist. Andererseits verbinden Forscher mit der Erhebung „eigener Daten" gegebenenfalls auch die Erwartung, dass ihre Forschungsleistung eine höhere Anerkennung erfährt.

Zugang zu quantitativen Daten der Bildungsforschung

Bei den großen international angelegten Vergleichsstudien der empirischen Bildungsforschung fallen große Mengen an quantitativen Daten an, die für Re- und Sekundäranalysen relevant sind. Die Politik ist daran interessiert, einen inhaltlichen Mehrwert aus den steuerungsrelevanten Evaluationen zu gewinnen. Zudem spielen Kostenaspekte eine Rolle. Am Beispiel von PISA, TIMSS und IGLU/PIRLS wird deutlich, dass die

---

38 Reinders; Gniewosz (2011), S. 121.
39 Vgl. Krüger (2000), S. 334ff.
40 Vgl. Schulzeck (2008), S. 51.
41 Davon sind ca. zwei Drittel als Befragungen und ca. ein Drittel als Aggregatdatenanalyse gekennzeichnet (vgl. Schulzeck (2008), S. 49).

Verfügbarkeit von Forschungsdaten im internationalen Kontext schon weit fortgeschritten ist. Hier sind die Datensätze sowie umfangreiches Dokumentationsmaterial frei im Internet zugänglich und ohne Antragsverfahren wiederverwertbar. Für PISA 2009[42] sind beispielsweise die Fragebogen und Codebücher als PDF-Dokumente zugänglich, die Daten können als SAS und SPSS-Dateien heruntergeladen und verarbeitet werden. Zudem steht ein Auswahlmenü zur Verfügung, über das verschiedene Länder und Variablen kombiniert werden können. Auch für TIMSS und PIRLS ist diese Art des Datenzugangs[43] bereits verwirklicht.

Für den Zugang zu den Forschungsdaten der großen ländergetragenen Schulleistungsstudien in Deutschland existiert seit 2007 das nach dem Königsteiner Schlüssel[44] durch die Bundesländer finanzierte FDZ am IQB[45] in Berlin. Nutzer können ausschließlich auf Antrag[46] und mit berechtigtem Interesse die nationalen Datensätze einsehen und für Re- und Sekundäranalysen verwenden. Bisher sind neun Studien beim IQB verfügbar.[47] Der Zugang zu den Daten erfolgt – je nach Sensibilität der Daten – entweder über ein *Scientific-Use-File* (in der Regel im SPSS-Format und als Leerdatensatz[48]) oder über einen Gastwissenschaftler-Arbeitsplatz am IQB in Berlin. Zur Bearbeitung sensibler Daten besteht die Möglichkeit des Fernrechnens mithilfe der vom IDSC entwickelten Software *JoSuA* am IZA in Bonn. Ausschließlich über den Gastwissenschaftler-Arbeitsplatz besteht die Möglichkeit des Zugriffs auf die Länderkennungsvariablen.[49]

---

42 Die aktuellen PISA-Daten sind im Internet erhältlich (vgl. PISA (2009). Für die Daten der PISA-Studien 2000, 2003 und 2006 vgl. PISA (2011)).
43 Vgl. TIMSS (2011).
44 „Der Königsteiner Schlüssel regelt die Aufteilung des Länderanteils bei gemeinsamen Finanzierungen. Er wird vor allem für die Aufteilung des Anteils der Länder an den Zuschüssen für die DFG, die MPG und die Einrichtungen der Leibniz-Gemeinschaft angewandt (§4 Abs. 1 AV-DFG, §4 Abs. 2 AV-MPG und §6 Abs. 1 AV-FE)" (GWK (2008)).
45 Das Institut orientiert sich in seiner Arbeit an den „Kriterien des RatSWD für Forschungsdatenzentren" (vgl. IQB (2011d)).
46 Nutzer können online den Antrag auf Datenzugang stellen (vgl. IQB (2011a)).
47 Dazu gehören ELEMENT, IGLU 2001, IGLU 2006, MARKUS, PISA 2000, PISA 2003, PISA 2006, die Pilotierungsstudie IQB Französisch und QuaSUM. In Vorbereitung sind die Studien DESI und LAU (vgl. IQB (2010)).
48 Der Nutzer hat Zugriff auf die verwendeten Variablen und die dazugehörigen Wertelabels, jedoch nicht auf die Länderkennung.
49 Vgl. Knigge (2011).

Für Studien, die über das IQB verfügbar gemacht werden sollen, liegen bereits Empfehlungen für die Datenabgabe an das Forschungsdatenzentrum vor: „Datensätze und Instrumente sollen nach den Beschlüssen der KMK jeweils ein Jahr nach dem Erscheinen des betreffenden Hauptberichts bzw. drei Jahre nach der Datenerhebung [...] übergeben werden".[50] Die Daten werden in der Regel im SPSS-Format, die Dokumentationen in MS Office- oder PDF-Formaten übergeben. Allgemein lässt sich sagen, dass die formalen Anforderungen an die Daten gering sind. Forscher, die ihre Daten übergeben möchten, erhalten bei Bedarf Unterstützung, z.B. wenn unvollständige Dokumentationen vorliegen. Als konkrete Empfehlung und Orientierungshilfe für das zeitnahe Datenmanagement bereits während der Konzeptionsphase einer Studie nennt das IQB die Vorgaben des Projekts CESSDA[51]. Stanat/Döbert (2009) fordern darüber hinaus, dass insbesondere die Daten der Large-Scale-Studien möglichst schnell nach der Erhebung bereinigt und skaliert dem IQB übermittelt werden müssen. Zudem müsse die Transparenz des Antragsprozesses gewährleistet sein, d.h. die Forscher sollten konkrete Hinweise über genehmigte und abgelehnte Fragestellungen erhalten und inhaltsbezogene Einschränkungen sollten vermieden werden.[52]

Trotz der Einbindung der Forschungsprojekte in einen politischen Auftrag blickt das IQB auf eine zunächst zögerliche Datenübergabe durch die Bildungsforscher zurück. Das IQB sah sich mit verschiedenen Einwänden konfrontiert und nennt diese in einem Erfahrungsbericht zur Datenübergabe: 1) Erhöhter Dokumentationsaufwand, 2) Verlust der exklusiven Rechte an den Daten (Balance zwischen persönlichem Aufwand und Nutzen) sowie 3) hoher administrativer Aufwand durch notwendige Reaktionen auf falsche Durchführung und Interpretation von Analysen. Zudem äußerten die beteiligten Bundesländer Bedenken bezüglich eines befürchteten Kontrollverlusts über die Analysen und Daten.[53]

Im Ergebnis wurde ein äußerst restriktiver Datenzugang implementiert. Die beteiligten Datenproduzenten haben ein Vetorecht bezüglich der Sekundäranalyse der Daten, und für Länder-Vergleiche muss die

---

50 IQB (2011c).
51 Vgl. CESSDA (2011a).
52 Vgl. Stanat; Döbert (2009), S. 8ff.
53 Vgl. Knigge (2009).

Einwilligung der beteiligten Bundesländer eingeholt werden. Schließlich müssen zwei unabhängige Forscher jeden Antrag bezüglich der Umsetzung wissenschaftlicher Standards überprüfen. Auf der Webseite des IQB können alle Anträge eingesehen werden, die bisher zur Veröffentlichung ganz oder teilweise freigegeben wurden. Bisher wurden dort seit 2008 insgesamt 76 Anträge veröffentlicht.[54] Die PISA 2003-Datensätze wurden mit insgesamt ca. 36 Prozent der Anträge am stärksten nachgefragt; dahinter folgen PISA 2000 mit ca. 22 Prozent, PISA 2006 mit ca. 19 Prozent und die Datensätze der ELEMENT[55]-Studie mit ca. 14 Prozent der Anträge auf Datenzugang.[56]

Für die Bildungsforschung sind zudem die Informationsdienstleistungen der GESIS relevant. Neben dem Datenarchiv für Sozialwissenschaften, über das auch auf bildungsbezogene Forschungsarbeiten zugegriffen werden kann, existiert seit Juli 2010 die Registrierungsagentur da|ra. Dort können Forschungsdaten per DOI registriert und somit dauerhaft identifiziert werden (GESIS 2011).[57] Über diese Datenbank stehen den Nutzern unter dem Schlagwort Bildung derzeit Informationen zu 468 Studien[58] und den dazugehörigen Forschungsdaten zur Verfügung.

Ein weiteres Projekt, das die Bereitstellung von quantitativen Forschungsdaten der empirischen Bildungsforschung zum Ziel hat, ist die „Datenbank Schulqualität (DaQS)"[59] zu Instrumenten und Konstrukten der Schul- und Unterrichtsqualität mit dem Schwerpunkt Grund- und Sekundarschule. Die Instrumentendatenbank ermöglicht den Zugang zu den in den Studien des Forschungsbereichs eingesetzten Erhebungsinstrumenten und relevanten Kennzahlen. Die Nutzer können u.a. auf Studiensteckbriefe, Fragebogen, Skalen und Skalenhandbücher zugreifen. Zudem umfassen die – ohne Restriktionen verfügbaren – Recherchemöglichkeiten die Bereiche Theoriebildung, Untersuchungsplanung und

---

54 Vgl. IQB (2011b).
55 Erhebung zum Lese- und Mathematikverständnis – Entwicklungen in den Jahrgangsstufen 4 bis 6 in Berlin (Untersuchungen: 2003, 2004 und 2005).
56 Vgl. Knigge (2011).
57 Vgl. GESIS (2011c).
58 Stand: 19. April 2011 (vgl. GESIS (2011b)).
59 Das Projekt wird vom DIPF durchgeführt (Laufzeit: 2009–2011).

Operationalisierung.⁶⁰ Um die verschiedenen Studien auf einem Level abbilden zu können, wird zudem ein an gegebenen Standards orientiertes Metadatenschema für DaQs entwickelt. Die Datenbank steht seit März 2011 über das Fachportal Pädagogik online zur Verfügung.⁶¹

Auch das Deutsche Jugendinstitut (DJI) bearbeitet bildungsbezogene Themen, z.B. den Übergang vom Kindergarten in die Schule oder den Ausbau von Ganztagsschulen. Daten aus DJI-Studien fließen u.a. in die nationale Bildungsberichterstattung⁶² ein. Eine *Online Survey*-Datenbank⁶³ ermöglicht den Zugriff auf Datensätze im SPSS-Format und Dokumentationen der Studien im PDF-Format; vergleichbare Variablen werden durch Querbezüge manuell gekennzeichnet. Die Datenbank bietet eine Volltextsuche in den Variablen und das Filtern nach Kategorien. Zudem können die Nutzer analog zu einer Sitemap in einer Datamap navigieren, um Studien und dazugehörige Datensätze aufzufinden.

Neben diesen Beispielen für den institutionalisierten Zugriff auf quantitative Forschungsdaten stellen auch einzelne Projekte mit Bildungsbezug ihre Daten über Web-Schnittstellen der wissenschaftlichen Öffentlichkeit zur Verfügung. Ein Beispiel ist *pairfam*⁶⁴, eine DFG-geförderte Längsschnittstudie zur Erforschung partnerschaftlicher und familialer Lebensformen in Deutschland. Seit 2010 existiert das unter dem Dach des RatSWD eingerichtete FDZ *pairfam*⁶⁵. Die Datensätze stehen auf Antrag als anonymisierte Scientific-Use-Files zur Verfügung und werden via CD-ROM an die Nutzer versandt. Die Befragungsdaten liegen in Stata-, SPSS- und SAS-Formaten vor; zudem kann der Nutzer auf Dokumentationsmaterial im PDF-Format zurückgreifen.

Bei NEPS (s. Kap. 6.1) – das bisher noch nicht als FDZ im Sinne des RatsSWD fungiert – können die verschiedenen Nutzergruppen zukünftig über drei Zugangswege auf die Scientific-Use-Files (Stata-, SPSS-, SAS- oder R-Dateien) im Data Warehouse zugreifen: Download der

---

60 Mittelfristig soll z.B. ein Tool entwickelt werden, das die individuelle Zusammenstellung eigener Fragebogen aus einzelnen Fragen erlaubt.
61 Vgl. DaQS (2011).
62 Vgl. Bildungsbericht (2010).
63 Vgl. DJI (2011).
64 Partner des Projekts sind die Universität Bremen, die Technische Universität Chemnitz, die Universität Mannheim und die Ludwig-Maximilians-Universität München.
65 Vgl. pairfam (2011).

Forschungsdaten über die NEPS-Website, „On-Site"-Datenzugriff an der Universität Bamberg sowie Fernzugriff über die Technologie *RemoteNEPS*. Damit bringt NEPS hohe Anforderungen an eine koordinierte Aufbereitung, Zugänglichmachung und Vernetzung der Erhebungsdaten sowie an Datenschutzmaßnahmen mit sich – abhängig von den Analyseinteressen und Berechtigungen der jeweiligen Datennutzer.

Zugang zu qualitativen Daten der Bildungsforschung

Auch im Bereich der qualitativen Forschungsdaten wurden für die Bildungsforschung erste Infrastrukturen zur Bereitstellung entwickelt. In den vergangenen Jahren wurden – entweder an erziehungswissenschaftlichen Fachbereichen von Hochschulen oder auf Projektbasis – verschiedene Datensammlungen mit unterschiedlichen Zielsetzungen und Datenarten aufgebaut. Häufig basieren sie auf dem persönlichen Engagement der Verantwortlichen und unterscheiden sich hinsichtlich ihrer Professionalität und der Datenmenge. Daneben existiert für den Bereich der audiovisuellen Forschungsdaten am DIPF eine DFG-geförderte Infrastruktur, die bereits verschiedene Datenbestände erschlossen und datenbankgestützt gebündelt hat (s. Kap. 6.2).

In der empirischen Bildungsforschung werden häufig qualitative Ansätze verfolgt, um Teilaspekte von primär quantitativ-statistischen Untersuchungen zu bearbeiten. Ein Beispiel hierfür sind die TIMSS-Studien, bei denen begleitend zur Leistungsstanderhebung mithilfe von Befragungen der Unterricht in verschiedenen Kulturen mit Videokameras beobachtet wurde[66], oder die Videostudien im Kontext der Projekte DESI und VERA[67]. Die wissenschaftliche Dokumentation und Evaluation erfolgte mithilfe der Methode der Unterrichtsvideografie. Beispiele für die Generierung audiovisueller Forschungsdaten in der Bildungsforschung sind

---

66 Vgl. Kiel (2010), S. 785.
67 Vgl. VERA (2011).

zudem die Projekte Pythagoras[68] und PERLE[69]. Qualitative Videostudien haben insbesondere in der Unterrichtsforschung – auch in kleineren Bildungsforschungsprojekten – in den vergangenen Jahren an Bedeutung gewonnen. Zentrale Forschungsfragen betreffen die Unterrichtsqualität bzw. den Unterrichtserfolg. Neben den audiovisuellen Daten fallen auch weitere Datenarten wie Fragebogen, Interviewtranskripte, digitale Fotos (z.B. Tafelbilder) etc. an.

Für die Forschungsdaten des Projekts Pythagoras wird derzeit in Anbindung an das Fachportal Pädagogik die Datenbank „Audiovisuelle Medien für die Unterrichtsforschung" zu Konstrukten der Schul- und Unterrichtsqualität aufgebaut (s. Kap. 6.2). Im Rahmen des DFG-geförderten Projekts werden der wissenschaftlichen Community Rohdaten in Form videobasierter Unterrichtsaufzeichnungen sowie umfangreiches Dokumentationsmaterial zur Verfügung gestellt. Insgesamt liegen ca. 360 Unterrichtsbeobachtungen, Lehrerinterviews und Aufzeichnungen tutorieller Situationen sowie zugehörige Transkripte vor; der Umfang des Datenvolumens wurde nach einer internen Auswertung des DIPF auf 550 bis 600 Gigabyte geschätzt. Wissenschaftliche Nutzer sollen diese Forschungsdaten zugangsbeschränkt als passwortgeschützte PDF-Dateien herunterladen und für Sekundäranalysen nutzen können. Auch die Forschungsdaten aus dem PERLE-Projekt sollen in dieser Form bereitgestellt werden.

Bereits abgeschlossen wurde das Projekt „Videodatenbank Schulunterricht in der DDR"[70]. Unterrichtsaufzeichnungen aus der ehemaligen DDR wurden datenbanktechnisch und dokumentarisch aufbereitet und

---

68 Die schweizerisch-deutsche Studie wurde kooperativ durch das DIPF und das Pädagogische Institut der Universität Zürich durchgeführt. In 20 deutschen Klassen der 9. Jahrgangsstufe und 20 Schweizer Klassen der 8. Jahrgangsstufe wurde die Qualität des Mathematikunterrichts u.a. am Beispiel der Unterrichtseinheit „Satz des Pythagoras" untersucht. In Deutschland war das Projekt eingebettet in das Schwerpunktprogramm „Bildungsqualität von Schule" (2000–2006). Hintergrund der Untersuchung war die bessere Mathematik-Performance der Schweizer Schüler bei den PISA-Tests (vgl. Hugener; Pauli; Reusser (2006), S. 5).
69 In der Studie wird seit 2005 mit einem kombinierten Quer- und Längsschnittdesign die Entwicklung von Grundschulkindern in Sachsen untersucht. Dafür wurde in 38 Grundschulklassen der Unterricht in Deutsch, Kunst und Mathematik videogestützt beobachtet. Kooperationspartner sind die Universität Bamberg, die Universität Kassel und das DIPF.
70 Das Projekt wurde gemeinsam von der Humboldt-Universität Berlin und dem DIPF durchgeführt (Laufzeit: 2005–2007).

über das Fachportal Pädagogik für Re- und Sekundäranalysen zur Verfügung gestellt[71]. Aus Gründen des Persönlichkeitsschutzes betroffener Personen sind nicht alle Inhalte der Datenbank allgemein zugänglich. D.h. in diesem Fall, dass aufgrund der Rechtslage der Zugriff auf das Filmmaterial nur zu ausgewiesenen Forschungszwecken möglich ist. Die Legitimation ist mit geeigneten Unterlagen nachzuweisen. Der Zugang auf die Filme in den Formaten MPEG, AVI oder MWV ist zudem passwortgeschützt. Neben den zu Zeiten der DDR entstandenen Unterrichtsfilmen der Humboldt-Universität sind seit Oktober 2010 auch Filme der ehemaligen Akademie der Pädagogischen Wissenschaften der DDR in Berlin sowie der Universität Potsdam über das Fachportal Pädagogik verfügbar und es werden kontinuierlich neue Filme eingestellt. Derzeit liegt das Datenvolumen bei ca. 600 Gigabyte.

Außer auf die Videografien der Unterrichtsqualitätsforschung können Bildungsforscher auch auf qualitative Forschungsdaten für den Bereich der pädagogischen Praxis und der Rekonstruktion von Lehr-Lernprozessen zugreifen. Das Archiv für pädagogische Kasuistik (ApaeK)[72] – angesiedelt am Institut für die Pädagogik der Sekundarstufe der Goethe-Universität Frankfurt am Main – verwaltet eine Online-Archivdatenbank mit derzeit 1414[73] teilweise zugangsbeschränkten Datensätzen.[74] Die pädagogische Kasuistik definiert sich über ihre Methodik, Dokumente der pädagogischen Praxis, wie z.B. Unterrichtsprotokolle (anonymisierte Transkripte) oder Unterrichtsplanungen als Einzelfall zu untersuchen und im Sinne verallgemeinerbarer Ableitungen zu analysieren.[75] Neben dem Fallmaterial werden auch die dazugehörigen Analysen online veröffentlicht, die Dokumente liegen zumeist im PDF-Format vor.

Die Bereitstellung dieser Art von Forschungsdaten konzentriert sich neben dem ApaeK auf zwei weitere Stellen in Deutschland. Dokumente der pädagogischen Kasuistik sind auch über das Fallarchiv Schulpädago-

---

71 Vgl. Fachportal Pädagogik (2011a).
72 Vgl. ApaeK 82011).
73 Stand: 14. April 2011.
74 Diese Dokumente sind nicht ausschließlich als Forschungsdaten zu interpretieren, sondern auch als Handreichungen für die pädagogische Praxis bzw. Unterrichtszwecke. Diese Daten sind wiederum sowohl qualitativ als auch quantitativ auswertbar.
75 ApaeK (2011).

gik⁷⁶ der Universität Kassel sowie die Arbeitsstelle Pädagogische Kasuistik⁷⁷ der TU Berlin verfügbar. Das Archiv der TU Berlin mit Protokollen teilnehmender Beobachtung, auditiven und audio-visuellen Dokumentationen und deren Transkription befindet sich derzeit noch im Aufbau. Diese drei Beispiele der Bereitstellung untermauern die Tendenz zur Dezentralität des Zugangs auf qualitative Forschungsdaten in der Bildungsforschung.

Zugang zu älteren Forschungsdaten und Retrodigitalisaten der Bildungsforschung

Insbesondere für die Historische Bildungsforschung ist der Zugriff auf ältere Forschungsdaten, wie z.b. Zeitungsartikel, Tagebücher, Klassenbücher oder andere Unterrichtsmaterialien von Bedeutung. Durch die Quellenorientierung des Forschungsbereichs ist der Zugang auf Retrodigitalisate unabdingbar; dieser erfolgt z.b. über die Bibliothek für Bildungsgeschichtliche Forschung (BBF) mit ihren Services *Scripta Paedagogica Online*⁷⁸, *Pictura Paedagogica Online*⁷⁹ und *Vox Paedagoica Online*⁸⁰. Inhaltliche Überschneidungen gibt es naturgemäß mit der Geschichtswissenschaft. Ein Beispiel für die Infrastrukturvernetzung von Historischer Bildungsforschung und Geschichtswissenschaft ist die Online-Publikationsplattform *perspectivia.net*⁸¹. Hier werden Retrodigitalisate von Publikationen der deutschen geisteswissenschaftlichen Auslandsinstitute und der Partnerorganisationen wie z.B. Zeitschriften, Rezensionen, Monografien und Tagungsdokumentationen frei zugänglich veröffentlicht.

Retrodigitalisate in der Bildungsforschung sind nicht zwangsläufig „ältere" Daten. Auch im Rahmen von entwicklungsorientierten Forschungsansätzen, wie z.b. bei den Längsschnitt- und Panelstudien der Bildungsforschung, werden Retrodigitalisate als Kontextinformationen zeitnah dokumentiert. Beispiele hierfür sind die im Rahmen der Pythagoras-Studie digitalisierten Arbeitsblätter bzw. Unterrichtsmaterialien. Auch diese Art

---

76 Vgl. online-Fallarchiv (2011).
77 Vgl. TU Berlin (2011).
78 Das geschätzte Datenvolumen der Scripta beträgt 3,4 Terrabyte (vgl. BBF (2011a)).
79 Vgl. ppo (2011).
80 Vgl. BBF (2011b).
81 Vgl. perspectivia.net (2011).

retrodigitalisierter Daten soll im Zuge des DIPF-Projekts „Audiovisuelle Medien für die Unterrichtsforschung" zur wissenschaftlichen Nachnutzung veröffentlicht und langzeitarchiviert werden.

Diese Überlegung macht auch deutlich, dass – insbesondere im Kontext qualitativer Ansätze – zwischen zwei Typen von Forschungsdaten in der Bildungsforschung (und ggf. auch in verwandten Forschungsbereichen) unterschieden werden muss: 1) Digitalisierte Daten als *Ergebnisse von Forschung* (z.B. Unterrichts-Videos, die auf der Basis eines konkreten Forschungsplans entstehen) und 2) digitalisierte Daten als *Gegenstände von Forschung* („Rohdaten" wie z.B. Fotografien oder Zeichnungen, die als Abbild historischer Bildungsprozesse ohne Intention einer wissenschaftlichen Untersuchung entstanden sind).

Metadatenstandards für die Domäne der Bildungsforschung

Bisher hat sich für die Domäne der Bildungsforschung noch kein einheitlicher Metadatenstandard zur Dokumentation und zum Austausch von Forschungsdaten durchgesetzt, der die Bandbreite der heterogenen Datenbestände vollständig abbildet. Für einen Teilbereich der quantitativen Bildungsforschung – insbesondere im Bereich der großen Schulleistungs- und Lebenslaufstudien (PISA, NEPS) mit einer Vielzahl an statistischen Daten – kann jedoch aufgrund der inhaltlichen und methodischen Überschneidungen mit den Sozialwissenschaften die Metadatenspezifikation DDI[82] als Ausgangspunkt für die Etablierung eines Metadatenstandards in der Domäne gelten.

Mit DDI lassen sich z.B. Namen und Werte von Variablen, Sampling-Methoden, die geografische Abdeckung und Zugangsbedingungen von Studien maschinenlesbar modellieren. Die aktuelle Version der Spezifikation, DDI 3.0, berücksichtigt zudem den gesamten Lebenszyklus von Daten innerhalb einer Studie, u.a. Informationen über die Finanzierung und die Archivierung der Daten sowie die Datenanalyse.[83] Zudem ermöglicht DDI das Mapping auf Dublin Core und MARC. DDI konzentriert sich bisher primär auf die

---

82 DDI (Data Documentation Initiative) ist eine XML-basierte Metadatenspezifikation, die die Datendokumentation und den Austausch von Forschungsdatensätzen im Bereich der Sozialwissenschaften ermöglicht (vgl. DDI (2011)).
83 Vgl. Vardigan; Heus; Thomas (2008), S. 110.

Beschreibung quantitativer Daten, jedoch gibt es im Rahmen der DDI-Initiative bereits erste Ansätze zur Integration qualitativer Befunde.[84]

DDI wird bereits von einigen namhaften Datenhaltern, deren Scope Bildungsdaten umfasst, verwendet.[85] Hier bestehen jedoch – bedingt durch unterschiedliche Benennungen oder abweichende Belegungen von DDI-Feldern – noch Heterogenitäten in Bezug auf die Metadatenauszeichnung, die über Mapping-Routinen nur unzureichend aufgefangen werden können. Aus diesem Grund wird derzeit am IQB – zusammen mit mehreren Partnern[86] – an einer Weiterentwicklung des DDI-Standards für den Bereich der Bildungsforschung gearbeitet.

Als kompatible Untermenge zu DDI 3.0 soll *EduDDI* als Metadatenvokabular für die speziellen Bedürfnisse der Bildungsforschung entwickelt werden. Eine mögliche Erweiterung betrifft z.B. die Modellierung von Testskalen für Schulleistungsstudien. Ein wichtiger Aspekt, der von DDI ebenfalls nicht abgebildet wird, ist die Klassifizierung der Güte von Items[87] dieser Skalen zur Kompetenzmessung. Die Dokumentation der in EduDDI modellierten Studien soll möglichst zeitnah erfolgen und durch die einheitliche Struktur der Metadaten Vergleiche zu anderen Studien ermöglichen. Zudem soll durch EduDDI das Bewusstsein für die Notwendigkeit der Datenübergabe geschärft werden. Derzeit befindet sich EduDDI noch in der Entwicklungsphase.[88]

Datenschutzaspekte

In der erziehungswissenschaftlichen Bildungsforschung werden häufig persönlichkeitsbezogene Daten erhoben, z.B. zu Lebensläufen, Bildungs-

---

84 Vgl. Corti; Gregory (2010).
85 Hier sind IQB, BIBB, GESIS, IAB, IZA oder ZPID (Leibniz-Zentrum für Psychologische Information und Dokumentation) zu nennen.
86 Weitere Projektpartner sind das DIPF, das TestDaF-Institut, das *IEA Data Processing and Research Center*, die Universität Bamberg (NEPS) sowie GESIS.
87 Die Items können je nach Schwierigkeit und Verlässlichkeit klassifiziert werden.
88 EduDDI ist an das Projekt NEPS angebunden, d.h. die LZA der dort gewonnenen Daten soll zeitgleich mit der Erhebung und Auswertung im EduDDI-Format erfolgen. Ein *Item- und Metadatenbuilder* soll zu einem generischen Instrument für die DDI-basierte und kollaborative Datendokumentation und Variablengenerierung weiterentwickelt werden. Der Schwerpunkt des Projekts liegt jedoch in der standardkonformen Konzeption des Tools und in der Entwicklung einer komfortablen und konsistenten Nutzerschnittstelle. Für weitere Informationen zu EduDDI vgl. Mechtel; Knigge (2009).

abschlüssen oder bildungsbezogenen Entscheidungsprozessen. Zudem werden Audio- und Videoaufnahmen als Erhebungsinstrumente qualitativer Forschung eingesetzt, um Kinder und Erwachsene in konkreten Verhaltenssituationen zu beobachten und Bildungsszenarien zu dokumentieren. In diesen Fällen sind z.B. die Rechte auf Wahrung des Persönlichkeitsschutzes (etwa Rechte am eigenen Wort und Bild) betroffen, „da die Daten nicht wie bei anderen Datenarten anonymisiert werden können"[89] bzw. dies nur mit hohem organisatorischem Aufwand machbar ist. Hierdurch treten insbesondere dann spezifische datenschutzrechtliche und forschungsethische Probleme auf,

> „[...] wenn Kinder oder Personen erforscht werden, die nicht in der Lage sind, ihre Rechte selbst angemessen wahrzunehmen und zu vertreten. Datenschutzrechtlich relevante Fragen können auch dann auftreten, wenn es in historischer bzw. zeitgeschichtlicher Forschung um die konkrete Darstellung einzelner Institutionen oder Personen geht."[90]

Die Intention des Gesetzgebers in Bezug auf die Wahrung der Persönlichkeitsrechte wird durch die sogenannte *Zweckbindungsklausel* des Bundesdatenschutzgesetzes deutlich: Danach ist die Übermittlung personenbezogener Daten ohne Einwilligung des Betroffenen zulässig, wenn

> „[...] es zur Durchführung wissenschaftlicher Forschung erforderlich ist, das wissenschaftliche Interesse an der Durchführung des Forschungsvorhabens das Interesse des Betroffenen an dem Ausschluss der Zweckänderung erheblich überwiegt und der Zweck der Forschung auf andere Weise nicht oder nur mit unverhältnismäßigem Aufwand erreicht werden kann."[91]

Auch in den Datenschutzgesetzen der Bundesländer finden sich diese gesetzlichen Erlaubnistatbestände[92]. Dies bedeutet, dass

> „[...] neue Objekte ohne Personendatenbezug (z.B. Statistiken) einer breiten Öffentlichkeit zugänglich gemacht werden können, während Materialien, die eine Identifikation der Betroffenen erlauben, Zugangsrestriktionen zu

---

[89] Hugener; Pauli; Reusser (2006), S. 39.
[90] DGfE (2006), S. 33.
[91] §14 Abs. 2 Ziffer 9 BDSG.
[92] Im Land Berlin ist z.B. die Übermittlung personenbezogener Daten ohne Einwilligung des Betroffenen zulässig, wenn dies nur für „bestimmte Forschungsarbeiten" geschieht und „wenn das öffentliche Interesse an der Durchführung des Forschungsvorhabens die schutzwürdigen Belange des Betroffenen erheblich überwiegt und der Zweck der Forschung nicht auf andere Weise erreicht werden kann" (§ 30 Abs. 1 Ziffer 2 BlnDSG).

6 Pädagogik und Erziehungswissenschaft

unterwerfen sind, die eine Verwendung lediglich für wissenschaftliche Forschungszwecke sicherstellen."[93]

Die Zweckbindungsklausel gilt explizit nicht für den Einsatz von audiovisuellen Rohdaten – beispielsweise in der Form von Unterrichtsvideos – zu Lehr- und Lernzwecken.

Neben den rechtlichen Vorgaben des Bundes und der Länder wurden für die Erziehungswissenschaft bereits Empfehlungen zur Anonymisierung von qualitativen Daten durch die Deutsche Gesellschaft für Erziehungswissenschaft (DGfE) vorgelegt.[94] Rechtlichen Problemen im Rahmen der *Biografieforschung*, der *Fotoanalyse*, der *Videografie*, der *Evaluationsforschung* und der *Fallgeschichte einzelner Institutionen* soll durch folgende Datenschutzmaßnahmen begegnet werden: 1) Absicherung aller am Forschungsprozess Beteiligten durch schriftliche Verträge mit Beschreibung von Zielen, Methoden, Verlauf und Publikationsabsicht sowie Zustimmung zum Gebrauch der Daten, 2) Sparsamkeitsgebot für Publikationen, d.h. es sollten möglichst wenige konkrete Fallbeispiele beschrieben werden, 3) abstrakte Formulierungssprache bei der Publikation von Daten und Ergebnissen und 4) Einschaltung der jeweils zuständigen Datenschutzbeauftragten.[95]

Für die Veröffentlichung von personenbezogenen Forschungsprimärdaten – beispielsweise von audiovisuellen Rohdaten – ist es notwendig, ein hohes Maß an Rechtssicherheit zu gewährleisten. Entsprechend müssen technisch-organisatorische Zugriffskonzepte für das Rechtemanagement inklusive Zugangsbeschränkungen entwickelt werden. Im Rahmen des Projekts „Audiovisuelle Videodaten in der Unterrichtsforschung" wurde dies auf der Basis einer in Auftrag gegebenen Rechtsexpertise[96] realisiert. In diesem Kontext wurden bspw. die im Projekt erteilten Einwilligungen von Lehrern, Schülern und Eltern geprüft und datenschutzrechtliche Implikationen zur Freiwilligkeit dieser Einwilligungen und zum Widerrufsrecht abgeleitet.

Auch für das Projekt „Datenbank Schulqualität" – für das keine personenbezogenen Daten veröffentlicht werden – wurde ein Rechtsgutachten

---

93 Goebel; Scheller (2009).
94 Vgl. DGfE (2006), S. 33f.
95 Vgl. ebenda.
96 Vgl. ebenda.

in Auftrag gegeben. Relevante Themen sind dabei urheber- und markenrechtliche Aspekte sowie Datenschutzaspekte in Bezug auf die Analyse des Nutzerverhaltens in der Datenbank (Logfile-Analyse) und die persönliche Registrierung von Nutzern zur Zusammenstellung eigener Fragebogen. Insbesondere bei der Veröffentlichung von Skalen, die teilweise aus Publikationen übernommen oder durch Verlage lizenziert sind, muss die Einwilligung zur Veröffentlichung vorliegen bzw. müssen die entsprechenden Dokumente durch Nutzungsrestriktionen gekennzeichnet werden.[97]

6.4 Interne Organisation

Bisher wird die LZA von Forschungsdaten in der Bildungsforschung noch nicht nach festen Regeln organisiert. Dennoch werden im Forschungsbereich bereits – exemplarisch für fest definierte Datenbestände – Standards und Prozesse für die LZA entwickelt wie z.B. im Projekt „Audiovisuelle Videodaten in der Unterrichtsforschung" des DIPF (s. Kap. 6.3). Auch wenn diese Prozesse bisher noch nicht in der Form institutionalisiert sind, wie dies z.B. im Bereich des Open Access von Text-Publikationen in der Erziehungswissenschaft der Fall ist, so lassen sich hier erste Anforderungen für *Good Practices* des Forschungsdatenmanagements ableiten.

Bisher beschäftigen sich nur wenige Mitarbeiter der Informations- und Dokumentationsinfrastruktur in der Bildungsforschung mit der Verfügbarmachung und der LZA von Forschungsdaten. Eine Professionalisierung in Richtung eines elaborierten Objekt- und Metadatenmanagements inklusive spezifischem Know-how über Forschungsdaten in der Domäne steht noch aus. Ein erster Schritt ist die Teilnahme an projektunterstützenden Weiterbildungsmaßnahmen zur LZA (z.B. die nestor *Spring School*) bzw. zum Metadatenmanagement (z.B. EduDDI-Workshops im Rahmen von NEPS).

Auch die Archivierungskapazitäten der involvierten Institutionen sind eine wichtige Voraussetzung für die Professionalisierung in der Domäne. Bisher werden für die LZA von Forschungsdaten ausschließlich die Services externer Dienstleister und Kompetenzzentren aus dem bibliothe-

---

97 Vgl. Goebel; Scheller (2011).

karischen Umfeld in Anspruch genommen (s. Projekt DP4lib Kap. 6.2). Die hohen Hardware- und Softwareanforderungen an den Betrieb eines Rechenzentrums für die LZA von Forschungsdaten sind von kleinen bis mittleren Einrichtungen meist nicht zu leisten.

6.5 Perspektiven und Visionen

Nicht nur im Bereich der Bildungsforschung herrschen noch große Unsicherheiten in Bezug auf Rechtssicherheit und „ethische Sicherheit" beim Umgang mit Forschungsdaten. Analog zu den DFG-Empfehlungen zu Open Access und Urheberrecht[98] sind daher übergreifende Ethikregeln für die Benutzung und Verarbeitung von Forschungsdaten notwendig. Hier bietet sich die Einbeziehung der Fachgesellschaften zur Erarbeitung spezifischer Datenschutzempfehlungen an. Ein mögliches Beispiel ist die Erweiterung der DGfE-Empfehlung für den Umgang mit qualitativen Daten um Aspekte des Urheberrechts und der Persönlichkeitsrechte sowie des Datenmanagements zur Vereinfachung von Sekundäranalysen (s. Datenschutzaspekte im Kap. 6.3) – auch um den nachträglichen Zugriff auf die Forschungsdaten durch die LZA zu ermöglichen. Neben institutsübergreifenden Regeln ist die Erarbeitung von jeweils institutsinternen Regeln – in Abstimmung mit den Datenproduzenten – eine maßgebliche Anforderung, um der Vielfalt der Datenarten in der Bildungsforschung gerecht werden zu können.

Die Wissenschaft respektive die Erziehungswissenschaft sollte stärker in die strategischen informationsinfrastrukturellen Anforderungen einbezogen werden. Eine empirische Untersuchung zu den konkreten Bedürfnissen und Problembereichen des Zugangs zu Forschungsdaten, wie sie bereits für qualitative Daten in den Sozialwissenschaften erarbeitet wurde[99], steht für die Bildungsforschung noch aus. Kollaborative Projekte, bei der Bildungsforscher und Informationsspezialisten bei der Datendokumentation und Metadatenentwicklung zusammenarbeiten (NEPS), dienen zudem als *use case* mit Ausstrahlungseffekt auf den ganzen For-

---

98 Hier sind zwei Positionspapiere der DFG relevant: Open Access und Urheberrecht (vgl. DFG (2006); DFG (2009d)).
99 Vgl. Medjedović; Witzel (2010).

schungsbereich. Insbesondere für den Bereich der Metadatenstandards gibt es eine kooperative Herausforderung, den vorhandenen Standard DDI in Hinblick auf die Beschreibung qualitativer Datenarten weiterzuentwickeln.

Hinsichtlich der Verbindung von Datenschutz und Datenaufbereitung besteht auf Seiten der Bildungsforscher hoher Informationsbedarf. Hier sind zum einen Transferleistungen der Informations- und Dokumentationsdienstleister gefragt, wie z.B. die Aufbereitung von Daten, um sie für Sekundäranalysen oder als konkrete Planungshilfe im Forschungsprozess nutzbar zu machen. Zum anderen muss die Gestaltung der Prozesse unter Einbindung der Wissenschaftler als Datenproduzenten bzw. Nutzer der Datenrepositorien erfolgen, um fachspezifische Anforderungen zu berücksichtigen. Besonders relevant ist in diesem Zusammenhang auch die Implementierung von Strategien der *Data Curation*, die eine prozessorientierte Sicht des Forschungsdatenmanagements beinhalten und bereits vor der Erhebung der Daten deren Pflege und organisierten Umgang mit berücksichtigt.[100] Dies könnte den Weg ebnen für einen bedarfsgerechten und serviceorientierten Zugang auf Forschungsdaten in der Domäne.

Vertrauenswürdigkeit von Datenarchiven ist eine essentielle Forderung der Wissenschaft. Vor diesem Hintergrund sollte ein Zertifizierungsverfahren für „vertrauenswürdige Forschungsdatenzentren" angestrebt werden. Den Maßstab in Bezug auf die Umsetzung einer solchen qualitätssichernden Strategie der Forschungsdatenspeicherung stellen die DINI-zertifizierten Repositorien dar. Ein Bestandteil des Qualitätsmanagements ist etwa die Vergabe von *persistent identifiers*, um die Identifikation und Zitation von Forschungsdaten sicherzustellen. Die Zertifizierung von Forschungsdatenzentren für die Bildungsforschung verlangt dabei spezifische Anforderungen, z.B. an den Umgang mit großen Mengen an qualitativen Daten oder die Wahrung des Persönlichkeitsschutzes.

Gemäß dem interdisziplinären Charakter der Bildungsforschung besteht eine zentrale Vision darin, eine adäquate interdisziplinäre Infrastruktur für Forschungsdaten zu entwickeln, die über die einzelnen

---

100 Vgl. Pampel; Bertelmann; Hobohm (2011).

Forschungsdatenzentren hinweg ein hohes und gesichertes Niveau an Vertrauenswürdigkeit, Interoperabilität und Services für den gesamten Datenraum der Fächergruppe gewährleistet.

Vor diesem Hintergrund ist im Bereich der Forschungsdatenzentren ein noch stärker koordiniertes Vorgehen wünschenswert, welches unter dem Vorzeichen der Interdisziplinarität tragfähige LZA-Strategien abstimmt und weiterentwickelt. Gerade die projektbasierte Bildungsforschung in den kleinen und mittleren Einrichtungen benötigt eine übergreifende „Anlaufstelle", die relevante Bestände der Domäne im Sinne der LZA bündelt, harmonisiert und sichert. Neben der Langzeitsicherung sind die Langzeitverfügbarkeit und entsprechende Zugriffsservices wesentliche Aspekte einer wissenschaftsorientierten Forschungsdatenstrategie. Ein zentrales Datenservicezentrum für Forschungsdaten der Erziehungswissenschaft – auch in Hinblick auf die internationale Anschlussfähigkeit der Disziplin – ist daher erstrebenswert.

7 Geisteswissenschaften

Wolfgang Pempe

7.1 Einführung in den Forschungsbereich

Das räumliche, zeitliche, thematische und methodologische Spektrum der Disziplinen, die unter dem Sammelbegriff der Geisteswissenschaften zusammengefasst werden, ist so vielfältig[1], dass eine klare Eingrenzung des Forschungsbereichs schwerfällt, zumal die These der „zwei Kulturen"[2] und damit eine deutliche Trennung zwischen Geistes- und Naturwissenschaften längst nicht mehr haltbar ist.[3] In einigen Teilbereichen verschwimmen die Grenzen – und immer häufiger lässt sich eine, u.a. durch „digitale" Methoden beförderte, interdisziplinäre Zusammenarbeit beobachten, z.B. wenn es um die Altersbestimmung oder Analyse von Objekten oder die Rekonstruktion mit dem menschlichen Auge nicht (mehr) wahrnehmbarer Schriftzeugnisse geht. Aber auch naturwissenschaftliche Disziplinen bedienen sich geisteswissenschaftlicher Methoden, z.B. im Zusammenspiel von Linguistik und Bioinformatik[4] oder in den Neurowissenschaften[5]. Daneben ergeben sich durch die Anwendung aus Sicht mancher traditioneller Disziplinen neuartiger Methoden, wie z.B. quantitativer Analysen, neue Forschungsfelder. Bezogen auf den Bereich der Forschungsdaten bedeutet

---

1 Als ein Beispiel für viele sei hier die Definition des Wissenschaftsrats angeführt: „Philosophie, die Sprach- und Literaturwissenschaften, die Geschichtswissenschaften, die Regionalstudien, die Religionswissenschaften, die Ethnologie sowie die Medien-, Kunst-, Theater- und Musikwissenschaften" (Wissenschaftsrat (2006), S. 17).
2 Snow (1987).
3 Vgl. hierzu Behrens et al. (2010), Kap. 1.
4 „Wechselwirkungen zwischen linguistischen und bioinformatischen Verfahren, Methoden und Algorithmen: Modellierung und Abbildung von Varianz in Sprache und Genomen" (BMBF (2011g)).
5 Vgl. z.B. das Projekt Brain/Concept/Writing (humtec (2011)) oder etwas allgemeiner WissensLogs (2011).

dies, dass die ohnehin vorhandene, der Breite des Forschungsbereichs geschuldete Heterogenität, in Zukunft sowohl aufgrund der Erweiterung des Spektrums der Methoden als auch der anfallenden Daten noch erhöht wird – letztere z.B. aus naturwissenschaftlichen Analysen, für deren Bandbreite und Komplexität beispielhaft das im Kapitel zur Klimaforschung Gesagte gelten mag. Dies erfordert entsprechend ein modular aufgebautes System für die Langzeitarchivierung von Forschungsdaten, wenn überhaupt ein zentrales System für den gesamten Bereich der Geisteswissenschaften erreichbar oder sinnvoll ist.

In diesem Kapitel wird beispielhaft das Projekt TextGrid[6] betrachtet, das neben einer Virtuellen Forschungsumgebung eine eng damit verbundene, aber auch isoliert nutzbare Langzeitarchivierungskomponente entwickelt. TextGrid wird im Rahmen der D-Grid-Initiative vom BMBF[7] gefördert. Wie der Name bereits impliziert, lag der anfängliche Fokus – u.a. bedingt durch die Zusammensetzung der Partner[8] – auf den Textwissenschaften unter besonderer Berücksichtigung der Anforderungen der deutschen Philologie, Literatur- und Sprachwissenschaft. Die Priorisierung der im Rahmen des Projekts zu entwickelnden fachspezifischen Werkzeuge war deshalb zunächst davon bestimmt, die Erstellung von und den Umgang mit kritischen Editionen, Wörterbüchern und linguistischen Korpora zu unterstützen[9]. Gleichwohl war TextGrid von Anfang an darauf bedacht, eine Plattform anzubieten, die perspektivisch auch für andere geisteswissenschaftliche Disziplinen nutzbar ist. Die im Rahmen von TextGrid errichtete *Virtuelle Forschungsumgebung*[10] versucht der Heterogenität des fachlichen Umfelds der Geisteswissenschaften insofern Rechnung zu tragen, als sie auf eine weitgehend generische, offene, modulare und erweiterbare technische Infrastruktur aufbaut. Dies gilt gleichermaßen für die eingesetzten Werkzeuge wie für die unterstützten Datenmodelle. Auf diese Weise sollen neue Projekte und Nutzergruppen in die Lage versetzt werden, spezifische

---

6   Vgl. TextGrid (2011c).
7   Förderkennzeichen: 07TG01A–H (erste Projektphase 2006–2009), 01UG0901A–J (zweite Phase 2009–2012).
8   Die Liste der aktuellen Projektpartner findet sich unter TextGrid (2011a).
9   Vgl. hierzu TextGrid (2006).
10 Für eine aktuelle Definition des Begriffs vgl. Allianz-Initiative (2011a). Eine ausführlichere Diskussion des Begriffs „Virtuelle Forschungsumgebung" bzw. „Virtual Research Environment" findet sich bei Carusi; Reimer (2010), S. 13ff.

Anpassungen vorzunehmen und eigene Werkzeuge zu integrieren, um die jeweiligen Forschungsfragen und -prozesse zu unterstützen. In der aktuellen, zweiten Förderphase (2009–2012) wurde die fachwissenschaftliche Basis durch die Aufnahme von Partnern aus weiteren Disziplinen erweitert, so dass nun entsprechende Module für Teilbereiche der Musikwissenschaft, Kunstgeschichte, mittellateinischen Philologie (Glossografie) und der Judaistik[11] entwickelt werden. Die von Anfang an intendierte Möglichkeit der Anpassbarkeit an die Bedürfnisse weiterer geisteswissenschaftlicher Disziplinen hat dazu geführt, dass TextGrid auf politischer Ebene häufig als System „für die Geisteswissenschaften" diskutiert wird.

Das Projekt ist fachwissenschaftlich getrieben, d.h. die Projektpartner vermitteln die Anforderungen und Interessen ihrer jeweiligen Communities und pflegen beständig den Kontakt zur potentiellen fachwissenschaftlichen Nutzergruppe im Rahmen von Workshops, Schulungen und Konferenzen. Somit kann die technische Entwicklung auf spezielle Anforderungen der Nutzergemeinschaft eingehen und sich an deren Bedürfnissen orientieren.

Die von TextGrid entwickelte Virtuelle Forschungsumgebung besteht aus zwei Komponenten: Das *TextGrid Laboratory* oder *TextGrid Lab* bietet in einer einheitlich gestalteten Arbeitsumgebung (einer eclipse-basierten[12] Software) Zugang zu allen Werkzeugen, Services und zu den Daten im *TextGrid Repository*. Dieses Repository dient einerseits zur Ablage der mit den Werkzeugen des *TextGrid Laboratory* erzeugten bzw. zur weiteren Bearbeitung importierten Daten. Andererseits handelt es sich um ein digitales Langzeitarchiv für Forschungsdaten, das auch über ein Webportal sowie verschiedene offene Schnittstellen[13] nutzbar ist. Durch die Kombination von generischen Werkzeugen in einer offenen, nachhaltigen Umgebung mit einem digitalen Langzeitarchiv für Forschungsdaten, ermöglicht es TextGrid, die Nutzer von Beginn des Forschungsprozesses an so zu un-

---

11 Zur Liste der aktuellen Projektpartner siehe Fußnote 8; zur „Freien Fachsäule" (AP 6.7), vertreten durch das Salomon Ludwig Steinheim-Institut für deutsch-jüdische Geschichte (Duisburg), vgl. TextGrid (2008b), S. 42.
12 Etwas genauer: *Eclipse Rich Client Platform* (vgl. eclipse (2011)).
13 Neben dem *TextGrid Laboratory* wird mit Version 1.0 (Juni 2011) auch ein Online-Portal als weitere Nutzerschnittstelle zur Verfügung stehen. Darüber hinaus sind alle Middleware-Komponenten des *TextGrid Repository* über WebService-Schnittstellen (SOAP und/oder REST) adressierbar, vgl. TextGrid (2008a).

terstützen, dass – ganz im Sinne von Kapitel 1 – eine langfristige Verfügbarkeit und Nachnutzbarkeit der Forschungsdaten ermöglicht wird.

7.2 Kooperative Strukturen

Geisteswissenschaftliche Forschungsvorhaben werden nicht selten als institutionsübergreifende Projekte realisiert, insbesondere im Bereich der eHumanities[14]. Als aktuelles Beispiel aus dem TextGrid-Umfeld wäre hier die Faust-Edition[15] zu nennen, an der neben dem Freien Deutschen Hochstift Frankfurt die Klassik Stiftung Weimar und die Universität Würzburg beteiligt sind. Dieses Projekt verdient in diesem Kontext insofern besondere Erwähnung, als die Entwicklung eines Archivformats bereits Teil des Antrags[16] ist.

Für den Bereich der LZA von Forschungsdaten existieren bislang keine nennenswerten Kooperationen. Zwar haben Projekte mit internationaler Beteiligung wie kopal[17], Planets[18] oder SHAMAN[19] wesentlich zur Schaffung der technischen Grundlagen beigetragen, jedoch existieren bislang weder einheitliche Strategien noch standardisierte und übergreifende Lösungen, um anfallende Forschungsdaten langfristig zu archivieren. Den eingangs erwähnten (Kap. 1) Auflagen der DFG[20] bzgl. der Aufbewahrung von Forschungsdaten über einen Zeitraum von zehn Jahren kommen geisteswissenschaftliche Forschungsprojekte üblicherweise unter Rückgriff auf individuelle Lösungen nach (z.B. Ablage auf Projektrechner oder beim lokalen Rechenzentrum), wobei im günstigsten Fall allenfalls den Anforderungen der *bitstream preservation* Rechnung getragen wird. Da üblicherweise mit den zuständigen Mitarbeitern nach Projektende auch das für höherwertige LZA erforderliche inhaltliche Wis-

---

14 Der Begriff eHumanities wird analog zu eScience verwendet und beschreibt die durch digitale Methoden erweiterten („enhanced" oder auch „enabled") Geistes- und Kulturwissenschaften (vgl. auch die ausführliche Diskussion in TextGrid (2010), Abschnitt 2).
15 Vgl. Digitale Faustedition (2010).
16 Vgl. Digitale Faustedition (2008).
17 Vgl. kopal (2011).
18 Vgl. Planets (2011).
19 Vgl. SHAMAN (2011).
20 Vgl. DFG (1998), S. 12f.

sen um die jeweiligen Daten verlorengeht (s.u.), besteht hier dringender Handlungsbedarf. Grundsätzlich ist aber davon auszugehen, dass den Bibliotheken hier in Zukunft eine bedeutendere Rolle zukommt. So wurde kopal inhaltlich von der Niedersächsischen Staats- und Universitätsbibliothek Göttingen (SUB) und der Deutsche Nationalbibliothek (DNB) getragen.

Weniger kritisch stellt sich der Sachverhalt bezüglich digitaler Publikationen dar, deren langfristige Verfügbarkeit die Deutsche Nationalbibliothek als zuständige Archivbibliothek sicherzustellen hat.[21] Allerdings ist noch offen, wie mit (Forschungs-) Daten zu verfahren ist, welche die jeweilige Publikation ergänzen. Im Rahmen des EU-Projekts DRIVER[22] wurde exemplarisch ein Publikationsframework für solche sogenannten *enhanced publications*[23] im Open Access Bereich entwickelt. Jedoch liegt die Verantwortung für die Archivierung der publizierten Objekte bei den beteiligten Repositorien und Bibliotheken, so dass LZA-Aspekte im Rahmen dieses Projekts keine nennenswerte Rolle spielen.

Eine Sonderrolle nehmen in diesem Kontext digitale Editionen ein. Häufig handelt es sich bei dem abschließenden Deliverable eines solchen zeitlich befristeten Projekts um eine Website[24], bei der die zur Veröffentlichung bestimmten Forschungsdaten zumeist in einer Datenbank liegen, auf die dann die Web-Applikation zugreift. Zwar lassen sich solche Editionen zumindest theoretisch auch noch Jahre nach Projektende ggf. über entsprechende Emulationen erhalten, jedoch ist die Nachnutzbarkeit der zugrundeliegenden Forschungsdaten stark eingeschränkt, da diese durch die darüberliegende Anwendung gefiltert und für die Darstellung im Browser modifiziert werden.[25] Aus diesem Grunde ist es essenziell, wie beim bereits oben erwähnten Faust-Editionsprojekt bereits frühzeitig zwischen Präsentations- und Archivierungsschicht zu differenzieren, um eine möglichst weitgehende inhaltliche Nachnutzbarkeit der Forschungsergebnisse sicherzustellen.

---

21 Vgl. Deutsche Nationalbibliothek (2011).
22 Vgl. DRIVER (2011a).
23 Vgl. DRIVER (2011b).
24 Ein Thema, das ausführlich auf dem <philtag n="8"/> Workshop 2009 in Würzburg diskutiert wurde (vgl. o.V. (2009)).
25 Als Beispiel sei hier stellvertretend *The Electronic Text Corpus of Sumerian Literature (ETCSL)* genannt. Die Projektförderung endete 2006. Die ursprünglich in TEI XML ausgezeichneten Texte sind nur in einer HTML-Version verfügbar (vgl. ETCSL (2011)).

Wo die Aufgabe der LZA von Forschungsdaten in den Geisteswissenschaften letztlich zu verorten ist, ist noch offen. Eine klare Aufgabenteilung zwischen Wissenschaftlern, Bibliotheken und Rechenzentren hat sich noch nicht herausgebildet. Neben den bereits existierenden, fachspezifischen geisteswissenschaftlichen Zentren[26] entstehen derzeit an einigen Universitäten Digital Humanities Zentren[27], an denen alle für die LZA relevanten Institutionen beteiligt sind. Diese Zentren könnten Service und Support auf regionaler Ebene koordinieren.

Das TextGrid-Projekt verfügt über die Zusammenarbeit in der D-Grid Initiative über Grid-Ressourcen, die zurzeit gemeinsam u.a. mit der Medizin und Physik im GoeGrid-Zentrum vom Göttinger Rechenzentrum, der GWDG[28], betrieben werden. Die Kooperation innerhalb des Verbundprojekts ermöglicht es auch, dass zukünftig für verteilte Daten und Dienste sowie Replika-Management weitere Grid-Knoten in Mannheim und Würzburg eingerichtet werden.

7.3 Daten und Metadaten

Entsprechend der primären Ausrichtung auf die Textwissenschaften fallen in erster Linie die für diesen Bereich typischen Daten an. Hierbei handelt es sich zum einen um Digitalisate beliebiger Textquellen wie Scans von Drucken, Manuskripten, Briefen etc., daneben aber auch Fotografien von Inschriften und dergleichen. Bei diesen Objekten handelt es sich in der Regel um TIFF-Dateien, aber auch andere Formate wie JPEG, PNG oder PDF kommen vor. Daneben existieren Rohdaten von Texten (d.h. ohne inhaltliches Markup), die manuell via *double keying*[29] oder mittels OCR erfasst wurden. Diese Daten werden häufig in Office-Formaten (MS Word, RTF) angeliefert und enthalten lediglich typografische Informationen. Eine dritte wichtige Gruppe stellt Textdaten dar, die im Rahmen der wissenschaftlichen Arbeit erstellt und/oder annotiert werden und über inhaltliches Markup verfügen. Diese liegen üblicher-

---

26 Vgl. BMBF (2011c) sowie die Karte bei BMBF (2011d).
27 Zum Beispiel das Göttingen Centre for Digital Humanities (vgl. GCDH (2011)).
28 Vgl. GWDG (2011a).
29 D.h. doppeltes, manuelles Erfassen mit anschließendem Abgleich und Fehlerkorrektur.

weise im XML-Format vor – im Fall von TextGrid bevorzugt TEI P5[30]. In TextGrid werden weiterhin technische Objekte wie XML-Schemata, XSLT-Stylesheets, Workflows etc. abgelegt und archiviert, aber auch hierbei handelt es sich in der Regel um Daten im XML-Format. Generell können im TextGrid Repository beliebige Objekte in beliebigen Dateiformaten abgelegt und zumindest der *bitstream preservation* zugeführt werden. Teile der Infrastruktur (z.B. Suche über XML-Daten) und vor allem das TextGrid Laboratory mit seinen Werkzeugen sind aber in erster Linie auf die Verarbeitung der eben genannten Datentypen und -Formate ausgelegt. Daneben ist jedoch langfristig mit einem immer höheren Aufkommen an Daten in Multimedia-Formaten, also Audio- oder Video-Aufzeichnungen zu rechnen, die insofern besondere Anforderungen an das Datenmanagement stellen, als eine Vielzahl von Codecs existiert, die bei Format-Validierungen und -Konvertierungen zu berücksichtigen sind. Aber auch Textdaten stellen hohe Anforderungen an das Datenmanagement: Da es sich bei digitalen Editionen um sehr komplexe Gebilde handeln kann, die fallweise aus vielen Einzelobjekten bestehen, gilt es, die Bezüge der Objekte untereinander – z.B. interne Querverweise – langfristig zu pflegen und Links/Referenzen durch Persistent Identifier zu ersetzen.

Wie oben erwähnt, existieren weder in den Geisteswissenschaften im Allgemeinen noch in den Textwissenschaften im Speziellen etablierte Datenzentren, die übergreifend Langzeitarchivierungsdienste anbieten würden. Was die Publikation von Forschungsdaten angeht, so existieren zwar verschiedene Repositorien und Portale, die aber in der Regel auf die Daten bestimmter Institutionen (z.B. Max Planck Digital Library oder der im Aufbau befindliche Wissensspeicher der BBAW) oder projektspezifische Inhalte (z.B. Deutsches Textarchiv) beschränkt sind. Der britische AHDS (Arts and Humanities Data Service)[31], bei dem es sich tatsächlich um eine übergreifende Publikationsplattform für Forschungsdaten handelte, wurde 2008 abgewickelt.

Da das *TextGrid Repository* technisch prinzipiell dazu geeignet wäre, diese Lücken zu füllen bzw. den einen oder anderen zentralen Baustein zu

---

30 Vgl. TEI (2011a).
31 Vgl. AHDS (2008).

einem Datenzentrum für die Geisteswissenschaften beizutragen, sollen hier einige Aspekte etwas ausführlicher dargestellt werden.

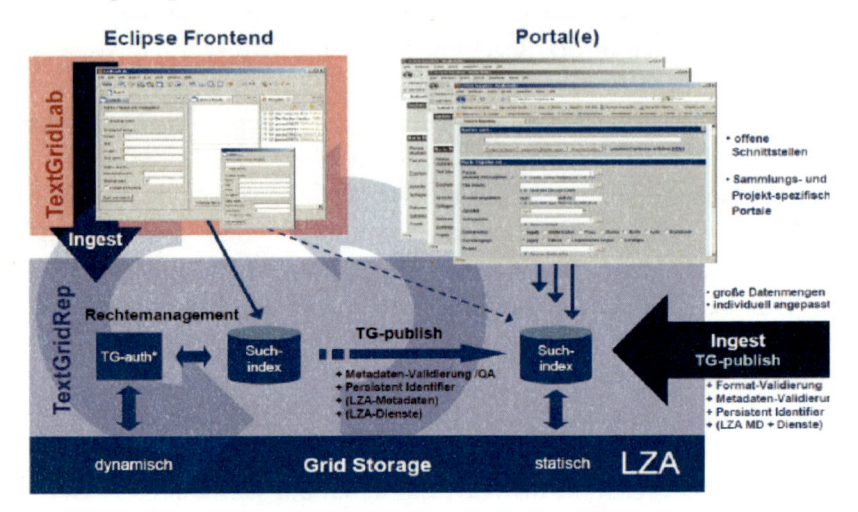

Abb. 1: Publikations-Workflow (TG-publish) in TextGrid (© TextGrid 2011)

Das *TextGrid Repository* erfüllt insbesondere zwei Anforderungen: Erstens müssen sowohl der/die einzelne Fachwissenschaftler/in als auch Datenanbieter mithilfe des Rechtemanagements jederzeit die Hoheit über ihre Daten behalten können, zweitens müssen die (in/mit TextGrid erstellten) Forschungsdaten (auch Zwischenergebnisse) langfristig zugänglich und zitierfähig sein. Daher sind im TextGrid Repository zwei Speicherbereiche mit zugehörigen Suchindizes für die Daten vorgesehen (vgl. Abbildung 1):

a. Ein dynamischer Speicherbereich, der für die Arbeit an eigenen, unpublizierten Daten mit dem TextGrid Laboratory vorgesehen ist. Wenn ein(e) Nutzer(in) in TextGrid Daten importiert oder neu erstellt, dann ist er/sie zunächst die einzige Person, die diese Daten einsehen und bearbeiten kann. Über das Nutzer- und Rechtemanagement kann er/sie anderen TextGrid-Nutzern Rollen zuweisen, die mit entsprechenden Rechten zum Lesen, Schreiben und Löschen von Objekten verbunden sind. Sichtbar sind immer nur die Objekte, auf die ein(e) Nutzer(in) mindestens Lesezugriff hat.

b. Ein statischer Speicherbereich, der für öffentliche, publizierte Daten vorgesehen ist. Wenn Nutzer in TextGrid publizieren, d.h. ihre Forschungsdaten öffentlich zugänglich machen wollen, dann werden bei diesem Publikationsvorgang die Daten eingefroren, d.h. sie sind inhaltlich nicht mehr änderbar, werden in einem separaten Speicherbereich abgelegt und mit Persistent Identifiern versehen, so dass sie unter einer festen Adresse langfristig zitierbar sind. Die auf diese Weise publizierten Objekte sind dann sowohl im TextGrid Lab von allen Nutzern auffindbar als auch über ein Internetportal einfach such- und abrufbar. Daneben existieren offene, REST[32]-basierte Schnittstellen, die die Implementierung spezifischer, z.B. projektgebundener Frontend-Applikationen ermöglichen. Damit diese Daten im wissenschaftlichen Sinne zitierfähig sind, können sie nicht mehr inhaltlich modifiziert werden. Wenn die Daten aktualisiert werden sollen, muss eine neue Version angelegt und diese ebenfalls publiziert werden. Der statische Speicherbereich ist der Bereich des TextGrid Repository, der für die Langzeitarchivierung vorgesehen ist. Daneben wird es eine Dark Archive Lösung geben, bei der die Daten zwar auch eingefroren werden, aber gewissen Zugangsbeschränkungen unterliegen (Lizenz- und Rechtemanagement).

Bei neu in TextGrid angelegten Objekten müssen einige wenige inhaltliche Metadaten vom Nutzer eingegeben werden, während die technischen und administrativen Metadaten weitestgehend automatisch generiert werden. Bei der Publikation eines Objekts im o.g. Sinne erfolgt eine Qualitätskontrolle (inklusive Validierung), bei der weitere (inhaltliche, bibliographische) Metadaten eingegeben werden müssen. Bei der Publikation von Forschungsdaten aus dem *TextGrid Laboratory* wird ein Prozess angestoßen, der automatisch Persistent Identifier vergibt, Format und Metadaten validiert, sowie die Daten im statischen, d.h. LZA-Speicherbereich ablegt und dort nachweist. Die Trennung in zwei Suchindizes gewährleistet, dass die Suche über öffentliche Daten performant ablaufen kann, da hier keine Zugriffsrechte abgefragt werden müssen.

---

32 Vgl. o.V. (2011c).

Daneben existiert eine Routine für den Masseningest in das *TextGrid Repository*. Hierzu wird die *kopal Library for Retrieval and Ingest* (koLibRI)[33] eingesetzt, die verschiedene Module zur Durchführung der eben genannten Arbeitsschritte in einem entsprechenden Workflow bündelt. Zur entsprechend den jeweiligen Gegebenheiten teil- oder vollautomatischen Vergabe von Metadaten werden Templates eingesetzt. Damit die angelieferten Daten von der Ingest-Routine korrekt als TextGrid-Objekte modelliert werden, müssen diese in einer bestimmten Struktur vorliegen, d.h. sie müssen einem sog. Ingest-Profil entsprechen. Standardmäßig werden zwei solcher Profile unterstützt um die zu importierenden Daten auf das TextGrid-Objektmodell[34] abzubilden: DFG-Viewer METS[35] und eine Verzeichnisstruktur, deren (Unter-) Verzeichnisse in TextGrid als Aggregationen umgesetzt werden. Gegebenenfalls müssen die angelieferten Daten entsprechend vorbehandelt werden.

Derzeit wird an der Erstellung von SLAs sowie Richtlinien für Datenlieferanten zur Aufnahme von Forschungsdaten in das *TextGrid Repository* gearbeitet. Letztere orientieren sich am nestor Leitfaden für die Informationsübernahme in das Langzeitarchiv[36] und unterscheiden zwischen den Rahmenbedingungen, die jeweils für *bitstream preservation*, *content preservation* und *data curation* maßgeblich sind.

Bezüglich der Erstellung von Service Level Agreements ist eine Task Force ins Leben gerufen worden, der Vertreter verschiedener an TextGrid beteiligter Institutionen sowie der GWDG als wichtigstem Ressourcen-Provider angehören. Neben der Identifikation der unterschiedlichen, von den SLAs zu berücksichtigenden Rollen (TextGrid-Konsortium, Ressourcen-Provider, Content-Provider, Einzelnutzer) und deren Beziehungen zueinander geht es darum, Nutzungsversprechen und Dienstgütevereinbarungen (= Service-Level) zu definieren.

---

33 Vgl. kopal (2011).
34 Zum TextGrid-Objektmodell siehe das aktuelle TextGrid Nutzerhandbuch (2011), Abschnitt 5 *TextGrid Objects* sowie die eher technisch orientierte Darstellung in Aschenbrenner; Panzer; Pempe (2010), Abschnitt 2 *TextGrid Basics – Concepts and Infrastructure*.
35 Vgl. DFG (2009b), S. 23.
36 Vgl. nestor (2011b).

7 Geisteswissenschaften

Für die Langzeitarchivierung im TextGrid Repository werden vier Service-Level angestrebt[37]:

1. Einfache Langzeitarchivierung (*bitstream preservation*): Offline Speicherung, d.h. nicht notwendigerweise Just-In-Time-Zugriff, Redundante Speicherung, 10 Jahre Aufbewahrungsfrist gem. den Vorgaben der DFG

2. Einfache Langzeitarchivierung in der Virtuellen Forschungsumgebung: wie Level 1, aber zusätzlich online verfügbar, d.h. Just-In-Time-Zugriff

3. Langzeitarchivierung mit Bewahrung des digitalen Inhaltes (*content preservation* – im Sinne von technischer Nachnutzbarkeit): Wie Level 2, aber zusätzlich technisches Qualitätsmanagement, u.a. durch Formatvalidierung und Bewahrung der digitalen Inhalte durch Formatkonvertierungen

4. Langzeitarchivierung mit Datenpflege (*data curation*): Wie Level 3, aber mit zusätzlichen Maßnahmen, die die inhaltliche bzw. fachwissenschaftliche Nachnutzbarkeit der Daten sicherstellen, d.h. kontinuierliche Pflege der Metadaten und der inhaltlichen Bezüge (z.B. durch Verlinkung thematisch verwandter bzw. für das Hintergrundverständnis notwendiger Daten) sowie der Dissemination der Daten und Metadaten über eine Webschnittstelle.

Daneben gilt es, ggf. zusätzliche Vereinbarungen über die jeweils notwendigen/erwünschten technischen Rahmenbedingungen bzgl. der zugrunde liegenden *bitstream preservation* zu treffen, wie die Häufigkeit von Integritäts-Checks, Redundanz-Stufen, geografisch verteilte Speicherung der Daten etc.[38]

Unabhängig vom TextGrid-Kontext existieren in der Community bislang noch keine einheitlichen Mindestanforderungen für die Aufnahme von Forschungsdaten. Als richtungweisend könnten sich Ansätze wir das

---

37 Die folgende Aufzählung zitiert ein internes Dokument (TextGrid SLA (2011)), das voraussichtlich noch dieses Jahr veröffentlicht werden wird.
38 Vgl. Ludwig et al. (2011).

„Data Seal of Approval"[39] erweisen, das Richtlinien für *data provider* jeweils relativ zu den Anforderungen des gewählten Repositoriums vorgibt[40] – wobei es sich hier primär um eine Blaupause handelt.

Was das zu erwartende Volumen langfristig zu archivierender geisteswissenschaftlicher Forschungsdaten angeht, so dürfte selbst eine ungefähre Angabe aufgrund der mehrfach angesprochenen Breite der Forschungslandschaft kaum möglich sein. Die Eingrenzung auf einen „Kanon" sowohl was die Inhalte, als auch was die Datentypen angeht, ist allenfalls ansatzweise möglich. Während das *TextGrid Repository* derzeit im Aufbau befindlich ist und sich das Datenvolumen noch in einem überschaubaren Bereich (< 50 TB) bewegt, müsste ein Datenzentrum für die Geisteswissenschaften jedoch mit ganz erheblichen Datenmengen, auf jeden Fall im Petabyte-Bereich, operieren.

Derzeit fallen die größten Forschungsdaten-Volumina im Bereich der hochwertigen Digitalisierung an. Auch wenn davon auszugehen ist, dass nur ein Bruchteil der erfassten Digitalisate für geisteswissenschaftliche Forschungsfragen relevant ist, so liefern die Erfahrungen aus dem Göttinger Digitalisierungszentrum (GDZ) doch ein eindrucksvolles Bild: Im Jahr 2010 hat das GDZ 200.000 Seiten pro Monat digitalisiert. Jede Seite (color, 300 dpi, TIFF) benötigt 2×25 MB Speicherplatz (Master und optimiertes TIFF). Hinzu kommen Metadaten und Volltexte, jedoch sind diese aufgrund ihres geringen Volumens für diese Rechnung vernachlässigbar. Damit ergibt sich ein Datenvolumen von 10 TB/Monat oder 3,8 MB/s bei einem 24/7-Betrieb. Hochgerechnet auf die gesamte Digitalisierung in Deutschland kann von ungefähr 100 TB/Monat ausgegangen werden, also 1,2 Petabyte pro Jahr. Der gesamte europäische Bestand beträgt nach Schätzungen ca. 1,93 Milliarden Buchseiten[41], was nach dem Standard des Göttinger Digitalisierungszentrums 96 Petabyte entsprechen würde. Hinzu kommen theoretisch Archivalien, die europaweit (Bibliotheken und Nationalarchive) auf knapp 21 Milliarden Seiten geschätzt werden.[42] Allein das deutsche Literaturarchiv in Marbach be-

---

39 Vgl. Data Seal of Approval (2011b).
40 Vgl. ebenda.
41 Vgl. Niggemann; De Decker; Levy (2011); vgl. Poole (2010), S. 30.
42 Vgl. Poole (2010), S. 41 und 62. Für Deutschland existiert mit Kalliope eine zentrale Datenbank für Nachlässe und Autografen (vgl. Kalliope (2011)).

herbergt etwa 1200 Vor- und Nachlässe, die auf jeden Fall als geisteswissenschaftliche Forschungsdaten anzusehen sind.[43] Eindrucksvoll auch die Zahl der beim Altägyptisches Wörterbuch (Thesaurus Linguae Aegyptiae, BBAW)[44] digitalisierten Belegzettel: ca. 1,5 Millionen. Bei diesen Beispielen handelt es sich nur um (potentielle) Primärdaten aus der Digitalisierung, hinzu kämen noch alle Adaptionen und Neuausgaben der Daten.

Neben solchen Volumina fallen die eigentlichen Textdaten kaum ins Gewicht: Die von TextGrid erworbenen und nach XML/TEI aufbereiteten ca. 1200 Werke der *Digitalen Bibliothek* von zeno.org[45] umfassen gerade einmal knapp 2,5 GB. Weiterhin ist mit einer großen Anzahl hochauflösender Fotografien und Faksimiles aus der Kunstgeschichte und verwandten Disziplinen zu rechnen, sowie in Zukunft vermehrt mit Audio- und Videodateien, die neben einem nicht unerheblichen Speicherbedarf[46] auch mutmaßlich besonders hohe Anforderungen an *content preservation* und *data curation* stellen. Aus diesem Grund bietet TextGrid in der aktuellen Projektphase keinen gezielten Support für Multimedia-Formate an.

Um wieder zum engeren TextGrid-Rahmen zurück zu kommen, so ist die Standardisierung der Formate, insbesondere was die Textauszeichnung angeht, in einigen Bereichen schon weit fortgeschritten. Beispielhaft sei hier die Text Encoding Initiative[47] genannt, ein Standardisierungsgremium, das seit 1994 Richtlinien für die Textkodierung entwickelt. Der aktuelle, XML-basierte Standard TEI P5 findet weite Verbreitung in den Textwissenschaften. Auch in anderen Disziplinen wie z.B. der Musikwissenschaft[48] sind ähnliche Standards entwickelt worden. TextGrid schreibt keine Datenformate vor, bietet jedoch optimale Unterstützung für XML/TEI, sowohl was die über das TextGrid Lab verfügbaren Werkzeuge, als auch die Indexierung und Durchsuchbarkeit im Repository

---

43 Vgl. Deutsches Literaturarchiv Marbach (2011).
44 Vgl. Altägyptisches Wörterbuch (2011).
45 Vgl. TextGrid (2011b).
46 So umfasst beispielsweise alleine der derzeit digitalisierte Bestand des University of Southern California Shoah Foundation Institute ca. 135TB an Videoaufzeichnungen (Digitalisierung zu 67% abgeschlossen, Stand: 31.7.2011, vgl. http://dornsife.usc.edu/vhi/preservation/USC_SFI_preservation_details.pdf; USC Shoah Foundation (2011)).
47 Vgl. TEI (2011b).
48 Vgl. MEI (2011).

angeht. Letztgenanntem Zweck dient das sogenannte *Baseline Encoding* (auch als „Kernkodierung" bezeichnet)[49], ein TEI-basiertes, Textsortenspezifisches Markup, das die TextGrid-übergreifende Suche über XML-Daten ermöglichen bzw. erleichtern soll. Mittels sogenannter Adaptoren (i.d.R. XSLT-Stylesheets) kann so beim Ingest eine zweite, Baseline-Instanz einer XML-Datei im Suchindex angelegt werden, auf die die Standard-Suche in TextGrid zugreift. Das im Grid gespeicherte Original-Objekt bleibt davon jedoch völlig unberührt. Weiterhin werden die bereits oben erwähnten Grafikformate in ähnlicher Weise unterstützt (z.B. Text-Bild-Link Editor, digilib-Einbindung[50]).

Das auf Dublin Core aufbauende Metadatenschema von TextGrid lässt sich beliebig um projektspezifische Sub-Schemata erweitern und unterstützt beim Import und Export METS[51]/MODS[52] und Dublin Core. Um Eingabefehler zu vermeiden, die Suche zu erleichtern und um ein möglichst hohes Maß an Interoperabilität zu ermöglichen, setzt TextGrid verstärkt auf die Einbindung kontrollierter Vokabulare und Norm-/Referenzdaten, wie z.B. für Personen und Körperschaften (GND) oder Geodaten (Getty Thesaurus of Geographic Names). Diese Dienste werden zukünftig als Bestandteil der DARIAH-Infrastruktur gemeinsam mit DARIAH betrieben.

Im *TextGrid Repository* werden nicht ausschließlich frei verfügbare Forschungsdaten abgelegt, sondern auch solche, die aufgrund Urheberrechts- oder vertraglicher Bestimmungen bestimmten Zugriffs-Restriktionen unterliegen. Dies trifft in besonderem Maße auf die meisten vom Institut für Deutsche Sprache in Mannheim (IDS)[53] vorgehaltenen Sprachkorpora zu. Die vom IDS in TextGrid zur Verfügung gestellten Ressourcen werden deshalb mit einer zusätzlichen Komponente für das Lizenz- und Rechtemanagement gekoppelt werden (TG-license, inkl. *Moving Wall* Funktionalität). Aufgrund vertraglicher Bestimmungen dürfen diese Inhalte ausschließlich auf einem vom IDS gehosteten (Text)Grid-Knoten in Mannheim vorgehalten werden. Replikation der Daten kann nur erfolgen,

---

49 Vgl. TextGrid (2009).
50 Vgl. digilib (2011).
51 Vgl. METS (2011).
52 Vgl. MODS (2011) hier als Erweiterung zu METS.
53 Vgl. IDS (2011).

wenn diese zuvor verschlüsselt werden. Die hierfür entwickelten Lösungen sind so generisch gehalten, dass sie sich auch für andere, ähnlich gelagerte Fälle nachnutzen lassen. Darüber hinaus können im Kontext einzelner Projekte (z.B. EHRI)[54] personenbezogene Daten anfallen, die aus Gründen des Datenschutzes ebenfalls nicht frei zugänglich gemacht werden dürfen.

Neben den eben erwähnten, spezifisch juristischen Zugriffsbeschränkungen besteht in den Geisteswissenschaften (und vermutlich nicht nur dort) aber auch generell das Problem, dass ältere Forschungsdaten zwar häufig in digitaler Form vorliegen, jedoch nicht (mehr) zugänglich sind und/oder in proprietären oder nicht mehr lesbaren Formaten vorliegen, geschweige denn mit deskriptiven Metadaten inhaltlich erschlossen sind. Dies betrifft häufig Daten aus Projekten, die seit mehreren Jahren abgeschlossen aber für die weitere Forschung durchaus noch von Interesse sind. Üblicherweise geht mit dem Projektpersonal das Wissen um die Daten verloren. Als Beispiel hierfür wurden bereits oben digitale Editionen genannt. Daneben existieren weitere Szenarien, in denen entweder nur die Daten oder die Metadaten in digitaler Form vorliegen, während der jeweils andere Part ausschließlich handschriftlich, gedruckt oder gar nicht mehr existiert. Um solche Daten nachträglich zu erschließen und für die weitere Forschung nutzbar zu machen, fehlen üblicherweise die Ressourcen – und entsprechende Förderlinien.

Ein weiterer kritischer Punkt, der aber nicht notwendigerweise spezifisch für die Geisteswissenschaften ist, ist der Umstand, dass die Rechte an (traditionell) publizierten Forschungsdaten häufig über längere Zeiträume bei Verlagen liegen, die den Zugang üblicherweise nur gegen Bezahlung gewähren – und dies dann nicht immer in einer Form bzw. einem Format, das eine optimale Nachnutzung ermöglicht.

Aufgrund der eingangs thematisierten Heterogenität geisteswissenschaftlicher Forschungsdaten existiert auch kein einheitliches Metadatenschema zur Beschreibung derselben. Gleichwohl hat sich mit Dublin Core[55] (DC) ein Standard etabliert, auf den, eher als auf explizit bibliothekarische Formate wie MARC[56] etc., häufig zurückgegriffen wird. Allerdings bietet DC so viele Freiheiten (was freilich auch eine große Stär-

---

54 Vgl. EHRI (2011).
55 Vgl. DCMI (2011).
56 Vgl. MARC (2011).

ke ist), dass für Zwecke der Interoperabilität mit detaillierten *Application Profiles* gearbeitet werden muss. Da sich DC weitgehend auf deskriptive Metadaten beschränkt, müssen auf DC basierende Metadaten-Schemata für Aspekte der LZA entsprechend erweitert werden, beispielsweise anhand von PREMIS[57]. Wie bereits oben erwähnt, baut das TextGrid Metadaten-Schema auf DC auf, unterscheidet jedoch strikt zwischen inhaltlichen bzw. deskriptiven und technischen Metadaten, wobei letztere weitestgehend automatisch generiert werden. Daneben existieren administrative Metadaten für Projektverwaltung und Rechtemanagement. Ein Metadatensatz in TextGrid hat folgende Struktur[58]:

- **generic** – dieser Bereich des Metadatenschemas ist für Objekttypunabhängige Metadaten bestimmt, die für jedes TextGrid-Objekt verpflichtend sind

  - **provided** – minimale deskriptive Metadaten. Um die Hürden für die Nutzer möglichst niedrig zu halten, müssen hier verpflichtend nur Angaben zum Titel und dem Typ des Objekts gemacht werden.

  - **generated** – technische und administrative Metadaten, die vom System angelegt und und laufend aktualisiert werden, wie Projekt, Dateigröße, letztes Änderungsdatum, Nutzer-Id, Objekt-Identifier (sog. TextGrid-URI) u.a.m.

- **item / edition / work / collection** – Objekttyp-spezifische Metadaten. Bei item handelt es sich entweder um die eigentlichen Inhaltsobjekte, z.B. eine Grafik, ein XML-Dokument, oder um eine sogenannte Aggregation, d.h. ein virtuelles Verzeichnis, das nur die Referenzen auf seine Inhaltsobjekte enthält. Einziges item-spezifisches Metadatum ist rightsHolder, das auch nur bei der Publikation verpflichtend wird. Träger der inhaltlichen / bibliografischen Metadaten sind edition und work. Werden items publiziert (s.o.), müssen diese entweder einem edition-Objekt (und dieses wiederum einem work) oder einer collection

---

57 Vgl. PREMIS (2011).
58 Vgl. das aktuelle TextGrid Metadatenschema unter http://www.textgrid.info/schemas/textgrid-metadata_2010.xsd; zum Objektmodell vgl. Fußnote 34.

zugeordnet werden, wobei es sich bei letzterem um einen generischen Container für nicht-bibliografische Metadaten/Objekte handelt.[59]

- **custom** – dieser Bereich des Metadatenschemas ist als Container für beliebige, nutzer-/projektspezifische Metadaten gedacht, die in einem separaten Namensraum liegen sollten.
- **relations** – hier lassen sich beliebige Beziehungen in RDF-XML einfügen, die beim Ingest in den TextGrid Triplestore eingetragen werden.

Die bei der Formatvalidierung („Publikation", s.o.) generierten technischen Metadaten werden als separate Objekte abgelegt.

Auch TextGrid nutzt einen über EPIC[60] institutionell abgesicherten Handle-Service zur Vergabe von Persistent Identifiern (vgl. das Kapitel zur Psycholinguistik). Der lokal in Anspruch genommene Service wird von der GWDG betrieben.[61] Bei der DNB archivierte Publikationen (s.o.), die fallweise ebenfalls als Forschungsdaten kategorisiert werden können, werden mit URNs versehen.

7.4 Interne Organisation

Grundsätzlich steht die LZA geistes- bzw. textwissenschaftlicher Forschungsdaten noch am Anfang. Nachdem bezüglich der technischen Lösungen weitestgehend Klarheit besteht, gilt es nunmehr, die organisatorischen, rechtlichen und finanziellen Rahmenbedingungen zu klären. Neben einem Geschäfts- und Fördermodell, das den langfristigen Betrieb sicherstellt, muss auch eine Organisation oder Körperschaft existieren, die als Vertragspartner und Betreiber des Archivs auftreten kann. Weiterhin müssen die rechtlichen Rahmenbedingungen geklärt

---

59 Diese zugegeben etwas komplexen Beziehungen dienen der Vermeidung von Redundanzen (und unterstützen somit die Konsistenz der Metadaten innerhalb des TextGrid Repository) und sollen andererseits sicherstellen, dass die Objekte bei der Publikation ausreichend und mit qualitativ hochwertigen Metadaten beschrieben sind. Die Nutzeroberfläche des TextGrid Lab mindert diese Komplexität jedoch deutlich, so dass vom Nutzer stets nur ein möglichst geringes Maß an Interaktion erbracht werden muss.
60 Vgl. EPIC (2011).
61 Vgl. GWDG (2011b).

werden, d.h. es müssen allgemeine Nutzungsbedingungen existieren, in denen die Rechte und Pflichten aller Beteiligten festgelegt sind, sowie Service Level Agreements (SLAs) für die Inanspruchnahme bestimmter Dienstleistungen, Redundanzstufen und Archivierungsoptionen (*bitstream preservation, content preservation* und *data curation*) formuliert werden (s.o.). Diese Punkte müssen in allernächster Zukunft zumindest vorläufig gelöst werden. Hierbei kann auf Ergebnisse und Erfahrungen anderer Projekte und Initiativen, wie nestor und DP4lib[62] zurückgegriffen werden.

Sowohl die Entwicklung des TextGrid Repository als auch der von TextGrid zu adaptierenden Entwicklungen aus WissGrid[63] sind jeweils Bestandteil der Projektanträge und somit finanziell voll von der jeweiligen Projektförderung abgedeckt. Die derzeit genutzten Hardwareressourcen stammen aus den D-Grid Sonderinvestitionen des BMBF und decken mit 275 TB (Plattenspeicher und Tape) voraussichtlich den Bedarf bis Ende 2011. Der Betrieb der Ressourcen wird von der GWDG bis auf weiteres aus Eigenmitteln finanziert.

Um die mittel- und langfristige Finanzierung des Betriebs von LZA-Einrichtungen bzw. Infrastrukturen sicherzustellen, muss das Problem von verschiedenen Seiten angegangen werden. Einerseits muss eine Grundfinanzierung existieren, die langfristig den Betrieb und die Verfügbarkeit der Basisdienste als solche sicherstellt. Andererseits müssen, bspw. wenn es um *content preservation* und *data curation* geht, die damit einhergehenden zusätzlichen Aufwände von den jeweiligen „Kunden", d.h. aus dem jeweiligen Projektkontext getragen werden. Denkbar wäre im letztgenannten Fall die Einführung einer Datenpauschale für DFG-Projekte – analog zur Publikationspauschale. Damit könnten Wissenschaftler bzw. Projekte selbst passende Anbieter auswählen – ggf. abhängig von der fachlichen Ausrichtung des jeweiligen Langzeitarchivs (siehe dazu weiter unten). Universitäten könnten z.B. eigene Zentren betreiben oder sich bei anderen Anbietern „einkaufen". Hierzu sollte jedoch Klarheit bezüglich der zu erwartenden, mittel- und langfristig anfallenden Kosten bestehen.

---

62 Vgl. DP4lib (2011).
63 WissGrid Dienste Framework (LZA-Dienste) und Grid-Repository (vgl. zu den jeweils aktuellen Spezifikationen WissGrid (2011a)).

Was die konkreten Kosten der Langzeitarchivierung in TextGrid angeht, so lassen sich diese derzeit noch schwer spezifizieren. Zunächst fehlen hier Erfahrungswerte über den laufenden Betrieb und das durchschnittliche Datenaufkommen (wie etwa in der Klimaforschung oder der Psycholinguistik)[64], außerdem müssen die jeweiligen Service Level genau spezifiziert werden, damit die beteiligten Ressourcen-Provider die Kosten für den technischen Betrieb kalkulieren können. Bei den höherwertigen Diensten wie *data curation* ist zudem die Aufgabeteilung zwischen dem TextGrid Konsortium, das die Dienste nach außen hin anbietet, und den Ressourcen-Providern (GWDG) zu klären. Weiterhin müssen in diesem Kontext etwaige Entschädigungen für Datenverlust berücksichtigt werden, wobei die Versicherungsbeiträge auf die Betriebskosten aufgeschlagen werden müssten. Dies zeigt, wie dringend hier konkrete Vereinbarungen und Spezifikationen bezüglich der angebotenen Dienste und Service Level benötigt werden.

Neben der organisatorischen, finanziellen und technischen Nachhaltigkeit gilt es auch, die fachwissenschaftliche Nachhaltigkeit bzgl. *content preservation* und insbesondere *data curation* sicherzustellen. Hier geht es in erster Linie darum, das mit den zu archivierenden Daten vertraute Personal der Datenlieferanten zu beraten und gemeinsam sicherzustellen, dass dieses Material auch langfristig fachwissenschaftlichen Anforderungen genügt, d.h. es von den jeweiligen Communities über einen längeren Zeitraum nachgenutzt werden kann. Um diese Dienstleistungen nachhaltig und zuverlässig anbieten zu können, müssen an den beteiligten Institutionen auch langfristig Stellen für technisch und wissenschaftlich qualifiziertes Personal vorgehalten werden – ein Problem, das auch der Wissenschaftsrat in seinen *Empfehlungen zu Informationsinfrastrukturen* thematisiert: „Forschungsprimärdaten, die teilweise mit großem finanziellem und personellem Aufwand erhoben werden, werden der wissenschaftlichen Öffentlichkeit oft nicht zugänglich gemacht, weil keine Mittel zur Finanzierung von wissenschaftlichem Per-

---

64 Für Langzeitarchivierung von Publikationen im engeren Sinne („E-literature") wurden im Rahmen des LIFE³ Projekts (LIFE (2010)), ausgehend von verschiedenen Fallstudien und basierend auf einem Lifecycle-Modell, konkrete Kostenpläne erstellt. Auch wenn sich die Ergebnisse nicht ohne weiteres verallgemeinern lassen, so bieten doch die zugrunde gelegten Parameter wertvolle Anhaltspunkte für eigene Kalkulationen (vgl. Hole et al. (2010)).

sonal für die hierzu erforderlichen Tätigkeiten der Datenaufbereitung, -anonymisierung, -übermittlung und -pflege zur Verfügung stehen. Ähnliches gilt für Digitalisierungsprojekte."[65]

Grundsätzlich besteht immer das Problem, dass bei Forschungsdaten, die aus dem Kontext eines zeitlich befristeten Projekts in die LZA gegeben werden, *data curation* nur sehr schwer über einen längeren Zeitraum sichergestellt werden kann, da die Projektmitarbeiter, die über das hierfür erforderliche inhaltliche Wissen verfügen, üblicherweise nach Projektende nicht mehr zur Verfügung stehen. Die Weitergabe des fachwissenschaftlichen Hintergrundwissens an die zuständigen Mitarbeiter der archivierenden Institution ist hierfür unerlässlich, kann sich aber je nach Komplexität des Forschungsgegenstands und der Daten als beliebig problematisch erweisen. In jedem Fall ist eine ausführliche Dokumentation vorzulegen.

Langfristig kann *data curation* nur von eigens geschultem Personal in enger Kooperation mit den Datenlieferanten bzw. -Produzenten durchgeführt werden. Möglicherweise ist es sinnvoll, hierfür auf bestimmte Forschungsschwerpunkte und -daten spezialisierte Datenzentren einzurichten, für die dann, gemäß den Empfehlungen des Wissenschaftsrats, eine entsprechende Grundfinanzierung sichergestellt sein muss.[66]

7.5 Perspektiven und Visionen

Um nochmals auf den Ausgangspunkt, die Heterogenität geisteswissenschaftlicher Forschungsdaten, zurückzukommen, sei hier nochmals auf die Probleme der Langzeitarchivierung insbesondere in Hinblick auf *data curation* hingewiesen. Neben den technischen, organisatorisch-administrativen und finanziellen Herausforderungen gilt es auch die fachwissenschaftliche Nachnutzbarkeit von Forschungsdaten nachhaltig sicherzustellen. Wie im vorangehenden Abschnitt anhand der Frage des für die LZA zuständigen Personals entwickelt, könnte eine dezentrale Struktur föderierter, jeweils auf bestimmte Aspekte spezialisierter Repositorien, die organisatorisch und finanziell in einem Verbund zusammengeschlos-

---

65 Wissenschaftsrat (2011b), S. 50.
66 Vgl. ebenda, S. 50f.

sen sind, diesen Rahmenbedingungen am ehesten Rechnung tragen. Eine solche Lösung kann aber nur gemeinsam mit allen Beteiligten, sowohl den Förderern als auch den Infrastrukturanbietern und Datenlieferanten, d.h. den Forschenden etabliert werden. Die für eine solche Föderation erforderlichen technischen Grundlagen sind im Prinzip vorhanden[67] und wurden bereits im Rahmen der DARIAH *preparation phase* am Beispiel von TextGrid experimentell umgesetzt[68].

Generell bietet die Kooperation mit DARIAH[69] große Chancen für TextGrid. DARIAH errichtet im Rahmen der ESFRI-Roadmap[70] eine europaweite Forschungsinfrastruktur für die Geisteswissenschaften und wird nach der erfolgreich abgeschlossenen *preparatory phase* seit kurzem in verschiedenen Teilnehmerstaaten auf nationaler Ebene gefördert – in Deutschland als DARIAH-DE[71] vom BMBF. Parallel hierzu existiert mit CLARIN (Common Language Resources and Technology Infrastructure[72]) ein weiteres ESFRI-Projekt, dessen Infrastruktur-Planungen dezidiert auf den Umgang mit Sprachressourcen ausgerichtet sind. Beide Projekte kooperieren bereits seit längerem miteinander, für die laufende Förderphase sind gemeinsame Arbeitsgruppen zwischen DARIAH-DE und CLARIN vorgesehen. In diese Konstellation ist TextGrid alleine schon über die Zusammensetzung der Partner mit eingebunden: Viele der TextGrid-Partner sind ebenfalls in DARIAH und CLARIN involviert. Da DARIAH bestrebt ist, bereits bestehende Infrastrukturdienste und Werkzeuge mit einzubinden bzw. auf diese aufzubauen, bieten sich hier konkrete Kooperationsszenarien mit TextGrid. Neben dem bereits erwähnten gemeinsamen Betrieb von Referenzdaten-Diensten ist eine enge Zusammenarbeit im Bereich Storage-Infrastruktur sowie u.a. die Nutzung übergreifender Registries für Content und Metadaten geplant. Auf diese Weise werden Teile der TextGrid Infrastruktur auf eine breitere Basis gestellt und somit eine gewisse technische Nachhaltigkeit gesichert.

---

67 Vgl. Aschenbrenner; Pempe (2010).
68 Das sog. OAI-ORE / ATOM Experiment (vgl. DARIAH (2010), S. 18).
69 Vgl. DARIAH (2011).
70 Vgl. ESFRI (2011a), zur Roadmap siehe ESFRI (2011b).
71 Vgl. DARIAH Homepage: http://de.dariah.eu/.
72 Vgl. CLARIN (2011).

Was die finanzielle Nachhaltigkeit anlangt, so sei ergänzend zu den Ausführungen im Abschnitt *Interne Organisation* (s.o.) auf die Bund-Länder-Problematik hingewiesen. Jede Finanzierung, bei der Infrastruktur-Ressourcen aus Landesmitteln bezahlt werden, birgt die Gefahr, dass Nutzer aus anderen Bundesländern – oder gar anderen EU-Staaten – keinen Zugriff auf diese Ressourcen erhalten. Der WissGrid-Report *Konzept eines Betriebsmodells für Virtuelle Forschungsumgebungen* formuliert das Problem wie folgt: „Landeseigene Investitionen können i.d.R. nicht bundesweit genutzt werden, da sie durch Landesmittel finanziert werden. [...] Dementsprechend sind landesgeförderte Ressourcen nur eingeschränkt für Virtuelle Forschungsumgebungen geeignet."[73] D.h., dass für langfristige Finanzierungsmodelle Lösungen gefunden werden müssen, die die (internationale) Zusammenarbeit in verteilten Forschungsinfrastrukturen und die übergreifende Nutzung digitaler Langzeitarchive nicht aufgrund formaljuristischer Regelungen unnötig einschränken.

Doch was nützen selbst nachhaltig betriebene Langzeitarchive, wenn sie nicht konsequent zur Aufbewahrung und Publikation von Forschungsdaten genutzt werden? Ein grundsätzliches Problem besteht nach wie vor darin, bei den Forschenden das individuelle Bewusstsein für die Notwendigkeit zu schaffen, dass die „eigenen" Forschungsdaten langfristig zur Nachnutzung zur Verfügung gestellt werden. Hier muss einerseits der Mehrwert sichtbar gemacht werden, der aus der Nachnutzung auch der Daten anderer erwächst, sowie die Motivation geschaffen und entsprechende Belohnungssysteme etabliert werden, die den damit einhergehenden Mehraufwand, z.B. die Daten standardkonform zu beschreiben, sowie den „Herrschaftsverlust", wenn die Daten publiziert sind, entsprechend honorieren.

Generell lässt sich jedoch die Tendenz feststellen, dass Wissenschaftlerinnen und Wissenschaftler in den Geistes- und Kulturwissenschaften vermehrt in interdisziplinären Forschungsprojekten zusammenarbeiten. Durch die zunehmende elektronische Verfügbarkeit von Forschungsdaten, spezialisierten Werkzeugen und durch die Vernetzung von Repositorien eröffnen sich auch neue Möglichkeiten geisteswissenschaftlicher Forschungsarbeit, gerade im Bereich quantitativer Analysen, Data-Dri-

---

73 WissGrid (2010), S. 16.

ven Research, Text Mining etc. Mit der Einbindung von LZA-Diensten und -Repositorien in die Arbeitsabläufe, die sich mittlerweile in den eHumanities etablieren, kann bei den Forschenden auch die Akzeptanz neuer Arbeitsweisen und Publikationsformen sowie das Bewusstsein für die Notwendigkeit, Forschungsdaten zu veröffentlichen und langfristig nachnutzbar zu halten, geschaffen werden. Die Integration einer Virtuellen Forschungsumgebung mit einem digitalen Langzeitarchiv im Fall von TextGrid könnte hier, ganz im Sinne der im Einleitungskapitel formulierten Empfehlung, „eine intuitiv nutzbare Infrastruktur zur Verfügung zu stellen [...] und damit die Entwicklung einer neuen Publikationskultur von Forschungsdaten zu unterstützen"[74], Vorbildcharakter haben.

---

74 Vgl. Kap. 1, S. 8.

8 Altertumswissenschaften

Ortwin Dally, Friederike Fless, Reinhard Förtsch

8.1 Einführung in den Forschungsbereich

Spricht man von den Archäologien bzw. den Altertumswissenschaften, so meint man damit nicht ein einzelnes Fach, sondern eine Vielzahl von Disziplinen, deren Genese sich vielfach bis in die 2. Hälfte des 19. Jahrhunderts zurückverfolgen lässt und ihren Niederschlag an den Universitäten sowie an Institutionen wie dem Deutschen Archäologischen Institut (DAI) gefunden hat. Wesentlich befördert wurde diese Entwicklung durch neu einsetzende Großgrabungen in Kleinasien, Griechenland und dem Vorderen Orient, die die Ausgräber mit einer Fülle neu entdeckter Objekte konfrontierten. Die Ausdifferenzierung der universitären Landschaft ist innerhalb der Altertumswissenschaften im Verlaufe des 19. Jahrhunderts zunächst anhand von Zeugnissen vollzogen worden: die Philologie wurde zuständig für die schriftlichen Quellen, die Archäologie, ihrerseits aufgegliedert in Teildisziplinen mit unterschiedlichen zeitlichen und geografischen Arbeitsgebieten, wurde zuständig für die materiellen Hinterlassenschaften der Antike, Numismatiker spezialisierten sich auf die Untersuchung von Münzen usw. Dieser Prozess setzt sich seither unvermindert fort: Bis vor wenigen Jahren waren paläogenetische Forschungen noch nicht Teil des Fächerkanons.

Entsprechend komplex sind heutzutage archäologisch-altertumswissenschaftliche Arbeitsfelder, deren Datenproduktion ein Kompetenzzentrum intensivieren, methodisch strukturieren, wissenschaftlich integrieren und längerfristig existenziell absichern soll. Sie umfassen Ausgrabungen (Dokumentation von Architektur, Stratigrafie, Gräbern etc.), Prospektionen/Surveys (Begehungen, Testgrabungen, Keramiksammlungen), Fundbearbeitung (z.B. Keramikanalyse), Fotogrammetrie (z.B. Aufnahme von

Gebäuden), Chronometrie (unterschiedliche naturwissenschaftliche und kunstgeschichtliche Methoden zur Datierung), Klima- und Landschaftsgeschichte (Geologie, Geomorphologie, Hydrologie), anthropologische Untersuchungen (Untersuchungen von Skeletten, Ernährungsgewohnheiten, Krankheiten und der genetischen Hinweise auf Verwandtschaftsbeziehungen) sowie epigrafische, philologische, linguistische Untersuchungen (Editions- und Corpusprojekte) und die Dokumentation und Restaurierung von Gebäuden.

Diese und weitere relevante Disziplinen und Forschungsmethoden sind, da sie z.B. in Feldforschungsprojekten und Texteditionen entweder Primärdaten generieren oder aber komplexe rechnergestützte Auswertungen verwenden, von jeher in besonderem Maße auf eine sorgfältige Dokumentation und visuelle Veranschaulichung ihrer Forschungsobjekte und -ergebnisse angewiesen. Waren dies noch bis vor wenigen Jahrzehnten ausschließlich Gipsabgüsse und -abklatsche, Zeichnungen, Fotografien und analoge Publikationen, geschieht dies heute überwiegend in Form digitaler Objekt- und Raumdaten, oft in lokalen geografischen Informationssystemen (GIS) vernetzt, statistischen Untersuchungen, 2-D- und 3-D-Rekonstruktionen. Diese tiefgreifenden Veränderungen werfen gerade für die Altertumswissenschaften nicht zuletzt dadurch Probleme auf, dass im Vorgang der Ausgrabung antike Befundsituationen irreversibel zerstört werden und somit die Dokumentation der Grabung zu einer einmaligen Primärquelle wird, die ihre Gültigkeit nie verliert. Aus diesem Grund sind die Altertumswissenschaften in besonderem Maße auf eine umfassende Dokumentation aller Arbeitsschritte und eine nachhaltigen Sicherung der Forschungsdaten angewiesen, was bei digitalen Daten eine besondere Brisanz besitzt.

In der aktuellen altertumswissenschaftlichen Forschung werden zudem immer komplexere Fragestellungen kultureller und gesellschaftlicher Dynamiken untersucht, so dass viele Disziplinen mit sehr unterschiedlichen Qualitäten und Quantitäten von Rohdaten und Informationen zusammenarbeiten und diese zur Beantwortung der Ausgangsfragen verknüpfen müssen. Dabei spielt auch die Vernetzung mit früher erfassten, analogen Daten eine immer größere Rolle.

Für die stark anwachsenden digitalen Datenbestände, die zunehmend den Arbeitsalltag eines jeden Altertumswissenschaftlers prägen, fehlen jedoch fachspezifische Lösungen, die ihre analytische Durchdringung, kurz- und mittelfristige Sicherung, projektübergreifende Vernetzung und ihre Verfügbarkeit im Internet adressieren. Man kann dies etwa an der Diskrepanz zwischen Datenhaltung und -auswertung beobachten. Für die von der Retrodigitalisierung erfassten Bereiche (Bibliotheken, Archive, Stichwerke, Photographien) gibt es inzwischen einen hohen Bestand zugänglicher Daten im Netz, während die Entwicklung von Auswertungswerkzeugen, die etwa Textmining betreffen oder Semantic Web-Strategien folgen, in ihrer Verwendung in den Altertumswissenschaften noch am Anfang stehen. Daraus resultieren Defizite bei der rechnergestützten Auswertung im Bereich hermeneutischer Wissenschaftsfelder. Umgekehrt ist weltweit zu beobachten, dass rechnergestützte Analyseprozesse sich vor allem im Bereich der Quantifizierung hoch entwickelt haben, wovon in den Archäologien insbesondere der GIS-Bereich profitiert hat.

Gleichzeitig sind Basisdaten international wegweisender GIS-Analysen der deutschen Forschung für eine Nutzung in anderen Fragezusammenhängen bislang noch selten über das Internet verfügbar.

8.2 Kooperative Strukturen

Die Voraussetzungen für Kooperationen im Bereich gemeinsamer Systeme ist in institutioneller Hinsicht einerseits gut, da die Altertumswissenschaften in der Bundesrepublik Deutschland in einer weltweit einmaligen Breite institutionell verankert sind. Das Deutsche Archäologische Institut als größte außeruniversitäre Forschungseinrichtung auf dem Gebiet der Archäologie und der Altertumswissenschaften betreibt über seine Zweiganstalten im In- und Ausland Ausgrabungen und Forschungen auf allen fünf Kontinenten. Die Landesdenkmalämter haben den Auftrag, Kulturgüter in den Bundesländern zu erforschen und zu bewahren. Die Denkmalämter sind jedoch in föderalen Strukturen organisiert. An den Akademien sind Langfristprojekte u.a. im Bereich der Ägyptologie, der griechischen und lateinischen Epigrafik verankert. An den Universitäten sind nicht nur einzelne Disziplinen und Einzelprojekte verankert, darüber hinaus ist die Forschungslandschaft durch große von der DFG geförderte Forschungsverbünde gekennzeichnet.

Das zentrale Problem besteht andererseits derzeit darin, dass die institutionelle Vielfalt eine Vielfalt von Systemen und Insellösungen hervorgebracht hat. Im besten Fall ist zwischen einzelnen Institutionen ein verteiltes und plattformübergreifendes Filesharing für die Datenhaltung vorgesehen. Auf einer etwas komplexeren Ebene wird verteiltes Arbeiten mit höherer diskursiver Engführung unterstützt von webbasierten Datenbanken, die mit einem verteilten Filesharing etwa der Rohdaten verbunden sind. Dies gilt für Datenbanken wie z.B. Arachne[1] in Köln und iDAI.field.[2] Möglichkeiten der Vorhaltung und Analyse von Daten, die in einem Geoinformationssystem mit Raumdaten verbunden sind, sind in einem Web-GIS in den Altertumswissenschaften jedoch kaum entwickelt. Weitere diskursiv unterstützende Systeme wären am ehesten im Semantic Web zu vermuten, sind in der Fachcommunity aber ebenfalls nur in ersten Ansätzen zu finden.[3]

8.3 Daten und Metadaten

Der größte Problembereich im Umgang mit altertumswissenschaftlich-archäologischen Forschungsdaten besteht im noch nicht etablierten Bewusstsein für die Orientierung an Minimalstandards.[4] Hier ist in der deutschen Archäologie und Altertumswissenschaft, abgesehen von der Ur- und Frühgeschichte, ein bewusstseinsmäßiger Rückstand von zumindest einer Generation zu beobachten. In dieser Zeitspanne sind die durchaus auch vorhandenen deutschen Beiträge zu internationalen Konferenz-Plattformen wie der Computer Applications in Archaeology (CAA)[5] nicht in demselben Maße in die fachliche Praxis überführt worden wie im anglo-amerikanischen Bereich. Daher ist gegenwärtig eine Umbruchssituation zu konstatieren, die vor allem durch Heterogenität gekennzeichnet wird, die von sektoral hochentwickelten Verfahren bis hin zu gravierenden Rückständen reicht. Das Ziel muss also sein, die An-

---

1 Vgl. ARACHNE (2011a).
2 Vgl. Deutsches Archäologisches Institut (2011a).
3 Vgl. CLAROS (2011); Mitglieder der Special Interest Group (vgl. CIDOC (2011a)).
4 Vgl. hierzu die Publikation des DAI – Leitfaden zur Anwendung von Informationstechnik in der archäologischen Forschung (vgl. Deutsches Archäologisches Institut (2009)).
5 Vgl. CAA (2011).

8 Altertumswissenschaften

wendung von datenbezogenen Minimalstandards in der Fachcommunity zu stabilisieren, um die heterogenen Primärforschungsdatenbestände auch langfristig noch analysieren, erfassen und kategorisieren zu können. Dasselbe Ziel muss auch für komplexe Datenbestände gelten, bis hin zu solchen aus 3-D-VR bzw. Grabungs- und Landschafts-GIS-Systemen.

Zum allgemein akzeptierten, aber bei weitem nicht realisierten State of the Art gehört, dass die verwendeten Softwarelösungen weder als Ganze proprietär sein dürfen noch proprietäre Werkzeuge bzw. Standards verwenden sollten – bis hin zu den verwendeten Dateiformaten, die nur in Formaten mit offengelegten Spezifikationen niedergelegt und mit dem Ziel informeller Verlustfreiheit über antizipierte Technologiewechsel hinweg behandelt werden sollten. So ist bei den zu verwendenden Dateiformaten für Einzeldateien die Situation relativ klar zugunsten von TIFF und XML gelöst, anders als bei Vektor- oder 3-D-Datenformaten. Auch die Abbildung von Datenbanklogiken aus beliebigen Datenbank-Management-Systemtechnologien in XML ist keinen grundsätzlichen Diskussionen mehr unterworfen. Die mittel- und langfristigen Perspektiven von Informationsverlust bei der zu Unrecht für gelöst gehaltenen Konvertierung von Dateiformaten sind Forschungsgegenstand gewesen.[6] Erfolgversprechende Lösungsansätze liegen insbesondere in der formatunabhängigen Informationsabstraktion.[7] Dagegen ist die Diskussion zur Dateninteroperabilität zwischen verschiedenen GIS-Systemen noch kaum begonnen worden und angesichts der komplexen Architekturen auch außerordentlich schwierig zu lösen.[8]

Für die Erzielung von semantischer Interoperabilität wiederum herrscht international ein offener Disput zwischen den Verfechtern komplexer oder radikal vereinfachter Strukturen, in dem sich je nach Sachgebiet unterschiedliche Lösungen gegenüberstehen.[9]

Erstaunlich wenige Überlegungen finden sich zu altertumswissenschaftlichen Datenmodellen als solchen. Zumeist existieren sie als impli-

---

6 Vgl. PLANETS (2011).
7 Vgl. insbesondere die Abschlussarbeiten der Kölner HKI im Rahmen von Planets: Thaller (2009).
8 Vgl. Simon et al. (2010).
9 Vgl. die Blogs von Heath (2011); Kansa (2011); Wilde (2011); Wilde (2009); vgl. auch die CAA Semantic Special Interest Group (2011).

zite Annahmen in Datenbanksystemen zu digitalen Bildern, Inschriften und Objekten bzw. in GIS-Systemen. Eine seltene Ausnahme bildet das aus dem Jahr 2001 stammende XML-Schema ArcheoML, das in einem US-amerikanischen Repository wie Open Context[10] eingesetzt wird, sich aber nicht wirklich durchgesetzt hat. Das Modell versucht, viele Fragen von unscharfem Wissen bis hin zu Interoperabilität zu adressieren und intrinsisch bereits auf der Datenebene zu lösen, die ansonsten mit hohem Aufwand durch spätere technologische Eingriffe auf der Informationssystemsebene bearbeitet werden müssen. Darunter leidet allerdings die Einfachheit der Handhabung, was gerade in einer Fachcommunity problematisch ist, die sich oft noch an der Adaptionsschwelle befindet.

Defizite bestehen auch hinsichtlich einer stärkeren Einbindung informationstechnologischer Themen in die Ausbildung, um über bisherige Ansätze hinausgehend Studenten frühzeitig mit Standards und gut zu nutzenden Werkzeugen vertraut zu machen.[11] Zum anderen bestehen ungelöste Probleme im Bereich rechtlicher Fragen. Die freie Verfügbarmachung von Daten im Open Access wird zum Teil durch urheberrechtliche Regelungen erschwert. So unterliegen beispielsweise Satellitenbilder und LIDAR-Scans sehr strengen Urheberrechtsregeln, die eine Veröffentlichung im Internet zumeist verhindern. Andere Einschränkungen ergeben sich aus Bestimmungen des Denkmalschutzes der Bundesländer und anderer Staaten, die beispielsweise die Dokumentationen von Objekten in ausländischen Museen verhindern können.

8.4 Datenhaltung und Langzeitarchivierung

Die in den Altertumswissenschaften generierten Primärdaten reichen von digitalen Fotografien, Luftbildern, Satellitenbildern, Texten, Datenbanken, Vermessungsdaten, Punktwolken, Fotogrammetriedaten, 3-D-Rekonstruktionen und -modellen, Filmen/Videos, Vektorzeichnungen bis zu groß- und kleinformatigen Scans. Diese lassen sich generell in Primär- oder Rohdaten (z.B. analoge und digitale Fotos, Luftbilder, Vermessungsdaten, Filme/Videos etc.) und Metadaten trennen (z.B. georeferenzierte

---

10 Vgl. The Alexandria Archive Institute (2011).
11 Vgl. Cologne Center for eHumanities (2011).

Satellitenbilder, Datenbanken, 3-D-Rekonstruktionen und Modelle, Vektorzeichnungen, groß- und kleinformatige Scans etc.).

Als ein großer Problembereich zeichnet sich ab, dass diese Daten entsprechend der Vielzahl der Institutionen und Fachdisziplinen in sehr unterschiedlichen Formen vorgehalten, gesichert und archiviert werden und eher defizitär zugänglich und nachnutzbar sind. Abgesehen von Lösungen für einzelne Projekte und Institutionen sind vorhandene grundsätzliche Standards (z.B. OAIS), Lösungen (z.B. KOPAL[12]) und LZA-Forschungsansätze (z.B. das EU-Projekt PLANETS[13] oder das Data Conservancy Project der Johns Hopkins Universities Sheridan Libraries[14]) für die Altertumswissenschaften nicht im Sinne einer lauffähigen und Fachspezifika berücksichtigenden Anwendung zusammengeführt – was unschwer möglich wäre.

Derzeit werden die Daten entsprechend der Vielzahl der Institutionen und Fachdisziplinen in sehr unterschiedlichen Formen gesichert, archiviert, zugänglich und nachnutzbar gemacht. Abgesehen von Lösungen für einzelne Projekte und Institutionen wie z.B. im Bereich der Denkmalpflege oder für Projekte wie Arachne bzw. iDAI.field fehlen hier grundsätzliche Lösungen.[15] In der Berlin-Brandenburgischen Akademie sind intern Überlegungen zur langfristigen Sicherung von Daten in Angriff genommen worden. In den Landesdenkmalämtern liegen vereinzelt jeweils spezifische Regelungen für den Transfer von Grabungsdaten in Archiven vor. Es fehlen aber Modelle eines routinemäßig durchgeführten Archivierungsprozesses und von Fallback-Strategien im Sinne eines Standards wie OAIS. Diese werden im Rahmen einer AG Archivierung diskutiert.[16] Im DAI sind entsprechende Regelungen erst im Aufbau be-

---

12 Vgl. kopal (2011).
13 Vgl. PLANETS (2011).
14 Vgl. Choudhury (2009).
15 So hat das seit 2008 geförderte Projekt ArchaeoInf (vgl. ArchaeoInf (2011)) in keiner seiner Komponenten zugängliche Daten oder Demonstratoren online im Internet.
16 Der Verband der Landesarchäologen hat hierzu 2008 ein Kolloquium ausgerichtet (vgl. Verband der Landesarchäologen (2011a)). Die AG Archivierung ist Teil der Kommission „Archäologie und Informationssysteme" und führte eine Umfrage durch, auf Grund derer offene Fragen, Handlungs- und Klärungsbedarf ermittelt werden. Ein Bericht hierzu wird Mitte Mai 2011 auf der Homepage des Verbandes veröffentlicht (vgl. Verband der Landesarchäologen (2011b)).

griffen, und auch die Museen der Staatlichen Museen Berlin stehen erst am Anfang, entsprechende Strategien zur Langzeitarchivierung zu entwickeln.[17] Eine Zusammenarbeit mit bereits existenten Forschungsnetzen und Datenservicezentren anderer Fachdisziplinen und Institutionen in Deutschland (z.B. MPDL[18], FIZ Karlsruhe[19], RatSWD[20], GESIS-ZA Zentralarchiv für Empirische Sozialforschung[21], Arbeitsgruppe „Informationsstruktur" der Leibniz-Gemeinschaft[22]) ist bislang allenfalls in Ansätzen verwirklicht worden.

8.5 Interoperabilität

Sämtliche Überlegungen zur Strukturierung von Daten und kooperativen Prozessen haben das Ziel, durch Auffindung, Verknüpfung und Analyse von Informationen den Forschungsprozess zu fördern, qualitativ zu verbessern und bestenfalls um neuartige Diskursstrukturen zu bereichern: Archivierung, Zugänglichkeit und Nachnutzbarkeit von standardisierten Daten bilden dafür die Grundlage. "Long term preservation is an interoperability issue along the time vector."[23]

Interoperabilität von Systemen

Da gegenwärtig und auch noch mittelfristig Informationen in technisch abgegrenzten Informationssystemen gespeichert, verarbeitet und zugänglich gemacht werden, ist der Wunsch nach Interoperabilität gleichbedeutend mit dem Wunsch nach Interoperabilität zwischen Systemen.[24] Sie sollen Informationen effizient austauschen und Nutzern zur Verfügung stellen, ohne dass dafür spezielle Abstimmungen zwischen Systemen untereinander getroffen werden. Vielmehr ist die Verwendung von standardisierten Datenschnittstel-

---

17 Im Rahmen der im Aufbau begriffenen Deutschen Digitalen Bibliothek (vgl. Deutsche Digitale Bibliothek (2011)).
18 Vgl. MPDL (2011).
19 Vgl. FIZ Karlsruhe (2011).
20 Vgl. RatSWD (2011a).
21 Vgl. GESIS (2011d).
22 Vgl. Bibliotheksdienst (2009), S. 915f.
23 Gradmann (2008b).
24 Vgl. Gasser; Palfrey (2007).

len gefordert (etwa OAI/PMH), in die dann unterschiedliche semantische Ontologien implementiert und auf die Ausgangssysteme gemappt werden können (etwa CIDOC-CRM, Dublin Core etc.). Indem man die Daten über diese Ebene verbindet, können neue Systeme durch eine Adressierung dieser Ebene ihre Daten in den Pool einbringen, ohne die anderen teilnehmenden Systeme kennen oder mit ihnen jeweils Abstimmungen aushandeln zu müssen. Altertumswissenschaftliche Daten sind von diesen Vorgehensweisen betroffen, insofern sie entweder in EUROPAEANA[25] bzw. seinen Zuführungsprojekten wie CARARE[26] verarbeitet werden. CARARE soll die Daten aus Ausgangssystemen in Datenmodelle überführen, welche dann in EUROPAEANA verarbeitet werden können. Die größte Menge aggregierter archäologischer Daten wird in der Plattform CLAROS[27] zusammengefasst sein, die auf dem Metdadatenschema CIDOC-CRM Core beruht. Zur Kodierung und Verlinkung der Daten werden das Resource Description Format und darauf aufbauende Standards verwendet, so dass diese Systeme respektive die altertumswissenschaftlichen Daten in ihnen zugleich Teile des Semantic Web sind.

Eine Erweiterung dieses Ansatzes versucht, unter Verwendung von CIDOC-CRM die ganze Erschließungstiefe von heterogenen Datenbanksystemen abzubilden. Dies ist von den Berliner Museen, dem DAI, TOPOI und der Universität zu Köln erprobt und auf einem Workshop im DAI unter internationaler Beteiligung diskutiert worden. Dabei zeigte sich vor allem, dass trotz aller Erfolge in einzelnen Pilotprojekten diese Versuche technisch und semantisch sehr aufwändig sind.[28] Jedoch stellen sie derzeit die einzige Möglichkeit dar, um komplexere semantische Strukturen auszudrücken.

Demgegenüber wäre eine Peer-to-peer-Abstimmung zwischen einzelnen Systemen ein wesentlich höherer und für größere Datenpools kaum noch

---

25 Vgl. Europeana (2011); Gradmann (2008a).
26 Vgl. CARARE (2011).
27 Das System soll 2011 online gehen und ist bereits funktionsfähig (vgl. CLAROS (2011)).
28 Vgl. CIDOC (2011b). Ursprünglich von Museen und anderen Institutionen als conceptual reference model entwickelt, um Kulturgüter zu verwalten, kann es genutzt werden, um heterogene Informationen aus verschiedenen Kulturerbebereichen zusammenzuführen. Es ist als internationaler ISO-Standard (ISO 21127:2006) zertifiziert. Eine Erweiterung für die archäologische Arbeitspraxis wurde von English Heritage entwickelt (vgl. University of Glamorgan (2011)).

beherrschbarer Aufwand. In einzelnen Fällen inhaltlich tiefergehender Kontextualisierung behalten Peer-to-peer-Verknüpfungen von Systemen, obwohl für viele Bereiche konzeptionell überholt, ihre Bedeutung. So sind etwa ARACHNE und CENSUS als Informationssysteme beide mit der CLAROS-Plattform verbunden, können aber in ihren gegenseitigen Bezügen zwischen antiken Objekten und ihrer Rezeption wesentlich enger miteinander verbunden werden, als sich dies im CIDOC-CRM-Core abbilden ließe. Daher wird hier eine tiefergehende Verknüpfung nur dieser beiden Systeme angestrebt, die sich Dank des CIDOC-CRM aber weiterhin auf der Basis einer standardisierten Ontologie bewegt und daher auch nach außen hin weiterverwertbare Ergebnisse enthält. Ein ähnliches Beispiel wird im Rahmen eines Pilotprojektes des DAI und der BBAW umgesetzt durch die Verknüpfung eines GIS-Systems zu Felsinschriften in der Region Assuan (Oberägypten) mit philologisch-linguistischen Einträgen des Altägyptischen Wörterbuches und der archäologisch-epigrafischen Dokumentation von Felsinschriften.[29] Eine solche Verbindung eines projektbezogenen Datenbestandes mit bestehenden Informationsressourcen kann den traditionellen Bestand am Publikationssystem um eine Form bereichern, die sich nur noch in digitalen Medien wiedergeben lässt.

Wesentliches Merkmal der Interoperabilität von Systemen sollte sein, ihre Objektdaten durch ihre Schnittstellen transparent zu machen. Die Systemsicht soll also gegenüber einer möglichst reinen Objektdatensicht zurücktreten.

Moderne Repository-Systeme versuchen dasselbe Ziel nicht durch eine nachträgliche Aufrüstung zu erreichen, sondern indem sie in ihrer Architektur von vorneherein die Module Daten, Interfaces und Executable Programs in einer „separation of concerns" trennen.[30]

Interoperabilität von Daten

Diese Sicht auf das einzelne digital repräsentierte Objekt wird im Linked-Data-Ansatz zum zentralen Konzept, wobei von einer Transparenz der Systeme ausgegangen wird bzw. von Informationsressourcen, die über-

---

29 Vgl. die Arbeitsstelle Altägyptisches Wörterbuch der Berlin-Brandenburgischen Akademie der Wissenschaften (2011).
30 Vgl. FedoraCommons (2011).

haupt nicht in einem komplexen Database Management System gespeichert sein müssen – dies aber nach wie vor auch sein können.[31] Sie müssen lediglich über eine URI (Uniform Resource Identifier) per HTTP direkt aufrufbar sein und ebenfalls per URI auf verknüpfte Daten hinweisen. Auch hier werden zur Kodierung und Verlinkung der Daten mit RDF und – zur Abfrage-Realisierung – SPARQL und OWL Semantic Web-Technologien verwendet. Im Bereich altertumswissenschaftlicher Daten hat sich hier das möglicherweise am schnellsten wachsende Aktivitätszentrum um das Linked-Data-Prinzip im Bereich der antiken Geografie gebildet.[32] Die Ortserwähnungen in so groß angelegten Informationsressourcen wie Google Books werden dabei vorwiegend als durch den PLEIADES-Gazetteer objektivierbare Marker für die Verknüpfung von Zitaten der Antikenrezeption seit dem Barock bis hin zur altertumswissenschaftlichen Literatur verwendet. Im zweiten Schritt werden dann die mit den Ortserwähnungen verbundenen intellektuellen Konzepte analysiert. Auf diesem Weg berühren sich dann erstmals Methoden wie Textmining mit dem Bereich der Archäoinformatik. An dieser Stelle setzen Bemühungen an, deutschsprachige archäologische Daten in diese Strukturen verstärkt einzubringen und ihr analytisches Potential zu nutzen.[33] Welche semantischen Strukturen sich in den Graphendarstellungen von Linked-Data der Fachcommunity ergeben, wird sich erst noch zeigen müssen. Bisher ist auch hier die theoretische Diskussion weitaus intensiver als die reale Umsetzung.

Interoperabilität von Datenformaten und Metadatenschemata

Gegenüber den bisher betrachteten Ansätzen verlieren die umfänglichen Thesaurus-Systeme immer mehr an Bedeutung, da sie meist sehr schwer zu handhaben sind und zudem als Solitäre konzipiert wurden, der Inter-

---

31 Vgl. Linked Data (2011). DBMS können ihre Objekte über eine Schnittstelle als Linked Data ausgeben.
32 Vgl. Babeu (2010), S. 56 ff. Den *state of the art* verkörpert gegenwärtig das JISC-Projekt PLEAGIOS (vgl. PLEAGIOS (2011)). Es verwendet den Linked-Open-Data-Ansatz (vgl. Linked Data (2011)) zur Aggregation mehrerer angeschlossener Datenlieferanten, die Open Annotation Collaboration Ontologie (vgl. Open Annotation Collaboration (2011)) sowie PLEIADES (vgl. PLEIADES (2011)) als Gazetteer.
33 Vgl. European Public Policy Blog (2010).

operabilität somit schwere Hindernisse entgegensetzen. Umgekehrt muss versucht werden, die außerordentlich wertvollen Mengen an mit solchen Systemen indizierten Daten zu nutzen und nicht etwa zu verlieren; der Thesaurus des Realkataloges des DAI Rom hat im Bereich der Altertumswissenschaften hier einen durch das Ausgangssystem erheblich erheblichen Technologiewechsel zum System ZENON[34] hin überstanden. Umgekehrt sind gerade bei ZENON die großen Chancen der Anbindung an objektbezogene Informationssysteme noch ungenutzt. Und auch die inhaltliche Struktur des Thesaurus selbst weist, wie immer in solchen Fällen, erhebliche zeitgebundene Merkmale einer an der Kunstarchäologie des sog. Dritten Humanismus (20er-Jahre des 20. Jahrhunderts) orientierten Struktur auf, für die etwa eine klare Verschlagwortung politischer Einheiten der Antike keine Bedeutung besaß. Eine kontrollierte Fortschreibung derartiger Thesauri in Richtung neuer Forschungsinteressen unter Beibehaltung der Nutzbarkeit bereits verschlagworteter Altdaten sind somit erhebliche Forschungsdesiderate im Bereich einer Interoperabilität der Daten.

Content Reference-Modelle waren als Metadatenschemata u.a. auch zur Einschränkung der Komplexitäten eines gegenseitigen, kumulativen Thesaurus-Mappings gedacht, haben gegenwärtig jedoch die Rolle der „zu komplexen Systeme" übernommen – zumindest aus Sicht programmatisch weniger aufwändiger Linked-Data-Ansätze, weil sie letzen Endes immer sehr kleine bis sehr große Ontologien, also Wissenskonzeptualisierungen sind, wohingegen die Linked-Data-„Bewegung" die inhaltlich-semantische Strukturierung ihrer Verknüpfungsgraphen als Problem ignoriert oder als nachgeordnet betrachtet, da sie vor der Etablierung minimalster URI-Vergaben für Objekte und deren Verknüpfungen zurückzustehen habe.

Auffallendes Indiz eines Trends hin zur Vereinfachung ist, dass auch ursprünglich vergleichsweise grob gehaltene Metadatenschemata wie Dublin Core, die vor allem zur Beschreibung von Büchern und Dokumenten im Web gedacht waren, in einer leicht erweiterten Form zunehmend auch zur Beschreibung von realen Objekten verwendet werden – allen

---

34 Vgl. Deutsches Archäologisches Institut (2011b).

voran durch die American Agora Excavation.³⁵ Als Konvergenzbewegung wird das von Hause aus hochkomplexe, mit großem institutionellen Aufwand entwickelte und politisch vereinbarte CIDOC-CRM meist in einer stark reduzierten Form, als CIDOC-CRM-Dublin Core-Metadaten Verwendung finden und dabei in etwa die Komplexität des erweiterten Dublin Core-Metadatensets aufweisen.³⁶

Ein Ansatz, der seit 2005 vom Verband der Landesarchäologen der Bundesrepublik Deutschland verfolgt wird, ist der Datenaustauschstandard ADeX, mit dem zentrale Informationseinheiten aus komplexen Datenbanksystemen zusammengeführt und damit gemeinsam recherchierbar und kartierbar gemacht werden.³⁷ Wegen der Fokussierung auf denkmalpflegerische Belange (Verortung, Kartierung, Schutzkriterien) und der Ressourcenknappheit können komplexe Zusammenhänge wie z.B. präzise chronologische Fragestellungen allerdings auf diese Art und Weise nur unzureichend oder sehr ausschnitthaft abgebildet werden. Zu nennen wären hier als Standard oder als Quasistandard aber auch MuseumDAT, CDWA Lite, LIDO, MODS und CCO³⁸ im Bereich der Museen und Dokumentation von Kulturgütern, FRBR³⁹ für bibliografische Metadaten sowie der vom Europarat empfohlene International Data Core Standard for Archeological Sites and Monuments⁴⁰.

Die Versuche, Interoperabilität durch Standardisierung zu erreichen, haben ihrerseits eine Vielzahl von Standardisierungsvorschlägen erbracht, die bereits wieder unübersichtlich und unhandhabbar zu werden drohen. Man kann daher die Kritik an diesen Entwicklungen aus der Richtung radikaler

---

35 Vgl. Dublin Core-Felder (2011). Zu ARACHNE in Dublin Core vgl. ARACHNE (2011b).
36 Vgl. etwa die auf http://explore.clarosnet.org/XDB/ASP/clarosHome/ angeführten Partnerinstitutionen. Die Planungen der CENSUS-Datenbank zur Implementation des CIDOC-CRM im CLAROS-Verbund sind ebenfalls weit gediehen.
37 Archäologischer Datenexport (ADeX), entwickelt von der Kommission „Archäologie und Informationssysteme" im Verband der Landesarchäologen der Bundesrepublik Deutschland, ist ein deutschlandweiter Standard der Landesämter für den Datenaustausch archäologischer „raumbezogener" Informationen (vgl. Verband der Landesarchäologen (2011c)).
38 Vgl. MuseumDAT (2011); The Getty Research Center (2011); LIDO (2011); MODS (2011); Cataloging Cultural objects (2011).
39 Vgl. IFLA (2011).
40 Vgl. ICOM (2011).

"lightweight"-Ansätze verstehen[41], die all diese Aktivitäten als noch immer viel zu umfangreich, präskriptiv, anfällig und nicht nachhaltig kritisieren.

Man wird dieser Kritik einzig entgegenhalten müssen, dass es beim bisherigen Stand der Linked-Data-Anwendung kaum möglich ist, Verhältnisse abzubilden, die auch nur annähernd die Komplexität herkömmlicher Forschungsdiskurse erreichen. Eine den Altertumswissenschaften erreichbare, eindeutige Lösung des Dilemmas ist derzeit nicht recht in Sicht. Repositorien werden hier oft als Lösungsmuster diskutiert, sind jedoch ihrerseits aufwändig zu betreiben, so dass im Bereich der Fachcommunity derzeit keine Implementationen bekannt sind.

Interoperabilität von Text- und Objektdaten

Ein klassisches Problem der Geisteswissenschaften ist das Spannungsfeld von textueller und visueller Kommunikation und darin konkreter der Text-Bild-Bezug. In informationstechnologischer Hinsicht gehört dies Problem in den Bereich der Aggregation von Informationen über grundlegende Quellengattungsgrenzen hinweg. Seine besondere Ausprägung erhält das Problem durch die Tatsache, dass die Altertumswissenschaften sowohl objektbasierte als auch textbasierte Untersuchungen und Disziplinen mit einschließen. Ist im Textmining die Entity Extraction grundsätzlich gelöst und auch in den textbasierten Altertumswissenschaften bereits angewandt worden, so fehlen bisher Ansätze, mit denen Referenzen zu Objekten aus archäologischen Texten extrahiert und mit Objektdatensätzen aus entsprechenden Webdatenbanken automatisiert verbunden werden. D.h. vor der herkömmlichen Verbindung unterschiedlicher Ojekte durch Äquivalenzerkennung (record linkage, object identification, entity resolution, reference reconciliation etc.) müsste eine relevante Menge von Objektreferenzen aus Forschungstexten bereitgestellt und identifizierbar gemacht werden. Als nicht minder komplex stellt sich die Verbindung von unterschiedlichen Texten dar. Hier spielen Probleme wie Multilingualität, Begriffsgleichheit bei unterschiedlichem Sinngehalt („Teekesselchen") und automatisierte Textanalysewerkzeuge (Textmining, Zitationsstrukturen etc.) eine entscheidende Rolle.[42]

---

41 Vgl. die Blogs von Heath (2011); Kansa (2011); Wilde (2011), Wilde (2009); vgl. auch die CAA Semantic Special Interest Group (2011).
42 Vgl. eAqua (2011); Büchler; Heyer (2008/9); Büchler et al. (2010); Romanello (2010).

8.6 Pre-processing und Analyse

Altertumswissenschaftliche und archäologische Daten sind Sekundärquellen für die Forschung und haben als solche in vielen Fällen auch konservatorischen Charakter. Ihr Forschungsbezug bedeutet jedoch nicht, dass für alle Datenarten auch formalisierte Analyseverfahren existieren bzw. existierten. So konnten etwa Bilddaten nicht auf dieselbe Weise analysiert werden wie Texte. Der sehr große Bereich visueller Dokumentation bzw. Information war bisher jedoch weitgehend analytischen Verfahren entzogen. Mit der nach jahrzehntelangen Bemühungen nun in den Bereich einsetzbarer Algorithmen gelangenden Pattern Recognition, die u.a. auf die großen im Internet residierenden Sammlungen des „Photo Tourism" zielt[43], stehen hier gravierende Änderungen bevor. In Verbindung mit den immer dichter werdenden Geolokationsdaten dieser digitalen Sammlungen sind nicht nur Abgleiche mit älteren Aufnahmen und die Übertragung der Geodaten auch auf diese möglich, sondern auch zunehmend automatisiert generierte 3-D-Rekonstruktionen.

Zudem entzogen sich hermeneutische Fragestellungen lange Zeit der Formalisierbarkeit, bis die Konzipierung des Semantic Web hier Abhilfe versprach.

Viele Datenpublikationen hatten daher die Qualität von Aufbereitungen, die allenfalls als pre-processing gelten konnten und deren Wert daher oftmals angezweifelt wurde. Die allgemeine Tendenz, Digitalisierung als Datenproduktion zu perhorreszieren und nicht mehr zu fördern, ist ein klassisches Symptom dieser Haltung. Es kann jedoch kein Zweifel sein, dass Datenanalysen ohne Daten nicht existieren könnten; und dass Datenanalysen von Daten, die eigens für diese Analysen produziert werden müssen, von vornherein in der Gefahr sind, Zirkelschlüssen zu unterliegen. Es zeigt sich zunehmend, dass auch die bisher auf der Ebene des pre-processing residierenden Datensammlungen im Begriff sind, in die Reichweite analytischer Verfahren zu gelangen.

Auf mathematisch und statistisch analysierbare Fragestellungen beziehen sich seit jeher die herausragenden Analyseverfahren der Archäoinfor-

---

43 Vgl. Hayes (2009); Hartley; Zisserman (2004); die entsprechenden Anwendungen in CLAROS (2011).

matik.⁴⁴ Insbesondere in Verbindung mit Geografischen Informationssystemen haben diese Verfahren Eingang in große Teile der archäologischen Praxis gefunden, werden aber auch als Standalone-Methoden angewandt wie etwa Netzwerkanalysen.⁴⁵ Diese haben sogar einen sehr hohen Verallgemeinerungsgrad, d.h. sie können auf die unterschiedlichsten Felder angewandt werden, von Handelsprozessen bis hin zu Metadatenstrukturen.⁴⁶

Mit sprachlicher Informationsverarbeitung, speziell dem Textmining, entstand ein zweiter Zweig analysestarker Verfahren aus dem frühesten Gebiet der Digital Humanities, d.h. der Editorik. In eAQUA hat das altertumswissenschaftliche Textmining einen exemplarischen Impuls bekommen, der sich hoffentlich fortsetzen wird.⁴⁷

8.7 Interne Organisation: Perspektiven und Visionen

Die im Rahmen der Altertumswissenschaften produzierten digitalen Daten umfassen wie geschildert nahezu alle denkbaren Formen der Heterogenität. Aufgrund dieser Sachlage und der starken Ausdifferenzierung der Fächerlandschaft fehlt bislang eine zentrale Struktur, die ein Qualitätsmanagement für die Altertumswissenschaften insgesamt übernimmt, eine Adresse im internationalen Kontext darstellt, die Sicherung von Daten vornimmt, hierzu Empfehlungen, die auch zu Richtlinien der DFG werden könnten, ausspricht, juristische Fragen klärt sowie Informationsbedarf zu technischen Entwicklungen und gemeinsamen Codes abdeckt. Ein solches *Kompetenzzentrum*, wie es im Frühjahr 2011 von der DFG in einer vorbereitenden Stufe bewilligt wurde, ist im Bereich der Archäologie und Altertumswissenschaften ein dringliches Desiderat, da es nicht nur eine koordinierende Funktion für thematisch miteinander verbundene Fachgruppen oder übergreifende Forschungsfelder wahrnehmen könnte, sondern auch zu politischen sowie auch zu technischen Aspekten

---

44 Zum methodischen Spektrum der internationalen Konferenz CAA (Computer Applications and Quantitative Methods in Archaeology) seit 1973 vgl. allgemein CAA Proceedings (2011).
45 Zu Netzwerkanalysen vgl. exemplarisch Brughmans (2010).
46 Vgl. European Public Policy Blog (2010).
47 Vgl. eAqua (2011).

einer digitalen Infrastruktur in den Altertums- und darüber hinaus in den Geisteswissenschaften Stellung beziehen könnte. Wesentliche Ziele wären nicht nur die langfristige Sicherung von Daten in einem digitalen Archiv – hier liegt eines der drängendsten Probleme für viele Institutionen aus dem Bereich der Archäologien und der Altertumswissenschaften, sondern auch die Garantie von deren langfristiger Interoperabilität, die (möglichst) freie Verfügbarkeit von Daten und Verfahren *(distributed resources)*, die Veröffentlichung erfolgreicher Anwendungen *(best practices)* sowie die Vernetzung von Arbeitsgruppen und Ressourcen durch einfache Austauschmechanismen.

Um diese Ziele zu erreichen hat die DFG eine Arbeitsgruppe eingerichtet.[48] Sie hat es sich zur Aufgabe gemacht, im Rahmen eines mehrstufigen Projekts die Einrichtung eines solchen Kompetenzzentrums zur verfolgen. In der nun bewilligten ersten Projektphase soll es zunächst um eine Evaluierung vorhandener Lösungsansätze gehen.[49] Hierzu zäh-

---

48 Mitglieder sind: Prof. Dr. Friederike Fless, FU Berlin, Sprecherin des Exzellenzclusters TOPOI von 2007–2011, als Vertreterin großer, von der DFG geförderter Forschungsverbünde und universitärer Einzelprojekte; Prof. Dr. Johannes Müller, CAU Kiel, Sprecher der Graduiertenschule „Human Development in Landscapes" (Exzellenzinitiative), als Vertreter großer, von der DFG geförderter Forschungsverbünde und der Nachwuchsförderung; Prof. Dr. Ernst Pernicka, Curt-Engelhorn-Zentrum Archäometrie in Mannheim, als Vertreter universitärer Projekte und An-Institute für den Bereich der Naturwissenschaften; Dr. Heike Neuroth, Leiterin der Abteilung Forschung und Entwicklung an der SUB Göttingen und Konsortialführerin des BMBF Projektes „TextGrid – Vernetzte Forschungsumgebung in den eHumanities" sowie langjährige Expertin der Themenbereiche digitale Langzeitarchivierung und Forschungsdaten; Prof. Dr. Ulrich Lang, Leiter des Rechenzentrums der Universität zu Köln, als Vertreter universitärer Projekte zur Datenzusammenführung, -vorhaltung und -langzeitspeicherung; Prof. Dr. Stephan Seidlmayer, Berlin-Brandenburgische Akademie der Wissenschaften in Berlin, als Vertreter der Akademien mit ihren Langfristprojekten u.a. im Bereich der Ägyptologie, der griechischen und lateinischen Epigrafik; Prof. Dr. Andreas Scholl, Direktor der Antikensammlung in den Staatlichen Museen Berlin, als Vertreter der Museen; Prof. Dr. Jürgen Kunow, Leiter des Rheinischen Amtes für Bodendenkmalpflege in Bonn und Vorsitzender des Verbandes der Landesarchäologen in der Bundesrepublik Deutschland als Vertreter der Landesdenkmalämter; Prof. Dr. Ortwin Dally, Generalsekretär des Deutschen Archäologischen Instituts in Berlin als größter außeruniversitärer Forschungseinrichtung auf dem Gebiet der Altertumswissenschaften mit Zweiganstalten im In- und Ausland sowie Feldprojekten auf allen fünf Kontinenten. Zur Vorbereitung haben unterschiedliche Veranstaltungen stattgefunden: DFG/ANH-Tagung der American School at Athens und des DAI im November 2009 in Athen; DFG-Rundgespräch der DFG-Arbeitsgruppe im Januar 2010 unter Leitung von Stephan Seidlmayer.

49 Zur Vorbereitung haben unterschiedliche Veranstaltungen stattgefunden: DFG/ANH-Tagung der American School at Athens und des DAI im November 2009 in Athen; DFG-Rundgespräch der DFG-Arbeitsgruppe im Januar 2010 unter Leitung von Stephan Seidlmayer.

len etwa ArcheoInf[50] als Frontend für GIS-Anwendungen, eAqua[51] mit seinen Tools für Text-Mining, eSciDoc[52] als Fedora basiertes Repositorium der MPDL, Propylaeum[53] als virtuelle Fachbibliothek der Altertumswissenschaften in Deutschland und Arachne als größte deutschsprachige Online-Datenbank zu antiken Objekten. Auch Software-Lösungen der Landesdenkmalämter sowie für Kartierungen die Geodatenportale von GDI-DE[54] mit den entsprechenden Länderlösungen sind hier zu nennen wie auch einige international betriebene Angebote, von denen vor allem der Archaeological Data Service[55], das e-depot voor de Nederlandse archeologie[56], OpenContext[57], The Stoa Consortium[58], Pleiades Project[59], Perseus Digital Library[60] und die Alexandria Digital Library[61] in den Altertumswissenschaften eine hohe Bedeutung besitzen und besonders fortschrittliche Ansätze vertreten. In einer zweiten Projektphase sollte dann vor dem Hintergrund einer dann spezifizierten Bedarfsanalyse ein Geschäftsmodell für das Kompetenzzentrum umgesetzt werden.

---

50   Vgl. ArcheoInf (2011).
51   Vgl. eAqua (2011).
52   Vgl. eSciDoc (2011).
53   Vgl. Propylaeum (2011).
54   Vgl. GDI-DE (2011).
55   Vgl. ADS (2011).
56   Vgl. EDNA (2011).
57   Vgl. OpenContext (2011).
58   Vgl. STOA (2011).
59   Vgl. PLEIADES (2011).
60   Vgl. Perseus (2011).
61   Vgl. Alexandria Digital Library (2011).

9 Geowissenschaften

Jens Klump

9.1 Einführung in den Forschungsbereich

Forschungsdaten aus den Geowissenschaften sind so vielfältig wie das Forschungsgebiet selbst. Die Geowissenschaften betrachten die feste Erde und die Prozesse an ihrer Oberfläche. Diese Vorgänge stehen gleichzeitig auch in Wechselwirkung mit Vorgängen in der Biosphäre, Atmosphäre, Hydrosphäre und Kryosphäre. Die räumlichen Dimensionen reichen über mehrere Größenordnungen von 10^{-10} m (Atome) bis 10^{12} m (Sonnensystem), die zeitlichen Dimensionen reichen von 10^{-15} s (molekulare Wechselwirkungen) bis 10^{17} s (Alter des Sonnensystems).

Auch wenn innerhalb einer Teildisziplin eine weniger große Spannweite in den räumlichen und zeitlichen Dimensionen abgedeckt wird, so können durch die langen Zeiträume geologischer Prozesse innerhalb einer Fragestellung durchaus große Spannen innerhalb einer Dimension abgedeckt werden. So lässt sich z.B. die Bewegung der Kontinente (10^{-7} cm/s) in Bezug auf den stellaren Bezugsrahmen messen, in dem man die Verschiebung der Laufzeitunterschiede (10^{-15} s) von Quasar-Signalen aus Radioteleskopen auf unterschiedlichen tektonischen Platten auswertet. Die Auswirkungen der Plattentektonik, die der Bewegung der Kontinente zu Grunde liegt, machen sich jedoch erst nach Millionen von Jahren (10^{13} s) bemerkbar.

Die Plattentektonik wiederum ist der Antrieb für die Auffaltung der über Millionen Jahre abgelegten Gesteinsschichten zu Gebirgen. Die mechanischen Prozesse der Verformung wiederholen sich in ihren räumlichen Dimensionen von der Verformung ganzer Gesteinsschichten bis hinunter zur Verformung des Kristallgitters. Auch die Erforschung des gesamten Planeten, seiner Entstehung, seines Trabanten und seiner Nachbarn erstreckt sich über ein räumlich sehr ausgedehntes Forschungsgebiet. Ein Forschungsgebiet mit solch einem

„universellen" Anspruch, wie es hier der Fall ist, weist viele Überschneidungen mit anderen Disziplinen auf. Ein Kapitel über Forschungsdaten in den Geowissenschaften kann daher nur exemplarisch einige Bereiche beleuchten. Forschung in den Geowissenschaften ist in vielen Fällen dadurch gekennzeichnet, dass die untersuchten Phänomene episodischer Natur sind. Das Phänomen, z.B. ein Erdbeben, ist nur in dem einen Moment messbar und dann nie wieder. Oder das „Experiment" hat in der Natur bereits stattgefunden und muss von den Forschern im Gelände gefunden, untersucht und Proben davon genommen werden. Diese Orte sind oft in schwer zugänglichen Regionen der Erde und müssen durch Expeditionen oder wissenschaftliche Tiefbohrungen erschlossen werden. Der große Aufwand, der notwendig ist um die benötigten Daten zu gewinnen, führt dazu, dass auch diese Daten sehr wertvoll sind, selbst wenn sie prinzipiell ein weiteres mal gewonnen werden könnten. Auf Grund des hohen Aufwands und der komplexen Vernetzung der Fragestellungen und angewandten Methoden werden Forschungsvorhaben in den Geowissenschaften daher oft in Forschungsverbünden durchgeführt.

Der große Aufwand zur Gewinnung der Daten und die oft episodische Natur der beobachteten Phänomene machen die gewonnenen Daten für die gemeinsame Nutzung in Forschungsverbünden und für eine spätere Nachnutzung wertvoll. Schon sehr früh wurde erkannt, dass Strukturen für die Bereitstellung und Langzeiterhaltung der Daten notwendig sind. Bereits für das Internationale Geophysikalische Jahr (IGY, 1957 bis 1958) wurden sog. „World Data Center" eingerichtet, um die Daten des IGY bereitzustellen und zu erhalten.[1] Auf nationaler Ebene wurden bereits in den 1990er-Jahren die Anforderungen an das Datenmanagement und an kooperative Strukturen beschrieben.[2] In der Zwischenzeit haben sich die Strategien und Techniken für den Umgang mit Forschungsdaten weiterentwickelt. In einem Kapitel ihrer Strategieschrift „Erde im Wandel" beschreibt die Geokommission der Deutschen Forschungsgemeinschaft (DFG) exemplarisch für die Geowissenschaften eine Strategie für den Umgang mit Forschungsdaten in den Geowissenschaften.[3]

---

1 Vgl. Pfeiffenberger (2007).
2 Vgl. z.B. Berndt; Fuchs; Vatterott (1997); Diepenbroek; Grobe; Reinke (1997); Lautenschlager; Reinke (1997).
3 Vgl. Wefer et al. (2010).

9.2 Kooperative Strukturen

Die breite Fächerung der Fragestellungen und angewendeten Methoden spiegelt sich auch in der Vielfalt der Strukturen geo- und umweltwissenschaftlicher Projekte wider. Dabei sind die Geowissenschaften, verglichen mit anderen Disziplinen, häufiger in großen nationalen und internationalen Verbundprojekten zusammengeschlossen. Internationale Kooperationen spielen dabei eine wichtige Rolle und gehen, wie eingangs bereits am Beispiel des IGY beschrieben, bis in die 1950er-Jahre zurück. Das daraus entstandene System der World Data Center (WDC) hat sich bis heute erhalten und befindet sich derzeit in einer Modernisierungsphase zum World Data System (WDS). In Deutschland befinden sich drei World Data Center (WDC-MARE[4], WDCC[5], WDC-RSAT[6]).

Im Jahr 1968 begann das Deep Sea Drilling Project (DSDP), zunächst als Programm der Vereinigten Staaten, zur Erkundung des Ozeanbodens durch wissenschaftliche Bohrungen. Auf das DSDP folgte das Ocean Drilling Program (ODP) mit internationaler Beteiligung und seit 2003 das Integrated Ocean Drilling Program (IODP) als gemeinschaftliches Programm, das von den Vereinigten Staaten, Japan und europäischen Staaten durchgeführt wird. Das IODP endet 2013, ein Nachfolgeprogramm ist in Vorbereitung. Für diese Projekte wurde eine gemeinsame Infrastruktur für Forschungsdaten angelegt, die Daten des IODP und seiner Vorgänger können über das Portal SEDIS[7] abgerufen werden. Auch im nationalen Rahmen wurde schon relativ früh damit begonnen, Daten zentral zu sammeln und für die Forschung bereitzustellen.[8] Als Pendant zu den Bohrprogrammen im Ozean wurde 1993 das International Continental Scientific Drilling Program (ICDP)[9] initiiert. Es koordiniert und unterstützt wissenschaftliche Bohrungen an Schlüsselstellen des Erdsystems. Auf nationaler Ebene wurde das Deutsche Forschungsbohrkonsortium GESEP e.V. gegründet, um wissenschaftliche Bohrprojekte zu koordinieren.

---

4   Vgl. WDC for Marine Environmental Sciences (2011).
5   Vgl. WDC for Climate (2011).
6   Vgl. WDC for Remote Sensing of the Atmosphere (2011).
7   Vgl. SEDIS (2011).
8   Vgl. Berndt; Fuchs; Vatterott (1997).
9   Vgl. ICDP (2011).

Langfristige kooperative Strukturen wurden auch in anderen Teilen der Geowissenschaften aufgebaut. Die Seismologie misst mittels eines weltweiten Netzwerks von Seismometern Erdbeben, um daraus neue Erkenntnisse über die Entstehung von Erdbeben zu erlangen, aber auch um durch Erdbebenwellen aus sehr weit entfernten Bebenherden Aufschlüsse über die innere Struktur des Erdkörpers zu bekommen.

Vergleichbar langfristig sind auch die kooperativen Strukturen in der Geodäsie und Geomagnetik. Schon seit Ende des 19. Jahrhunderts werden in vielen Regionen der Welt geophysikalische Observatorien betrieben, in denen langfristige Veränderungen des Erdschwere- und -magnetfeldes gemessen werden. Diese bodengebundenen Stationen wurden in den letzten Jahrzehnten um luft- und satellitengestützte Systeme als „virtuelle Observatorien" ergänzt.[10] Die so gewonnenen Daten werden an mehreren Stellen archiviert und über Portale zur Verfügung gestellt.

Auch wenn kooperative Strukturen in den Geowissenschaften eine wichtige Rolle spielen, so decken die vorhandenen Dateninfrastrukturen längst nicht alle Bereiche dieser Strukturen ab. Außerhalb kooperativer Strukturen gibt es zwar Angebote, die aber bisher nur in geringem Umfang von Forschern zur Sicherung und Veröffentlichung ihrer Daten in Anspruch genommen werden.

LZA-Dienste in den Geowissenschaften

Um Forschungsdaten aus den Geowissenschaften nachnutzbar zu machen, wurden bereits in den 1990er-Jahren, zusätzlich zum eher als Archiv konzipierten WDC-System, zentrale disziplinäre Datenportale aufgebaut. Eine wichtige Rolle in den beiden bereits skizzierten Komplexen des WDS und der Meeresgeologie spielt PANGAEA/WDC-MARE[11], das Mitte der 1990er-Jahre in einer Zusammenarbeit zwischen dem Alfred-Wegener-Institut für Polar- und Meeresforschung und dem Fachbereich Geologie der Universität Bremen aufgebaut wurde. Seit 2001 hat der offen zugängliche Teil des PANGAEA den Status eines ICSU WDC als World Data Center for Marine and Environmental Sciences (WDC-MARE).

---

10 Vgl. z.B. Mandea; Olsen (2006).
11 Vgl. PANGAEA (2011b).

Auch andere deutsche geowissenschaftliche Großforschungsreinrichtungen, wie zum Beispiel das Helmholtz-Zentrum Potsdam Deutsches GeoForschungsZentrum (GFZ)[12] und das Leibniz-Institut für Meereswissenschaften (IFM-GEOMAR)[13] betreiben Datenarchive und -portale und bieten diese Forschern aus anderen Institutionen zur Nutzung an. Zwischen den deutschen ICSU WDC, dem GFZ und dem IFM-GEOMAR besteht eine enge Zusammenarbeit bei der Entwicklung von Werkzeugen und Diensten für Erfassung, Archivierung, Nachweis und Vertrieb von Forschungsdaten.[14] Dieser Verbund von Datenzentren hat das Potenzial ein künftiger nationaler Dienstleister für die Langzeitarchivierung geowissenschaftlicher Forschungsdaten zu sein.

Zusammenarbeit mit Infrastruktureinrichtungen

Die bisher in den Geowissenschaften etablierten Datenarchive sind aus Projekten in Zusammenarbeit mit Rechenzentren hervorgegangen. In einigen Fällen wurde die Zusammenarbeit mit Bibliotheken gesucht, da der Wert der Bereitstellung von Daten als Veröffentlichung bereits früh erkannt wurde und man diese als neue Form der Veröffentlichung etablieren wollte. Ein Ergebnis aus dieser Zusammenarbeit ist DataCite[15] an der TIB Hannover, das im späteren Verlauf des Kapitels noch vorgestellt wird. Einige Bibliotheken weisen bereits Datenveröffentlichungen in ihren Katalogen nach.[16] Die Entwicklung von gemeinsamen Dienstleistungsangeboten von Bibliotheken und Datenarchiven für Datenproduzenten steht noch ganz am Anfang.

---

12 Vgl. GFZ (2011).
13 Vgl. IFM-GEOMAR (2011).
14 Vgl. Lautenschlager et al. (2005).
15 Vgl. DataCite (2011).
16 Vgl. z.B. TIBORDER (2011); ALBERT (2011).

9.3 Daten und Metadaten

Typen der Datenherkunft

Grundsätzlich lassen sich in den Geowissenschaften drei Typen von Datenproduktion unterscheiden:
- Daten aus Sensorsystemen, Dateninfrastrukturen und Großinstrumenten mit automatisierter Prozessierung,
- Daten aus numerischer Modellierung, und
- Individuell hergestellte Datensätze aus Labordaten, Felderhebungen und Literaturrecherche.

Diese drei Bereiche unterscheiden sich in ihren Datenvolumina und -strukturen stark voneinander.

Im Bereich der Großgeräte und Sensorsysteme fallen zum Teil Datenmengen von mehreren Terabyte pro Jahr an. Die Daten werden in automatisierten Abläufen weiterverarbeitet und bereitgestellt. Die Strukturen dieser Datenbestände sind in sich meist homogen mit standardisierten Daten- und Metadatenformaten. Dieser Bereich ähnelt damit anderen Bereichen des *Big Science*, wie z.B. der Klimaforschung. Im Bereich der Großgeräte und Sensorsysteme liegen Forschungsdaten und Metadaten im Allgemeinen in standardisierten Formaten vor. Weit verbreitete Formate sind z.B. SEED in der Seismologie, netCDF in der Fernerkundung und Erdsystemforschung, GeoTIFF in der Fernerkundung, im Zusammenhang mit geografischen Informationssystemen hat sich das Shape-Format als ein *de facto* Standard etabliert. Die semantisch homogenen Datenstrukturen im Bereich der Großgeräte, Sensorsysteme und Modellierung begünstigen die Verwendung von standardisierten Formaten. Wie in anderen Bereichen des Big Science wird auch hier beobachtet, dass die Kapazität zur Erzeugung neuer Daten schneller wächst als die Möglichkeit, diese längerfristig zu speichern.

Im Bereich der individuell hergestellten Forschungsdaten fallen nur vergleichsweise geringe Datenmengen an, dafür sind die Stückkosten zur Herstellung der Datensätze sehr hoch. Die Datenstrukturen, Metadaten und Arbeitsabläufe orientieren sich an den individuellen Anforderungen der Projekte. Standardisierte Datenformate finden daher kaum Anwendung, da die heterogenen Projekte untereinander semantisch inhomogene Strukturen bedingen. Die erwarteten Steigerungsraten sind geringer als die Zunahme der Kapazität der Speichermedien.

Datenveröffentlichung

Im Jahr 2000 wurde im Rahmen des deutschen Beitrags zu CODATA ein Projekt initiiert, das ein Konzept erarbeiten sollte, wie wissenschaftliche Daten publiziert und damit zitierbar gemacht werden können. Im Rahmen des DFG-Projekts „Publikation und Zitierbarkeit wissenschaftlicher Primärdaten" (STD-DOI)[17] wurden ein Konzept und eine technische Infrastruktur aufgebaut, um Daten mittels Digital Object Identifier (DOI) eindeutig identifizierbar und damit auch zitierbar zu machen.[18] Aus diesem Projekt ist 2009 DataCite e.V. hervorgegangen, das als Verbund von Großbibliotheken die Strukturen für die Veröffentlichung und Zitierbarkeit von Forschungsdaten betreibt und weiterentwickelt.

Wie bereits erwähnt, werden Datenveröffentlichungen zunehmend auch in Bibliothekskatalogen nachgewiesen. Zusätzlich entwickelt sich auch eine direkte Zusammenarbeit zwischen Datenzentren und Verlagen. So wird in ScienceDirect (Elsevier) angezeigt, ob in PANGAEA/WDC-MARE Daten zu dem in ScienceDirect angezeigten Artikel vorgehalten werden. Zusätzlich werden in einer eingebetteten Landkarte die Orte angezeigt, an denen die beschriebenen Proben gewonnen wurden.

Zwischen geowissenschaftlichen Datenzentren, Herausgebern von Fachzeitschriften und Verlagen finden regelmäßig Treffen statt, um sich über die Anforderungen und Vorgehensweise abzustimmen. Auf gemeinsamen Veranstaltungen auf internationalen Konferenzen werden die Konzepte und Angebote zur Veröffentlichung von Forschungsdaten und deren Verknüpfung mit wissenschaftlichen Veröffentlichungen den Fachwissenschaftlern vorgestellt.

---

17 Vgl. STD-DOI (2011).
18 Vgl. Brase; Klump (2007).

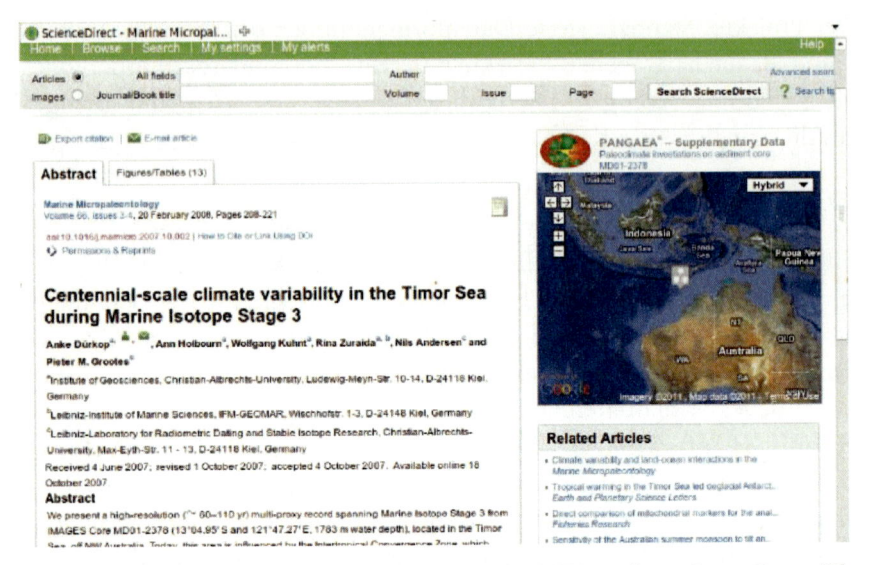

Abb.1: Datenveröffentlichungen in WDC-MARE/PANGAEA werden in ScienceDirect (Elsevier) zusammen mit dem jeweiligen Artikel angezeigt. Die eingeblendete Landkarte zeigt den Ort der Probennahme und verknüpft den Artikel mit der Datenveröffentlichung.

Datenmanagement und Qualitätssicherung

Mit der Entwicklung eines Systems für die Publikation und Zitierbarkeit von Forschungsdaten stellte sich auch gleich die Frage, wie die Qualität der veröffentlichten Daten geprüft werden kann. Inzwischen haben einige Fachzeitschriften Kriterien für die Bewertung der inhaltlichen Qualität von Daten und für *Peer-Review* Verfahren formuliert.[19] Für einzelne Spezialfälle, in denen einheitliche Konzepte und standardisierte Datenformate existieren, wurden auch schon technische Verfahren zur Prüfung der Konsistenz und Struktur der Daten entwickelt.

Datenmanagementpläne sind bisher wenig verbreitet. In Projekten mit großen Datenmengen ist die Notwendigkeit eines Datenmanagementplans evident und wird daher bereits in der Antragsphase berücksichtigt. Auch in großen Verbundprojekten gibt es ein systematisches Datenmanagement, oft flankiert von einer Vereinbarung zwischen den Projektteil-

---

19 Vgl. z.B. Pfeiffenberger; Carlson (2011); weitere Artikel in dieser Ausgabe des D-Lib Magazine.

nehmern über den Umgang mit im Projekt gewonnenen Daten. In der Mehrzahl der Projekte mit kleinen Datenmengen gibt es kein systematisches Datenmanagement.

Rechtliche Rahmenbedingungen und Lizenzen

Nutzungsbeschränkungen auf Daten aus öffentlich geförderter Forschung, z.B. aus Gründen des Datenschutzes oder anderer rechtlicher Vorgaben, spielen in den Geowissenschaften kaum eine Rolle. In Projekten mit Beteiligung von Partnern in der Industrie können Daten allerdings durchaus Beschränkungen unterliegen. Auch Daten aus der Fernerkundung (Luft- und Satellitenbilder) sowie Kartenmaterial und Daten aus Umweltmessnetzen (Wetterdaten, Flusspegel, u.ä.) unterliegen oft Nutzungsbeschränkungen. Diese sind meist durch die Nutzungsvereinbarungen mit den Datenproduzenten bestimmt, nicht durch gesetzliche Vorgaben.

In den meisten Verbundprojekten werden inzwischen unter den Projektpartnern Vereinbarungen über den Umgang mit Daten getroffen.[20] Dabei wird anerkannt, dass es unter Forschern einen starken *sense of ownership* in Bezug auf Forschungsdaten gibt, auch wenn dieser urheberrechtlich strittig ist. Aus diesem Grund wird den Forschern meist eine Frist von bis zu zwei Jahren nach Projektende für ausschließliche Nutzung der Daten eingeräumt. Unabhängig von der unklaren Urheberrechtssituation für Forschungsdaten besteht die Möglichkeit diese Daten mit einer Lizenz zu versehen.[21] Einige Projekte geben ihre Daten bereits schon zur Laufzeit des Projekts zur Nutzung durch Dritte frei.[22]

Es sollte noch erwähnt werden, dass es auch technische Gründe gibt, aus denen der direkte Zugriff auf die Daten gesperrt wird. Bei sehr großen Datensätzen – mehrere Gigabyte und größer – kann der Vertrieb aus technischen Gründen nicht unmittelbar durch einen Zugriff des Nutzers auf die Daten über das Internet erfolgen.

---

20 Vgl. z.B. IODP (2011).
21 Vgl. Ball (2011).
22 Vgl. Pfeiffenberger; Klump (2006).

Nachnutzung älterer Datenbestände und Materialien

Wie bereits eingangs geschildert, sind vielen Daten in den Geowissenschaften episodischer Natur oder der Aufwand, der betrieben werden muss, um sie zu gewinnen, macht sie zu Daten einmaliger und unwiederbringlicher Beobachtungen. Aus diesem Grund besteht für viele Daten ein großes Interesse an einer späteren Nutzung.[23] Die hohen Kosten der Datenerhebung in der Geophysik machen auch hier manchen älteren Datenbestand für die Neuprozessierung interessant. Dies ist allerdings nicht allgemein gültig. Insbesondere im Bereich geochemischer Analytik sind die Fortschritte so immens, dass hier ältere Datenbestände nur noch wenig nachgenutzt werden. Dieses Muster findet sich auch in anderen Disziplinen wieder.[24] Ältere, bisher unerschlossene Datenbestände werden nur in seltenen Fällen für die Nachnutzung erschlossen, da der hiermit verbundene Aufwand sehr hoch ist.

An Stelle der Daten werden in der Geochemie die Probenstücke selber nachgenutzt, um sie mit neuen oder verbesserten Methoden erneut zu bearbeiten. Umso wichtiger sind hier die Sammlungen der Institute, Museen und staatlichen geologischen Dienste, in denen die originalen Proben als Referenzmaterialien aufbewahrt werden. Ähnlich wie bei Daten wurde auch bei Probenstücken festgestellt, dass eine eindeutige Identifizierbarkeit der Stücke notwendig ist. An einzelnen besonders wertvollen Probenstücken werden über Jahre hinweg immer neue Analysen gemacht und veröffentlicht. Bisher gab es in den meisten Fällen keine international gültige Namenskonvention. Zudem wurde in vielen Projekten eine bereits verabschiedete Namenskonvention später nicht durchgehend eingehalten. Dies führte teilweise zu einer Verwirrung bei den Probenbezeichnungen, so dass sich Daten, die in der Literatur zu bestimmten Stücken veröffentlicht wurden, nicht mehr eindeutig zu Proben zuordnen und damit auch nicht in größer angelegten Studien integrieren lassen.

Um das Problem der Benennung der Proben zu lösen wurde vorgeschlagen, eine International Geo Sample Number (IGSN) einzuführen.[25] Auf einem Workshop an der University of California San Diego wurden

---

23 Vgl. Pfeiffenberger (2007).
24 Vgl. Severiens; Hilf (2006).
25 Vgl. Lehnert et al. (2006); IGSN (2011).

im Februar 2011 die konzeptionellen und organisatorischen Grundlagen für die Einführung der IGSN nach dem Vorbild von DataCite gelegt.

Umgang mit Metadaten

Das Thema Metadaten löst, wie in andern Disziplinen auch, bei Forschern keine Begeisterungsstürme aus. Im Rahmen der Forschung in Messnetzwerken war allerdings die Notwendigkeit der Standardisierung der Formate von Daten und Metadaten von Anfang an offensichtlich. Einen wichtigen Impuls erhielt die Standardisierung von Metadaten durch das zeitgleiche Entstehen des Internets und der verstärkten Erforschung des globalen Klimawandels. Mit dem Global Change Master Directory (GCMD), einem Nachweissystem für Daten mit Relevanz für die Klimaforschung, setzte die US Weltraumbehörde NASA einen Maßstab für Datenportale und für die Beschreibung von Daten in den Geowissenschaften durch Metadaten. Der von der NASA entwickelte Metadatenstandard Directory Interchange Format (DIF) wurde dadurch weltweit verbreitet und wird stetig weiterentwickelt.[26]

Mit dem Ziel einer internationalen Standardisierung wurde 1999–2002 ein ISO-Standard für Metadaten zu Daten mit Raumbezug entwickelt, ISO 19115:2003 Geographic Information – Metadata. Träger der Entwicklung neuer Standards ist das Open Geospatial Consortium (OGC). Weitere wichtige Entwicklungen im Rahmen des OGC sind Standards für Webservices der Geodateninfrastruktur und für die Vernetzung von Sensoren in Umweltmessnetzen (Sensor Web Enablement, SWE). Konzeptionell wegweisend für die Beschreibung von Umwelt- und Labormessdaten war die Entwicklung des „Observations and Measurements" Modells (O&M)[27]. Speziell für geowissenschaftliche Daten wurde GeoSciML entwickelt.[28]

Die Infrastructure for Spatial Information in the European Community (INSPIRE) ist eine Initiative der Europäischen Kommission mit dem Ziel, ein europäisches Netzwerk von integrierten raumbezogenen Infor-

---

26 Vgl. DIF (2011).
27 Vgl. OGC (2011).
28 Vgl. Sen; Duffy (2005).

mationsdiensten zu schaffen.[29] Die öffentlichen Einrichtungen beginnen auf Grund der in Kraft getretenen INSPIRE-Richtlinie, ihre Geodaten INSPIRE-kompatibel aufzubereiten, wobei der Zeitplan zunächst die Erzeugung einheitlicher Metadaten vorsieht. Die INSPIRE-konformen Webdienste bauen auf den Normen der ISO 191xx Familie auf.

Bei den hier vorgestellten Metadatenstandards handelt es sich fast ausschließlich um XML-kodierte Standards für den Nachweis von Daten in Datenportalen und in standardisierten Webschnittstellen. Darüber hinaus existieren auch noch unzählige disziplinspezifische Metadatenstandards für die fachliche Beschreibung, z.B. QuakeML für seismische Ereignisse, Darwin Core für Biodiversitätsdaten, ThermoML für Daten zur Thermodynamik und viele weitere.[30] Einige der Metadatenschemata wurden immer komplexer, da immer neue Aspekte der Modellierung der beschriebenen Daten mit aufgenommen wurden.[31] Dies führte zu Problemen bei der Akzeptanz der Standards in der Community, bei der Anwendung der Standards und bei der Verarbeitung der Daten bei der Übermittlung. Gerade bei der Übermittlung und Speicherung kleiner Datenobjekte wird deshalb auch erwogen, auf XML zu verzichten, da hier das Volumen der umgebenden XML-Struktur gegenüber dem eigentlichen Datenvolumen übermäßig groß ist.[32;33]

Gerade bei der Verknüpfung von Diensten kommt es nicht nur auf die Syntax der Metadaten an, sondern auch auf die Semantik. Um eine semantische Interoperabilität der Dienste zu ermöglichen werden neben kontrollierten Vokabularen auch zunehmend Identifikatoren (PID oder URI) eingesetzt um Begriffe eindeutig und maschinenlesbar zu benennen, ein Ansatz, der in der Biodiversitätsinformatik bereits mit Erfolg angewandt wird.[34]

---

29 Vgl. Schilcher et al. (2007).
30 Eine Übersicht über Metadatenstandards in den Erd- und Umweltwissenschaften ist auf den Seiten der Marine Metadata Initiative zu finden (vgl. Marine Metadata Initiative (2011)).
31 Vgl. Klump; Huber (2011).
32 Vgl. Barkstrom (2011).
33 Vgl. Riede et al. (2010).
34 Vgl. Page (2008).

9.4 Interne Organisation

LZA-Strategien und Verfahren

Auf Grund der Heterogenität der Geowissenschaften sind LZA-Strategien und -Verfahren bisher nur in einigen Teilbereichen etabliert. Insbesondere die Seismologie ist durch große Datenmengen und internationale Messnetzwerke bestimmt, gleichzeitig beschäftigt sie sich mit Daten aus episodischen Ereignissen. Diese Umstände führten schon früh zu einer technischen Vereinheitlichung von Formaten und Metadaten, sowie einem internationalen Austausch von Daten und deren Archivierung in zentralen Datenarchiven.

Je weiter man sich jedoch von der Vorgabe der Vernetzung von homogen strukturierten Datenbeständen entfernt, desto seltener werden Vereinbarungen oder gemeinsame Strategien für die Archivierung und Erhalt der Nachnutzbarkeit von Forschungsdaten getroffen. Ausgehend von den geowissenschaftlichen Großforschungseinrichtungen hat jedoch ein kultureller Wandel begonnen, der dazu führt, dass durch die Zitierbarkeit von Daten diese deutlich aufgewertet werden. Damit steigt auch das Interesse für die Langzeitarchivierung von Daten.

Finanzierung und Organisation

Die Finanzierung der WDC und verwandter Datenarchive ist im Allgemeinen gegliedert in datenkuratorische Aufgaben einerseits (OAIS Ingest) und den Betrieb des Archivs (OAIS Archiving) und des Vertriebs der Daten andererseits (OAIS Dissemination). Betrieb des Archivs und der Dissemination erfolgt meist aus der Grundfinanzierung der Institution, die das Datenarchiv betreibt. Die Finanzierung der datenkuratorischen Aufgaben wird nach Möglichkeit von den Projekten eingeworben, die das Datenarchiv nutzen. Da der kuratorische gegenüber dem technischen Aufwand überwiegt[35], werden von großen Projekten nach Möglichkeit Datenkuratoren eingestellt, die für die Verwaltung und Sicherung der im Projekt erzeugten Forschungsdaten verantwortlich sind. Für

---

35 Vgl. Beagrie; Lavoie; Woollard (2010).

die Daten kleinerer Projekte werden meist individuelle Lösungen gefunden, ein ständiges Dienstleistungsangebot fehlt jedoch noch.

Die Kosten für die Entwicklung und den Betrieb eines Datenarchivs sind nur schwer abschätzbar. Entscheidend für die Kosten ist, ob in der Entwicklung bereits bestehende Komponenten, auch aus externen Quellen, nachgenutzt werden können und ob im Betrieb Skalierungseffekte genutzt werden können, um die Stückkosten zu senken. In diesen Punkten unterscheiden sich Datenarchive in den Geowissenschaften nicht von anderen wissenschaftlichen Datenarchiven.[36] Da kleineren Gruppen diese Skalierungseffekte fehlen, werden zunehmend Dienste Dritter für die vertrauenswürdige Langzeitarchivierung von Forschungsdaten in Anspruch genommen.

Personal in der LZA

Bisher gibt es nur in wenigen geowissenschaftlichen Forschungseinrichtungen Personal, das mit der Langzeitarchivierung von Forschungsdaten beauftragt ist. Der Schwerpunkt der Arbeit liegt im Allgemeinen im Datenmanagement im Projekt und unmittelbar vor der Archivierung der Daten. Hier hat es sich bewährt, die Mitarbeiter aus der Informatik und aus dem jeweiligen Fachgebiet zu rekrutieren, da dies die Verständigungsprobleme zwischen den Forschern und den Archivmitarbeitern verringert. Die hier eingesetzten Datenmanager sind meist Wissenschaftler, die im Rahmen eines Projektes befristet eingestellt werden. Auch hier setzt ein Umdenken ein, es wird zunehmend erkannt, dass für den Betrieb eines digitalen Langzeitarchivs ein fester Stamm von Mitarbeitern notwendig ist, um eine organisatorische und technologische Kontinuität zu ermöglichen.

9.5 Perspektiven und Visionen

Eine Gruppe von Geowissenschaftlern plant ein Projekt zur Entstehung des heute längst abgetragenen Gebirges im Gariep-Gürtel an der südafrikanisch-namibischen Grenze. Zur Entschlüsselung des Geschehens vor

---

36 Vgl. ebenda.

9 Geowissenschaften 193

540 Millionen Jahren werden geologische Karten erstellt und ausgewertet, sowie umfangreiche geochemische Analysen an Gesteinen und einzelnen Mineralen vorgenommen. In der Vorbereitung des Antrags werden nicht nur die wissenschaftlichen Vorarbeiten ausgewertet und die Logistik der Geländearbeit geplant, das Team wird auch von einem Datenzentrum beraten, welche Werkzeuge ihm zur Verfügung stehen und es wird ein Datenmanagementplan entworfen.

Für das Projekt wird eine virtuelle Forschungsumgebung entworfen, die den verteilt arbeitenden Forschern erlaubt ohne großen Aufwand Daten für ihre Kollegen bereitzustellen. Daten aus analytischen Instrumenten, wie Massenspektrometern oder Röntgenfluoreszenspektrometern, werden durch die Angaben in den Konfigurationsdateien der Experimente weitgehend automatisch dokumentiert und können durch eine Blog-Funktion annotiert und diskutiert werden.

Die virtuelle Forschungsumgebung dient auch der Aufbereitung von Daten für die Veröffentlichung und Archivierung. Datensätze können als abgeschlossen gekennzeichnet werden und werden damit an das Langzeitarchiv und an den Publikationsagenten übergeben. Wenn diese Daten Grundlagen einer Veröffentlichung sind, können sie mit dieser verknüpft werden und sind über das Datenportal der Forschungseinrichtung zugänglich.

Diese Vision ist *work in progress*, aber noch ist sie nicht umgesetzt. Gemessen an anderen Disziplinen ist der Umgang mit Forschungsdaten in Teilen der Geowissenschaften bereits weit entwickelt. Dennoch wird auch hier erst ein kleiner Teil der Daten in langfristige Strukturen überführt. Denn auch wenn sich die Publikation von Daten allmählich als anerkanntes Verfahren durchsetzt, so scheuen viele Wissenschaftler noch den vermuteten Aufwand, Daten für eine Langzeitarchivierung, und gegebenenfalls Veröffentlichung, aufzubereiten. Die bereits vollzogenen Änderungen in der Förderpolitik der DFG und der Europäischen Kommission haben mit dazu beigetragen, ein Umdenken über den Wert von Daten einzuleiten, auch wenn die Verpflichtung zum Datenmanagement als Last wahrgenommen wird.[37]

Hemmnisse sind bei der Umsetzung einer Strategie zur Langzeitarchivierung von Forschungsdaten meist die fehlenden organisatorischen

---

37 Vgl. Feijen (2011).

und technischen Strukturen. Es fehlen Ansprechpartner in den Institutionen und Werkzeuge, mit denen der datenkuratorische Prozess unterstützt werden kann. Insbesondere bei den Werkzeugen müssen weiter Werkzeuge und Konzepte entwickelt werden, die eine nahtlose Integration der datenkuratorischen Aufgaben in die Arbeitsabläufe der Forschung ermöglichen.

In ihren aktuellen Verwendungsrichtlinien verlangt die DFG von ihren Antragstellern einen Datenmanagementplan.

> „Wenn aus Projektmitteln systematisch (Mess-) Daten erhoben werden, die für die Nachnutzung geeignet sind, legen Sie bitte dar, welche Maßnahmen ergriffen wurden bzw. während der Laufzeit des Projektes getroffen werden, um die Daten nachhaltig zu sichern und ggf. für eine erneute Nutzung bereit zu stellen. Bitte berücksichtigen Sie dabei auch – sofern vorhanden – die in Ihrer Fachdisziplin existierenden Standards und die Angebote bestehender Datenrepositorien."[38]

Um diesen Anspruch zu erfüllen, müssen in den nächsten Jahren auch von den Datenarchiven neue Angebote entwickelt werden. Diese müssen von Geschäftsmodellen flankiert sein, die es erlauben, diese Dienstleistungen mit den Projekten abzurechnen. Aktuell fällt es den Datenzentren noch schwer, die Kosten der Langzeitarchivierung von Forschungsdaten zu beziffern. Das heißt auch, dass an den Zentren, die LZA-Dienstleistungen anbieten, entsprechende organisatorische Strukturen geschaffen werden müssen.

Auf der Seite der Datenzentren besteht das Problem, dass diese meist immer noch als „Silo" angelegt sind, d.h. der Inhalt der Systeme ist nicht über automatisierte Verfahren zugänglich. Dies ist insbesondere bei der Überführung von Forschungsdaten in ein Datenarchiv problematisch, weil Medienbrüche stets eine Hürde im Lebenszyklus der Daten darstellen, an denen das Risiko besonders hoch ist, dass die Kette der Bearbeitungsschritte im Datenlebenszyklus abreißt. Integriertes Datenmanagement und die Langzeitarchivierung von Forschungsdaten müssen erst noch Bestandteil des wissenschaftlichen Alltags werden. Wir arbeiten daran.

---

38 DFG (2010c).

10 Klimaforschung

Bernadette Fritzsch

10.1 Einführung in den Forschungsbereich

Im Vergleich zu anderen hier erwähnten Wissenschaften wie der Medizin ist die Klimaforschung ein relativ junger Wissenschaftszweig, der aber hohe gesellschaftliche Relevanz besitzt. Forschungsgegenstand sind die Gesetzmäßigkeiten des Klimas als durchschnittlicher Zustand der Atmosphäre über längere Zeiträume hinweg.[1] Ziel ist es, die Entwicklung des Klimas auf der Erde zu verstehen und vorherzusagen. Dies beinhaltet sowohl die Dokumentation des früheren und jetzigen Zustands (beobachtende Klimatologie) als auch die Beschreibung der zugrundeliegenden Gesetzmäßigkeiten (theoretische Klimatologie).

Das Klimasystem der Erde setzt sich aus mehreren Teilsystemen zusammen, die sich in unterschiedlichen Zeitskalen ändern und in komplexer Weise untereinander Wechselwirkungen eingehen. Neben der Atmosphäre sind vor allem die Hydrosphäre und die Kryosphäre zu nennen. Die Ozeane wirken als Speicher von Wärmeenergie und transportieren sie über ihr Strömungssystem über weite Entfernungen hinweg. Eisschilde greifen in den Energiehaushalt der Erde ein, indem sie die Rückstrahlung von Strahlungsenergie beeinflussen. In ähnlicher Weise wirken auch die Landflächen mittels räumlicher Variation des Absorptions- und Reflexionsverhaltens durch unterschiedliche geografische Gegebenheiten oder Landnutzung. Damit ist die Klimaforschung ein Querschnittsbereich, der Wissenschaftler unterschiedlicher Fachrichtungen vereint: Meteorologen, Ozeanografen, Geografen, Geologen, Physiker etc.

In erdgeschichtlichen Zeiträumen war das Klima bereits sehr großen Schwankungen unterworfen. Diese hohe Klimavariabilität erlaubt es erst

---

1 Vgl. Lauer; Bendix (2006), S. 10.

nach langen Messreihen, signifikante Trends und systematische Änderungen zu erkennen. Daher haben regelmäßige Beobachtungen über viele Jahrzehnte oder sogar Jahrhunderte hinweg für die Klimaforschung eine große Bedeutung. Die einmal erhobenen Daten besitzen einen hohen Wert: Sie können nicht durch eine einfache Wiederholung der Messung wiederbeschafft werden, da der Zustand an die Zeit gekoppelt ist. Damit ist die langfristige Archivierung der Daten unumgänglich.

Der Mensch greift immer stärker als Akteur in das Klimageschehen ein. Gleichzeitig beeinflussen die Klimaänderungen zunehmend seinen Lebensraum. Daraus ergibt sich die gesellschaftliche Bedeutung der Klimaforschung. Von den Wissenschaftlern werden belastbare Prognosen für die Entwicklung des Klimas in den kommenden Jahren und Jahrzehnten erwartet. Sie werden als Entscheidungsgrundlage benötigt, um daraus Handlungsempfehlungen abzuleiten. Dabei geht es neben Vermeidungsstrategien zunehmend auch um die Anpassung an solche Veränderungen, die nicht vermeidbar sind.

Der einzige Weg, Klimaentwicklungen wissenschaftlich fundiert vorherzusagen, sind Simulationen. Dazu wird das komplexe Klimasystem am Computer modelliert. In Deutschland steht der Klimacommunity neben den allgemeinen nationalen Höchstleistungsrechenzentren auch ein thematisches Höchstleistungsrechenzentrum zur Verfügung: Das Deutsche Klimarechenzentrum DKRZ stellt entsprechend seiner Satzung als „überregionale Serviceeinrichtung Rechenzeit und technische Unterstützung für die Durchführung von Simulationsrechnungen mit aufwändigen numerischen Modellen für die Klimaforschung und verwandte Gebiete" bereit.[2] Damit können sehr umfangreiche und komplexe Modellierungen durchgeführt werden.

Da Modelle stets gewisse Unsicherheiten in sich tragen, kommt zunehmend der „Multi Model Multi Ensemble" Ansatz zum Tragen. Darin wird die gleiche Simulation mit unterschiedlichen Modellen und mit jeweils leicht modifizierten Anfangsbedingungen durchgeführt. Die Ergebnisse werden dann mit statistischen Methoden ausgewertet, um eine verlässlichere Aussage zu erhalten. Dieses Verfahren erfordert leistungsfähige Rechner, um Ensemble mit vielen Mitgliedern rechnen zu können. Gleichzeitig erhöht sich mit diesem Ansatz die zu speichernde Datenflut erheblich und stellt neue Anforderungen an das Datenmanagement.

---

2   Vgl. DKRZ (2011).

Die Verknüpfung der in den einzelnen Datenarchiven gelagerten Informationen ist für den Klimaforscher mit hohem Aufwand verbunden. Dies liegt in der großen Heterogenität der Daten bezüglich ihrer Quellen, Formate und Speichermodalitäten begründet. Das Projekt „Collaborative Climate Community Data and Processing Grid (C3Grid)" hat sich dieser Herausforderung angenommen und eine Infrastruktur entwickelt und aufgebaut, die einen einheitlichen Zugriff auf die Daten der im Projekt beteiligten Partner erlaubt. Es wurde im Rahmen der D-Grid Initiative vom BMBF, Referat 522 „Internet" gefördert und gehörte zu den Communityprojekten der ersten Runde.[3] Im Zeitraum von 09/2005 bis 02/2009 wurde prototypisch eine Grid-Infrastruktur für die deutsche Klimacommunity geschaffen. Inzwischen sind die Arbeiten in die zweite Phase getreten. In einem durch das BMBF-Referat „Globaler Wandel" geförderten Projekt „C3Grid – INAD: Towards an INfrastructure For General Access to climate Data" sollen die entwickelten Komponenten interoperabel zu den internationalen Infrastrukturen gemacht und in den Produktionsstatus überführt werden.

10.2 Kooperative Strukturen

Die Klimawissenschaft basiert ganz grundlegend auf Kollaborationen, die Instituts- und Ländergrenzen überschreiten. Nach außen hin sichtbar wird dies unter anderem durch das Intergovernmental Panel on Climate Change (IPCC; Zwischenstaatlicher Ausschuss für Klimaänderungen). Dieses in Deutschland oft unter dem Namen Weltklimarat bekannte Gremium wurde 1988 vom Umweltprogramm der Vereinten Nationen (UNEP) und der Weltorganisation für Meteorologie (WMO) gegründet und trägt die Ergebnisse der internationalen Forschercommunity zusammen. In regelmäßigen Abständen wird der Stand der Forschung in den sogenannten Wissensstandberichten („IPCC Assessment Reports", AR) zusammengetragen, um Risiken der globalen Erwärmung zu beurteilen sowie Vermeidungs- und Anpassungsstrategien zu entwickeln.

Ein weiteres international gewichtiges Gremium der Zusammenarbeit ist die World Meteorological Organization (WMO), die eine Sonder-

---

3 Vgl. BMBF (2004).

organisation der Vereinten Nationen ist. Sie ist nicht nur auf die Klimaforschung beschränkt, sondern will Fachkompetenz auf den Gebieten Wetter, Klima, Hydrologie und Wasserressourcen bereitstellen und internationale Kooperationen auf diesen Gebieten fördern.[4] Zu ihren Zielen gehören Standardisierungsbestrebungen im Bereich meteorologischer und anderer verwandter Beobachtungen.

Die technische Infrastruktur für die Erhebung und Speicherung der Daten ist auf eine Vielzahl von Einrichtungen verteilt. Die für die Beobachtung des Erdsystems notwendigen Großgeräte werden in der Regel in der Verantwortung einer bestimmten Einrichtung betrieben, jedoch von Forschern vieler Institutionen gemeinsam genutzt. So unterhält das Alfred-Wegener-Institut für Polar- und Meeresforschung, Forschungszentrum in der Helmholtz-Gemeinschaft unter anderem den Forschungseisbrecher „Polarstern" und Forschungsstationen in der Arktis und Antarktis für die Community. Wissenschaftler anderer Einrichtungen können sich jeweils mit ihrem Forschungsprogramm bei den Koordinierungsgremien der Forschungsplattformen bewerben. Vielfältige nationale und internationale Kooperationen sorgen für einen regen Wissenstransfer zwischen den Institutionen.

Wegen der großen Datenflut und der teilweise sehr hochvolumigen Daten können die Daten nicht in einem zentralen Archiv gespeichert werden. Vielmehr existiert eine Reihe von Datenarchiven, die sich jeweils auf bestimmte Daten spezialisiert haben und unterschiedlich organisiert sind.

Als ein Beispiel sind die ICSU (International Council for Science) Weltdatenzentren zu nennen. Sie gehen auf international koordinierte Bemühungen zum Internationalen Geophysikalischen Jahr 1957–1958 zurück. Die damals erhobenen Daten sollten dauerhaft für die Nachwelt aufbewahrt und den Wissenschaftlern zugänglich gemacht werden. Inzwischen gehören 52 Einrichtungen in zwölf Ländern diesem Verbund an, die Daten aus vielen unterschiedlichen Bereichen des Erdsystems sammeln. In Deutschland besitzen drei Einrichtungen das Label WDC, mit dem die dauerhafte Verfügbarkeit der dort archivierten Daten gekennzeichnet ist. Die Spannbreite der dort vorhandenen Daten reicht

---

4 Vgl. WMO (2011).

10 Klimaforschung

von Messdaten der Marinen Umweltwissenschaften (WDC MARE) über Satellitendaten (WDC RSAT) bis zu Klimasimulationsdaten (WDC Climate). Wissenschaftler können dort jeweils Daten einstellen, die dann eine genau vorgeschriebene Qualitätskontrolle durchlaufen. Gemeinsam mit dem Datenzentrum des GeoForschungszentrums Potsdam GFZ haben sich diese Weltdatenzentren zum Deutschen WDC Cluster für Erdsystemforschung zusammengeschlossen. Sie haben sich verpflichtet, die internationalen Standards zu beachten und arbeiten gemeinsam an der Weiterentwicklung der Datendienste.

Daneben gibt es mit dem Deutschen Wetterdienst DWD ein Beispiel für ein Datenarchiv, das einer Behörde zugeordnet ist. Dort werden vor allem die Langfristbeobachtungen der meteorologischen Messstationen archiviert. Aber auch weitere meteorologische Daten sind dort verfügbar. Der DWD ist über die WMO (World Meteorological Organizaion) international mit anderen Wetterdiensten verbunden.

Weiterhin gibt es verteilte Datenarchive an diversen universitären und außeruniversitären Forschungseinrichtungen. Sie enthalten oft Daten aus speziellen Messkampagnen, die teilweise nicht ohne weiteres in das Profil der zentralen Datenarchive passen. Außerdem kann durch die dezentrale Archivierung eine enge Kopplung zwischen Daten und zugehöriger fachlicher Expertise erreicht werden.

Aus wissenschaftlicher Sicht ist eine Verknüpfung dieser unterschiedlichen Datenquellen unabdingbar. Sie wird jedoch behindert durch technische Hürden: Der Wissenschaftler muss zunächst einmal überhaupt wissen, welche Daten sich in welchem Datenarchiv befinden. Dann muss er sich über die spezifischen Zugangsmodalitäten informieren. Viele Daten sind bereits über die Webportale der Archive zugänglich. Es fehlen aber übergreifende Strukturen für einen einheitlichen Datenzugriff. Dies wurde im bereits erwähnten C3Grid in Angriff genommen. Mithilfe der Gridtechnologie sollte die Heterogenität für den Nutzer transparent gemacht werden.

C3 Konsortium

Datenanbieter
- WDC Climate
- WDC Mare
- WDC RSAT
- DWD
- DKRZ
- PIK
- AWI
- IFM-GEOMAR

Informatik-Partner
- TU Dortmund
- ZIB

Anwender
- MPI Meteorologie
- IFM-GEOMAR
- AWI
- PIK
- DLR
- Universität zu Köln
- FUB
- GKSS

Assoziierte Partner

Wissenschaft
- FZK
- Universität Hannover
- Universität Bonn

Industrie
- Sun
- NEC
- Brockmann Consult

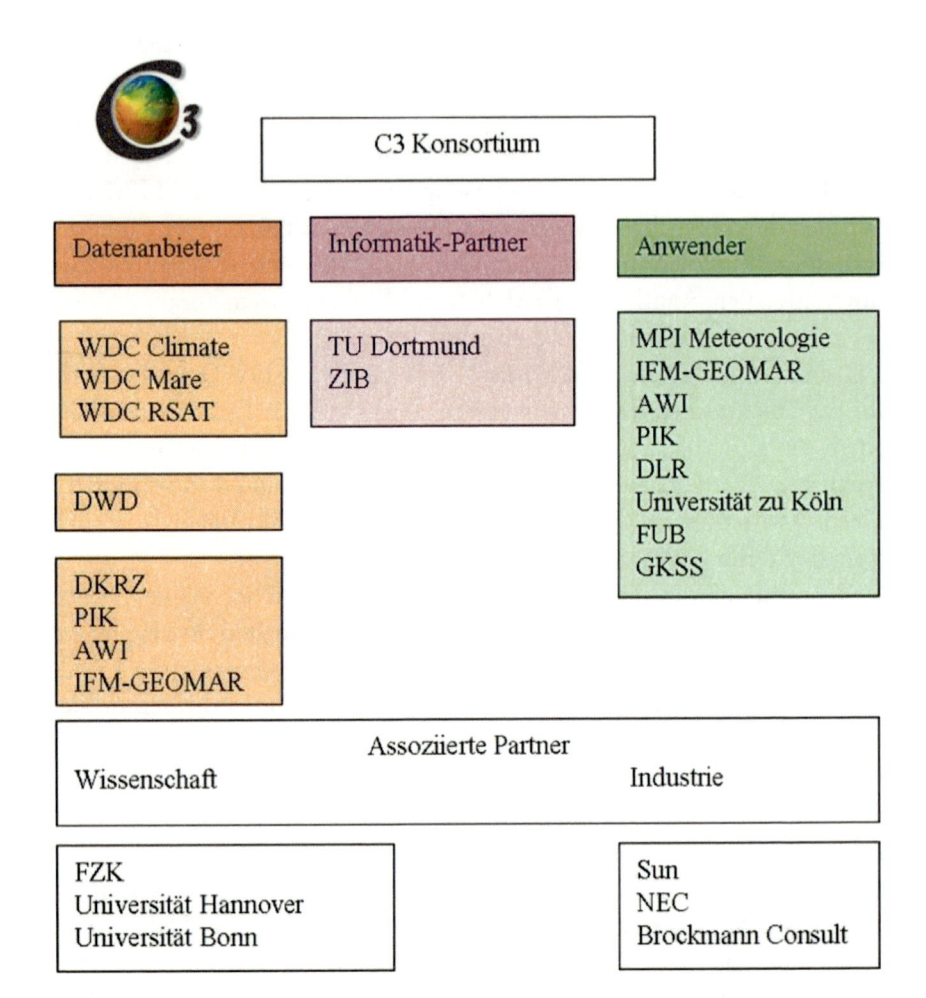

Abb. 1: Beteiligte Partner im C3Grid

Um die Entwicklung auf eine breite Basis zu stellen, wurden in C3Grid wesentliche Einrichtungen der deutschen Klimaforschung im Konsortium versammelt. Ihm gehörten zum einen die großen Datenprovider an, zu denen die Weltdatenzentren WDC Climate, WDC MARE und WDC RSAT, der Deutsche Wetterdienst DWD sowie die vorhandenen Filearchive weiterer Institutionen wie DKRZ, AWI, Potsdam Institut für Klimafolgenforschung (PIK), Leibniz-Institut für Meeresforschung IFM-

GEOMAR und Universität zu Köln zählen. Um die Werkzeuge für die Analyse der Daten zu entwickeln, waren Wissenschaftler wichtiger Forschungseinrichtungen für die Spezifikation der Anforderungen und die Einbringung von Workflows zuständig. Hier sind als zusätzliche Partner zu nennen: das Max-Planck-Institut für Meteorologie, das Meteorologische Institut der Freien Universität Berlin und das Helmholtzzentrum GKSS. Zur Umsetzung der Anforderungen wurden Informatikpartner vom ZIB und der TU Dortmund eingebunden, die bereits über Grid-Erfahrungen verfügten. Als assoziierte Partner waren weitere Forschungseinrichtungen aus dem Klima-Umfeld beteiligt sowie als Industriepartner zwei Rechnerhersteller und ein mittelständisches Unternehmen aus dem Bereich der Umweltinformatik.

Waren dies wegen der Einbettung des Projekts in die D-Grid Initiative ausschließlich deutsche Partner, so ist das Folgeprojekt C3-INAD der internationalen Einbettung gewidmet. Damit soll ein für die Wissenschaftler effektives Werkzeug implementiert werden, das den Anforderungen im Zusammenhang mit dem kommenden Sachstandsbericht IPCC AR5 genügt. Weltweit beteiligen sich ca. 1.000 Wissenschaftler an den Rechnungen, wesentlich mehr werden die Ergebnisse für weitere Arbeiten nutzen.

Die Datenflut für dieses Dokument wird alle bisherigen Vorhaben übersteigen. Allein für den Teil der globalen Simulationen werden ca. zehn PB an Resultaten erwartet, so dass nur eine verteilte Datenhaltung in Frage kommt. Weltweit verteilte Datenknoten speichern die Ergebnisse der Rechnungen. Eine definierte Teilmenge von ca. 10% (Core data) wird in drei Daten Gateways gesammelt und verfügbar gemacht, die ihre Daten jeweils untereinander spiegeln. Eines dieser Gateways entsteht gerade am WDC Climate. Es bildet mit seinem Datenbestand auch die Schnittmenge zwischen C3Grid und der IPCC Datenföderation. Die im Rahmen des IPCC AR5 bereitgestellten Daten werden auch im C3Grid bekannt gemacht, indem die Metadaten dem dort gültigen Metadatenprofil angepasst und dann publiziert werden. Da C3Grid neben den Simulationsdaten aber auch weitere Mess- und Beobachtungsdaten zur Verfügung stellt, kann der C3Grid-Nutzer durch Verknüpfung unterschiedlicher Datenquellen neue Erkenntnisse für seine wissenschaftliche Arbeit gewinnen.

10.3 Daten und Metadaten

Die Daten in der Klimaforschung zeigen eine sehr große Heterogenität. Da sehr unterschiedliche Wissenschaftsdisziplinen zusammenarbeiten, gibt es auch bei den Daten eine große Bandbreite bezüglich der Quellen, der Formate und Speichermodalitäten. Im Folgenden sollen einige Beispiele die Vielfalt schlaglichtartig kurz beleuchten.

Eine wichtige Datenquelle für die Klimaforscher sind die Beobachtungsdaten aus den Messreihen des Deutschen Wetterdienstes. Dem DWD als teilrechtsfähiger Anstalt des öffentlichen Rechts im Geschäftsbereich des Bundesministeriums für Verkehr, Bau und Stadtentwicklung obliegt per Gesetz der Betrieb der Mess- und Beobachtungssysteme und die Bereithaltung, Archivierung und Dokumentierung meteorologischer Daten und Produkte. Er unterhält ein dichtes Netz aus Wetter- und Niederschlagstationen und Beobachtungsstellen, die kontinuierlich in einem definierten Verfahren Daten erfassen.

Mit der Nutzung von Satelliten für das Monitoring der Erde wurde seit den 1970er-Jahren eine weitere wichtige Datenquelle erschlossen, deren Datenströme seitdem immer weiter zunehmen. Sie liefern durch ihre großräumige Abdeckung wertvolle Informationen. Ausgestattet mit einer Vielzahl von Sensoren werden unterschiedlichste Phänomene beobachtet. Als ein Beispiel sei hier die Bestimmung der Meereisbedeckung genannt. Dazu nutzt man die Tatsache, dass die von der Erde emittierte Strahlung im Mikrowellenbereich wesentlich durch die Oberflächenbeschaffenheit bestimmt wird. Daher kann man eisbedeckte von eisfreien Flächen unterscheiden und kann Rückschlüsse auf die Eisverteilung und sogar den Eistyp ziehen. Durch eine qualifizierte Prozessierung der Satellitendaten entstehen so tagesaktuelle Karten zur Eisbedeckung.[5]

Seit längerem dagegen werden in der Meteorologie Ballons für die Messungen der Atmosphäre genutzt. Sie sind mit unterschiedlichen Messgeräten versehen. Weltweit existieren mehrere hundert Stationen, von denen aus regelmäßig Ballonaufstiege durchgeführt werden. Damit werden Profile der Atmosphäre bis ca. 20–30 km Höhe aufgenommen.[6]

---

5   Vgl. Heygster; Spreen; Kaleschke (2007).
6   Vgl. z.B. Lanconelli et al. (2010).

Ein wichtiges Instrument zur Bestimmung des Klimazustands der Erde in vergangenen Jahrhunderten sind Eiskernbohrungen. Dabei werden tiefe Bohrungen in die Landeisschilde eingebracht und die gewonnenen Bohrkerne analysiert.[7] Ähnlich wie bei den Jahresringen der Bäume erlauben die übereinanderliegenden Eisschichten (Jahresschichten) eine Tiefen-Zeit-Zuordnung und damit Aussagen zum Klima der Vergangenheit. Je nach Länge des Eiskerns und den lokalen Akkumulationsraten ergeben sich Zeitserien im Bereich von bis zu einigen Hunderttausend Jahren.

Eine eigene Klasse von Daten stellen Simulationen dar. Sie beruhen auf der Modellierung des Klimageschehens im Rechner. Während Beobachtungsdaten meist durch kleine Datenvolumina, aber große Heterogenität charakterisiert sind, besitzen die Klimamodelldaten große Volumina (Archive im Petabyte-Bereich sind keine Seltenheit), aber eine weitgehend homogene Struktur. Die Erhebung, Validierung und Bereitstellung von qualitativ hochwertigen und dokumentierten Daten ist mit einem hohen Aufwand verbunden. Um diese Arbeit angemessen würdigen zu können, gibt es in der Klimacommunity vielfältige Bestrebungen zur Publikation von Forschungsdaten. Dies ist auch im Hinblick auf die Nachnutzung von Daten von Bedeutung. Die Datenzentren sind nur attraktiv für Nutzer, solange immer wieder Wissenschaftler ihre Daten in den jeweiligen Archiven zur Verfügung stellen.

In den deutschen Weltdatenzentren werden die Datenobjekte beim Ingest im Rahmen eines Publikationsprozesses mit persistenten Identifiern versehen. Damit werden die Daten zitierfähig in wissenschaftlichen Arbeiten und es wird die Arbeit der veröffentlichenden Wissenschaftler anerkannt.

Daneben gibt es seit 2008 mit dem „Earth System Science Data – The Data Publishing Journal" den Versuch, die Datenpublikation in einen ähnlichen Kontext zu stellen wie die Veröffentlichung von wissenschaftlichen Artikeln.[8] Mit einem Review-Prozess analog zu dem in üblichen wissenschaftlichen Journalen soll gesichert werden, dass die Daten qualitativ hochwertig, frei zugänglich (open access) und mit Standardmetadaten beschrieben sind.

---

7   Vgl. Udisti et al. (2008).
8   Vgl. Pfeiffenberger; Carlson (2011).

Die einzelnen Datenzentren haben ihre spezifischen Anforderungen bei der Aufnahme von Forschungsdaten in ihre Archive[9],[10]. Es existieren definierte Prozeduren, nach denen die Daten einer Qualitätskontrolle unterzogen werden. Diese Prozeduren sind in den einzelnen Datenzentren leicht unterschiedlich, da die verschiedenen Datenquellen jeweils angepasste Verfahren erfordern. Sie zeigen jedoch einige Gemeinsamkeiten.

Wesentlich ist zunächst einmal die Definition von Verantwortlichkeiten im Prozess der Langzeitarchivierung. Beim Dateneintrag liefert der Autor der Daten bzw. der Verantwortliche des zugehörigen Projekts (principal investigator) die Daten an das Archiv. Er erstellt die notwendigen Metadaten zur Beschreibung des Datensatzes, wobei das Metadatenprofil jeweils vom Archiv vorgegeben ist. In der Klimacommunity hat sich dabei das durch den internationalen Standard[11] ISO 19 115/139 definierte Metadatenprofil als Basis durchgesetzt, das dann jeweils von den einzelnen Archiven an die jeweiligen Bedürfnisse angepasst wird. Der Datenkurator prüft dann die Vollständigkeit der Metadaten und die Datenkonsistenz und sorgt für den Import der Daten in die jeweilige Dateninfrastruktur. Nach einem ersten Test auf Lesbarkeit der Daten und Verfügbarkeit durch den Kurator wird eine technische Qualitätskontrolle vorgenommen und dem Datensatz ein Digital Object Identifier (DOI) zugeteilt. Danach muss der Autor ebenfalls die importierten Daten und Metadaten prüfen und deren Vollständigkeit und Korrektheit bestätigen. Er ist für die wissenschaftliche Qualität seiner Daten verantwortlich. Erst nach seiner Bestätigung werden die Daten veröffentlicht und können über die zugeteilte DOI referenziert werden.

Die in den Datenzentren gespeicherten Informationen wachsen stetig. Dies lässt sich zum einen am Datenvolumen ausmachen. So stieg im WDC Climate das Datenaufkommen von vier TB in 2004 auf 420 TB in 2010. Für 2011 wird das Erreichen der PB-Grenze erwartet. Jedoch liefert eine Fixierung auf das Volumen allein kein aussagekräftiges Bild über die Dynamik der Datenhaltung in der Klimacommunity. In einigen Bereichen ist es vor allem die große Anzahl der Datenobjekte, die eine Heraus-

---

9   Vgl. z.B. Grobe (2005).
10 Die Data Policy des WDC Climate sind in den Terms of Use festgehalten und folgen den Open Access Prinzipien (http://cera-www.dkrz.de/WDCC/ui/docs/TermsOfUse.html).
11 Vgl. ISO (2011).

forderung für die Betreiber des jeweiligen Datenarchivs bedeutet. In der PANGAEA Datenbank des WDC MARE befinden sich derzeit über 5,5 Milliarden Datenobjekte mit jährlichen Steigerungsraten von 5–10%.
Die Beschränkung auf einzelne Formate in einem Datenarchiv bringt eine Reihe von Vorteilen für die Handhabung der Daten im Bereich der Langzeitarchivierung. Jedoch gibt es nicht ein einzelnes Datenformat, das für alle Informationen geeignet wäre, die in der Klimaforschung relevant sind. Je nach Spezialisierung kann daher in den Datenarchiven nur teilweise eine Beschränkung auf Datenformate erfolgen. Das WDCC ist durch die Fokussierung auf Klimadaten mit Modellierungsbezug ein Beispiel dafür, während dies beim WDC MARE nicht möglich ist, da dort gerade die Vielzahl von unterschiedlichen Beobachtungsdaten gesammelt wird. Diese beiden Datenzentren sollen im Folgenden auch immer wieder als Beispiele diskutiert werden, um einerseits die Bandbreite des Datenmanagements in der Klimaforschung zu illustrieren, andererseits aber auch zu dokumentieren, dass die Community sich bereits auf einige Standards in der Datenhaltung einigen konnte.
Bei den modellierenden Klimaforschern haben sich in den letzten Jahre vor allem zwei Formate duchgesetzt: netCDF[12] und grib[13]. Beiden gemeinsam ist, dass die Daten in einem definierten Gitter abgelegt sind. Dies spiegelt das Vorgehen bei der Simulation wider, die auf der Diskretisierung der dem Klimageschehen zugrundeliegenden Gleichungen basiert. Daher akzeptiert das WDCC mit seiner Spezialisierung auf Daten mit Modellierungsbezug auch nur Daten in diesen beiden Formaten und ASCII. Damit kann der Aufwand für die Datenpflege minimiert werden, da nur noch wenige Werkzeuge für den Zugriff auf die Daten vorgehalten werden müssen. Eine weitere Beschränkung erfolgt bezüglich des Inhalts der Dateien, indem die abgespeicherten Variablen der Climate Forecast Convention[14] genügen müssen. Dadurch werden für die wichtigsten Größen eindeutige Bezeichnungen und Maßeinheiten vorgegeben, die dann die Suche erleichtern und die Vergleichbarkeit von Datensätzen ermöglichen.

---

12 Vgl. Rew; Davis (1990); NetCDF (2011).
13 Vgl. GRIB (1994).
14 Vgl. Gregory (2003) und die Liste der aktuellen CF Namen unter http://cf-pcmdi.llnl.gov/documents/cf-standard-names.

Dieses Vorgehen ist jedoch nicht immer möglich. So ist es gerade ein wesentliches Anliegen von PANGAEA im WDC MARE, möglichst viele unterschiedliche Beobachtungsdaten zu sammeln, um dem Wissenschaftler einen breiten Blick zu ermöglichen. Dies ist sowohl für die umfassende Dokumentation des Klimas wichtig als auch für die Weiterentwicklung der Modelle. Deren Qualität wird entscheidend daran gemessen, dass sie die beobachteten Daten möglichst korrekt wiedergeben. Nur dann kann erwartet werden, dass die mit dem Modell berechneten Prognosen für die Zukunft ebenso verlässlich sind.

Zur Sammlung des WDC MARE gehören Messungen klimarelevanter Größen, die sich in dem bevorzugten ASCII Format darstellen lassen, ebenso wie beispielsweise Bilder von Unterwasserregionen[15], Videos[16] und Audio-Dateien[17], seismische Daten[18] oder Daten, die von Echosoundern aufgenommen und in proprietären Formaten vorliegen.[19]

Die meisten Daten in den Archiven sind frei verfügbar. Die WDCs akzeptieren in ihren Policies die Regeln des Open Access, wie sie in den Empfehlungen der Budapest Open Access Initiative[20] und der Berliner Erklärung über offenen Zugang zu wissenschaftlichem Wissen[21] dargelegt werden. Als Weltdatenzentren sind sie auch an die Prinzipien und Verantwortlichkeiten der ICSU Datenzentren[22] gebunden. Häufig wird dem Datenproduzenten für eine gewisse Zeit das Recht zugestanden, den Zugriff auf die von ihm erhobenen Daten zu reglementieren, so dass z.B. nur registrierte Nutzer Zugang zu den Daten für weitere Auswertung haben. Damit soll gewährleistet werden, dass die Datenproduzenten in diesem Zeitraum ein bevorzugtes Recht auf Nutzung der Daten haben und sie als Grundlage weiterer Publikationen verwenden können, bevor die Daten dann für alle freigegeben werden.

---

15 Vgl. z.B. die Daten in Soltwedel et al. (2003a) und den zugehörigen Artikel Soltwedel et al. (2003b).
16 Vgl. z.B. Schönberg (2007); Schönberg; Shields (2008).
17 Ein Beispiel von „singenden Eisbergen" findet sich bei Müller et al. (2005).
18 Vgl. z.B. Jokat (2008).
19 Die verschiedenen Hersteller von Sonar/Echolot-Systemen haben jeweils eigene Formate, in denen die gemessenen Daten vorliegen. Eine Standardisierung ist hier noch nicht absehbar. Ein Beispiel für solche Daten ist Pätzold (2009).
20 Vgl. Budapest Open Access Initiative (2011).
21 Vgl. Berliner Erklärung (2003).
22 Vgl. ICSU (1987).

In einigen Fällen wird beim Zugriff auf die Daten unterschieden zwischen der wissenschaftlichen und der kommerziellen Nutzung. Daher ist eine Authentifizierung der Nutzer in den meisten Archiven notwendig.

Die Informationen in den Datenarchiven repräsentieren vielfach den Zustand des Klimas zu einem bestimmten Zeitpunkt. Daher sind auch ältere Forschungsdaten sehr wichtig, weil sie Zeugnis geben von den seither erfolgten Veränderungen. Diese alten Daten sind damit von unwiederbringlichem Wert und ihre sichere Aufbewahrung unbedingt notwendig.

Zur Beschreibung der Daten sind bereits seit Jahren vielfältige internationale Bemühungen zu verzeichnen. Ausdruck dessen sind die in den ISO Standards festgeschriebenen Vorgaben. So definiert der ISO 19115 die für die Beschreibung von geografischen Informationen notwendigen Angaben. Er ist sehr umfangreich und beinhaltet die räumliche und zeitliche Zuordnung sowie vielfältige Informationen zu den Daten. Von den insgesamt über 400 Metadatenelementen sind etwa 20 Elemente verpflichtend. Die Norm ist wichtige Grundlage beim Aufbau von Geodateninfrastrukturen (GDI). Während in ISO 19115 das Metadatenschema an sich beschrieben wird, definiert ISO 19139 die XML-Implementierung des Schemas. Beide Standards bilden damit die Basis für die Metadatenschemata, die in den Datenarchiven der Klimaforschung verwendet werden.

Im europäischen Rahmen bemüht sich die Initiative Infrastructure for Spatial Information in the European Community (INSPIRE)[23] um eine Harmonisierung der Dateninfrastrukturen für Raumdaten, zu denen auch die Klimadaten gehören. Damit soll der Austausch von Umweltdaten zwischen unterschiedlichen öffentlichen Einrichtungen erleichtert und der Zugang zu Raumdaten in Europa vereinfacht werden. Ein Teil dieser Initiative ist auch die Definition von einheitlichen Metadaten[24], die als Grundlage die oben bereits diskutierten ISO Metadaten haben.

Bereits seit einigen Jahren werden persistente Identifier in den Datenarchiven der Klimacommunity genutzt, um eine dauerhafte Identifizierung der Datenobjekte zu gewährleisten. In dem von der DFG geförderten Projekt „Publication and Citation of Scientific Primary Data"

---

23 Vgl. INSPIRE (2007).
24 Vgl. INSPIRE (2010).

(STD-DOI) haben die Datenarchive WDC Climate, WDC MARE, WDC RSAT und das Datenarchiv des GFZ Potsdam gemeinsam mit der TIB Hannover ein System aufgebaut, das die Zitierbarkeit von Daten gewährleistet (DataCite[25]). Die in diesen Archiven veröffentlichen Daten werden mit persistenten Identifikatoren (DOI und URN) versehen und machen die veröffentlichten Datensätze dadurch dauerhaft findbar und zugänglich. Damit ist eine Grundvoraussetzung für deren Zitierbarkeit erfüllt.[26]

10.4 Interne Organisation

Für die Weltdatenzentren existieren wohldefinierte Workflows für den Dateningest und die Behandlung der Daten in ihrem Lebenszyklus. Sie ergeben sich teilweise bereits durch die Zugehörigkeit der Einrichtungen zu ICSU. Damit wird gesichert, dass die Daten langfristig verfügbar sind.

Die Finanzierung der Datenarchive ist in der Klimacommunity unterschiedlich geregelt. Die Weltdatenzentren werden in der Regel über den Grundhaushalt der Einrichtungen finanziert, an denen das Datenarchiv betrieben wird.

Doch nicht alle Vorhaben können mit dieser Grundfinanzierung abgefangen werden. Immer wieder gibt es Projekte, die ein hohes zusätzliches Datenaufkommen generieren. Da heutzutage elektronische Speichermedien auch mit großen Volumina relativ preiswert zu haben sind, erkennen nicht alle Wissenschaftler die Problematik, die sich beim Übergang der Daten in die Langzeitarchivierung ergibt. Hier muss es noch zu einer stärkeren vorherigen Absprache mit den Datenzentren kommen.

Allerdings wird in diesem Zusammenhang ein weiteres Problem deutlich. Es gibt derzeit noch keine verlässlichen Kostenmodelle für die Langzeitarchivierung von Daten. Die teilweise bereits erhobenen Datenpauschalen stellen nur einen ersten Versuch dar, bei hohem zusätzlichen Datenaufkommen angemessen reagieren zu können. Hier bedarf es noch weiterer Evaluierung, die umso verlässlicher gestaltet werden kann, je besser die Prozesse bei der Langzeitarchivierung in einer Einrichtung definiert

---

25 Vgl. DataCite (2011).
26 Vgl. Klump et al. (2006).

10 Klimaforschung

sind. Außerdem müssen oftmals noch Service Level Agreements formuliert und ausgehandelt werden. Darin sollten Art und Umfang der zugesicherten Leistungen des Datenarchivs festgelegt werden, damit Nutzer die Angebote unterschiedlicher Anbieter vergleichen können.

Um eine Vorstellung von den notwendigen finanziellen Ressourcen für eine Virtuelle Forschungsumgebung in einem datenintensiven Wissenschaftszweig zu bekommen, sollen hier einmal schlaglichtartig einige Investitionen im Umfeld des C3Grid aufgelistet werden. Im Rahmen der D-Grid-Initiative förderte das BMBF neben den Projekten in insgesamt drei Calls auch durch Sonderinvestitionen den Aufbau der Gridinfrastruktur in Deutschland. Dabei wurden in C3Grid Archivkomponenten für ein verteiltes C3Grid Community Repository Center (C3RC) für Langzeitarchivierung zur Unterstützung der C3-Community beschafft. Diese Speichersysteme wurden dabei in die bereits bei den Partnern vorhandene Storage-Infrastruktur eingebunden, um die vorhandenen Erfahrungen vor Ort zu nutzen und eine hohe Kosteneffizienz zu erreichen. Konkret wurden für insgesamt 2,25 Mio. € fünf Archivsysteme mit entsprechenden Medien angeschafft, die insgesamt um die fünf PB an Daten in den beteiligten Zentren (AWI, DKRZ, Universität zu Köln, Zuse-Institut Berlin, DWD) aufnehmen können.

Weitere größere Investitionen wurden in Vorbereitung auf den bereits erwähnten 5. Sachstandsbericht des IPCC getätigt. Das DKRZ wird als eines von drei Daten-Gateways eine zentrale Rolle in der international verteilten Datenhaltung spielen. Dafür wurden 1,1 Mio. € vom BMFB zur Verfügung gestellt, für die neben den für das Datenprozessing notwendigen Servern vor allem Laufwerke und Tapes mit einer Kapazität von 1,6 PB und für einen schnellen Zugriff 700 TB Platten angeschafft und in die bereits vorhandene Dateninfrastruktur des DKRZ integriert wurden.

Datenbibliotheken mit dem erwähnten Umfang können nur dann erfolgreich betrieben werden, wenn dazu speziell geschultes Personal verfügbar ist. Die technische Grundlage schaffen die IT-Experten. Die enge Anbindung an Rechenzentren ist dabei von Vorteil: Die technische IT-Infrastruktur des WDC MARE wird durch das Rechenzentrum des AWI betrieben, das WDC Climate ist Teil des Deutschen Klimarechenzentrums DKRZ. An beiden Einrichtungen gibt es Mitarbeiter für die Langzeitarchivierung der Forschungsdaten. So existiert am RZ des AWI eine Abteilung „Forschungsplattformen", die sich um die Datenströme aus den vom Institut betriebenen Forschungsplattformen (Forschungsschiff Polarstern, Antarktisstation Neumayer III,...) kümmert. Dazu ist die Expertise sowohl zu den datenproduzierenden Messeinrichtungen als auch zu den zugehörigen Formaten, Metadaten notwendig. Für die Datenakquise aus verschiedenen Experimenten sind Datenkuratoren zuständig, die jeweils den Datenimport in das Archiv begleiten. In ähnlicher Weise gibt es am WDC Climate Mitarbeiter, die sich der großen Datenlieferanten annehmen. Exemplarisch seien hier die Aktivitäten zur Datenhaltung im Zusammenhang mit CMIP5 (Coupled Model Intercomparison Project) genannt, in dem mit verschiedenen Modellen die globalen Simulationen für den IPCC AR5 erstellt werden. Für das am DKRZ/WDC Climate angesiedelte Daten-Gateway sind zwei Projektmitarbeiter zum Aufbau des IPCC-Datenarchivs angestellt worden, die den Datenfluss aus den Hochleistungsrechnern in die Datenarchive begleiten.

Nur ein Teil der beschriebenen Mitarbeiter im Zuständigkeitsbereich des Datenmanagements ist fest bei den Einrichtungen angestellt. Vielmehr werden viele von ihnen über Drittmittelprojekte finanziert. Dies mag sinnvoll sein, um ein zeitlich begrenztes überdurchschnittlich hohes Datenaufkommen aufzufangen, wie es das CMIP5-Projekt ist. Jedoch ist damit die Gefahr verbunden, dass durch die personellen Fluktuationen wichtige Expertise in der Datenhaltung verlorengeht.

10.5 Perspektiven und Visionen

Die Klimacommunity hat schon frühzeitig die Bedeutung einer koordinierten Datenarchivierung erkannt, um die einmal gewonnenen Informationen für breite Kreise nachnutzbar zu machen[27]. Die im Laufe der Jahre aufgebauten Infrastrukturen sind für die Anforderungen gut aufgestellt. Sie sollten parallel zu dem weiter steigenden Datenaufkommen weiter ausgebaut und verknüpft werden.

Die erhobenen Daten haben ihren Wert nicht nur für die Erstauswertung in einer Publikation. Vielmehr werden oft durch Wiederverwendung und Verbindung mit anderen Datenquellen weitere Erkenntnisse gewon-

---

27 Vgl. Dittert; Diepenbroek; Grobe (2001), S. 393.

nen. Daher muss bei den beteiligten Wissenschaftlern ein Bewusstsein geschaffen werden, wie wichtig eine ordnungsgemäße Archivierung von Daten ist. Sie sollte nicht einfach nur den Schlusspunkt in der Arbeit bilden, der manchmal etwas stiefmütterlich abgearbeitet wird, sondern integraler Bestandteil des wissenschaftlichen Arbeitsprozesses sein, der kontinuierlich durchlaufen wird. Hier haben die Universitäten die Aufgabe, heranwachsenden Wissenschaftlern bereits in der Ausbildung die Verantwortung für die Daten nahezubringen und Grundlagen der Langzeitarchivierung zu vermitteln. Dies wird insbesondere immer wichtiger, da die Klimaforschung durch die Klimamodellierung und das globale Monitoring zunehmend ein Wissenschaftsbereich aus der Klasse der data intensive sciences wird.

Eine weitere Herausforderung für die Datenarchive der Klimaforschung liegt darin, die dort gesammelte Information nicht nur für die Community selbst bereitzustellen, sondern sie auch für weitere Wissenschaftsdisziplinen nutzbar zu machen. Wenn Strategien für die Anpassung an die Veränderungen des Klimas entwickelt werden sollen, dann müssen die Daten zum Klimawandel aufbereitet werden, damit sie auch von Fachfremden richtig genutzt werden können. So erwarten Mediziner belastbare Aussagen zu Änderungen in der Pollenflugsaison, um Asthmatikern eine angemessene Medikation zukommen zu lassen. Die Tourismusbranche möchte vor größeren Investitionen in Wintersportgebieten wissen, ob dort auch in Zukunft mit genügend Schneefall zu rechnen ist. Die Straßenämter müssen eventuell alternative Fahrbahnbeläge ausbringen, um den mittelfristig sich ändernden Witterungsbedingungen im Winter adäquat zu begegnen. Diese beliebig ausgewählten kleinen Beispiele machen deutlich, dass ein weiter Bedarf an Datenprodukten besteht, die von den Datenzentren bereitgestellt werden sollten. Hier eröffnet sich ein weiteres Betätigungsfeld, dessen Bedeutung aber zukünftig sicher noch steigen wird.

Danksagung

Hiermit möchte ich Michael Lautenschlager (DKRZ) und Michael Diepenbroek (MARUM) recht herzlich für die Informationen zu den Weltdatenzentren WDC Climate und WDC MARE danken.

11 Funktionelle Biodiversität

Jens Nieschulze, Birgitta König-Ries

11.1 Einführung in den Forschungsbereich

Biodiversität bezieht sich im einfachsten Sinne auf die Anzahl von Spezies, Genomen oder Genen in einem Gebiet. Funktionelle Biodiversität bezieht zusätzlich Lebensgemeinschaften und deren Interaktionen mit ein und untersucht die Treiber und funktionalen Konsequenzen des Wandels der Biodiversität. Dabei wird hauptsächlich auf den Organisationsebenen der Molekularstruktur, der Organismen oder der Ökosysteme geforscht.[1] Es wird ein wachsender Verlust von Arten beobachtet. Dies ist kritisch, da der Kausalzusammenhang zwischen Biodiversität und Produktivität und Resilienz von Ökosystemen noch nicht verstanden ist, negative Einflüsse aber zu befürchten sind. Aus diesem Grund gab es schon früh ein Interesse an nachhaltiger Nutzung der Umwelt, welches 1992 bei der Konferenz der Vereinten Nationen in Rio de Janeiro in die Convention on Biological Diversity (CBD) mündete. Deutschland hat die CBD 1993 ratifiziert und den Schutz und die Erforschung der Biodiversität als Aufgabe angenommen. Der Umfang der finanziellen Förderung der Forschung in Deutschland wird auf ca. 100 Mio. US-Dollar je Jahr geschätzt.[2] Zwar ist die Landnutzung einer der Haupttreiber von Veränderungen der Biodiversität, biogeochemischen und biologischen Prozessen und Services, jedoch ist die Konsequenz des Verlusts an Arten für biologische Prozesse und Services als auch die Bedeutung von Interaktionen und Rückkoppelungen weitestgehend unbekannt.[3] Die Erfassung der Interaktionen und Rückkoppelungen bedarf

---

1 Vgl. Beck (2004).
2 Vgl. ebenda.
3 Vgl. Sala et al. (2000).

ganzheitlicher Forschungsansätze, die sowohl eine ausreichend räumliche als auch zeitliche Auflösung haben, die die verschiedenen Organisationslevel Spezies, Prozess und Service abdecken, und alle Organisationsebenen vom Genom bis zum Biom, der großskaligen Gemeinschaft von Organismen verschiedener Taxa, abdecken. Vor diesem Hintergrund wird deutlich, dass keine Einzeldisziplin diese Anforderungen abdecken kann und interdisziplinäre Ansätze notwendig sind. Ein entsprechendes Projekt der terrestrischen Biodiversitätsforschung sind die Biodiversitäts-Exploratorien, BE, die seit 2006 von der DFG als Schwerpunktprogramm finanziert werden. Finanzierungszeiträume umfassen i.d.R. jeweils drei Jahre; eine maximale Anzahl von Finanzierungszeiträumen ist bisher nicht vorgesehen. Die BE sind eine offene Forschungsplattform, die die Zusammenhänge zwischen der Biodiversität von verschiedenen Taxa und Organisationsgrad (von Genom bis zu Landschaft), die Rolle der Landnutzung auf die Biodiversität von verschiedenen Taxa und Organisationsgrad sowie die Rolle der Biodiversität für Ökosystemprozesse untersucht.[4] Es werden zwar auch Beobachtungen zur Erfassung und Dokumentation von Grundlagendaten über die Zeit durchgeführt, der Schwerpunkt liegt aber auf „explorativen", d.h. experimentellen Ansätzen. 42 Projekte und 250 Wissenschaftler aus über 61 Institutionen aus Deutschland und der Schweiz arbeiten auf gemeinsamen Flächen im Grünland und Wald in drei Regionen Deutschlands. Zusätzliche Partner sind die Besitzer der jeweiligen Flächen, Nationalparkverwaltungen und die lokalen Naturschutzbehörden. Der Ansatz als offene Forschungsplattform bedingt eine wechselnde Projekt- und Wissenschaftlerzusammensetzung pro Phase. Für die 2011 beginnende Phase beobachten wir eine Fluktuation von 40% der Projekte. Alle Projektmitglieder haben sich verpflichtet, ihre Daten in der zentralen Datenbank zeitnah zu hinterlegen. Zusätzlich haben alle Mitglieder einer frei zugänglichen Veröffentlichung der Daten fünf Jahre nach Erhebung zugestimmt. Das Datenmanagement der Biodiversitäts-Exploratorien als einer der umfassendsten Ansätze in der terrestrischen funktionellen Biodiversitätsforschung dient im Folgenden als Beispiel für diesen Bericht.

4 Vgl. Fischer et al. (2010).

11.2 Kooperative Strukturen

Institutsübergreifende Zusammenarbeit

Die Biodiversitätsforschung ist Teil der Ökologie und etabliert sich als neue, interdisziplinäre Forschungsrichtung.[5;6] Sie vernetzt Forschungsansätze der Ökologie und zeichnet sich u.a. dadurch aus, dass die Zusammenarbeit zwischen Institutionen und Disziplinen die Regel ist. Die Forschungslandschaft ist sehr heterogen und die Vielfalt und Komplexität der untersuchten ökologischen Prozesse spiegelt sich in verschiedenen kooperativen Strukturen wider. Überschneidungen zwischen den verschiedenen Ansätzen sind häufig. Ein Ansatz ist die Etablierung von Infrastrukturen, die einen zentralen, webservice-basierten Zugriff auf verteilt vorliegende Informationen ermöglichen sollen. Für den europäischen Raum hat sich dies LifeWATCH[7] vorgenommen, ein weltweiter Ansatz wird von GEO BON[8] verfolgt. Einzelne Institutionen, Projekte und deren Daten sollen transparent in zentralen Portalen zusammengeführt werden, neue oder zusätzliche Daten werden i.d.R. nicht erhoben, Datenspeicherdienste werden nicht angeboten. TERN[9] ist zum einen eine Infrastruktur und zum anderen ein Zusammenschluss von verschiedenen Forschungsprojekten.

Die Etablierung und der dauerhafte Unterhalt eines gemeinsamen Netzes von Mess- und Monitoringflächen zur Erfassung von Grundlagendaten wird von NEON[10] in den US und ILTER[11] weltweit angestrebt. LTER-D[12] ist der deutsche Beitrag mit 27 Mitgliedsinstitutionen, zu denen auch die BE zählen. Für das Management und die Archivierung der Daten sind die einzelnen Mitglieder individuell verantwortlich. Ökologische Messgrößen weisen eine inhärente Streuung auf, auch weil keine

---

5 Vgl. DFG (2011a).
6 Vgl. NERC (2011).
7 Vgl. LIFEWATCH (2011).
8 Vgl. GEO (2011).
9 Vgl. TERN (2011).
10 Vgl. NEON (2011).
11 Vgl. ILTER (2011).
12 Vgl. LTER-D (2011).

Laborbedingungen gelten und man nicht alle Einflussparameter kontrollieren kann. Erst die Analyse von Zeitreihen ermöglicht abgesicherte Schlussfolgerungen. Die von den Netzwerken angestrebte zeitliche Kontinuität erlaubt eine nur geringe räumliche Abdeckung ohne Replikation. Die Netzwerke harmonisieren methodische Ansätze in der Erfassung von Daten, arbeiten aber für gewöhnlich nicht experimentell. Solche Ansätze werden vornehmlich von interdisziplinären Forschungsverbünden durchgeführt, die wiederum kein Grunddaten-Monitoring durchführen und die Zeitreihen von z.b. LTER-D aufgrund fehlender räumlicher Überlagerung nicht nutzen können.

Die Biodiversitäts-Exploratorien sind der europaweit umfassendste interdisziplinäre Forschungsverbund in diesem Forschungsgebiet. Die hauptsächlichen Arbeitsgebiete umfassen den Boden und Bodenorganismen, biochemische Stoffkreisläufe, Pflanzen, Invertebraten, Vertebraten, Modellierung und Synthese. Zusätzlich wird ein Monitoring von biotischen und abiotischen Grunddaten durchgeführt. Alle Projekte teilen sich die gleichen Forschungsflächen. Im Durchschnitt arbeitet jedes Forschungsprojekt mit anderen Projekten zusätzlich an zwei weiteren Fragestellungen zusammen, die nicht Teil des eigenen Forschungsantrages waren. Die intensive Zusammenarbeit spiegelt sich in einem regen Datenaustausch zwischen den Projekten wider.

LZA Dienste

Zentrale LZA-Dienste gibt es lediglich für spezielle Daten aus dem Bereich der Mikrobiologie, z.B. GenBank[13] oder TreeBase[14]. Es gibt zwar ein Weltdatenzentrum[15] des International Council of Science, welches den Bereich Biodiversität und Ökologie abdeckt, doch archiviert dieses Datenzentrum weniger Daten als vielmehr Referenzen auf verteilt vorliegende nichtstandardisierte Daten. Es gibt weitere Ansätze, die jedoch fragmentiert sind und keine umfassende Lösung anbieten.[16] Der im deutschsprachigen Raum umfassendste Ansatz der Erfassung, Doku-

---

13 Vgl. NCBI (2011).
14 Vgl. TreeBASE (2011).
15 Vgl. nbii (2011).
16 Vgl. Reichmann; Jones; Schildhauer (2011).

mentation und langfristigen Verfügbarkeit von Forschungsergebnissen ist das Biodiversity-Exploratories Information System, BExIS, der Biodiversitäts-Exploratorien.

BExIS ist eine junge Entwicklung, die Ende 2007 erstmalig online gegangen ist, und die als *work in progress storage*[17] die zentrale Verwaltung und den Austausch von Daten sicherstellt. Die Forscher der BE verpflichten sich, frühzeitig Metadaten auch über erst geplante Feldarbeiten bereitzustellen. Dies hat sich als sehr förderlich für die interdisziplinäre Zusammenarbeit und mehrfache Nach- bzw. Parallelnutzung von Daten herausgestellt. Um nachträgliche Änderungen in der Beschreibung als auch in den Daten zu erlauben, wird eine Versionierung von Daten unterstützt. Dies ist u.a. auch deswegen angezeigt, da die Auswertung einzelner Projekte sich inkrementell über Jahre hinzieht und einzelne Datensätze täglich erweitert werden. Die Flexibilität und Leistungsfähigkeit von BExIS hat zwei weitere von der DFG finanzierte Forschergruppen dazu bewogen, BExIS als ihr Datenrepositorium einzusetzen. Zusätzlich wird die Erweiterung der Funktionalität von BExIS zur Erfüllung der Ansprüche weiterer Forschungsdisziplinen in einem gerade genehmigten separaten Projekt verfolgt.

Wir arbeiten mit den lokalen Rechenzentren des MPI für Biogeochemie und der Friedrich-Schiller-Universität Jena als Service-Infrastruktureinrichtung zusammen. Die Rechenzentren sind für die Einbindung des Systems in interne und externe Netzwerke verantwortlich. Sie stellen Massenspeicherplatz bereit und führen die Datensicherung durch. Zur Zeit erfolgt die Datensicherung durch einen Tivoli Storage Manager (TSM), der ein inkrementelles tägliches Backup auf Dateiebene durchführt. Nicht erfasst werden offene Bereiche des BExIS hinterlegten Datenbankmanagementsystems. Dieses nutzt die Datensicherung des TSM auf Dateiebene, schreibt als Sicherung ebenfalls täglich eine Kopie der Datenbank und hält immer die drei aktuellsten Versionen vor. Das Rechenzentrum wiederum hält drei Versionen von ungelöschten und eine Version von gelöschten Daten längerfristig vor. Back-ups werden räumlich getrennt von den aktiven Daten am benachbarten MPI für chemische Ökologie aufbewahrt.

---

17 Vgl. Green et al. (2009).

11.3 Daten und Metadaten

Datentypen

BExIS speichert eine Vielzahl von Datentypen. Bezogen auf die Anzahl von Datensätzen überwiegen Datentypen aus Felderhebungen und -versuchen, gefolgt von Laborauswertungen. Die Datentypen umfassen Zeitreihen von halbstündlicher Auflösung durch Datenlogger, Wiederholungsmessungen innerhalb eines Jahres, jährliche Landnutzungsbefragungen bis zum fünfjährigen Wiederholungszyklus von Waldinventuren, einmalige Aufnahmen, Fotos, fernerkundliche und GIS Daten, Karten, Modelle, Spektral- und Audiodateien. Alle Daten, die ihre Grundlage im Feld haben, d.h. auch eine Bodenprobe, die im Labor analysiert wird, haben einen expliziten räumlichen Bezug. Datentypen aus dem mikrobiologischen Bereich wie Micro-arrays, Gensequenzanalysen und NGS, für die es etablierte LZA-Lösungen gibt, sollen dort entsprechend archiviert und lediglich aus BExIS heraus verlinkt werden. Die Datentypen weisen eine geringe Anzahl von Formaten, jedoch verschiedenste Syntax auf. Für die im Projekt gesammelten Spezimendaten gibt es Verträge mit Sammlungseinrichtungen, die diese Daten nach Bestimmung langfristig übernehmen.

Veröffentlichung

Die Publikation von Daten im Sinne einer zitierbaren Veröffentlichung ist nicht weit verbreitet. Einige Journale erlauben die Hinterlegung von Daten als „supporting online material". Die ökologische Gesellschaft der US unterhält ein eigenes Datenarchiv,[18] welches neben der Veröffentlichung von Daten, die den Artikeln ihrer Journale zugrunde liegen, auch eigene Datenpublikationen ermöglicht. Dies wurde seit 2000 erst 38-mal umgesetzt (Stand 2011). Dryad[19] ist ein junges Repositorium mit ähnlicher Aufgabe und wurde von acht Zeitschriften gemeinschaftlich eingerichtet, ist in der Archivierung von Daten jedoch nicht auf diese beschränkt. Die Global Biodiversity Information Facility GBIF betreibt

---

18 Vgl. esa (2011).
19 Vgl. dryad (2011).

die Veröffentlichung von taxonomischen Beobachtungsdaten durch Vernetzung anderweitig unterhaltener Datenquellen. Die Biodiversitäts-Exploratorien verfolgen ein gestuftes Zugangsmodell zu ihren erhobenen Daten. Metadaten sind ohne Einschränkung für alle autorisierten Projektmitglieder zugänglich. Der Zugang zu den Primärdaten ist auf die Ersteller beschränkt. Diese können aber anderen Mitgliedern Zugriffsrechte nur lesend oder auch schreibend einräumen. Zugangsrechte werden durch Datenurheber verteilt, entweder direkt in BExIS auf Anfrage von Datennutzern oder indirekt durch Anweisung an den Datenmanager. Fünf Jahre nach Erhebung werden im Projekt erstellte Daten ohne Einschränkung veröffentlicht. Dies wird 2012 das erste Mal der Fall sein. Ausgenommen sind lediglich Daten mit Urheberrechten wie gekaufte Karten. Die Veröffentlichung ist durch Anbindung an zentrale Portale (LifeWatch, GBIF, GEO BON) und durch die Unterstützung des OAI-PMH anvisiert.

Mindestanforderungen und Datenformate

Die von BExIS unterstützten Formate wurden zu Projektbeginn auf einem Workshop mit allen Feldwissenschaftlern diskutiert und festgelegt. Die Einschränkungen für die Wissenschaftler sollten dabei möglichst minimal sein. Die Nutzung von spezieller Software zur Erfassung von Daten stellt die Ausnahme dar. Die überwiegende Mehrheit der Daten wird mit Tabellenkalkulationsprogrammen digitalisiert, einige Arbeitsgruppen nutzen auch MS-Access. Tabellarisch vorliegende Daten in den Formaten ASCII, dBase, MS-Access und -Excel in den Versionen 2003, 2007 und 2010 werden beim Hochladen geparst und in ein internes XML-Format überführt und als solches im System gespeichert. Zusätzlich werden die Originaldateien aufbewahrt. Die beim Upload unterstützten Formate werden auch bei der Ausgabe von Daten unterstützt.

Daten können nur zu bereits bestehenden Metadaten geladen werden. Metadaten können aus lokalen Dateien geladen werden oder interaktiv online eingetragen werden. Die Metadaten beinhalten mehrere projektspezifische Verschlagwortungen, die den wissensbasierten Zugriff und Metaanalysen erleichtern sollen. Alle Wissenschaftler teilen sich die Untersuchungsflächen. Um eine einfache Verschneidung von Daten zu ermöglichen, wird in den Metadaten die die Plotbezeichner enthaltene Variable semantisch registriert und deren Inhalt auf korrekte Formatierung überprüft. Diese Registrierung ermöglicht die automatisierte Visualisierung in interaktiven Karten. Bei numerischen Variablen erfolgt eine Typkontrolle und bei Datumsangaben eine Formatkontrolle. Neben diesen tabellarisch strukturierten Daten erlaubt BExIS auch die Speicherung von Daten, die nicht geparst werden. Dies sind hauptsächlich Modelle, GIS Daten und Gensequenzen, die entweder im ASCII Format vorliegen oder deren Format offen dokumentiert ist. Nicht dokumentierte proprietäre Formate liegen glücklicherweise bisher nicht vor und sind auch nicht absehbar.

Forschungsdatenvolumina

Die erste allgemeine Förderphase der Biodiverstitäts-Exploratorien schloss ab. Die meisten Projekte benötigen noch einige Monate bis zum Abschluss der Datenerstellung und -auswertung, sodass die Abschätzung des Datenaufkommens vorläufig ausfallen muss. Der überwiegende Teil der geparsten Datensätze ist klein und umfasst bei durchschnittlich 14 Variablen weniger als 1000 Tupel. Einige wenige Datensätze umfassen mehr als eine Million Tupel, das Maximum liegt bei ca. 12 Millionen Tupel. Die tabellarisch strukturierten Daten belaufen sich somit im Bereich von zehn bis 20 GB pro Jahr. Hier beobachten wir ein lineares Wachstum.

Der Umfang der nicht geparsten Daten ist um ein Vielfaches größer. Der Zuwachs erfolgt bei diesen Typen nicht linear, sondern in diskreten Schüben. Die Audiodateien einer einzigen Arbeitsgruppe belaufen sich auf 130 GB pro Jahr. Zusätzlich sind in der aktuellen Finanzierungsphase ca. vier TB an Fernerkundungsdaten aufgelaufen. Wiederholungsaufnahmen sind wahrscheinlich; der Zeitrahmen kann aber nur geschätzt werden, so dass 500 GB pro Jahr realistisch erscheinen. Die unbekannte Größe sind Next-Generation Sequenzdaten, die sich pro Versuchsdurchlauf auf bis zu einen TB belaufen können. Da die Generierung der Daten unproblematischer als deren Speicherung erscheint, werden bisher für gewöhnlich keine Daten längerfristig gespeichert, sondern die zugrunde liegenden Gewebeproben. Ob dieses Vorgehen auch bei der erwarteten Fluktuation von Projekten praktikabel ist, wird die Zukunft zeigen.

Einschränkung der Nutzung

Bei der Nutzungseinschränkung von Daten unterscheiden wir im Projekt erhobene Daten und zusätzlich erworbene Daten. Erhobene Daten sind für einen Zeitraum von fünf Jahren nur für die projekt-interne Verwendung vorgesehen. In dieser Zeit entscheiden die Ersteller der Daten, wer in welchem Grad Zugriff erhält. Zugang durch Dritte kann auf Anfrage durch das Führungsgremium erteilt werden. Nach Ablauf der fünf Jahre werden die Daten ohne Einschränkung dem Zugang der Öffentlichkeit preisgegeben. Hiervon ausgenommen sind sensible Angaben der Plotbesitzer z.B. zu Art, Umfang und Dauer von Subventionsprogrammen. Angaben über gefährdete Arten und Fundorte sind gegebenenfalls auf Wunsch der Plotbesitzer oder Nationalparkverwaltungen ebenfalls in der Nachnutzung einzuschränken. Dies kann die Unkenntlichmachung des Fundortes als auch die Sperrung des Zugangs umfassen. Zusätzlich erworbene Daten unterliegen einem Urheberrecht. Je nach Lizenzmodell liegen nur die Metadaten oder auch die Primärdaten in BExIS vor und werden erst nach schriftlicher Nutzungsvereinbarung individuell zugänglich gemacht. Diese Zugangsbeschränkungen bleiben dauerhaft bestehen.

Nachnutzung älterer Daten

Eine typische Nachnutzung älterer Daten beruht auf der Auswertung von Zeitreihen, die einen Nachweis von Trends erlauben. Die Entwicklung im Bereich der Synthese von Daten wird den Bedarf an Nachnutzung weiter erhöhen.[20] So gibt es in den BE ebenfalls ein eigenständiges Syntheseprojekt. Kurzzeitige Untersuchungen sind aufgrund der für Biodiversitätsdaten inhärenten Streuung oftmals nicht aussagekräftig genug. Scherber et al. haben Daten von 2002–2009 aus verschiedenen Teilprojekten einer Forschergruppe für eine übergeordnete Fragestellung ausgewertet.[21] Primack et al. haben den Einfluss des Klimawandels auf die Blüte durch Vergleich über 100 Jahre alter Fotografien untersucht.[22] Lettens et al. und Lapenis et al. haben Veränderungen im Boden über 40 und 100

---

20 Vgl. Reichmann; Jones; Schildhauer (2004).
21 Vgl. Scherber et al. (2010).
22 Vgl. Primack et al. (2007).

Jahre untersucht.[23] Generell wird die Nachnutzung älterer Daten durch die fehlende Sichtbarkeit oder das Vorliegen in analoger Form erschwert. Ein Beispiel ist die Landnutzungsgeschichte, die für einige Prozesse und Ökosystemfunktionen einen ebenso wichtigen Einfluss haben kann wie die aktuelle Nutzung. Für den Wald liegen hier i.d.R. Inventare vor, die sich über Jahrhunderte erstrecken, allerdings in der räumlichen Verortung und Auflösung oftmals ungenau sind. Im Grünland gibt es keine vergleichbaren Inventare. Für beide Landnutzungsformen wird daher bei Bedarf die Geschichte zusätzlich aus Luftbildern (für die letzten 50–60 Jahre) und aus historischen Karten rekonstruiert.

Metadaten zur deskriptiven und strukturellen Beschreibung

Die Interdisziplinarität in der Biodiversitätsforschung spiegelt sich in der Vielzahl der relevanten und eingesetzten Metadatenstandards wider. Allerdings nutzen die wenigsten Wissenschaftler standardisierte Daten für ihre Forschung.[24] ABCD[25] und DwC[26] sind Standards von TDWG, die von GBIF genutzt werden, und umfassen deskriptive Beschreibungen inklusive Angabe der Beobachtungs- oder Spezimendaten. TCS[27] ist ein Standard für die strukturelle Beschreibung von taxonomischen Daten, wie sie in der Pflanzenkartierung erhoben werden. Die Ecological Metadata Language EML[28] umfasst deskriptive und strukturelle Beschreibungen. EML wird hauptsächlich für Metadaten eingesetzt, kann aber Primärdaten zusätzlich inline enthalten. Da alle Daten einen räumlichen Bezug haben, ist GML[29] des OpenGeospatial Consortiums ein weiterer eingesetzter Standard. PMML[30] und NMM[31] sind für Projekte in der Theorieentwicklung und Modellierung von Relevanz. Durch die zu bedienende Vielfalt an Standards und weitere Ansprüche an Zugriff auf Daten innerhalb der BE wurde die Metadatenerfassung durch einen eigenen XML-Schema basierten

---

23 Vgl. Lettens et al. (2005); Lapenis et al. (2000).
24 Vgl. Michener (2011).
25 Vgl. TDWG (2011).
26 Vgl. TDWG (2011b).
27 Vgl. TDWG (2011d).
28 Vgl. KNB (2011).
29 Vgl. OGC (2011).
30 Vgl. dmg (2011).
31 Vgl. NMM (2011).

Ansatz umgesetzt. Dies ermöglicht größere Flexibilität mit nur geringfügig erhöhter Komplexität, da sowieso ein Mapping zwischen Standards für die meisten Daten durchgeführt werden muss. Zurzeit wird die Ausgabe nach DwC über eine TAPIR[32] Schnittstelle implementiert. Durch das Aufparsen von tabellarischen Daten in BExIS sind hierzu keine technischen Metadaten erforderlich, da sie durch die Abstimmung auf eingesetzte Formate implizit sind. Für die unstrukturierten Daten müssen noch Lösungen für die Erfassung von technischen Metadaten gefunden werden. Durch die heterogene Datenstruktur reicht die Beschreibung mit bestehenden Metadatenstandards für eine effiziente Nachnutzung nicht aus. Vielmehr muss über kontrollierte Vokabulare und Ontologien die Interpretierbarkeit der Daten sichergestellt werden.[33]

BExIS hat zurzeit kein Handle-System im Einsatz. Die Veröffentlichung der Daten nach fünf Jahren soll aber mit DOI erfolgen, die auch in Dryad zum Einsatz kommen.

11.4 Interne Organisation

Im Rahmen der BE wurde eine Reihe von Regeln zum Umgang mit Daten vereinbart; die wichtigsten davon sind Bestandteil der Geschäftsordnung der BE. Geregelt ist unter anderem, dass vor der Durchführung von Feldversuchen Metadaten für die erhobenen Daten in das Informationssystem eingetragen werden müssen, dass Daten spätestens ein Jahr nach Erhebung in BExIS einfließen, und dass ein freier Zugang auf die Daten – innerhalb und außerhalb der BE – fünf Jahre nach Erhebung zu gewähren ist. Die einzelnen Schritte der Dateneingabe unterliegen einem definierten Prozess.

Es existiert jedoch noch kein fester Prozess für die Verwaltung der Daten innerhalb von BExIS und für einen möglichen Übergang aus dem *work in progress repository* in eine echte LZA.

Die Finanzierung von BExIS erfolgt als zentrales Projekt im Rahmen des BE Schwerpunktprogramms der DFG und ist damit für jeweils drei Jahre sichergestellt. In der aktuellen Arbeitsphase soll u.a. untersucht wer-

---

32 Vgl. TDWG (2011c).
33 Vgl. Schildhauer (2011); Heimann (2011).

den, wie die Verfügbarkeit der Daten nach einem möglichen Auslaufen der Finanzierung sichergestellt werden könnte. Hier soll die Infrastruktur des Universitätsrechenzentrums der FSU Jena sowie die entsprechende Expertise in der Thüringer Universitäts- und Landesbibliothek, die sich disziplinunabhängig mit Langzeitarchivierung beschäftigt, genutzt werden. Eine solche Lösung ist aber klar die zweite Wahl gegenüber einem langfristigen Betrieb von BExIS, da damit zu rechnen ist, dass die tatsächliche Nutzbarkeit der Daten hierunter leiden würde.

Die aktuelle DFG-Finanzierung erstreckt sich im Wesentlichen auf Personal zum Aufbau und Betrieb der Infrastruktur. In der Anfangsphase wurden hier vier volle Stellen finanziert, mittlerweile wurde die Finanzierung auf 2,5 Stellen reduziert. Mit dieser Personalausstattung sind der Betrieb und die Weiterentwicklung der Infrastruktur sowie die Schulung und Beratung von Benutzern möglich. Nicht möglich ist eine inhaltliche Kuration und Qualitätssicherung der Daten – hier wird auf die Eigenverantwortung der beteiligten Wissenschaftler gesetzt.

BExIS wird von einem Team aus Informatikern und Naturwissenschaftlern mit Domänenwissen in der Biodiversität betrieben. Einige der Mitarbeiter verfügen über teils umfangreiche Vorerfahrungen im Bereich Datenmanagement für ökologische Daten, keiner der Mitarbeiter ist jedoch formal speziell ausgebildet. Eine Schwierigkeit stellt hier die im Rahmen eines Projektes übliche recht hohe Personalfluktuation dar, die es erschwert, dauerhaft Knowhow aufzubauen.

BExIS wird mittlerweile durch ein zweites DFG-gefördertes Projekt ergänzt, das die Weiterentwicklung der Infrastruktur mit dem Ziel, einen Einsatz in anderen Projekten und Verbünden zu erleichtern, zum Inhalt hat. Wir erhoffen uns dadurch eine breite Nutzung dieses Systems und dadurch eine gewisse Vereinheitlichung der in den großen ökologischen Verbundprojekten deutschlandweit eingesetzten Infrastrukturen.

11.5 Perspektiven und Visionen

Aktuelle Arbeitsfelder bei BExIS sind unter anderem der Umgang mit Datenqualität, Mechanismen und Erweiterungen, die Wissenschaftlern bei der Nutzung des Informationssystems einen direkten Mehrwert bieten, die effektiven Datenaustausch und -wiederverwendung ermöglichen, ohne die Rechte der originalen Datenerheber zu verletzen, als auch Verfahren für eine effektive Datenveröffentlichung.

Eine hohe Datenqualität ist unabdingbar, wenn Daten nachhaltig nutzbar sein sollen. Fehlende oder falsche Daten und/oder Metadaten können realistischerweise nur solange zuverlässig erkannt und im besten Fall korrigiert werden, wie die die Daten einstellenden Wissenschaftler erreichbar sind. Das Erkennen von Fehlern und fehlenden Daten ist jedoch schwierig und erfolgt in der Praxis häufig eher zufällig beim Versuch der Datennutzung. In BExIS findet eine automatische Überprüfung auf (syntaktische) Komplettheit der Metadaten und eine manuelle Plausibilitätsprüfung von Daten in beschränktem Umfang statt. Geplant sind Erweiterungen zur Teilautomatisierung dieser Arbeitsschritte.

Um die Akzeptanz von BExIS zu erhöhen, ist eine weitere Integration von Werkzeugen, die den Wissenschaftlern einen direkten Mehrwert ermöglichen oder eine Arbeitserleichterung darstellen, z.B. durch Verschneidung oder Aggregation von Daten über mehrere Quellen hinweg, geplant. Langfristige Vision ist die Implementierung von Workflows von der Erfassung bis zur Archivierung von Daten, die sich ohne Aufwand in das Tagesgeschäft der Wissenschaftler einbinden lassen.

Bislang existiert in der Biodiversität kein allgemein akzeptierter Daten/Metadaten-Standard, sondern mehrere, die sich in Teilcommunities jeweils breiter Akzeptanz erfreuen. Für eine effektive Veröffentlichung von Daten muss daher unter anderem der Export in möglichst viele dieser Standards möglich sein. Zudem arbeiten wir an der Zitierbarkeit von Datensätzen.

Unsere Wunschvorstellung in diesem Bereich, ist die Anerkennung von Datensätzen als eigenständige Publikation. Die technischen Voraussetzungen sind bereits gegeben, mit DataCite[34] auch eine Institution, die dies fördert – es fehlt aber noch an hinreichender Akzeptanz und Gewichtung in den beteiligten Communities.

Zur Verwaltung von Biodiversitätsdaten fehlt bislang eine einheitliche, allgemein verwendete Infrastruktur. Es gibt zwar eine Reihe von Systemen, die jeweils Teilbereiche abdecken, *der* Anlaufpunkt für alle Biodi-

---

34 Vgl. DataCite (2011).

versitätsdaten ist bislang aber nicht vorhanden. Zu hoffen – und z.b. von der DFG auch angestrebt – ist, dass sich an dieser Situation in den nächsten Jahren etwas ändert und entweder ein zentrales Biodiversitätsdatenzentrum oder eine gut geplante Vernetzung existierender und neuer Systeme entsteht, die einen solchen gemeinsamen Anlaufpunkt bieten.[35]

---

35 Vgl. Schönwitz (persönliche Mitteilung).

12 Medizin

Frank Dickmann, Otto Rienhoff

12.1 Einführung in den Forschungsbereich

Forschung zur Erhaltung der Gesundheit von Lebewesen zählt zu den ältesten Wissenschaften. Sie ist wegen der Breite des Fragenspektrums durch ausgeprägte Heterogenität gekennzeichnet. Medizin ist „[…] das institutionalisierte Ergebnis des Anspruchs, wissenschaftlich begründete und kompetente Hilfe zu gewährleisten, wo Gesundheit gestört oder in Gefahr ist."[1] Die vielfältigen kulturellen Wurzeln der Medizin erhalten in der zweiten Hälfte des 19. Jahrhunderts eine langsam immer dominanter werdende naturwissenschaftliche Grundlage – jedoch stehen auch heute noch in vielen Ländern Verfahren der „traditionellen Medizin" der naturwissenschaftlich begründeten „westlichen" Medizin gegenüber. Die Forschungsmethoden entsprechen jedoch in der Regel nur in der „westlichen" Medizin den akzeptierten Regeln von Überprüfbarkeit. Deshalb wird im Folgenden von dieser Variante der Medizin ausgegangen.

Die Heterogenität der Medizin ist entstanden in Folge der historisch steigenden Zahl von Spezialisierungen sowie Überschneidungen mit anderen Forschungsbereichen. So sind zum Beispiel mit der Zahnmedizin oder der Veterinärmedizin stark spezialisierte und rechtlich abgegrenzte Bereiche entstanden. Neue Erkenntnisse in anderen Wissenschaften haben oft zu Fortschritten in der Medizin beigetragen und neue interdisziplinär ausgerichtete Sparten begründet, wie zum Beispiel mit der Informatik in Form der Medizinischen Informatik.[2] Im Folgenden liegt das Verständnis medizinischer Forschung auf der Humanmedizin und den damit verbundenen Spezialisierungen. Die Medizinische Informatik wird

---
1 Seelos (1997), S. 5.
2 Vgl. Köhler; Bexten; Lehmann (2005), S. 6.

im Zusammenhang mit dem IT-Management und der Langzeitarchivierung von Forschungsdaten betrachtet. Ferner konzentriert sich der Text auf Aspekte der klinischen Medizin – das öffentliche Gesundheitswesen und seine Themen werden nicht vertieft.

Die klinische Medizin unterscheidet in allen Fachrichtungen einerseits Gesundheitsförderung (health promotion), Vorsorge (prevention) und Versorgung (akut und rehabilitativ) sowie andererseits die Forschung. In Förderung, Vorsorge und Versorgung steht die Anwendung medizinischer Forschungserkenntnisse und darauf basierender Leistungen an Patienten im Vordergrund. Die Forschung bezieht sich auf die Entwicklung neuer medizinischer Leistungen. Da Erkenntnisse aus der Versorgung für die Forschung eine notwendige Voraussetzung sind, lassen sich die beiden Ausrichtungen nur bedingt voneinander trennen. Das gilt dementsprechend auch für die Daten – Versorgungsdaten können zu Forschungsdaten werden und umgekehrt. Da jedoch für die klinische Medizin und die klinische Forschung je nach Fragestellung sehr unterschiedliche Qualitäten an Daten notwendig sind, die aus rechtlichen und medizinischen Gründen unterschiedlich lange archiviert werden müssen, entstehen äußerst komplexe Anforderungen an die Art der Daten sowie ihre Speicherung, Wiederbereitstellung und Langzeitarchivierung.

Die Langzeitarchivierung von Forschungsdaten besitzt für die Medizin hohe Relevanz, da großes Interesse besteht, auf detaillierte Daten abgelaufener Behandlungen, die oft viele Jahre zurück liegen, zurückzugreifen und sie mit aktuellen Daten vergleichen zu können. Die Dokumentation und Nutzung dokumentierter medizinischer Verfahren ist bereits elementarer Bestandteil der Hippokratischen Medizin.[3] Heute wächst die Menge medizinischer Daten durch neue Untersuchungsverfahren und Erkenntnisse dramatisch – wie zum Beispiel in Folge der Möglichkeit der Sequenzierung des menschlichen Genoms.[4] Grundsätzlich betrifft das Thema Langzeitarchivierung von Forschungsdaten sämtliche Ausprägungen der Medizin und auch längere Zeiträume, da das Potenzial für die Nachnutzung erhobener Forschungsdaten zu keinem Zeitpunkt vollständig bestimmbar ist. So hat die Mayo-Clinic in den USA ihre Patienten-

---

3 Vgl. Eckart (2009), S. 31f.
4 Vgl. Venter et al. (2001), S. 1307 und 1327.

daten rückwärts bis in die 30er-Jahre des vergangenen Jahrhunderts digitalisiert. Durch die Weiterentwicklung medizinischer Forschung erhalten Daten immer wieder eine Bedeutung, die über den ursprünglichen Erhebungszweck hinausreicht. Proaktiv wird dieser Aspekt z.B. im Rahmen der Helmholtz-Kohorte, einer über 20 Jahre angelegten Studie zu häufigen chronischen Erkrankungen, berücksichtigt.[5]

In den nationalen Forschungsprojekten im Rahmen der D-Grid-Initiative[6] des BMBF MediGRID[7], MedInfoGRID[8], PneumoGRID[9], Services@MediGRID[10] und WissGrid[11] wurde die verteilte Datenspeicherung in Grid Computing-Infrastrukturen unter Beachtung der erhöhten Sicherheitsanforderungen in der klinischen Medizin erforscht. Dabei wurden insbesondere in WissGrid auch erste Anforderungen der Medizin im Hinblick auf Langzeitarchivierung von Forschungsdaten untersucht.[12] Darüber hinaus besteht im Rahmen der Technologie- und Methodenplattform für die vernetzte medizinische Forschung e.V. (TMF)[13] eine nationale Einrichtung, die Entwicklungen zum Informationsmanagement in der Medizin koordiniert. International organisiert sich die medizinische Forschung im Kontext verteilter Informationsinfrastrukturen unter anderem in der HealthGrid Initiative[14]. Des Weiteren wurde die Langzeitarchivierung medizinischer Daten im Rahmen der Projekte ArchiSig[15] und eArchivierung[16] untersucht. Lebhafte Diskussionen über den Umfang der maximal zu archivierenden Daten erfolgen in regelmäßigen Abständen in unterschiedlichsten Gremien – so etwa in den DFG Empfehlungen zu Picture Archiving und Communication Systems (PACS) oder Anfang 2011 in dem Diskussionsforum der Fellows der amerikanischen

---

5 Vgl. Informationsdienst Wissenschaft e. V. (2008).
6 Vgl. D-Grid (2011a).
7 Vgl. MediGRID (2011).
8 Vgl. MedInfoGRID (2011).
9 Vgl. PneumoGRID (2011).
10 Vgl. S@M (2011).
11 Vgl. WissGrid (2011b).
12 Vgl. Aschenbrenner et al. (2010), S. 33–38.
13 Vgl. TMF (2011).
14 Vgl. HealthGrid (2011).
15 Beweiskräftige und sichere Langzeitarchivierung elektronisch signierter Dokumente (vgl. Schmücker; Brandner; Prodesch (2001)).
16 Elektronische Archivierung von klinischen Studien (vgl. Kuchinke et al. (2007)).

Fachgesellschaft für Medizinische Informatik (ACMI)[17]. Das bisher größte Archivierungssystem haben 2010 die beiden Münchener Universitätskliniken konzipiert. Es wurde von der DFG positiv begutachtet als erste Maßnahme dieser Art in Deutschland mit perspektivischen Planungen bis knapp 100 PetaByte.

Mit dem DFG-Projekt LABIMI/F werden ab Mai 2011 präzise Anforderungen an die Langzeitarchivierung biomedizinischer Forschungsdaten aus der medizinischen Bildverarbeitung und der Genomforschung untersucht. Darüber hinaus wird eine Laborimplementierung für eine Langzeitarchivierung für die untersuchten Datenkategorien aufgebaut. Unter der Leitung der Universitätsmedizin Göttingen beteiligen sich an dem Projekt die Universität Magdeburg, die Arbeitsgemeinschaft der Wissenschaftlichen Medizinischen Fachgesellschaften e.V. (AWMF), das Universitätsklinikum Schleswig-Holstein sowie die Technologie- und Methodenplattform für die vernetzte medizinische Forschung e.V. und das Zuse-Institut Berlin (ZIB).

12.2 Kooperative Strukturen

Aufgrund der bestehenden Interdependenzen zwischen Versorgung und Forschung (siehe Abbildung 1) werden im Folgenden kooperative Strukturen, ausgehend von der Versorgung hin zur Forschung beschrieben.

Versorgung

Der Versorgungsbereich der Medizin baut durch eine immer weiter voranschreitende Nutzung von Informationstechnologie in der Zwischenzeit auf eine breite Palette unterschiedlicher IT-Systeme. Dazu zählen u.a. Systeme zur Verwaltung von Patientenstammdaten für administrative Zwecke, Terminplanungssysteme zur übergreifenden Koordination von OP-Sälen oder Therapieleistungen. Im Rahmen von Krankenhausinformationssystemen (KIS) werden diese einzelnen IT-Systeme integriert und i.d.R. als standortbezogene Lösungen aufgebaut. Diese KIS-Lösungen sind nicht standardisiert und weisen daher von Standort zu Standort

---

17 Vgl. AMIA (2011a).

eine heterogene Komplexitätsstruktur auf. Die Versorgung stellt daher höchst mögliche Anforderungen an die Interoperabilität von IT-Systemen. Daher werden vor allem im Versorgungsbereich der Medizin umfangreiche Standardisierungen zum Austausch medizinischer Daten zwischen verschiedenen IT-Systemen vorangetrieben.[18] Die Interoperabilität der Systeme ist eine international bearbeitete außerordentlich schwierige Aufgabe, für die etliche Gremien existieren. Die Einarbeitungszeit in die Thematik beträgt etwa ein Jahr.

Die Dokumentation medizinischer Versorgungsdaten hat zum Ziel, dass die Daten als Abrechnungsgrundlage von Leistungen mit den Krankenkassen, als rechtlicher Beleg im Falle einer Beanstandung von Leistungen und als Unterstützung bei der medizinischen Leistungserbringung[19] sowie deren Qualitätsmanagement verwendet werden können. Daher haben die medizinischen Versorgungsdaten einen Leistungsbezug. Die Grundlage der medizinischen Leistungsdokumentation erfolgt i.d.R. in Patientenakten als Papierakten, elektronischen Datensätzen in KIS, Mikrofiche oder hybriden Varianten. Die Patientendaten gehören dem Patienten. Auf ihnen ruhen jedoch Verwertungsrechte, die im Fall schwieriger forschungsnaher Behandlungen recht vielfältig sein können. Diese Sachlage wird besonders komplex, wenn der Patient Daten als falsch kennzeichnet und deren Löschung oder Sperrung nach Datenschutzrecht verlangt.

Im Kontext der medizinischen Leistungserbringung stehen eine Reihe gesetzlicher Vorschriften zur Archivierung der medizinischen Versorgungsdaten. Hier gilt die Regel einer Aufbewahrungsdauer von 30 Jahren für stationäre und zehn Jahren für ambulante Behandlungen. Dies leitet sich aus dem Haftungsrecht des BGB[20] ab und hat sich in der medizinischen Versorgung als allgemeine Richtline durchgesetzt. Eine weitere Differenzierung erfolgt im Hinblick auf Spezialfälle. So werden chronische Erkrankungen weit über die 30 Jahre archiviert, wenn dies für die Versorgung relevant ist. Im Hinblick auf die zunehmend individueller werdende Medizin („Personalisierte Medizin") wird von lebenslangen Archivierungen wichtiger Daten ausgegangen.

---

18 Vgl. Benson (2010), S. 3–6.
19 Hier sind vor allem die Kommunikation zwischen ärztlichem und pflegendem Personal sowie die Sicherung von Qualitätsstandards zu nennen.
20 § 195, § 199 und § 852 BGB.

Des Weiteren existieren präzisierende Gesetzgebungen für Aufbewahrungsfristen bestimmter medizinischer Daten. Zum Beispiel müssen nach der Röntgenverordnung (RöntgenVO) Röntgenbilder für zehn Jahre bzw. bis mindestens zum 28. Lebensjahr des Patienten aufbewahrt werden.[21] Eine weitere Ausnahme stellt die Personalaktenverordnung Soldaten (SPersAV)[22] dar, nach der eine Aufbewahrung auch medizinischer Daten bis zum 90. Lebensjahrs eines (ehemaligen) Soldaten gilt.[23] Eine Archivierung erfolgt durch das Institut für Wehrmedizinalstatistik und Berichtswesen der Bundeswehr (WehrMedStatInstBw) in Andernach als Nachfolger des Zentralarchivs für Wehrmedizin (ZAW).[24]

Darüber hinaus gilt, dass aufgrund des Personenbezugs und der Sensibilität medizinische Daten grundsätzlich der ärztlichen Schweigepflicht unterliegen und nur für den Zweck verwendet werden dürfen, für den sie erhoben wurden.[25] Bei Nichtbeachtung handelt es sich um einen Straftatbestand.

Aufgrund der unterschiedlichen Erhebungsziele, der daraus resultierenden anderen Qualitätsausrichtung und der Datenschutzanforderungen werden Versorgungsdaten bislang nur eingeschränkt für Forschungszwecke verwendet. Da im Rahmen der Versorgung jedoch umfangreiche und durchaus forschungsrelevante medizinische Daten entstehen, werden Möglichkeiten der Nutzung von Versorgungsdaten in der Forschung unter dem Begriff Secondary Use erforscht.[26] Letztere Nutzung hängt vor allem davon ab, ob die Versorgungsdaten bezüglich ihrer Qualität sauber definiert sind und genau der im Forschungsvorhaben benötigten Datenqualität entsprechen. Je höher die Qualitätsanforderung ist, desto teurer werden Datengewinnung, -speicherung, -annotation etc.

---

21 § 28 Abs. 3 RöntgenVO.
22 Verordnung über die Führung der Personalakten der Soldaten und der ehemaligen Soldaten (Personalaktenverordnung Soldaten – SPersAV).
23 § 5 Abs. 3 SPersAV.
24 Vgl. BUND (2011).
25 § 28 Abs. 6 BDSG und § 28 Abs. 7 BDSG.
26 Vgl. Safran et al. (2007), S. 2–4.

Forschung

Der Prozess der medizinischen Forschung beginnt in der Grundlagenforschung, in der neue Wirkstoffe in Laborumgebungen entwickelt werden. Anschließend wird ebenfalls in Laborumgebungen in der präklinischen Forschung die Anwendung der Wirkstoffe z.B. an Tieren validiert. Darauf folgt meist die klinische Studie am Menschen in vier Phasen.[27] In der ersten Phase erfolgt die Anwendung an gesunden Probanden (10 bis 50). In Phase II wird eine Anwendung an einer kleineren Gruppe von Patienten (100 bis 500) mit dem entsprechenden Krankheitsbild durchgeführt. Phase III erweitert die Anzahl der eingebundenen Patienten (1000 bis 5000). Nach erfolgreichem Durchlaufen aller Phasen kann die Zulassung zum Markt beantragt werden. Um die Qualität der medizinischen Leistungen weiter zu optimieren, werden weitere Langzeitstudien (Phase IV) nach der Zulassung durchgeführt. Aus jeder der Phasen kann eine Rückkopplung aufgrund von Erkenntnissen in vorgelagerte Phasen erfolgen.

Die Durchführung klinischer Studien ist durch Gesetze und allgemeine Richtlinien geregelt, um die teilnehmenden Individuen und personenbezogene Daten zu schützen sowie die Datenqualität sicherzustellen.[28] Dazu zählen gesetzliche Regelungen nach dem Arzneimittelgesetz (AMG)[29] und internationale Richtlinien zur Good Clinical Practice (GCP)[30]. In diesem Zusammenhang besteht die Pflicht der Archivierung der Studiendokumentation. Wesentliche Teile der Dokumentation wie das Trial-Master-File müssen mindestens 15 Jahre über den Abschluss der Studie hinaus vorgehalten werden.[31] Für bestimmte medizinische Forschungsdaten gelten auch in der Forschung die gesetzlichen Aufbewahrungsfristen, wie z.B. bei Röntgenbildern nach der RöntgenVO.[32]

Studiendaten und -dokumentation werden bislang vor allem papierbasiert archiviert. Weitere Alternativen sind hybride Verfahren aus papierbasierter Archivierung und Mikrofiche oder elektronische Verfahren. In Gesamtbetrachtung ist die Landschaft der Archivierung in Institutionen,

---

27 Vgl. Jöckel; Hirche; Neuhäuser (2009), S. 19–21.
28 Vgl. Schumacher; Schulgen-Kristiansen (2008), S. 239–244.
29 § 4 Abs. 23 AMG.
30 Vgl. ema (2002).
31 Vgl. Herschel (2009), S. 16.
32 Siehe S. 213f.

die klinische Forschung betreiben, sehr heterogen und i.d.R. historisch gewachsen.[33]

Neben der klinischen Forschung an Individuen beschäftigt sich die Epidemiologische Forschung mit der Erforschung von Ursachen, Verbreitung und Folgen von Krankheitsereignissen in Populationen.[34] Die Epidemiologie wendet dabei vor allem statistische Verfahren auf medizinische (Forschungs-) Daten an.

Die therapieorientierten Forschungsbereiche grundlagenorientierter, klinischer sowie epidemiologischer Forschung werden in Bezug auf die Versorgung durch die Versorgungsforschung flankiert. Die Versorgungsforschung erarbeitet optimierte Verfahren für die Anwendung von versorgungsorientierten Leistungen und Prozessen in allen daran beteiligten Institutionen des Gesundheitswesens als Gesamtsystem.[35]

Medizinische Forschung findet vor allem in entsprechend ausgerichteten Gesundheitseinrichtungen wie Universitätskliniken und angebundenen Forschungsinstitutionen statt. Diese Forschung ist primär durch öffentliche Mittel finanziert. Daneben betreibt die Pharmaindustrie privatwirtschaftlich finanzierte Forschung. Häufig beauftragt die Pharmaindustrie auch Gesundheitseinrichtungen mit der Durchführung der Validierung von entwickelten Therapien. Somit besteht eine enge Verbindung von der Forschung zur Versorgung (siehe Abbildung 1).

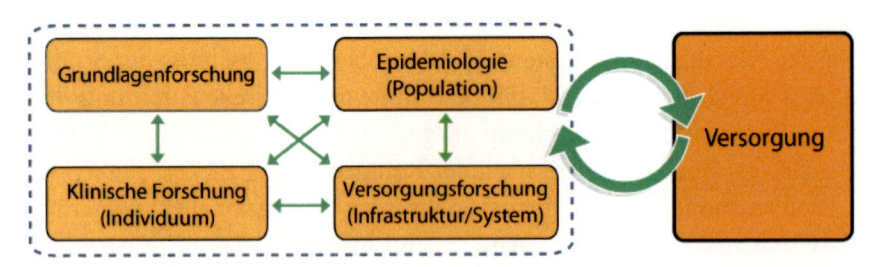

Abb. 1: Die vernetzte Grundstruktur der Bereiche medizinischer Forschung steht in ständiger Rückkopplung mit der medizinischen Versorgung.

---

33 Vgl. Kosock et al. (2010), S. 70.
34 Vgl. Merrill (2010), S. 2.
35 Vgl. Pfaff; Janßen; Pientka (2007), S. 583.

Kooperation findet in der medizinischen Forschung vor allem zwischen Institutionen im Rahmen gemeinsamer Projekte statt. In Folge einer verstärkt multiinstitutionellen Förderung intensivieren sich entsprechende Kooperationsaktivitäten. Andererseits besteht bislang primär wenig Interesse an einer Bereitstellung von erzeugten Forschungsdaten an andere Wissenschaftler.

Dennoch ist die Bedeutung und Notwendigkeit der Kooperation in der medizinischen Forschung inhärent gegeben und wird am Gebiet der Translationalen Medizin deutlich. Die Translationale Medizin beschäftigt sich mit dem Erkenntnistransfer zwischen vorklinischer Forschung unter Laborbedingungen in die klinische Entwicklung mit Anwendung am Menschen.[36] Translationale Medizin ist aufgrund von Optimierungspotenzialen in der Abstimmung zwischen vorklinischer Forschung und klinischer Entwicklung entstanden. Vor allem die Rückkopplung von Ergebnissen aus der klinischen Entwicklung in die vorklinische Forschung ist ein Problem, da klinisches Personal überwiegend versorgungsorientiert und wissenschaftliches Personal forschungsorientiert arbeitet. Konkret bedeutet dies, dass durch weniger Verständnis für Forschungsprozesse in der Versorgung und weniger Verständnis für Versorgungsprozesse in der Forschung der Erkenntnisfluss eingeschränkt ist.[36] In Folge verstärkter Interdisziplinarität in der medizinischen Forschung verstärkt dies den einschränkenden Effekt, der mit der translationalen Medizin überwunden werden soll.

Um die Vernetzung in der medizinischen Forschung zu intensivieren, fördert das Bundesministerium für Bildung und Forschung (BMBF) seit 1999 sogenannte Kompetenznetze mit Schwerpunkten auf verschiedenen Krankheitsbildern.[37] Die Förderung erfolgt bislang in Form von Projekten. Für die Vernetzung zwischen den einzelnen Kompetenznetzen ist die TMF als Dachorganisation eingerichtet worden. In Folge der Etablierung der Kompetenznetze konnte die Vernetzung der medizinischen Forschung verbessert werden, lässt aber noch Raum für die weitere Optimierung.[38]

---

36 Vgl. Marincola (2003).
37 Vgl. Kompetenznetze in der Medizin (2011).
38 Vgl. Zylka-Menhorn (2009).

Nationale Strukturen

In der Medizin organisieren sich die Wissenschaftler in einzelnen Fachgesellschaften der medizinischen Spezialisierungsbereiche, wobei in Deutschland mit 156 Fachgesellschaften ein großer Teil der Fachgesellschaften Mitglied in der AWMF[39] ist. Die AWMF ist der zentrale nationale Dachverband in der medizinischen Forschung. Durch die Spezifikation von Leitlinien nimmt die AWMF außerdem Einfluss auf die Praxis in der medizinischen Versorgung.[40]

Das deutsche Bundesinstitut für Arzneimittel und Medizinprodukte (BfArM)[41] ist zuständig für die Zulassung und Registrierung von Arzneimitteln nach dem Arzneimittelgesetz. Daneben existiert das Paul-Ehrlich-Institut (PEI)[42] in Langen, das auf biologische Substanzen, Seren und Impfstoffe spezialisiert ist.[43] Beide Institute haben durch ihre Aufgabenstellung einen wesentlichen Einfluss auf die klinische Forschung und damit auch die Datenhaltung und -archivierung von Forschungsdaten in klinischen Studien.

Im Hinblick auf das Datenmanagement und die Datenanalyse fungiert die Deutsche Gesellschaft für Medizinische Informatik, Biometrie und Epidemiologie e.V. (GMDS)[44] als zugehörige wissenschaftliche Fachgesellschaft, die zusammen mit anderen Fachgesellschaften facharztähnliche Weiterbildungsprogramme betreibt. Das Thema der notwendigen Archivierung im medizinischen Umfeld wird in der GMDS in einer eigenen Arbeitsgruppe „Archivierung von Krankenunterlagen" koordiniert. Darüber hinaus erarbeitet die TMF, als Dachorganisation der medizinischen Verbundforschungsvorhaben, Konzepte zur rechtssicheren Archivierung von klinischen Daten in der Forschung.

---

39 Vgl. AWMF (2011).
40 Vgl. Kopp; Encke; Lorenz (2002), S. 223f.
41 Vgl. BfArM (2011).
42 Vgl. PEI (2011).
43 Vgl. Herschel (2009), S. 24.
44 Vgl. gmds (2011).

Internationale Strukturen

Auf internationaler Ebene koordiniert die World Health Organization (WHO)[45] als Unterorganisation der Vereinten Nationen Aktivitäten in den nationalen Gesundheitswesen mit Schwerpunkt auf der Bekämpfung von Volks- und Infektionskrankheiten. Die WHO ist primär versorgungsorientiert, liefert aber gleichzeitig Impulse für die medizinische Forschung. Die 1906 gegründete U.S. Food and Drug Administration (FDA)[46] definiert Regeln klinischer Studien, deren Dokumentation und prüft die Einhaltung auf internationaler Ebene für Studien nach US-amerikanischem Recht.[47] Aufgrund der davon betroffenen Aufbewahrungsfristen und -anforderungen an klinische Studien für die Einführung von Medikamenten auf dem bedeutenden US-amerikanischen Markt, ist der Einfluss der FDA international sehr hoch. Darüber hinaus hat sich die FDA im Rahmen der International Conference on Harmonisation of Technical Requirements for Registration of Pharmaceuticals for Human Use (ICH)[48] mit Europa und Japan über gemeinsame Kriterien geeinigt und eine Reihe US-amerikanischer Kriterien in diesen Abstimmungsprozess eingebracht.[49] Die ICH unterstützt die Abstimmung zwischen Europa, Japan und den USA im Hinblick auf Regeln für die pharmazeutische Forschung seit 1990.[50]

Speziell auf den europäischen Raum ausgerichtet ist die European Medicines Agency (EMEA)[51] in London. Die EMEA überwacht und lässt Arzneimittel für den Raum der Europäischen Union zu. Das BfArM und das PEI arbeiten der EMEA zu, da rein nationale Zulassungen in Deutschland wenig verbreitet sind.[52] Wie auf nationaler Ebene haben international FDA und EMEA einen wesentlichen Einfluss auf Regeln zur Archivierung von Daten aus klinischen StudieIn der medizinischen Versorgung und Forschung ist die International Medical In-

---

45 Vgl. WHO (2011).
46 Vgl. FDA (2011).
47 Vgl. Herschel (2009), S. 22f.
48 Vgl. ICH (2011).
49 Vgl. Herschel (2009), S. 22f.
50 Vgl. icg (2011).
51 Vgl. ema (2011).
52 Vgl. Herschel (2009), S. 25.

formatics Association (IMIA)[53], eine von der WHO akzeptierte Non Governmental Organisation. Die IMIA ist zugleich die führende internationale Organisation zum Thema Archivierung in der Medizin. Die IMIA bietet Wissenschaftlern, Experten, Entwicklern, Beratern, Dienstleistern und Vertretern aus Fachgesellschaften sowie Behörden eine globale Kooperationsplattform. Mit der Ausrichtung der bislang alle drei Jahre stattfindenden MEDINFO Welt-Konferenz[54] werden vor allem der wissenschaftliche Erfahrungsaustausch und die wissenschaftliche Kooperation nachhaltig gefördert. International besteht zudem ein enger wissenschaftlicher Erfahrungsaustausch über die American Medical Informatics Association (AMIA)[55]. Das von der AMIA herausgegebene internationale Journal of the American Medical Informatics Association (JAMIA)[56] stellt zudem die gegenwärtig wichtigste wissenschaftliche Fachzeitschrift für die medizinische Informationsverarbeitung dar, neben den Methods of Information in Medicine[57], die in ihrer deutschen Ausgabe Methodik der Information in der Medizin heißen.

Als zentrale Plattform der Aufbereitung und Organisation wissenschaftlicher Publikationen der medizinischen Forschung wurde 1878 der Index Medicus von John Shaw Billings initiiert.[58] Bis zum 2. Weltkrieg konnten deutsche Literaturdienste mit diesem Angebot noch konkurrieren – zumal Deutsch bis dahin die international führende Sprache in der Medizin war. Der Index Medicus wurde durch die U.S. National Library of Medicine (NLM) bis 2004 als gedruckte Ausgabe fortgeführt.[59] Als MEDLARS – später MEDLINE (Medical Literature Analysis and Retrieval System Online)[60] wird der Inhalt des Index Medicus seit 1971 auch digital bereitgestellt.[61] Bis heute gilt MEDLINE als führende internationale Quelle zur Literaturrecherche für die medizinische Forschung.

---

53 Vgl. IMIA (2011).
54 Vgl. MI (2010).
55 Vgl. AMIA (2011b).
56 Vgl. JAMIA (2011).
57 Vgl. Schattauer (2011).
58 Vgl. Hill (1966), S. 80f.
59 Vgl. U.S. National Library of Medicine (2010).
60 Vgl. PubMed (2011).
61 Vgl. McCarn (1978), S. 178.

Standardisierung von Daten und Datenformaten

Die wesentliche Organisation für die Standardisierung von Daten- und Informationsaustausch im Gesundheitswesen ist Health Level Seven (HL7)[62], eine in den USA gegründete Normengruppe. HL7 definiert ein Reference Information Model (RIM) für medizinische Daten und Verwaltungsdaten. HL7 findet weltweit Anwendung und wird in Deutschland durch eine eigene Nutzergruppe repräsentiert. Darüber hinaus unterstützt das Deutsche Institut für Medizinische Dokumentation und Information (DIMDI)[63] Standardisierungsbemühungen und die Interoperabilität von IT-Systemen im Gesundheitswesen. Für den Raum der Bundesrepublik hat die Kassenärztliche Bundesvereinigung[64] mit xDT Datenaustauschformate spezifiziert, wozu Abrechungsdatenträger (ADT), Behandlungsdatenträger (BDT) und Labordatenträger (LDT) zählen.[65]

Speziell für die Forschung ist das Clinical Data Interchange Standards Consortium (CDISC)[66] relevant. CDISC entwickelt offene Standards für den Datenaustausch im Rahmen klinischer Studien. Diese Standards basieren auf der Extended Markup Language (XML) und können daher an spezifische Anforderungen angepasst werden. Mit CDISC kann der gesamte Life Cycle von Daten im Rahmen klinischer Studien abgedeckt werden.[67]

Darüber hinaus haben auch die International Organization for Standardization (ISO)[68] und das Comité Européen de Normalisation (CEN)[69] Einfluss auf die Datenverarbeitung in der Medizin. Ein Beispiel ist die ISO 21090:2011 *Health informatics – Harmonized data types for information interchange.*[70]

---

62 Vgl. HL7 (2011).
63 Vgl. DIMDI (2011).
64 Vgl. KBV (2011).
65 Vgl. Blobel (2009), S. 318.
66 Vgl. CDISC (2011).
67 Vgl. Kuchinke; Drepper; Ohmann (2005), S. 339–342.
68 Vgl. ISO (2011).
69 Vgl. cen (2011).
70 Vgl. Jiang et al. (2010), S. 13.

Einrichtungen zur Archivierung medizinischer Forschungsdaten

Auf nationaler Ebene existiert keine einheitliche Institution, die Forschungsdaten der gesamten medizinischen Forschung aufbewahrt. Die Aufbewahrung obliegt i.d.R. den Forschungseinrichtungen selbst. Dies betrifft u.a. Sonderforschungsbereiche (SFB), Universitätsklinika, Unternehmen der Pharmaindustrie sowie Einzelforscher.

In der Cochrane Collaboration[71] werden medizinische Forschungsthemen aus medizinischen Publikationen in Übersichtsarbeiten aufbereitet. Dazu sammelt und analysiert die Cochrane Collaboration übergreifend medizinische Publikationen und auch Ergebnisse aus Forschungsdaten, ohne dabei jedoch den Auftrag oder Anspruch an eine Langzeitarchivierung der Inhalte zum Ziel zu haben. Ebenfalls primär publikationsorientiert ist die Deutsche Zentralbibliothek für Medizin (ZB MED).[72] In Kooperation mit dem DIMDI betreibt die ZB MED das Portal MEDPILOT, welches medizinische Literatur- und Fachdatenbanken zusammenführt.[73] Im Rahmen des Leibniz-Bibliotheksverbundes Forschungsinformation Goportis bietet die ZB MED Langzeitarchivierungsdienste für Forschungsdaten an.[74] Die German Medical Science (gms)[75] ist durch die AWMF initiiertes spezielles Zugangsportal zu medizinischen Publikationen und zur Publikation unter Open Access in der Medizin, wobei die Datenhaltung durch das DIMDI erfolgt.

Eine der größten Kooperationen zu themenspezifischen medizinischen Forschungsdatenbanken weltweit ist die International Nucleotide Sequence Database Collaboration (INSDC)[76]. An der INSDC nehmen die DNA Data Bank of Japan (DDBJ)[77] GenBank[78] des National Institute of Health (NIH) in den USA und das European Molecular Biology Laboratory (EMBL)[79] teil. DDNJ, GenBank und EMBL sind Sammlungen

---

71 Vgl. Cochrane (2011).
72 Vgl. ZB MED (2011).
73 Vgl. MEDPILOT (2011).
74 Vgl. GOPORTIS (2011).
75 Vgl. gms (2011).
76 Vgl. INSDC (2011).
77 Vgl. DDBJ (2011).
78 Vgl. GenBank (2011).
79 Vgl. EMBL (2011).

12 Medizin

von öffentlich verfügbaren DNA-Sequenzen. Vor einer Publikation können die Forschungsdaten hochgeladen und mit einer eindeutigen Kennung in der Publikation referenziert werden.[80] Die Zentrale des EMBL ist in Heidelberg, so dass das EMBL insbesondere für Deutschland eine Institution für die langfristige Bereitstellung medizinischer Forschungsdaten der Molekularbiologie darstellt. Die zweite weltweite Kooperation medizinischer Forschungsdaten besteht mit der Worldwide Protein Data Bank (wwPDB)[81], welche frei verfügbar dreidimensionale Daten zu makromolekularen Strukturen bereitstellt.[82] Darüber hinaus existieren gerade im Bereich der Molekularbiologie weitere öffentliche Datenbanken.[83]

Weitere Forschungsdatenbanken sind vornehmlich ebenso themenspezifisch und häufig heterogen organisiert. Entgegen diesen Strukturen sind auf nationaler Ebene Projekte der medizinischen Verbundforschung unter dem Dach der TMF übergreifend koordiniert. Viele Kompetenznetze betreiben krankheitsbezogene Forschungsdatenbanken. Ein Beispiel ist das Kompetenznetz Angeborene Herzfehler (AHF)[84]. Bei den Kompetenznetzen werden IT-Serviceanbieter für den Betrieb der IT-Infrastruktur eingesetzt.[85] Die IT-Serviceanbieter werden von wissenschaftlichen Facheinrichtungen aus der medizinischen Forschung und speziell aus der Medizinischen Informatik bereitgestellt. Am Beispiel des AHF sind dies das Deutsche Herzzentrum Berlin[86] und die Medizinische Informatik Göttingen[87].

12.3 Daten und Metadaten

Im Folgenden wird ein Überblick über Forschungsdaten, ihre Standards, Metadaten, Datenaufkommen sowie Methoden zum Datenschutz in der medizinischen Forschung gegeben.

---

80 Vgl. Kanz et al. (2005), S. D30.
81 Vgl. PDB (2011).
82 Vgl. Berman; Henrick; Nakamura (2003).
83 Vgl. Chen et al. (2010), S. 3–7.
84 Vgl. Kompetenznetz AHF (2011).
85 Vgl. Helbing et al. (2010), S. 603.
86 Vgl. DHZB (2011).
87 Vgl. migoe (2011).

Datentypen und Datenformate

Medizinische Datentypen werden vor allem durch die Datenerzeugung geprägt. Man kann einige größere Datentypenklassen voneinander abgrenzen:

- Bilddaten aus bildgebenden Verfahren wie z.b. Magnetresonanztomografie (MRT), erzeugt In vivo oder Mikroskopie.
- Sensordaten aus Biosignal- oder Vitalparametermessung wie z.b. Elektrokardiogramm (EKG) oder Elektroenzephalografie (EEG).
- Biomaterialdaten aus Laboruntersuchungen wie z.b. Blutproben.
- Befunddaten aus der ärztlichen Diagnostik wie z.b. Anamnese.
- Statistikdaten, abgeleitet z.b. aus anonymisierten Befunddaten für epidemiologische Analysen.
- Klassifikationen und Codes zu Krankheiten oder Materialien wie z.b. die International Statistical Classification of Diseases and Related Health Problems (ICD)[88].
- Stammdaten der Patientenverwaltung z.b. aus Krankenhausinformationssystemen.

Die Erzeugung von Bilddaten erfolgt durch sogenannte Modalitäten als bildgebende Verfahren der medizinischen Diagnostik. In der Versorgung ist das Format Digital Imaging and Communication in Medicine (DICOM) der führende Standard, der sich an den Bildformaten JPEG2000 und TIFF orientiert sowie gleichzeitig technische Metadaten beinhaltet.[89] Häufig werden die Bilddaten in vivo an Patienten durch Magnetresonanztomografie oder Computertomografie produziert. Hinzu kommen Bilddaten, die von Biomaterialproben durch Mikroskope in vitro im Labor erzeugt werden. Verwaltet werden die Bilddaten und semantische bzw. administrative Metadaten in Picture Archive and Communication Systems (PACS). PACS-Lösungen werden z.T. auch für Forschungsdaten verwendet und sind primär auf einen Standort bezogen. Übergreifende Lösungen für den Einsatz in der vernetzten Forschung wurden z.B. in MediGRID entwickelt.[90]

---

88 Vgl. Graubner (2007).
89 Vgl. Mildenberger; Eichelberg; Martin (2002), S. 920f.; Källman et al. (2009), S. 285.
90 Vgl. Krefting et al. (2009), S. 332.

Sensordaten entstehen im Rahmen von in vivo durchgeführter Diagnostik an Patienten. Häufige Quellen zur Datenproduktion sind Elektrokardiografen (EKG) oder Elektroenzephalografen (EEG). Als De-facto-Standards haben sich hier das European Data Format (EDF)[91] und das HL7 v3.0 annotated ECG (aECG) als Datenformate durchgesetzt.[92] Ein übergreifendes Datenformat für Sensor- bzw. Biosignaldaten ist das General Data Format for biomedical signals (GDF).[93] In der Versorgung werden die Sensordaten in zentralen IT-Systemen wie einem KIS gespeichert. In der Forschung werden vor allem spezielle Datenbanken wie z.B. in den Kompetenznetzen verwendet. Technische und semantische Metadaten können überwiegend in den Datenformaten und Datenbanken hinterlegt werden.

Biomaterialdaten entstehen in vitro durch die Analyse von speziell aufbereiteten Gewebeproben und Anwendung von Laborgeräten. Dabei werden vielfach auch Bilddaten durch Mikroskopie erzeugt. Diese werden analog zu den o.g. Bilddaten gespeichert. Weitere Daten werden durch DNA-Sequenziermaschinen und Microarrays produziert. Diese Daten werden häufig als Comma Seperated Values (CSV) oder Excel-Tabellen (XLS) gespeichert. Zudem erzeugen die Maschinen Daten in proprietären Formaten. Meist werden die Daten dann in besser zu verarbeitende Zielformate konvertiert. Wesentliche Formate für molekulare Strukturen in der medizinischen Forschung sind FASTA, FASTQ, PDB und XML.[94] Alle drei Formate verwenden keine Binärkodierung und können technische Metadaten aufnehmen. Semantische Metadaten werden in der Forschung meist in Laborbüchern dokumentiert.

Befunddaten werden in klinischer Forschung und Versorgung durch Ärzte und medizinisches Personal in vivo am Patienten im Rahmen der Diagnostik erzeugt. Dazu zählen letztlich auch Behandlungsdaten, da im Anschluss an eine Behandlung eine erneute Befundung steht. Befunddaten werden in ein spezielles IT-System eingetragen. Im Versorgungsbereich der Universitätsklinika werden hier KIS eingesetzt. Als wesentliche Standards haben sich für Biomaterial die BDT aus xDT sowie vor allem HL7 durchgesetzt. In einigen Fällen kommen auch die Formate DOC oder XML zur Anwendung bei Befunddaten. Technische und semanti-

---

91 Vgl. Kemp; Olivan (2003), S. 1759.
92 Vgl. Schlögl (2009a), S. 1557.
93 Vgl. Schlögl (2009b).
94 Vgl. Chen et al. (2010), S. 3–7.

sche Metadaten können überwiegend in den Datenformaten und Datenbanken hinterlegt werden. Aufgrund der Dokumentationspflicht in der Medizin ist die Erstellung von Metadaten wesentlicher Bestandteil medizinischer Arbeitsprozesse in Versorgung und Forschung.

Statistikdaten werden im Rahmen epidemiologischer Fragestellungen aus aggregierten Einzeldaten der Forschung und Versorgung erzeugt. Dabei werden die Daten aus Datenschutzgründen i.d.R. anonymisiert. Aufgrund des Einsatzes von Statistiklösungen werden vor allem die textbasierten Datenformate CSV und R eingesetzt. Weitere proprietäre Datenformate sind SAS und SPSS. Technische Metadaten werden in den Datenformaten gespeichert. Semantische Metadaten werden entweder als Kommentare in den Daten hinterlegt oder separat gespeichert.

Klassifikationen und Codes werden durch Standardisierungsgremien erzeugt. Hier sind vor allem die deutsche Variante der ICD als internationaler Klassifikationsstandard von Krankheiten und die Operationen- und Prozedurenschlüssel (OPS) des DIMDI zu nennen.[95] Ebenso relevant ist die Systematized Nomenclature of Human and Veterinary Medicine (SNOMED).[96] Speziell auf Informationssysteme im Gesundheitswesen ausgerichtet ist das HL7 RIM, welches in einer an die Unified Modeling Notation (UML) angelehnten Notation beschrieben wird.[97] Die Daten sind primär Publikationen der Gremien und werden daher in erster Linie als PDF oder DOC bereitgestellt. Semantische Metadaten zu den Dokumenten werden meist nicht explizit bereitgestellt und ergeben sich vielmehr aus dem Inhalt. Klassifikationen und Codes sind selbst Standards für die Dokumentation von Befundung in der Versorgung und klinischen Studien.

Stammdaten sind unbedingt notwendig für die Versorgung, um die Therapiezuordnung sicherstellen zu können. Darüber hinaus sind Stammdaten auch für die Forschung von hoher Relevanz, z.B. bei der Therapiezuordnung für die Beweiskraft klinischer Forschung. Es gelten daher die gleichen Rahmenbedingungen wie für die Befunddaten. In der Forschung werden sie meist in separaten Datenbanken, getrennt von den medizinischen Daten, gespeichert.

---

95 Vgl. Krause (2007), S. 1059.
96 Vgl. Benson (2010), S. 183.
97 Vgl. Benson (2010), S. 36–38.

Mit CDISC existiert ein übergreifendes Datenformat, mit dem Daten aus verschiedenen Datentypenklassen zusammengeführt werden können. Der Fokus von CDISC liegt auf der Integration von Daten in der klinischen Forschung.[98] CDISC basiert auf XML und unterstützt technische Metadaten. Durch Einbindung der Dokumentation von Design und Durchführung klinischer Studien wird die intellektuelle Nachnutzbarkeit von CDISC-Daten möglich.

Forschungsdatenaufkommen

In Folge höherer Auflösungen und verstärkten Einsatzes bildgebender Verfahren wie Magnetresonanztomografie und Computertomografie, wächst das Volumen medizinischer Bilddaten nach Meinung vieler Autoren exponentiell.[99] Da für die medizinische Diagnose oft eine höchst mögliche Bildqualität ohne Verfälschungen notwendig ist, können mögliche Bildkompressionsverfahren nicht in vollem Umfang ausgeschöpft werden. Deshalb werden für medizinische Bilddaten größere Speicherkapazitäten benötigt. Insgesamt haben medizinische Bilddaten einen großen Anteil an den jährlich produzierten Datenmengen weltweit. Gegenwärtig entstehen in der Medizin insgesamt Daten in dreistelligem Terabyte-Bereich für einzelne Untersuchungen an Personengruppen.[100] Somit produziert die medizinische Bildverarbeitung Petabytes an Daten pro Jahr und verzeichnet das stärkste Datenwachstum in der Medizin (siehe Abbildung 2)[101] Weitere Ursache für das Wachstum ist nicht nur die Steigerung der technischen Bildauflösung sondern vielmehr die Addition zusätzlicher Dimensionen von einfachen 2-D-Bilddaten über 3-D-Volumendaten hin zu 4-D-Volumendaten und Einbezug der Zeitkomponente.[101]

In der Genomforschung hat der Anstieg der durch Sequenzierung produzierten Datenmengen das Wachstumspotenzial von üblichen Speichermedien wie Festplatte und Band überschritten.[102] Das menschliche Genom ist eine kodierte Folge von Nukleotidpaaren, die in unterschiedlicher Form in IT-Systemen gespeichert werden. Wird z.B. ein einfa-

---

98 Vgl. Kuchinke, Drepper; Ohmann (2005).
99 Vgl. Sieren et al. (2010), S. 1358.
100 Vgl. Scholl et al. (2011), S. 11.
101 Vgl. Robson; Baek. (2009), S. 17.
102 Vgl. Leinonen; Sugawara; Shumway (2011).

ches Datenformat wie die byteweise Speicherung von Nukleotidpaaren verwendet, so entstehen ca. drei Gigabyte Datenmaterial pro Humangenom.[103] Durch optimierte Speicherung kann zwar einerseits Speicherplatz eingespart werden, jedoch wächst die Anzahl der durchgeführten Sequenzierungen. Aufgrund fortschreitender Entwicklungen ist daher weiterhin ein überproportionales Datenaufkommen in der Genomforschung zu erwarten.[104] Im Rahmen des 1000-Genom-Projekts werden z.B. Datenmengen im Petabyte-Bereich erzeugt.[105] Die Genomforschung ist in der Datenerzeugung neben der Bildverarbeitung der zweitgrößte Bereich der medizinischen Forschung.

Persistente Adressierung medizinischer Forschungsdaten

Die Kooperation Goportis nimmt Forschungsdaten zur Langzeitarchivierung an. Um eine eindeutige und persistente Referenzierung öffentlich zur Verfügung gestellter medizinischer Forschungsdaten vornehmen zu können, bietet die ZB MED als Mitglied des DataCite-Konsortiums einen DOI-Service an.[106] Die technische Implementierung erfolgt in Kooperation mit der TIB-Hannover[107]. Die ZB MED agiert dabei organisatorisch als DOI-Vergabeagentur. Ein DOI der ZB MED kann für Publikationen wie auch für Forschungsdaten beantragt werden.

Datenschutz

Da die in der Medizin erhobenen Forschungsdaten vielfach einen personenbezogenen Hintergrund aufweisen[108], ist die Einhaltung von gesetzlichen Datenschutz- und Datensicherheitsanforderungen durch die Wissenschaftler notwendig.[109]

---

103 Vgl. Reich (2008), S. 335.
104 Vgl. Kahn (2011), S. 728f.
105 Vgl. Stütz; Korbel (2010), S. 245.
106 Vgl. Korwitz (2009).
107 Vgl. TIB (2011).
108 Vgl. Voßbein (2010), S. 287.
109 Vgl. Bundesdatenschutzgesetz BDSG §1, Satz 1.

12 Medizin

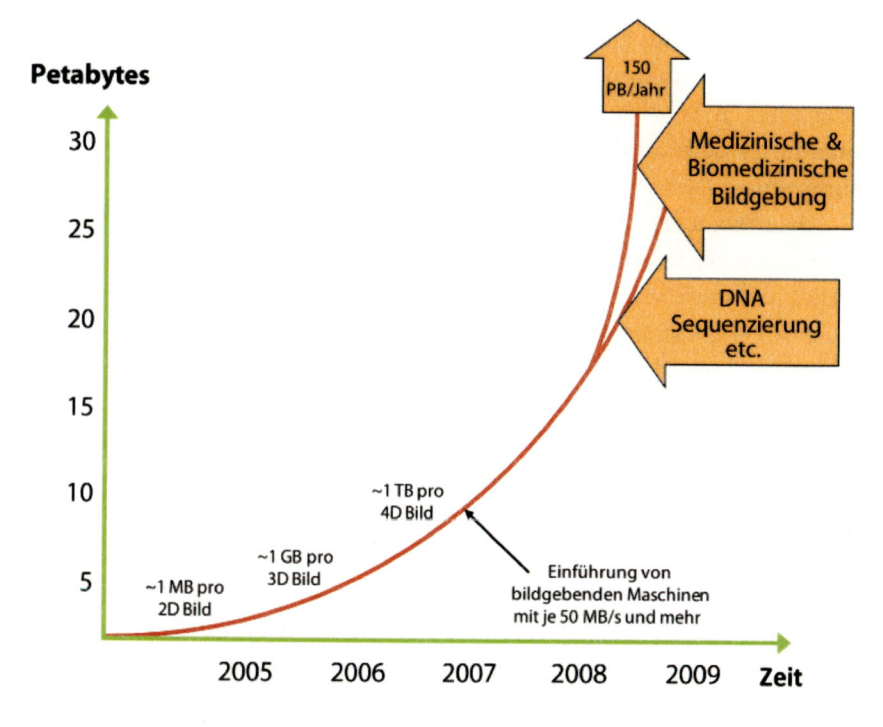

Abb. 2: Weltweit geschätztes medizinisches Datenaufkommen insgesamt sowie Prognosen zum Verlauf des Datenwachstums der medizinischen Bildgebung / DNA-Sequenzierung und sonstige Daten.[110]

Dabei besteht aus den Ansprüchen der Forschungsfreiheit[111] und der informationellen Selbstbestimmung[112] ein Zielkonflikt in der medizinischen Forschung.[113] In klinischen Studien erfordert die Erhebung personen- und krankheitsbezogener Daten von Patienten eine von Information und Aufklärung getragene Einwilligungserklärung – den Informed Consent – des Patienten.[114] Der Patient wird dabei über den Umfang und die Verwendung von Daten im Rahmen der Studie informiert. Grundlage der in einer Studie erhobenen Daten ist das Studienproto-

---
110 Modifiziert übernommen von Robson; Baek (2009), S. 17.
111 Art. 5 Abs. 3 GG.
112 Art. 2 Abs. 1 i.V.m. Art. 1 Abs.1 GG.
113 Vgl. Bake; Blobel; Münch (2009), S. 208.
114 Vgl. Röhrig et al. (2009), S. 264.

koll, welches die zu erhebenden Datenfelder definiert und von einer unabhängigen Ethikkommission verabschiedet worden sein muss. Bei multizentrischen Studien muss die Ethikkommission jedes eingebundenen Standortes dem Studienprotokoll zustimmen, wodurch ein hoher Abstimmungsaufwand im Vorfeld klinischer Studien entsteht.

Personenbezogene Daten oder Daten, durch deren Art und Weise ein Personenbezug wieder rekonstruiert werden kann, können nur in engen Grenzen gespeichert sowie verarbeitet werden. Die Datenschutzanforderungen haben demnach eine diametrale Wirkung auf die Datennutzung in der medizinischen Forschung. Um diese Problemstellung rechtlich und methodisch profund zu lösen, werden medizinische Datenbestandteile (MDAT) anonymisiert, indem die identifizierenden Bestandteile (IDAT)[115] entfernt werden. Während für die medizinische Versorgung MDAT und IDAT notwendig sind, benötigt die medizinische Forschung in erster Linie nur die MDAT. Allerdings wird aus Gründen der Therapie bei neuen Erkenntnissen und sekundärer studienübergreifender Datenanalysen meist ein Pseudonymisierungsverfahren eingesetzt, das diese Optionen rechtskonform ermöglicht.

Da es in bestimmten Szenarien sinnvoll sein kann, eine Re-identifizierung eines Patienten zu ermöglichen[116], wird in diesem Fall eine entsprechende Transparenz benötigt, um eine Zuordnung von MDAT und IDAT zu ermöglichen. Ein Beispiel sind im Rahmen einer Folgestudie, durch Dritte erhaltene Erkenntnisse zum Gesundheitsstatus eines Patienten auf Basis der MDAT. Bei Erkenntnissen, die weiteren Schaden von einem Patienten abwenden können, ist es dann sinnvoll den Patienten zu informieren. Mit der Pseudonymisierung können MDAT und IDAT durch eine befugte Person, wie zum Beispiel den behandelnden Arzt, wieder aggregiert, und der Patient informiert werden.[116] Anstatt der IDAT wird in der einfachsten Form ein Pseudonym (z.B. PID, siehe nächsten Abschnitt) an die MDAT gebunden und die Daten können weitergegeben werden.

Um ein hohes Datenschutzniveau bei der Pseudonymisierung und gleichzeitig die Anforderungen der Re-identifizierbarkeit im Rahmen von Studien zu erreichen, wird nach dem Konzept der TMF eine zwei-

---

115 Zu den IDAT zählen z.B. Name, Geburtsdatum, Krankenversicherungsnummer etc.
116 Vgl. Semler et al. (2004), S. 209f.

stufige Pseudonymisierung in den medizinischen Forschungsverbünden durchgeführt:[117]

1. In der ersten Stufe wird eine einfache Pseudonymisierung durchgeführt. Die erste Stufe gilt für die Nutzung von MDAT im Rahmen klarer Verwendungszwecke einer Studie auf bestimmte Dauer. In diesem Rahmen werden die IDAT durch einen Patientenidentifikator (PID) ersetzt. Eine zentrale Datenbank verwaltet die an einer Studie teilnehmenden Patienten und führt IDAT und PID zusammen.

2. Die zweite Stufe verwendet doppelte Pseudonymisierung. Damit können Daten für die Forschung ohne Zweckbindung und über den Zeitraum von Studien hinaus bereitgestellt werden. Bei der doppelten Pseudonymisierung wird der PID mittels symmetrischer Verschlüsselung in ein verschlüsseltes PSN überführt. Zur Verschlüsselung wird eine Chipkarte mit privatem Schlüssel verwendet. Den Betrieb der zweiten Pseudonymisierungsstufe übernimmt i.d.R. ein unabhängiger Pseudonymisierungsdienst. Externe Wissenschaftler, die nicht an der ursprünglichen Studie beteiligt waren, können Teildatensätze aus einer Forschungsdatenbank anfordern. Die Teildatensätze werden für jede Anforderung mit unterschiedlichen PSNs versehen, so dass auch bei mehreren Anforderungen keine vollständige Kopie der Daten mit einheitlichen PSNs beim anfordernden Wissenschaftler vorliegen kanDer Sinn der symmetrischen Verschlüsselung auf der zweiten Stufe liegt in der Möglichkeit, die Pseudonymisierung im Falle der notwendigen Patienteninformation zu seinem Gesundheitsstatus durch den Pseudonymisierungsdienst wieder auflösen zu können. Der Pseudonymisierungsdienst kann dann den behandelnden Arzt des Patienten informieren, ohne dass die externe Einrichtung nähere Informationen benötigt.

Neben Anonymisierung und Pseudonymisierung können Daten auch ohne Trennung von IDAT und MDAT, oder nur die MDAT zur Weitergabe ohne IDAT, verschlüsselt gespeichert werden. In diesem Fall entsteht jedoch eine kaum beherrschbare Komplexität kryptografischer

---

117 Vgl. Reng et al. (2006), S. 47–50.

Schlüssel.[118] Aufgrund des gegenwärtig besten Kompromisses von Wirksamkeit bei gleichzeitiger Transparenz der drei möglichen Verfahren, ist die Pseudonymisierung die präferierte Methode in der medizinischen Forschung.118 Tabelle 1 gibt eine Übersicht zu den Verfahren.

Merkmal Methode	Privatsphäre	Transparenz	Umkehrbar	Bemerkung
Anonymisierung	+	–	Nein	IDAT werden entfernt
Verschlüsselung	+	–	Ja	Daten werden komplett verschlüsselt
Pseudonymisierung	+	+	Unter definierten Bedingungen	IDAT werden durch Pseudonym ersetzt

Tab. 1: Übersicht zu Methoden zum Datenschutz in der Medizin[119]

Unabhängig davon muss sichergestellt werden, dass eine Re-identifikation über die MDAT selbst nicht möglich ist. Dies ist zum Beispiel bei seltenen Krankheiten oder Genomdaten nicht einfach realisierbar, so dass hier erhöhte Anforderungen an die Sicherheitsmaßnahmen der Langzeitarchivierung gestellt werden. Um dennoch ein hohes Maß an Datenschutz bei der Anonymisierung sicherzustellen, werden Verfahren der k-Anonymität bei der Herausgabe von Daten verwendet. Bei k-Anonymität ist die Wahrscheinlichkeit der Re-identifizierung 1/k für einen Datensatz bzw. ein Individuum, wobei k die Anzahl von Individuen mit gleichen potenziell identifizierenden Variablen ist – z.B. Geschlecht oder Alter.[120] Je kleiner k ist, desto größer ist die Wahrscheinlichkeit, dass eine Person in der betrachteten Gruppe anhand von potenziell identifizierenden Variablen re-identifiziert werden kann. Vor allem besonders herausragende bzw. individuelle Merkmale einer Person können das Re-identifizierungsrisiko erhöhen, da diese Art von Merkmalen k entsprechend reduzieren. Dies gilt z.B. bei seltenen Krankheiten. In Kombination mit einem weiteren Merkmal lässt sich dann eine Person bereits eindeutig identifizieren.

---
118 Vgl. Neubauer et al. (2010), S. 136.
119 Modifiziert übernommen von Neubauer et al. (2010), S. 136.
120 Vgl. Emama; Dankara (2008), S. 628.

Innerhalb einer Studie lässt sich die im Rahmen der Pseudonymisierung bzw. bereits bei der Datenerhebung steuern. Werden jedoch Daten verschiedener Studien zusammengeführt, werden zusätzliche Merkmale eingebracht, so dass das Risiko der Re-identifikation wieder steigt. Daher wird in den medizinischen Forschungsverbünden darauf geachtet, dass ein externer Wissenschaftler, der nicht an der ursprünglichen Studie partizipiert hat, nicht den gesamten Datenbestand mehrerer Studien erhalten kann, da mit jeder Kombination verschiedener Merkmale das Re-identifizierungsrisiko steigt. Zudem wird für jede Anfrage von Daten eine neue Pseudonymliste generiert, so dass auch aus mehreren Anfragen der Gesamtdatenbestand nicht rekonstruiert werden kann.

Merkmal / Datentypklasse	häufige Erzeugungsquelle(n)	häufige Dateiformate	Formatstandards	Dimension jährlich erzeugten Datenvolumens	Metadaten
Bilddaten	Kamera, (Roboter-) Mikroskop, Magnetresonanztomograf, Computertomograf, Ultraschallgerät (klinische Foschung und Versorgung)	DICOM, JPEG, JPEG2000, NIFTI, TIFF, RAW (verlustfrei bevorzugt)	CDISC, DICOM	PB	technisch
Sensordaten	Blutdruckmessgerät, Elektrokardiogramm, Elektroenzephalograf, Herzschrittmacher (klinische Foschung und Versorgung)	CSV, TXT, XLS, XML, proprietär	aECG, EDF, LAB, SCP-ECG	TB	technisch

Biomaterialdaten	DNA-Sequenzierer, Massenspektrometer, Microarray, Spektralfotometer (klinische Foschung und Versorgung)	CSV, FASTA, FASTQ, PDB, TXT, XLS, XML, proprietär z.b. Affymetrix und Illumina	LDT, LAB	PB	technisch
Befunddaten	Ärzte, medizinisches Personal (klinische Foschung und Versorgung)	DOC, PDF, TXT, XLS, XML, SQL-Datenbanken	HL7, CDISC, ICD, OPS	TB	technisch, semantisch
Klassifikationen und Codes	Institutionen und Gremien (Epidemiologie, klinische Forschung Versorgungsforschung und Versorgung)	DOC, PDF, XML	ICD, OPS, SNOMED	GB	semantisch
Statistikdaten	Daten der klinischen Forschung und Versorgung, meist anonymisiert (Epidemiologie, klinische Forschung)	CSV, R, proprietär z.b. SAS und SPSS	Keine	TB	technisch
administrative Daten	administrative Angestellte, Ärzte, medizinisches Personal (Epidemiologie, klinische Forschung Versorgungsforschung und Versorgung)	DOC, PDF, TXT, XLS, XML, SQL-Datenbanken	ADT, CDISC, HL7	TB	technisch, semantisch

Tab. 2: Übersicht zu medizinischen Datentypklassen, deren Erzeugungsquellen, Dateiformaten, Größenordnungen pro Untersuchungsfall (z.B. einzelne Person oder Materialprobe), etablierten Formatstandards und Ablage der Metadaten.

12.4 Interne Organisation

Aufgrund der gesetzlichen Vorgaben und Richtlinien zu klinischen Studien besteht in der Medizin bereits eine Grundlage für die Archivierung von Forschungsdaten. Dies ist allerdings auf die klinische Forschung beschränkt und die Zeiträume liegen unter den 30+ Jahren für die Langzeitarchivierung. Ebenso sind die Standardisierungen der Datenformate noch nicht für jede klinische Studie implementierbar. Hinzu kommt, dass archivierte Daten klinischer Studien nicht für die Nachnutzung in der Wissenschaft archiviert werden, sondern für den beweiskräftigen Nachweis der korrekten Durchführung von Studien gegenüber amtlichen Prüfungen. Mit den Kompetenznetzen der medizinischen Forschung wurden erste übergreifende Infrastrukturen mit der Möglichkeit zur Nachnutzung von Forschungsdaten aufgebaut. Diese werden jedoch maximal für zwölf Jahre auf Projektbasis gefördert. Daher sind in diesem Bereich weitere Anstrengungen notwendig.

Die Provenienz medizinischer Daten ist in der Versorgung aufgrund der gesetzlichen Anforderungen sichergestellt. Ebenso gilt dies zum Teil für die klinische Forschung, wobei durch Standortwechsel der verantwortlichen Wissenschaftler inhaltliche Datenbestände nicht immer am Ort der Erzeugung verbleiben. Dies führt dazu, dass eine übergreifende Lösung für die Datenbereitstellung notwendig ist. Die Kompetenznetze sind ein wichtiger Schritt in diese Richtung.

Aufgrund beständiger Wechsel der Forscher, gerade in der klinischen Forschung, ist der Dokumentationsaspekt für die Medizin von großer Bedeutung. Die Wechsel finden bei Arztpersonal häufig durch den beruflichen Werdegang statt. Wissenschaftler aus den übrigen Bereichen sind mittlerweile überwiegend auf der Basis von Projekten finanziert, so dass hier nur geringe Nachhaltigkeit vorliegt.

Mit der Berufsgruppe der/des Medizinischen Dokumentars/-in existiert in dem Umfeld der medizinischen Forschung bereits eine Spezialisierung, die die Aufgaben der korrekten und nachhaltigen Dokumentation in der Versorgung und in klinischen Studien berücksichtigt. Dies beinhaltet die Implementierung und Gestaltung von Informationssystemen für die Dokumentation klinischer Studien.[121] Aspekte der Langzeitarchivierung fallen in das Aufgabengebiet der Medizinischen Dokumentation, sind bislang aber noch nicht Bestandteil der Ausbildung.

Die Deutsche Zentralbibliothek für Medizin führt zentral wissenschaftliche medizinische Publikationen aus allen Teilbereichen auf nationaler Ebene zusammen, wobei jedoch kein Anspruch auf Vollständigkeit besteht. Bezüglich der Langzeitarchivierung von Publikationen arbeitet die Zentralbibliothek für Medizin mit der Deutschen Nationalbibliothek zusammen, deren Aufgabe in der Vollständigkeit liegt. Die ZB MED wird als Mitglied der Leibniz-Gemeinschaft gemeinschaftlich durch Bund und Länder finanziert. Die in Goportis angebotenen Langzeitarchivierungsdienste für medizinische Forschungsdaten werden seit März 2009 durch Bundesmittel gefördert.

12.5 Perspektiven und Visionen

Die vorgestellte Übersicht zur Langzeitarchivierung medizinischer Forschungsdaten stellt selbstverständlich nur eine grobe Übersicht der Thematik dar. Wesentlich sind die skizzierten Speicherdimensionen, in denen sich medizinische Forschungsdaten heute bewegen und die Prognose zur zukünftig in der medizinischen Forschung erzeugten Datenmengen.

Darüber hinaus wird aufgrund der dargestellten Archivierungsfristen durch unterschiedliche Gesetzgebungen die Heterogenität der zu beachtenden Anforderungen deutlich.[122] Hieraus leitet sich ab, dass Archivierungsfristen für medizinische Forschungsdaten bisher nicht per se festgelegt werden können. Ebenso stellen die Versuche zur Standardisierung medizinischer Klassifikationen wie durch ICD oder der technischen Datenschnittstellen mit CDISC bis heute keine allumfassenden Lösungen dar. Die Datenerhebungsmodelle im Rahmen der medizinischen Forschung sowie die Archivierungslösungen befinden sich in einem kontinuierlichen Entwicklungsprozess. Daher wird es notwendig sein, das breite Wissen der medizinischen Forschung auf einer Metaebene zusammenzuführen. Hierbei sind die Bestrebungen im Rahmen der Langzeitarchivierung digitaler medizinischer Forschungsdaten ein wichtiger Beitrag in diese Richtung.

---

121 Vgl. Leiner et al. (2006), S. 140.
122 Siehe Kap. 12.2.

Eine weitere Herausforderung ist, dass zur Einhaltung der deutschen Datenschutzvorschriften medizinische Daten nicht per se im Rahmen von Langzeitarchiven bereitgestellt werden können. Für dauerhaft angelegte Vorhaben wie di Langzeitarchivierung medizinischer Forschungsdaten ist zudem zu beachten, dass die Datenschutzanforderungen im Zeitablauf nicht abnehmen, da z.b. bei Genomdaten auch die Nachkommen direkt betroffen sind.[123] Hierzu sind – wie u.a. in den Kompetenznetzen in der Medizin entwickelt – umfangreiche organisatorische Regelungen notwendig. Zu beachten ist, dass vollständig anonymisierte Daten nicht mehr dem Datenschutz unterliegen, was die Publikation solcher Forschungsdaten ungemein vereinfacht. Jedoch ist bei medizinischen Daten die Anonymität nicht immer dauerhaft gewährleistet, so dass hier entweder umfangreiche organisatorische Maßnahmen oder ein streng restriktiver Zugang benötigt werden. Damit Datenschutzanforderungen dauerhaft und durch Betreiber machbar erfüllt werden können, wird es notwendig sein, Forschungsdaten gezielt und in ausreichendem aber möglichst geringem Umfang in transparenten Prozessen einzubeziehen. Ergänzend können Daten auch auf hoher Ebene aggregiert einbezogen werden, um somit die Anonymität zu gewährleisten.

Ein grundsätzliches Problem medizinischer Daten ist das rasche Wachstum der Datenbestände aufgrund technologischer Fortschritte z.B. bei der medizinischen Bildverarbeitung und der Genomforschung. Da sich das im Kontext befindliche Projekt LABIMI/F primär mit genau diesen beiden Datentypen in der medizinischen Forschung auseinandersetzt, werden aus dem Projekt erste Vorschläge erwartet. Dabei wird vor allem auch betrachtet werden, ob es notwendig ist, alle Daten zu archivieren, oder ob eine selektive Archivierung ausreichend ist.[124] Beispielsweise werden für die Erforschung bestimmter Krankheiten nicht alle erzeugten Bilddaten eines Patienten bzw. Probanden relevant sein. Noch feinere Differenzierungen werden bei weiter wachsenden Forschungsdatenmengen auch auf Detailebene einzelner Forschungsdatensätze vorgenommen werden müssen. Hierbei wird es ggf. notwendig sein, bestimmte Detaillierungen von der Langzeitarchivierung

---

123 Anhand von vererbten genetischen Ausprägungen lässt sich die Wahrscheinlichkeit einer Erkrankung von Nachkommen bestimmen (vgl. Koch (2007), S. 263).
124 Vgl. Corn (2009), S. 2.

auszuschließen. Dies ist z.B. im Kontext umfangreicher Labordaten denkbar.

Um die Langzeitarchivierung medizinischer Forschungsdaten sichern zu können, wird Vertrauen in die Datenarchive benötigt. Die Wissenschaftler müssen sichergehen können, dass die archivierten Forschungsdaten nur nach klaren Regeln bereitgestellt werden. Diese Regeln müssen den Schutz der intellektuellen Leistung der Wissenschaftler bei gleichzeitiger Transparenz sicherstellen. Gleichzeitig werden Anreize benötigt, um die Nutzung von Langzeitarchiven für Forschungsdaten etablieren zu können.[125] Hier kann seitens der Forschungsförderung die Förderung an die Bedingung der Bereitstellung von Forschungsdaten in entsprechenden Archiven gekoppelt werden. Ein Beispiel hierfür ist das gemeinsame Statement internationaler Förderer medizinischer Forschung, die wissenschaftliche Community zu einem verstärkten Datenaustausch zu ermutigen.[126]

Über den Horizont der Medizin hinausblickend kann festgestellt werden, dass viele wissenschaftliche Disziplinen z.T. sehr ähnliche Forschungsmethoden und -verfahren einsetzen, wobei die Ähnlichkeiten aufgrund unterschiedlicher Terminologie nicht klar erkennbar sind. So setzt neben der Medizin auch die Archäologie auf bildgebende Verfahren zur Forschungsdokumentation. Nach der disziplinspezifischen Erzeugung der Daten besteht eine potenzielle Nachnutzbarkeit auch für andere Disziplinen. Ein Beispiel ist die Gletschermumie aus dem Ötztal: Ötzi. Hierbei steht die Archäologie im Vordergrund, wobei die Medizin u.a. durch moderne Computertomografie (CT) die 3-D-Rekonstruktion unterstützt.[127] Daher sollte Langzeitarchivierung von Forschungsdaten verstärkt auch interdisziplinär vorangetrieben werden. Damit können Synergien genutzt und interdisziplinäre Forschung sinnvoll unterstützt werden.

---

125 Vgl. Birney et al. (2009); Nelson (2009).
126 Vgl. Agency for Healthcare Research and Quality et al. (2011); Walporta; Brest (2011).
127 Vgl. Taverna (2008).

13 Teilchenphysik

Volker Gülzow, Yves Kemp

13.1 Einführung in den Forschungsbereich

Die Teilchenphysik ist eine Disziplin der Physik und beschäftigt sich mit der Erforschung der kleinsten Bestandteile der Materie, ihren Eigenschaften und Wechselwirkungen. Die theoretische Teilchenphysik erarbeitet neue Modelle zum Verständnis der Zusammenhänge und verfeinert bestehende Theorien. Die experimentelle Teilchenphysik überprüft diese Vorhersagen mithilfe von äußerst komplexen Experimenten, die an großen Beschleunigeranlagen angesiedelt sind. Dort werden Teilchen wie Elektronen oder Protonen aber auch schwere Ionen beschleunigt bevor sie miteinander kollidieren. Als Folge der durch den Zusammenstoß freigesetzten Energie können andere Teilchen erzeugt werden. Diese Teilchen sind sehr kurzlebig und zerfallen binnen Bruchteilen von Sekunden. Um diese Zerfallsprodukte optimal vermessen zu können, werden um den Kollisionspunkt Detektoren aufgebaut. Durch die Analyse der Zerfallsprodukte können die Eigenschaften der durch die Kollision erzeugten Teilchen bestimmt werden.

Der größte und energiereichste Beschleuniger ist zur Zeit der Large Hadron Collider (LHC) am CERN in der Nähe von Genf. Die dort betriebenen Experimente sind ATLAS, CMS, LHCb und ALICE. In Deutschland sind DESY in Hamburg und die GSI in Darmstadt Standorte von Beschleunigern und Experimenten für die Teilchenphysik. Forscherinnen und Forscher an deutschen Instituten sind weiterhin auch an Experimenten am Fermilab (Chicago), SLAC (Stanford) und KEK (Japan) beteiligt.

Beschleuniger für diese Forschungen erfordern Investitionen in Höhe von Milliarden Euro und können nur noch in weltweiten Kollaborationen realisiert werden. Die Betriebskosten der Beschleuniger sind immens, die Experimente sind sprichwörtlich einmalig und viele physikalische Phänomene sind extrem selten, so dass die genommenen Daten besonders kostbar und bewahrenswert sind.

Schon die Planung der Beschleuniger und Experimente ist rechen- und datenintensiv: Die Eigenschaften der Beschleuniger werden simuliert, die Simulationen verschiedener Detektortechnologien werden mit Versuchsdaten verglichen und unterschiedliche Physikmodelle werden simuliert, um das Potential neuer Experimente zur Entdeckung neuer Phänomene zu bestimmen. Im Vorfeld der 2009 erarbeiteten Studie zu einem Detektor am vorgeschlagenen Internationalen Linearen Kollider wurden ca. 50 TB Simulations-Daten generiert und analysiert.[1]

Die Datennahme und die Analyse moderner Experimente der Teilchenphysik stellt große Herausforderungen an eine Computing Infrastruktur dar. Aus diesem Grund war und ist die Teilchenphysik auch federführend bei der Benutzung von Grid-Ressourcen, sei es innerhalb von D-GRID[2] oder in WLCG[3], dem weltweiten Computing Grid für den LHC. So wurden 2010 insgesamt 13 PetaByte Daten von den vier LHC Experimenten am CERN gesammelt und weltweit zur Analyse verteilt.[4]

Dank des technologischen Fortschrittes sind die Datenmengen heutiger Experimente wesentlich größer als die älterer Experimente. So wurde in den Jahren 1992–2007 von den beiden am HERA-Ring am DESY Hamburg betriebenen Experimenten H1 und ZEUS 200 TB Roh-Daten pro Jahr genommen: Zur damaligen Zeit technologisches Neuland in der Datenhaltung.[5]

Die Teilchenphysik ist daher seit Jahrzehnten geübt im Umgang mit großen Datenmengen. Aus ihrem Umfeld entstanden diverse Speichertechnologien, die mittlerweile auch erfolgreich in anderen datenintensiven Forschungsbereichen eingesetzt werden. Ein Beispiel ist dCache[6],

---

1 Vgl. Stoeck et al. (2009).
2 Vgl. D-Grid (2011a).
3 Vgl. WLCG (2011).
4 Vgl. Brumfield (2011).
5 Auflistung der im DESY RZ befindlichen Daten durch Dmitri Ozerov und Ralf Lueken (private Mitteilung).
6 Vgl. dCache (2011).

welches federführend am DESY entwickelt wird, und von D-GRID unterstützt wurde.

Neben den bekannten Gründen für die Langzeitarchivierung von Daten, wie z.b. den von der DFG vorgegebenen Richtlinien zur guten wissenschaftlichen Praxis[7], gibt es vier für die Teilchenphysik spezifische Argumente:

- Langzeitanalyse und Verlängerung des wissenschaftlichen Programms eines Experimentes
- Kombination von Daten unterschiedlicher Experimente
- Wiederverwendung von Daten für zukünftige Fragestellungen
- Ausbildung von Studenten und Schülern sowie „Outreach"

Eine Begründung, die Daten eines Experimentes langfristig zu archivieren, ist die physikalische Relevanz und Einzigartigkeit dieser Daten für die Zukunft. Das Beispiel der JADE Daten hat gezeigt, dass alte Daten ein hohes physikalisches Potential haben.[8] Anhand von diesem und anderen Beispielen wird geschätzt, dass bis zu 10% zusätzliche Publikationen während der Langzeitarchivierung entstehen. Da diese Publikationen mit dem bestmöglichen Verständnis des Detektors, der Daten und der Modelle erstellt werden, ist deren wissenschaftliche Relevanz sehr hoch einzuschätzen.

Wenn in der Teilchenphysik von Langzeitarchivierung gesprochen wird, so meint dieses nicht nur die Archivierung von Rohdaten. Auch wenn diese einen großen Teil der Daten darstellen, so sind doch andere Daten für deren späteres Verständnis unabdingbar und müssen ebenfalls archiviert werden. Das betrifft in erster Linie „Conditions Data", also Daten, die die Experimentbedingungen und den Detektor beschreiben. Von besonders großer Wichtigkeit ist weiterhin das Archivieren aller Software, die zum Erzeugen, Verarbeiten und Analysieren der Daten gebraucht wird. Es ist dabei notwendig, im Rahmen der Langzeitarchivierung diese Software immer in einem Zustand zu halten, dass eine Analyse durchgeführt werden kann, eine organisatorische Herausforderung, die erhebliche Personalressourcen erfordert.

---

7 Vgl. DFG (1998).
8 Vgl. Bethke (2010).

Schließlich sind weitere, für die Langzeitarchivierung in Frage kommenden Daten auch alle Dokumente, die von den Mitgliedern der Kollaboration erstellt worden sind, seien es interne Dokumente, Präsentationen und Notizen oder externe Publikationen.

13.2 Kooperative Strukturen

Große Experimente der Teilchenphysik sind über Kollaborationen weltweit organisiert. Üblicherweise werden ganze Institute oder Forschungslabore durch Unterzeichnung von einem sogenannten „Memorandum of Understanding" (MoU) in eine Experiment-Kollaboration aufgenommen und ermöglichen so die für eine lange Planungsphase und den Betrieb notwendige Beständigkeit. Die ATLAS Kollaboration z.b. bestand Anfang 2011 aus über 3000 Mitgliedern aus ca. 200 Instituten und 38 Ländern.[9]

Ein typisches Teilchenphysikinstitut ist in der Regel Mitglied in einer oder ein paar wenigen Kollaborationen, je nach Größe des Instituts. Diese Affiliationen bleiben über Jahre bestehen, teilweise über mehrere Jahrzehnte. Vor dem Bau eines Experimentes werden von diesen Instituten z.B. Konzeptstudien erarbeitet, beim Bau selber wird unterschiedliche Expertise beigetragen oder auch Hardware-Beiträge geleistet.

Verglichen mit anderen Disziplinen der Physik oder auch Disziplinen außerhalb der Physik ist die Teilchenphysik eine recht große, aber homogene Community. Sowohl innerhalb der jeweiligen Kollaborationen als auch innerhalb der Community ist ein gemeinsames, organisiertes Vorgehen üblich.

Aus wissenschaftlichen und wirtschaftlichen Gründen wurden und werden häufig mehrere Experimente an einem Beschleuniger aufgebaut. So wurden am LEP Ring am CERN die vier Experimente ALEPH, DELPHI, L3 und OPAL betrieben, am Tevatron in den USA CDF und DØ, und auch am LHC werden vier Experimente betrieben. Am HERA-Ring bei DESY waren dies neben den schon genannten H1 und ZEUS Experimenten auch HERMES und HERA-B. In Fällen, in denen nur ein Experiment an einem Beschleuniger betrieben wird, war in der Vergangenheit

---

9 Vgl. ATLAS Personen Datenbank (ATLAS-interne Webseite).

manchmal ein ähnliches Experiment an einem anderen Beschleuniger aktiv, wie z.B. BaBar am SLAC und Belle am KEK.

Die unterschiedlichen Experimente überprüfen ihre Resultate wechselseitig. Während der Laufzeit der Experimente sind Kooperationen und Austausch von Daten zwischen den verschiedenen Experimenten aber sehr selten, teilweise sogar von den Kollaborationen verboten. Es ist hingegen üblich, dass es am Ende der Laufzeit und besonders nach Beendigung der Datennahme zu Kombinationen der Daten kommt. Besonders sinnvoll sind solche Kombinationen bei ähnlichen Detektoren an einem Beschleuniger, wie z.B. zwischen H1 und ZEUS.[10]

Die Rohdaten der Experimente werden im Normalfall von IT-Spezialisten der Institute gespeichert, die den Beschleuniger beherbergen. Daraus ergibt sich, dass z.B. DESY-IT die Daten aller bei HERA beteiligten Experimente speichert und für eine Verfügbarkeit innerhalb eines bestimmten Zeitraums verantwortlich zeichnet.

Aus diesen beiden Punkten wird deutlich, dass dem Labor, das den Beschleuniger betreibt, eine herausragende Rolle bei der Speicherung der Rohdaten zukommt. Dieses Institut ist somit bestens geeignet, auch LZA-Dienste zu übernehmen. Da es nur wenige solcher Labore gibt, sollten diese sich untereinander austauschen und ihre Anstrengungen koordinieren. Es ist dabei wichtig, dass alle Schritte in einem internationalen Kontext gesehen werden.

Um die Planung und den Bau zukünftiger Beschleuniger zu koordinieren wurde das „International Committee for Future Accelerators", ICFA, etabliert. Im Jahr 2009 rief die ICFA eine „Study Group on Data Preservation and Long Term Analysis in High Energy Physics" (DPHEP) ins Leben, um einige schon bestehende Anstrengungen auf diesem Gebiet abzustimmen und zu verstärken.[11] Es ist also sicher gestellt, dass die unterschiedlichen Labore wie z.B. CERN, DESY oder FNAL und die HEP Experimente eine Plattform haben, auf der sie sich austauschen und ihre Arbeiten koordinieren können.

Das Stanford Linear Accelerator Center (SLAC) beherbergt seit Ende der 1960er-Jahre eine Datenbank mit Literatur aus der Teilchen-

---

10 Vgl. HERA (2011).
11 Vgl. DPHEP (2011).

physik. Seit dieser Zeit sind andere Institute diesem Projekt beigetreten und haben den Datenbestand stetig vergrößert. Heute ist dieses System, SPIRES, ein wichtiges Archiv der Teilchenphysik, und eine unersetzliche Quelle für Informationen.[12] CERN, DESY, Fermilab und SLAC arbeiten an einem Nachfolger, INSPIRE, der die bestehenden Publikationsdatenbanken und Archive noch besser vernetzten wird.[13]

Für die Langzeitarchivierung von internen Dokumenten, Präsentationen und Notizen sowie Veröffentlichungen jeglicher Art aus der Teilchenphysik ist somit das INSPIRE Projekt bestens aufgestellt.

Archivierung von Software ist in der Teilchenphysik bisher parallel zur Archivierung von Rohdaten gehandhabt worden, insofern sind auch hier die Labore bestens platziert, um diese zu archivieren. Auch hier ist eine Vernetzung der Labore sinnvoll und wird auch von der DPHEP Arbeitsgruppe untersucht.

13.3 Daten und Metadaten

In der Teilchenphysik wird sowohl mit Experimentdaten als auch mit simulierten Daten gearbeitet. Obwohl die Herkunft dieser beiden Kategorien unterschiedlich ist, werden sie im Verlauf einer Analyse ähnlich behandelt. Die Analyse selber verwendet unterschiedliche Datenmodelle: Man spricht auch von einem Data-Tier[14]. Beispielhaft soll der Verlauf anhand der Experimente ATLAS[15] und CMS[16] gezeigt werden. Andere Experimente haben prinzipiell ähnliche Vorgehensweisen, aber eventuell eine andere Namensgebung.

Am Anfang einer Analysekette stehen die Rohdaten des Experimentes oder ihr Äquivalent aus simulierten Daten. In der ATLAS- und CMS-Nomenklatur werden diese RAW-Daten[17] genannt und am CERN, dem beherbergenden Labor, gespeichert und dort mindestens für die Dauer des Experimentes vorgehalten. Diese RAW-Daten werden am CERN im

---

12 Vgl. SPIRES (2011).
13 Vgl. INSPIRE (2011).
14 Vgl. CMS (2011).
15 Vgl. ATLAS Collaboration (2005).
16 Vgl. CMS Collaboration (2005).
17 ATLAS Collaboration (2005); CMS Collaboration (2005).

Tier-0 Rechenzentrum ein erstes Mal mit den Detektor beschreibenden Daten kombiniert und daraus dann physikalisch relevante Größen rekonstruiert. Das Ergebnis der Kombination und Rekonstruktion sind sogenannte RECO-Daten und sind in etwa ähnlich groß. Diese Daten werden dann im weltweiten LHC-Grid an die Tier-1 Zentren verteilt. Im Laufe der Zeit werden die Rekonstruktionsalgorithmen verbessert und verfeinert. Periodisch werden die RAW-Daten deshalb neu rekonstruiert. Es kann also mehrere Versionen von RECO-Daten geben.

Die Menge an RECO-Daten ist zu groß, als dass jede Analyse RECO Daten benutzen könnte. Im LHC-Analysemodell gibt es deshalb ein Format, welches für die Analyse optimiert ist: AOD, Analysis Object Data. In der Konvertierung zu AOD-Datensätzen werden für die jeweilige Physikgruppe uninteressante Ereignisse weggelassen und Informationen aus den Ereignissen zusammengefasst. Hieraus folgt, dass es für jede Physikgruppe unterschiedliche AOD Datensätze geben kann. Auch die AOD Datensätze profitieren davon, dass sich im Laufe der Zeit die Rekonstruktionsalgorithmen verbessern, es kann also mehrere Versionen der AOD-Daten geben.

Es ist üblich, dass ein Teil der Analyse mit AOD-Daten gemacht wird, ab einem bestimmten Zeitpunkt aber zu noch kleineren, kompakteren und spezialisierteren Formaten übergegangen wird. Das können dann einfache Ntuple sein, oder aber auch komplexere PAT-Tuples (CMS) oder D3PD (ATLAS). Auch hiervon gibt es mehrere Varianten und Versionen.

Neben den Experiment-Daten sowie simulierten Daten gibt es noch die sogenannten „Conditions Data", welche den Zustand des Experimentes beschreiben. Diese sind erstmal separate Daten, fließen aber in das Erzeugen von Sekundär- und Tertiärdaten ein. Ob und wie man „Conditions Data" speichert, hängt davon ab, ob man Primär-, Sekundär- oder Tertiärdaten in ein LZA übernehmen möchte.

Weiterhin fallen Daten in Form von internen Dokumenten, Präsentationen und Notizen sowie Veröffentlichungen jeglicher Art an. Auch diese gilt es zu sichern.

Daten sind untrennbar verwoben mit der Software, um diese zu analysieren und Steuerdateien um die Software zu steuern. Somit ist Software zum Simulieren, Rekonstruieren und Analysieren mitsamt den Steuerdaten selbst ein Datenbestand, der für eine LZA betrachtet werden muss.

Es ist finanziell nicht möglich, alle diese Daten in unterschiedlichen Varianten und Versionen langfristig vorzuhalten. Eine erste Einschränkung kann gemacht werden durch Löschen von älteren Versionen eines Datensatzes. Welche anderen Einschränkungen man macht, hängt von den finanziellen Möglichkeiten der Archivare ab, aber auch vom späteren Einsatzzweck der Daten. So kann man sich folgende Szenarien vorstellen:[18]

- *Modell 1:* Bereitstellung zusätzlicher Dokumentation: Sinnvoll, wenn später nur wenig Informationen über Publikationen hinausgehend gesucht werden sollen.

- *Modell 2:* LZA der Daten in einem vereinfachtem Format: Sinnvoll für den Einsatz in der Lehre und für „Outreach".

- *Modell 3:* Analyse-Software und Analyse-Daten speichern (AOD in LHC-Nomenklatur): Ermöglicht komplette Analysen basierend auf der existierenden Rekonstruktion.

- *Modell 4*: Rekonstruktions- und Simulationssoftware sowie Roh-Daten speichern: Erhält das volle Potential der Physikdaten.

Diese Modelle schließen sich nicht gegenseitig aus: So kann z.B. Modell 1 unabhängig von den anderen drei implementiert werden.

Wie es unterschiedliche Arten von Daten in der Teilchenphysik gibt, so gibt es auch unterschiedliche Kulturen im Umgang mit diesen und mit dem Publizieren der Daten. Software z.B. wird teilweise unter freien Lizenzen wie der GPL veröffentlicht und ist somit für andere Experimente nutzbar. Auch bei der Nutzung von Dokumentservern wie bei SPIRES ist die Teilchenphysik sehr weit fortgeschritten bei der Nutzung von LZA.

---

18 Vgl. South et al. (2010).

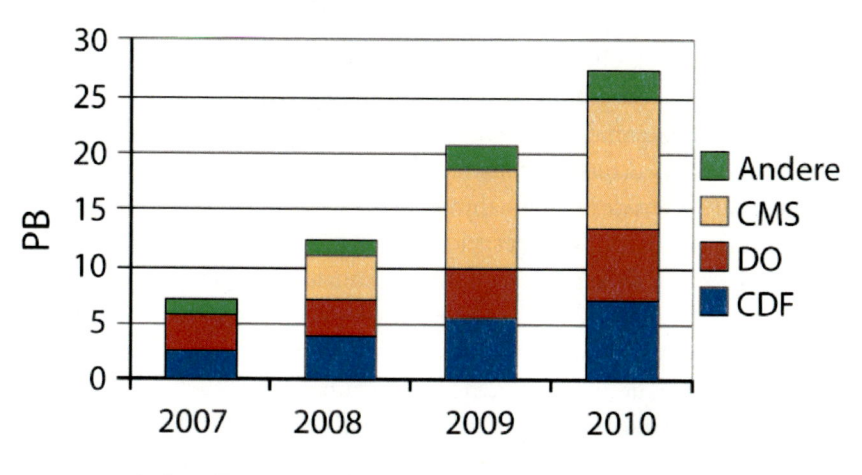

Datenmenge auf Band (Fermilab)

Abb. 1: Am Fermilab auf Band gespeicherte Datenmenge

Publizieren von „Conditions Data" ist nur zusammen mit den Rohdaten sinnvoll. Rohdaten selber werden mindestens während der gesamten Dauer der Datennahme gespeichert, was durchaus mehrere Jahrzehnte dauern kann. Während dieser Zeit werden die Daten selber nicht publiziert. Nach der Zeit der Datennahme besteht eine Kollaboration noch einige Zeit weiter, während dieser Zeit werden noch Analysen fertig gestellt und somit die Daten weiter gespeichert. Während des Bestehens der Kollaboration entscheidet diese, wer Zugang zu den Daten erhält, normalerweise nur Mitglieder der Kollaboration. Nach dem Ende einer Kollaboration ist die „Ownership" der Daten häufig unklar. In der Vergangenheit war das Bewusstsein für ein Archivieren und Publizieren der Daten nach dem Ende der Kollaboration nur selten ausgeprägt. Eine erfolgreiche Ausnahme stellt die JADE-Kollaboration dar, die mittels alter Daten und neuer Methoden die Messung der Kopplungskonstanten α_s verbesserte. In den letzten Jahren ist, auch dank der DPHEP-Initiative, das Bewusstsein für diese Fragestellungen in die Breite des Forschungsfeldes vorgedrungen. Das Projekt WissGrid[19] widmet sich unter anderem auch der Thematik Langzeitarchi-

---

19 Vgl. WissGrid (2011b).

vierung. HEP Grid ist eine Community innerhalb von WissGrid, somit wird die Thematik auch über diesen Weg in die HEP hinein gebracht.Nicht alle Daten, die von einem Experiment genommen werden, sind langfristig von Interesse. So gibt es zum Beispiel die sogenannten „cosmic runs", in denen die Datennahme bei ausgeschaltetem Beschleuniger läuft. Statt Kollisionen wird kosmische Höhenstrahlung gemessen. Diese ist zur Kalibrierung und Testen des Datennahmesystems sinnvoll, wird aber nur einige Stunden bis wenige Monate gespeichert. Auch gibt es Zeiten, zu denen eine Detektorkomponente während der Datennahme ausgeschaltet ist. Auch hier werden die Daten üblicherweise nach kurzer Zeit gelöscht. Ähnliches gilt für simulierte Daten: Sobald Daten mit einer verbesserten Simulation vorliegen werden die älteren Daten zur Löschung frei gegeben. Die Qualität der Forschungsdaten wird also schon während der Laufzeit des Experimentes überprüft und sichergestellt. Ein LZA-Projekt muss diese Entscheidung nicht mehr treffen. Die in diesem Beitrag genannten Datenmengen sind auch immer schon nach Abzug von nicht benötigten Daten zu verstehen.

Die großen Datenmengen in der Teilchenphysik bedurften immer schon ausgereifter Verwaltungsmechanismen und Metadatenkataloge. Als Beispiel seien PhEDEx (CMS) und DQ2 (ATLAS) genannt. Um eine LZA erfolgreich durchzuführen, muss geklärt werden, in welchem Umfang diese Systeme aufrecht gehalten werden müssen oder Informationen in andere Verwaltungssysteme übertragen werden sollen.

Schon jetzt ist die Menge an Daten von beendeten Experimenten recht groß, je nach Modell müssen zwischen einem halben PetaByte und ein paar wenigen PetaByte gespeichert werden. Dies sind Datenmengen, die in heutigen Rechenzentren prinzipiell gespeichert werden können. In dieser Abschätzung sind die LHC Experimente nicht einbezogen. Diese produzieren zusammen pro Jahr die Datenmenge von 13 PetaByte und stellen somit die zuzeit größten Produzenten von Daten in der Teilchenphysik dar. Auch die Daten aus den CDF- und D0-Experimenten am Fermilab sind in dieser Abschätzung nicht inbegriffen, diese sind aber durchaus substantiell, wie in Abb.1.[20] sichtbar.

Der Begriff „Langzeitarchivierung" sagt erstmal nichts über die konkrete Dauer der Archivierung aus. Innerhalb der HEP gibt es Diskus-

---

20 Vgl. Steven Wolbers; Gene Oleynik der Fermilab Computing Division (private Mitteilung).

sionen darüber, wie lange „lang" sein soll. Das kann einige wenige Jahre sein bis hin zu einer permanenten Archivierung. Diese Spanne lässt sich durchaus begründen: Forscher am still gelegten BaBar-Experiment wissen, dass mit Super-B Ende dieses Jahrzehnts ein Experiment starten wird, welches die BaBar-Ergebnisse reproduzieren kann. Man muss also nur die Zeit überbrücken bis zur Verfügbarkeit der neuen Daten und eventuell noch erste vergleichende Analysen anstellen. Ganz anders sieht die Situation z.B. für die HERA-Experimente aus: Es gibt momentan keine Planungen für einen neuen Elektron-Proton-Beschleuniger. Man muss also vorerst davon ausgehen, dass die HERA-Daten permanent archiviert werden müssen. Die physikalische Relevanz der HERA-Daten ist auf jeden Fall gegeben: HERA-Daten ermöglichen unter anderem einen sehr genauen Blick in das Innere des Protons, was bei weiteren Beschleunigern wie dem LHC für Analysen von großer Wichtigkeit ist.

Das Format der Daten ist üblicherweise auf das jeweilige Experiment zugeschnitten, es gibt in der Teilchenphysik keine experiment-übergreifenden Formate für Rohdaten. Neuere Experimente wie die LHC-Experimente verwenden Dateiformate welche auf ROOT[21] aufbauen, aber auch hier benutzt jedes Experiment sein eigenes Format.

Es gilt jedoch nicht nur, die Experimentdaten zu speichern. Wir haben schon über die Bedeutung der „Conditions Data" gesprochen, sowie der internen Dokumentation. Die Software, die notwendig ist um die Daten zu prozessieren und analysieren, ist sehr umfangreich. So umfasst die CMS Software ca. 5 Millionen Zeilen Code (inklusive Kommentar), hinzu kommen noch notwendige externe Programmpakete wie z.B. das ROOT Framework. In dieser Software steckt sehr viel Wissen über die Daten und den Detektor, es ist also wichtig, dass die Software auch archiviert wird. Es muss allerdings überlegt werden, wie ein geeignetes Langzeitarchiv für Software im Allgemeinen und für Software diesen Umfangs im Speziellen aussehen kann. Analog zu der periodischen Überprüfung der Richtigkeit von Daten in einem Langzeitarchiv muss auch die prinzipielle Funktionsfähigkeit und Korrektheit der Resultate der Software periodisch überprüft werden. Diese Thematik muss unbedingt von den jetzt bestehenden Kollaborationen aufgegriffen werden. Die DPHEP-Initiative hat eine Diskussion darüber in die

---

21 Vgl. ROOT (2011).

Wege geleitet. Erste Ergebnisse eines Projektes der HERA-B-Kollaboration zeigen, dass es möglich ist, die wichtigsten Teile der Experimentsoftware auf einen aktuellen Status zu portieren. So stammte die letzte offizielle Version der HERA-B-Software von 2003. Nach zwei Monaten Arbeit konnte 2010 eine Version erstellt werden, die das Lesen und Analysieren von Daten auf einem modernen ScientificLinux-5-System ermöglicht.[22]

Daten in der Teilchenphysik unterliegen nicht dem Datenschutz, d.h. es gibt keine rechtlichen Vorgaben, die bei einer Langzeitarchivierung beachtet werden müssten. War bisher das Recht, Experimentdaten zu untersuchen und Ergebnisse zu veröffentlichen eng an die Mitgliedschaft in der Kollaboration geknüpft, muss dies für die Langzeitarchivierung überdacht werden. Wer kann, Jahre nach Beendigung einer Kollaboration, entscheiden, welche Daten von wem untersucht werden? Wer garantiert die kollaborationsinterne Qualitätskontrolle von Resultaten vor einer Publikation, wenn es keine Kollaboration mehr gibt? Das bisher erfolgreichste Beispiel für Publikationen von Resultaten nach einer Langzeitarchivierung, JADE, zeigt diese Problematik auf, umgeht eine Beantwortung der prinzipiellen Frage aber durch die Feststellung, dass die Daten noch immer am DESY liegen, und „das für die Analyse notwendige Wissen nur am DESY und am MPI für Physik in München ist, dadurch die Daten noch immer sozusagen im Besitz der Kollaboration sind, und kein genereller „Open Access" der Daten erfolgen musste"[23]. Hier kann die Teilchenphysik durchaus von anderen Bereichen wie z.B. der Astrophysik lernen, die mittlerweile sehr erfolgreich Daten veröffentlichen.

Beschleuniger werden üblicherweise von Generation zu Generation energiereicher, deshalb verschiebt sich auch das Physikprogramm. Für das Verständnis aktueller Daten sind aber die Daten von Vorgängerexperimenten enorm wichtig. So stammt z.B. die zur Zeit präziseste Messung der Z-Boson-Masse von den vier LEP-Experimenten, und ist somit über zehn Jahre alt.[24] Es ist nicht zu erwarten, dass diese Präzision von den Tevatron-Experimenten oder dem LHC in absehbarer Zukunft erreicht wird. Gruppen

---

22 Vgl. Ozerov et al. (2010).
23 "[...] knowledge is currently maintained at the Max-Planck-Institute for Physics at Munich and at DESY. The data and usage thereof is stil 'owned' by the original JADE collaboration, such that no general 'open access' to these data is granted" (Bethke (2010)).
24 Vgl. Nakamura et al. (2010).

wie die „Particle Data Group" sind spezialisiert darin, notwendige Daten von Experimenten mit theoretischen Modellen zu kombinieren, um solche wichtigen Resultate für die Allgemeinheit der Teilchenphysiker aufzuarbeiten und bereitzustellen.

Die „Particle Data Group" macht allerdings keine neue Analyse von alten Daten, sondern kombiniert nur schon publizierte Resultate. Insofern würde die PDG indirekt von einer LZA profitieren, indem neuere und präzisere Analysen von alten Daten bereitstehen könnten.

Im Rahmen des europäischen Projektes PARSE.Insight[25] wurden experimentelle und theoretische Teilchenphysiker zur Langzeitarchivierung befragt.[26] Insbesondere wurde die Frage gestellt, ob eine Langzeitarchivierung überhaupt als sinnvoll erachtet wird. Überwiegend wurde von beiden Gruppen eine LZA als „sehr wichtig" bis „äußerst wichtig" erachtet. Erstaunlicherweise wurde die Wichtigkeit von Theoretikern höher eingestuft als von Experimentalphysikern. Hieraus kann man sehen, dass besonders die theoretischen Physiker ein sehr vitales Interesse haben, alte Daten mit neuen Methoden zu analysieren oder Daten von unterschiedlichen Experimenten zu vergleichen. Es ist nicht auszuschließen, dass eine LZA der Daten langfristig das Verhältnis zwischen Theorie und Experiment verschiebt: Wenn die Rahmenbedingungen stimmen, erhalten Theoretiker einen viel breiteren Zugang zu Daten als bisher üblich. Dadurch können sie selber Daten analysieren und diese auch verstärkt publizieren. Die Grenzen zwischen Theorie und Experiment könnten weiter verschwimmen.

13.4 Interne Organisation

Die Labore, an denen die Experimente stattfinden, sind während der aktiven Analysephase für die Speicherung, Archivierung und Bereitstellung der Rohdaten verantwortlich. Die aktive Analysephase dauert typischerweise 3–5 Jahre länger als die eigentliche Datennahme. Zusammen mit der Bereitstellung der Daten werden auch Analyseumgebungen zur Verfügung gestellt. Die Finanzierung und notwendige Manpower ist im

---

25 Vgl. PARSE (2011).
26 Vgl. Holzner; Igo-Kemenes; Mele (2011).

Budget der Labore eingerechnet. Auf Seite der Experimente sind in dieser aktiven Analysephase noch erfahrene Leute. Allerdings muss auch beachtet werden, dass ein Abgang von Personal aus den Experimenten hin zu neueren Experimenten stattfindet, der nur bedingt durch neue Manpower in den bestehenden Experimenten kompensiert werden kann. Am Ende der Analysephase kann durchaus der Status quo erhalten bleiben, große Neuerungen sind aber nicht zu erwarten.

Hieraus kann man für die Langzeitarchivierung nach der Analysephase mehrere Punkte herausgreifen, die die interne Organisation betreffen:

- Die Organisation und Finanzierung eines Langzeitarchivs nach der aktiven Analysephase muss sichergestellt werden. Dies ist eine Aufgabe des beherbergenden Labors.

- Bereits während der aktiven Phase des Experimentes, am besten schon von Beginn des Experimentes an, muss auf die Phase der LZA hingearbeitet werden. Dies ist eine Aufgabe der Kollaborationen.

- Es ist sinnvoll, die LZA dort durchzuführen, wo die Experimente durchgeführt wurden, und wo somit das größte Know-how besteht. Es muss aber langfristig damit gerechnet werden, dass sich Forschungsschwerpunkte von Laboren verschieben und kein Interesse mehr am Archivieren von alten Daten besteht. Für diesen Fall sollte es ein zentrales Archiv geben, das diese Daten und deren Pflege übernehmen kann. Das Modell besteht also aus einigen verteilten Archiven und einem zentralen Archiv.

- Die Zusammenarbeit zwischen den einzelnen archivierenden Laboren muss intensiviert werden. Bisher war eine Zusammenarbeit auf informeller Ebene vorhanden, z.B. im Kontext der HEPiX Tagungen[27]. Im HEPiX Rahmen werden allgemeine IT-Themen von den IT Abteilungen der großen HEP-Institute und -Labore behandelt. Es ist die Aufgabe der ICFA und der von ihr ins Leben gerufenen DPHEP-Initiative diese Koordination aufzubauen und entsprechende Strukturen zu bilden. Dabei ist klar, dass diese Strukturen international sein müssen. Nationale Projekte müssen, um Erfolg zu haben, in einen größeren Kontext eingebettet sein.

---

27 Vgl. HEPIX (2011).

13 Teilchenphysik

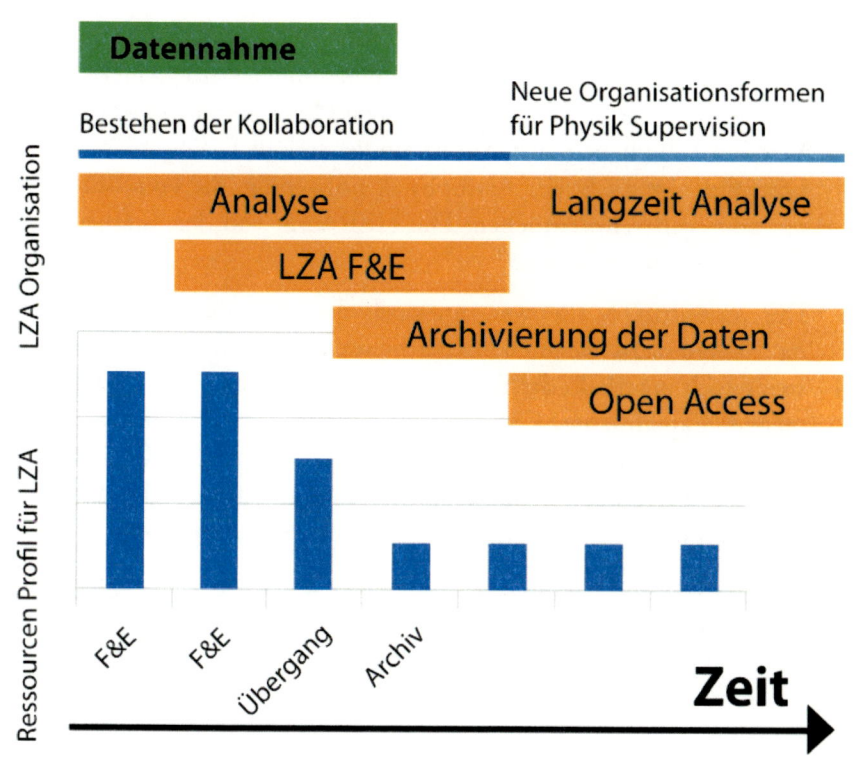

Abb. 2: Ein mögliches Organisationsmodell und Ressourcenprofil für LZA in der HEP[28] In diesem Beispiel steht Physik Supervison für alle Aspekte, die den Zugang zu Daten, die Durchführung der Analyse, die Kontrolle und Veröffentlichung der Resultate betreffen.

- In der Vergangenheit haben die Kollaborationen einen organisatorischen Rahmen für den Zugang zu Daten und für die Freigabe von Veröffentlichungen von Analysen geliefert. Die Langzeitarchivierung bietet die Möglichkeit eines Zugriffs auf Daten nach Beendigung einer Kollaboration. Dies stellt die Forschergemeinde vor viele neue Fragen auch organisatorischer Natur. Die Antworten können von einer kompletten und uneingeschränkten Veröffentlichung der Daten bis hin zu einer Art Kuratorium ein breites Spektrum umfassen. Hier müssen die Kollaborationen selbst entscheiden, welchen Weg sie wählen. Gegebenenfalls muss z.B. unter der Obhut der ICFA

---

28 Vgl. DPHP (2009).

ein Kuratorium entstehen, welches den Zugang zu Daten und die Erlaubnis zur Publikation regelt. Ein besonderes Augenmerk muss dem Wegfall der kollaborationsinternen Qualitätskontrolle vor einer Veröffentlichung gelten. Dazu ist ein verstärkter Dialog mit anderen Disziplinen wie z.b. der Astrophysik notwendig, die Forschungsdaten sehr früh veröffentlichen. Die HEP kann von den Erfahrungen dieser Disziplinen lernen.

- Die verfügbare Manpower innerhalb der Experimente nimmt ab, da Experten zu neueren Experimenten abwandern. Gleichzeitig steigt auch innerhalb der IT-Abteilungen der Labore die Wichtigkeit neuerer Experimente. Es bedarf also aktiver Personalpolitik sowohl der Experimente als auch der Labore, um eine Langzeitarchivierung erfolgreich durchzuführen. Abbildung 2 zeigt ein mögliches Organisationsmodell und das damit verbundene Ressourcenprofil.[29]

- Die Langzeitarchivierung ist nur sinnvoll, wenn die Fähigkeit zur Analyse der Daten erhalten bleibt. Dieses muss vorbereitet werden, am Besten gleich von Beginn des Experimentes an. Da dies für aktuelle Experimente oder bereits abgeschlossene Experimente nicht immer möglich ist, müssen organisatorische und technische Wege gefunden werden, die eine Langzeitanalyse ermöglichen können.

13.4 Perspektiven und Visionen

Eine Langzeitarchivierung und Langzeitanalyse von Teilchenphysikdaten ist technisch, organisatorisch und finanziell herausfordernd – aber möglich und sinnvoll.

Es wird geschätzt, dass in der LZA-Phase eines Experimentes bis zu 10% weitere Publikationen erstellt werden – Publikationen die auf dem besten Verständnis von Detektor und Daten beruhen und neueste Analysetechniken und theoretische Modelle benutzen.

Es hat sich gezeigt, dass gerade theoretische Physiker an einer LZA der HEP-Daten interessiert sind. Wenn eine LZA mit einem offenerem Umgang mit den Experimentdaten einhergeht (Stichwort Open Access), so wird

---

29 Vgl. ebenda.

13 Teilchenphysik

das Verhältnis zwischen Theorie und Experiment neu definiert werden. Aber auch das Verhältnis zu anderen Physikdisziplinen könnte sich ändern: Astrophysiker können z.B. Präzisionsmessungen aus einem bestimmten Energiebereich eines HEP-Experiments in ihre eigenen Messungen einbinden.

Die von der ICFA ins Leben gerufene DPHEP-Initiative hat in den bisher zwei Jahren ihres Bestehens mehrere Beiträge zu wichtigen Konferenzen der Teilchenphysik geliefert. Mehrere Treffen der DPHEP-Initiative zeigen, dass diese Problematik von vielen Laboren und Experimenten ernst genommen wird.

Das Bewusstsein für die speziellen Probleme der LZA steht erst am Anfang und es ist wichtig, dass dieses Bewusstsein gestärkt wird. Es muss klar sein, dass schon zu Beginn eines Experimentes an die Zeit nach dem Experiment gedacht wird. Gerade in der Ausbildung von Nachwuchswissenschaftlern an Unis und Forschungslabors muss dies ein wichtiger Bestandteil werden.

Das Problem der „Ownership" der Daten muss gelöst werden. Kollaborationen müssen eine neue Kultur im Umgang mit Daten und Veröffentlichungen entwickeln, die nachhaltig in einer Phase der Langzeitarchivierung und Langzeitanalyse funktioniert.

Ein erfolgversprechendes Modell für Langzeitarchive ist, die Rohdaten an den einzelnen Laboren zu archivieren, und ein zentrales Archiv für weitere Daten wie Publikationen und Übernahme von Rohdaten anderer Labore zu benennen. Wichtig ist eine Zusammenarbeit zwischen den einzelnen Archiven, zum Beispiel unter der Führung der ICFA/DPHEP Initiative.

Die Nutzung der archivierten Daten steht und fällt mit der Qualität der Analysesoftware und der Dokumentation. Software zu archivieren und dauerhaft einsetzbar zu machen ist von einer bisher noch unterschätzten Komplexität. In diesem Bereich ist weitere Forschung notwendig.

Eine Möglichkeit, die Komplexität der Analyseproblematik zu vereinfachen ist eine (verlustbehaftete) Konvertierung der Daten in einfachere Formate. Diese ermöglichen dann nur einige wenige Analysen, sind also kein Ersatz für eine vollständige Langzeitarchivierung. Ein solches Format bietet allerdings die Chance, diese Daten für Studenten oder sogar für eine breite Öffentlichkeit aufzubereiten. Dadurch kann sowohl das Bewusstsein für die Problematik der Langzeitarchivierung bei den Studenten gesteigert werden als auch die Sichtbarkeit der Teilchenphysik über den akademischen Bereich hinaus erhöht werden.

Die Geldgeber müssen für die Thematik sensibilisiert werden. Der Aufbau und Betrieb eines Experimentes hat große Mengen Forschungsgelder benötigt. Der verantwortungsvolle Umgang mit diesen Geldern gebietet es, die gewonnenen Daten langfristig zu archivieren und einer breiteren Öffentlichkeit zukommen zu lassen. Der Einsatz weiterer Forschungsgelder beträgt dabei ein Bruchteil dessen, was für Aufbau und Betrieb notwendig war – und garantiert interessante weitere Forschungsergebnisse.

14 Astronomie und Astrophysik

Harry Enke, Joachim Wambsganß

14.1 Einführung in den Forschungsbereich

Die Astronomie ist eine der ältesten Wissenschaften. Schon vor vielen tausend Jahren haben alle Hochkulturen den Lauf der (Fix- und Wandel-) Sterne verfolgt. Von der Antike bis ins Mittelalter war die Astronomie eine sehr angewandte und praxisnahe Wissenschaft. Die Positionsbestimmung anhand der Sterne war für die Navigation, insbesondere in der Seefahrt, unverzichtbar. Aber auch für die Landwirtschaft war die Vorhersage der Jahreszeiten (und damit etwa des Nil-Hochwassers) von sehr großer Bedeutung. In der Neuzeit hat sich die Astronomie in enger Verbindung mit der Physik und der Mathematik weiterentwickelt.

Im Gegensatz zu den meisten anderen Naturwissenschaften kann die Astronomie keine Experimente durchführen. Von früh an sammelten die Astronomen daher (Beobachtungs-) Daten und versuchten, sie zu verstehen, zu interpretieren und Vorhersagen zu machen. Der älteste bekannte Sternkatalog geht zurück auf Claudius Ptolemäus (2. Jh. n. Chr.). Er hat die Positionen von etwa 1 000 Sternen festgehalten und veröffentlicht. Bis ins Mittelalter gab es kaum wesentliche Fortschritte. Galileo Galilei war im Jahre 1609 der erste, der das neuentdeckte Teleskop gen Himmel richtete und damit „neue Welten" eröffnete. Die Kepler'schen Gesetze der Planetenbewegung (1609 bzw. 1618) und das Newtonsche Gravitationsgesetz (1686) stellten die Astronomie dann auf feste mathematisch-physikalische Grundlagen. Im Jahre 1860 entwickelten der Chemiker Robert Bunsen und der Physiker Gustav Kirchhoff in Heidelberg die Spektralanalyse, die eine völlig neue Dimension in der Astronomie eröffnete: Die Nutzung der Spektroskopie gestattete es, neben den „klassischen" Eigenschaften von Sternen – Helligkeit und Position – nun auch chemische und physikalische Eigenschaften zu messen, wie etwa Elementhäufigkeiten, Druck und Temperatur. Dies war die Geburtsstunde der „Astrophysik". Nun konnte man tatsächlich auch physikalische Parameter der Sterne bestimmen.

Bis zur Entdeckung der Fotografie und ihrer Anwendung auf Sterne Ende des 19. Jahrhunderts wurden astronomische Messungen und Beobachtungen als Zeichnungen und Tabellen überliefert. Seither wurden Sternpositionen und Helligkeiten mithilfe der Astrofotografie auf Fotoplatten festgehalten. Durch lange Belichtungszeiten konnte man auch schwächere Sterne nachweisen und untersuchen, als das Auge beim Blick durch ein Teleskop erkennen konnte. In den 1980er-Jahren wurde dann die analoge Fotografie durch die CCD-Chips abgelöst, zunächst mit heute winzig klein anmutenden 512×512 Pixel-Sensoren (die mit 0,25 Megapixeln deutlich kleiner waren als jede Handy-Kamera heute). Die Astronomie war allerdings eine der treibenden Kräfte hinter der Entwicklung der CCDs. Heutige Teleskope arbeiten mit Gigapixel-Kameras.

Neben den beobachtenden Astronomen gab es immer auch die Theoretiker. Früher waren dies oft Mathematiker, heute eher computer-affine Astrophysiker. Theoretische Astrophysiker haben schon in den 1950er-Jahren die Entwicklung der Computer genutzt und sogar vorangetrieben, um die physikalischen Bedingungen etwa im Inneren von Sternen durch Computersimulationen besser verstehen und modellieren zu können. Auch die Modellierung von Supernova-Explosionen oder die sogenannten „Large-Scale-Structure"-Simulationen, die die Entwicklung der großräumigen Struktur im Universum nachvollziehen, sozusagen vom Urknall bis heute, nutzen alle verfügbaren Computerresourcen und produzieren enorm große (astronomische) Datenmengen. So war und ist die Astronomie immer eine daten-getriebene und daten-dominierte Wissenschaft.

14.2 Kooperative Strukturen

Da die Zahl der Astronomen in jedem Land jeweils relativ klein ist, und da man früh erkannt hat, dass es am effizientesten ist, die weltbesten Teleskop-Standorte gemeinsam zu nutzen, war die Astronomie von je her eine sehr internationale Wissenschaft. Schon früh haben sich kooperative Strukturen entwickelt und ganz natürlicherweise wurden Konzepte zur Standardisierung von Datenformaten und Speicherung von astronomischen Daten vorgeschlagen und entwickelt.

Als nationale Organisation im deutschsprachigen Raum existiert zum einen die 1863 gegründete Astronomische Gesellschaft (AG), zum anderen seit den 1960er-Jahren der Rat deutscher Sternwarten (RDS). Der RDS „vertritt die gemeinsamen Interessen aller deutschen astronomischen Institute gegenüber Förderinstitutionen, Regierungen und internationalen Organisationen."[1] Gegenwärtig gibt es Bestrebungen, AG und RDS miteinander zu verschmelzen.

Die „Internationale Astronomische Union" (IAU), gegründet 1919, ist mit über 10000 Mitgliedern die weltweite Dachorganisation der professionellen Astronomen. Sie organisiert wissenschaftliche Zusammenkünfte und themenzentrierte Arbeitsgruppen. Eine der zwölf Abteilungen führt den Ausschuss „Dokumentation und astronomische Daten", der sowohl für die Erhaltung und Entwicklung des wichtigsten astronomischen Datenformates, des Flexible Image Transport System (FITS) zuständig ist, wie auch für die Working Group on Astronomical Data[2] (WGAD), die u.a. die Astronomie in dem interdisziplinären CODATA (Committee on Data for Science and Technology des ICSU) vertritt. Die IAU-Working Group zum Virtual Observatory (VO) hat hier ebenfalls ihren Platz[3], mit der Aufgabe, die durch

---

1 Vgl. RDS (2011).
2 "The Working Group on Astronomical Data (WGAD) of the International Astronomical Union (IAU) is a working group concerned with issues around the access of astronomical data. Current issues include: -Promoting open access to observatory archives; -Promoting the concept of the Virtual Observatory; -Promoting common formats for astronomical data to facilitate sharing and entry into public-domain databases; -Discussing the implications (for data centres, for the VO, for astronomers) of future terabyte astronomical databases." (WGAD (2011)).
3 "The International Virtual Observatory is one of the rare truly global endeavours of astronomy. Many projects, each with its own goals, have been set up around the world to develop the IVO. The International Virtual Observatory Alliance (IVOA) is an alliance of the VO projects, with the aims of managing communication between VO projects, defining a common roadmap, and managing propositions for the definition and evolution of IVO standards through the IVOA Working Groups. [...] Its primary role is to provide an interface between IVOA activities, in particular IVOA standards and recommendations, and other IAU standards, policies, and recommendations. [...] It is responsible for approving the standards pro-

das VO entwickelten Standards und Verfahren mit der IAU zu koordinieren und abzugleichen.

Kooperative Strukturen gab und gibt es in verschiedenen Varianten. Oft sind sie in erheblichem Maße durch die Art der Teleskope geprägt, besser gesagt: durch die Frequenzbereiche dieser Instrumente. So wurde bereits in den 1960er-Jahren die europäische Südsternwarte (ESO) gegründet. Ursprünglicher Zweck war es, den Südhimmel für die Astronomen Europas zugänglich zu machen. Daraus hat sich in 50 Jahren das modernste optische Teleskop der Welt entwickelt, das Very Large Telescope (VLT): Vier Teleskope mit jeweils 8,2m Spiegeldurchmesser, die auf dem Paranal in Chile stehen. Auch Radioastronomen haben sich früh international zusammengefunden, um gemeinsam neue Techniken zu entwickeln und zu nutzen, insbesondere für die Very Long Baseline Interferometrie (VLBI).

Um das Jahr 2002 haben einige visionäre Astronomen erkannt, dass die Zukunft der Astronomie stark davon abhängen wird, inwieweit man weltweit einheitliche Standards, Protokolle und Datendefinitionen entwickelt. Dies war die Grundlage für die IVOA, die International Virtual Observatory Alliance[4]. Die Grundidee des Virtual Observatory ist es, jedem Astronomen auf der Erde Zugang zu sämtlichen Beobachtungsdaten zu geben, sozusagen „the universe at your finger tips". Eine wichtige Aufgabe auf diesem Weg ist es, für den „Multiwavelength-View of The Universe" die Daten der digitalen astronomischen Archive verschiedener Wellenlängen mit standardisierten Interfaces zu versehen, die Daten dann zu publizieren und sie über einen einheitlichen Zugang zugreifbar zu machen. Die wissenschaftliche Struktur der IVOA ist multinational. Da die „Funding Structures" von Land zu Land sehr verschieden sind, gibt es in vielen Ländern jeweils eine nationale Gruppierung, die wiederum Mitglied bei der IVOA sind. In Deutschland ist dies GAVO, das „German Astrophysical Virtual Observatory". Mittlerweile sind 18 solcher nationalen Gruppen an der IVOA beteiligt, die jeweils ihre eigenen Beiträge zum VO einbringen und an der Erarbeitung von Standards und

---

posed by IVOA, after checking that there has been a process of consultancy according to the IVOA procedures, and that the proposed standards are consistent with other IAU approved standards (e.g., FITS, coordinate standards, etc.)." (IAU-IVOA (2011)).

4 Vgl. IVOA (2011).

Protokollen und deren Referenz-Implementation arbeiten. Für die Mehrzahl der astronomischen Datenarchive im optischen Bereich hat das VO bereits akzeptable Lösungen und Standards gefunden, jedoch sind andere Bereiche wie Radio- oder Gammastrahlenastronomie, noch nicht vollständig abgedeckt.

GAVO wird seit 2003 als BMBF-Projekt gefördert, getragen von astronomischen Forschungsinstituten und universitären Einrichtungen.[5] Die GAVO-Arbeit umfasst zwei Schwerpunkte. Zum einen sollen astronomische Datenarchive in Deutschland gemäß den Standards der IVOA etabliert werden. Zum anderen werden geeignete Strukturen, Metadaten und Formen erarbeitet, in denen Resultate von astrophysikalischen Simulationen im VO publiziert und als Datenquellen wie Beobachtungsdaten genutzt werden können. Hier hat GAVO für die Millennium-Simulation (Max-Planck-Institut für Astrophysik) grundlegende Arbeiten geleistet. Mittlerweile sind das Virtuelle Observatorium und dessen Arbeiten fester Bestandteil der Astronomie.[6]

Im europäischen Rahmen wurde das FP7-Projekt EURO-VO gefördert, wobei der Schwerpunkt auf der Implementation von Tools und Software liegt, die mit Standards und Protokollen der IVOA arbeiten[7]. Hauptbeteiligte sind hier Frankreich und Großbritannien, wobei insbesondere das CDS Strasbourg, die University of Edinburgh als Repräsentant des

---

5 Ursprünglich initiiert wurde GAVO vom Max-Planck-Institut für Extraterrestrische Physik (MPE) und vom Leibniz-Institut für Astrophysik Potsdam (AIP). Seit der zweiten Förderphase hat das Zentrum für Astronomie der Universität Heidelberg (ZAH) die Leitung inne, weitere Universitäts- und Max-Planck-Institute sind beteiligt.
6 Die Jahrestagung der Astronomischen Gesellschaft in Heidelberg im September 2011 etwa hatte den Titel: "Surveys and Simulations – The Real and the Virtual Universe".
7 "The EURO-VO project aims at deploying an operational VO in Europe. Its objectives are the support of the utilization of the VO tools and services by the scientific community, the technology take-up and VO compliant resource provision and the building of the technical infrastructure." (EuroVO (2011)).

AstroGrid[8] UK, sowie die ESO zu nennen sind. Die Universität Heidelberg ZAH) ist im Euro-VO als Vertreter der deutschen Astronomie beteiligt.[9]
Während das VO sich vor allem mit der Standardisierung der Datenformate und Software-Tools sowie der Publikation von Beobachtungsarchiven befasst, wurden andere Probleme der IT-basierten Infrastruktur durch das AstroGrid-D-Projekt adressiert.[10] Ziel von AstroGrid-D war es, die kollaborativen IT-Infrastrukturen des Grid für die Astronomie nutzbar zu machen und die schon vorhandenen Computer- und Datenspeicher-Ressourcen der beteiligten Institute und der Rechenzentren „in eine bundesweit einheitliche Forschungs-Organisationsstruktur für verteiltes kollaboratives Arbeiten"[11] einzubinden. Darüber hinaus wurde auch die Einbeziehung von Instrumenten als Ressourcen in das Grid am Beispiel der robotischen Teleskope angestrebt.[12] Einige der vom AstroGrid-D errichteten Dienste und Infrastrukturen werden nach Ende der Förderung in 2009 von beteiligten Instituten aufrechterhalten, wie z.B. die VO (Virtuelle Organisation), AstroGrid und deren Management als Basis für die

---

8   Das AstroGrid UK hat, im Gegensatz zur Namensgebung, nur wenig die Nutzung der Grid-Technologie als IT-Infrastruktur befördert, jedoch sehr wichtige Beiträge zur VO-Technologie erbracht.

9   Ein wichtiges Instrument der Planung und Lenkung von Förderung gemeinsamer europäischer Projekte ist das Astronet im Rahmen von ERA-Net. "ASTRONET was created by a group of European funding agencies in order to establish a comprehensive long-term planning for the development of European astronomy. The objective of this effort is to consolidate and reinforce the world-leading position that European astronomy has attained at the beginning of this 21st century." (AstroNet (2011)) Vom Astronet wurde beispielsweise die Gründung des Astronomical Software Laboratory initiiert, welches in Zusammenarbeit und Ergänzung zum Virtual Observatory die Förderung von den in der Community am meisten benutzten Software-Tools zur Aufgabe hat.

10 Das AstroGrid-D wurde als German Astronomy Community Project (GACG) gestartet, die Namensänderung erfolgte kurz nach Projektstart. Neben den schon in GAVO aktiven Einrichtungen AIP und MPE haben sich MPA, AEI, ZAH als Verbundpartner und LMU, MPIfR und MPIA von den astronomischen Forschungseinrichtungen beteiligt, als Partner aus der Informatik waren es ZIB und TUM sowie die UP als assoziierter Partner, als Rechenzentren waren LRZ, RZG und FZK assoziiert. Das AIP, das schon in GAVO die Möglichkeiten der Grid-Infrastruktur evaluiert hatte, übernahm die Leitung des Projekts.

11 Das AstroGrid-D, dessen Aufbau und Implementierung auf ca. sechs bis sieben Jahre konzipiert war, wurde, aufgrund des generellen Wechsels in der Förderkonzeption von Grid-Projekten, nur vier Jahre gefördert.

12 Eine ausführlichere Darstellung von AstroGrid-D findet sich in Enke et al. (2010).

Teilnahme der Astronomie-Community am D-Grid oder die Unterstützung bei der Nutzung von D-Grid-Ressourcen durch astronomische Projektgruppen.

Europaübergreifend gibt es neben Astronet, das für die EU eine ähnliche Funktion wie der RDS für Deutschland hat, die bereits erwähnte ESO, die in der chilenischen Atacama-Wüste zwei Beobachtungsstandorte betreibt und damit die bedeutendsten bodengestützten europäischen Beobachtungsinstrumente betreibt. Darüber hinaus betreibt die ESA (European Space Agency) ein Programm mit Satelliten-gestützten Teleskopen verschiedener Wellenlängenbereiche. ESO wie ESA haben im Bereich der Datenhaltung einen nicht unerheblichen Einfluss auf die in der Community üblichen Verfahren. Für den Bereich der Radio-Astronomie bestehen mit IRAM und JIVE zwei europäische Einrichtungen. Die FP7-Aktivitäten der Radio-Astronomie werden über RadioNet koordiniert. Die Astroteilchen-Physik hat sich durch ASPERA (ERA-NET)/ApPEC organisiert, die Infrarot-Astronomie in OPTICON, die Helioseismologie im HELAS-Netzwerk. Nicht zuletzt durch das Virtual Observatory sind hier auch erste Ansätze zu weiterer Interoperabilität der Archive und Datenspeicher zu sehen.

14.3 Daten und Metadaten

Die astronomischen Beobachtungsdatenarchive

Eine konzise Charakterisierung der Motive und der Erkenntnisse, die zur Virtual-Observatory-Initiative in der Astronomie geführt haben (hier in Bezug auf die genutzten Koordinaten-Systeme) gibt A. Rots in „Spacetime Coordinate Metadata":

> "In the past, most data archives have not been extremely concerned with dotting every i and crossing every t, in a meticulous specification of all the details of all coordinate axes. Such context-dependent defaults are quite acceptable: issues are generally well-defined, obvious, and clear for single-observatory observations, even when not all is explicitly specified. However, there are no global defaults in the VO. All implicit assumptions need to be made explicit since they will not be obvious anymore. One must be able to transform the coordinates of two observations to a common coor-

dinate system; this means that every little tidbit of information needs to be documented in the metadata."

Das FITS[13] (Flexible Image Transport System) ist von der IAU als standardisiertes Format angenommen worden. Es ist ein Datei-Format, das in den 1980er-Jahren entwickelt wurde.[14] Nicht nur die sehr beschränkte Auswahl an festgelegten Metadaten für das FITS, auch die Möglichkeit, eigene Key/Values hinzuzufügen, ohne dass eine Systematik vorgegeben ist, machen deutlich, dass dieses Format eine nicht hinreichende Lösung für die notwendigen Metadaten zur Beschreibung der astronomischen Daten ist. Das FITS bleibt jedoch das Basiselement für digitale astronomische Beobachtungsdaten, das auch von astronomischer Software und Instrumenten, von vielen genutzten Script-Sprachen wie perl oder python und den genutzten Bildverarbeitungsprogrammen gelesen, interpretiert und geschrieben werden kann.[15]

Neben den FITS-Dateien sind in den letzten Jahren verstärkt Datenbanken als Speichermedium in Erscheinung getreten. Dies gilt insbesondere für die effiziente Ablage und Nutzung tabellarischer Informationen. Hierzu zählen raumzeitliche Koordinaten, Geschwindigkeiten, Helligkeiten und andere Messgrößen sowie Referenzen auf Dateien, die komplexe-

---

13 "This document, hereafter referred to as the 'standard', describes the Flexible Image Transport System (*FITS*) which is the standard archival data format for astronomical data sets. Although *FITS* was originally designed for transporting image data on magnetic tape (which accounts for the 'I' and 'T' in the name), the capabilities of the *FITS* format have expanded to accommodate more complex data structures. The role of *FITS* has also grown from simply a way to transport data between different analysis software systems into the preferred format for data in astronomical archives, as well as the online analysis format used by many software packages." (FITS (2010a), S. 1).

14 Es besteht aus einem Header, der Key/Value/Comment Triplets mit max. 80 Zeichen im ASCII-Format enthält. Der Key darf maximal acht Zeichen lang sein. Der Header beschreibt durch einen Satz von Metadaten den Datei-Inhalt. Dieser Inhalt kann sowohl aus einfachen Tabellen in textueller Form als auch aus binären Daten beliebiger Art, meist Bildinformationen, bestehen. Ein kleiner und selbst nicht zum IAU-Standard gehörender Satz von feststehenden Key/Value Paaren (mandatory/reserved) des Headers wird durch eine Vielzahl von Key/Value Paaren erweitert, die spezifisch für verschiedene Beobachtungsarten, Teleskope usw. sind. Es hat große strukturelle Ähnlichkeiten zum NetCDF-Format, das beispielsweise in der Klimafolgenforschung häufig Verwendung findet.

15 Es gibt eine FITS-Extension-Registry, die derzeit 15 von der IAU Working Group akzeptierte Erweiterungen das FITS Standards aufweist, sowie drei weitere vorgeschlagene, die noch in der Prüfungsphase sind. (Vgl. FITS (2010b)).

re Informationen bereithalten (Images, Spektren etc). Die SDSS-Datenbank z.B. enthält mehr als sechs Terabyte an tabellarischer Information über mehrere hundert Millionen astronomische Objekte.¹⁶ Die von den Katalogen referenzierten Spektren und Images (weitere ca. 60 Terabyte) werden in FITS-Dateien in einem regulären Dateisystem vorgehalten.

Um die Interoperabilität der Datenarchive (von Beobachtungsdaten) sicherzustellen, hat das VO standardisierte Formate und Metadaten für einfache physikalische Messgrößen, raum-zeitliche Koordinaten sowie für eindimensionale Spektren erarbeitet. Weitere Standardisierungen von Formaten und Diensten werden laufend hinzugefügt, da längst nicht alle Datentypen erfasst sind. Die Metadaten-Systematik ist in „Ressource-Metadata"¹⁷ festgehalten, welches den Ausgangspunkt für weitere, auf Teilbereiche bezogene Standards bildet. Für die generischen Metadaten wird, soweit als möglich, der Dublin Core-Metadatenstandard herangezogen, wobei die Dublin Core-Elemente „Language" und „Relation" nicht genutzt werden.

Ein im VO entwickeltes semantisches Klassifikationssystem von Metadaten für physikalische Größen sind die Unified Content Descriptors (UCD). Die UCD bestehen aus einer formalen (von einem Komitee aus Wissenschaftlern) kontrollierten Wortliste und wenigen sehr einfachen Regeln, um mit diesen (atomaren) Wörtern eine kurze Typisierung einer physikalischen Größe zu erstellen, die dann z.B. in einer Tabelle aus einem astronomischen Katalog verwendet wird. Die UCD sind sowohl für einen Menschen lesbar als auch für Computerprogramme verwertbar, da es nur sehr begrenzte zulässige Kombinationen von Worten gibt. Komplexere Systeme, z.B. „UTypes" werden entwickelt, da die UCD für kompliziertere Datenmodellierung nicht trennscharf genug sind, ihre Nutzung ist jedoch beschränkt auf wenige Anwendungen.

---

16 "We strongly recommend that the archive data be hosted in a DBMS unless
• the archive has a large software development budget (unusual for astronomical archives)
• there are specific and unusual requirements (such a high security or mission critical data), or
• the data access patterns are unusual and restricted (for example, in some particle physics data set, the main type of query is searching for a few rare events in a huge data set)." (Thakar et al. (2008)).

17 Vgl. IVOA (2007).

Neben der Standardisierung des Content ist ein umfangreicherer Satz an Dokumenten des VO vorhanden, der sich auf die Applikationen und Formen des Austausches dieser Daten über die interoperablen Schnittstellen des VO bezieht. Dieses sind Dienste wie ConeSearch (Suche nach Objekten durch Angabe von Koordinaten), Image Access und Spectral Access (jeweils spezielle auf einen Content abgestimmte Dienste) und andere. Diese Dienste werden in einer Registrierung (VO-Registry) erfasst, deren Schema durch VO-Resources und VO-Identifiers festgelegt wird. Um die Interoperabilität der Dienste zu sichern, gibt es Web- und Grid-Schnittstellen (z.b. das TableAccessProtocol (TAP) oder den Grid-WorkerService (GWS)).

Die Implementierungen dieser Dienste beginnen jetzt in der Community partiell akzeptiert und genutzt zu werden. Dies ist jedoch stark davon abhängig, inwieweit sie einen Effizienzgewinn in der wissenschaftlichen Arbeit darstellen. Viele der über das Internet verfügbaren Daten-Archive bieten meistens eine, in der Funktion noch eingeschränkte, VO-Komponente an. Insbesondere Institute mit größeren Datenarchiven unternehmen gezielte Anstrengungen, die VO-Kompatibilität zu erhöhen. Ein schrittweiser Übergang ist auch deswegen möglich, weil das VO nicht eine Umorganisation der Daten selbst, sondern nur eine Zugriffsschicht erfordert, die es möglich macht, die Datenorganisation intern nach anderen Kriterien vorzunehmen als für die Publikation erforderlich.

Die astrophysikalischen Simulationsdatenarchive

Astrophysikalische Phänomene und Vorgänge können in irdischen Labors oder auch mit Großgeräten nicht erzeugt werden. Durch Simulationen in einer Virtuellen Realität können jedoch Theorien und Erklärungen dieser Effekte dargestellt und untersucht werden. Solche Simulationen sind zu einem unverzichtbaren Instrument herangewachsen. Sie können als virtuelles Labor betrachtet werden, in dem die Interpretationen von Beobachtungen und Theorien auf den Prüfstand gebracht werden. Damit stellen sie ein essentielles Bindeglied zwischen Theorie und Beobachtung dar.

Die Durchführung einer Simulation erzeugt jedoch zunächst Rohdaten, die – wie bei Beobachtungsdaten – durch eine intensive Analyse in wissenschaftlich verwertbare Informationen über Strukturen, Wechselwirkungen usw. verwandelt werden. Diese Analyse besteht in der Bildung von Statistiken, von Korrelationen, der Verfolgung der zeitlichen Entwicklung von physikalischen Messgrößen und nicht zuletzt der Visualisierung dieser Entwicklung. Hier sind extrem „langzeitliche" Entwicklungen (vom Urknall zur Jetztzeit ~14,3 Mrd. Jahre) mit „kurzzeitigen" Vorgängen wie der Bildung von Galaxien, von Sternentstehung und -explosionen, deren Dynamik auf völlig verschiedenen Zeitskalen angesiedelt ist, zu kombinieren.

Die Datenformate der Simulationen sind weit weniger vereinheitlicht als die der Beobachtungen.[18] Getrieben von der Bestrebung, Beobachtungs- mit Simulationsresultaten zu vergleichen, sind jedoch auch hier erste Ansätze zur Standardisierung von Dateiformaten entstanden. Hinzu kommt, dass sich auch für Simulationsresultate die Erfassung in Datenbanken als effizient erweist. Es lassen sich dann auch viele wissenschaftliche Fragestellungen in einer gemeinsamen Sprache (SQL) abfassen und die Vergleichbarkeit von Fragestellung und Resultat wird erhöht. Auch diese Entwicklung ist über das VO entschieden beschleunigt worden. Hinzu kommen Metadaten, die die bei den Simulationen genutzte Software und Hardware-Architektur beschreiben. Und nicht zuletzt müssen die (oft verteilten) Daten der Simulationen verwaltet werden. Hierfür sind erst in Ansätzen geeignete Metadaten-Systeme vorhanden, die das gemeinsame Management von Simulationsdaten und Software unterstützen.

Die derzeit umfangreichsten Simulationen haben 2048^3=8,6 Mrd. Teilchen[19] und umfassen bis zu 150 Snapshots, die jeweils etwa 0,5 Terabyte

---

18 Die rasche Entwicklung der Hardware (von 8Bit zu 64 Bit, von FloppyDisk zu FlashSpeicher), unterschiedliche Architekturen der Großrechner und der aus Commodity-Hardware gebauten Parallel-Rechner und damit verbundene Entwicklung von Dateiformaten ist einer der hierfür bestimmenden Faktoren. Und natürlich ist die Tendenz eines jeden, der ein Simulations-Programm schreibt oder nutzt, das ihm bequemste Format zu wählen.

19 Eine kosmologische Vielteilchen-Simulation, auf die hier Bezug genommen wird, benötigt für jedes dieser Teilchen Raum- und Geschwindigkeitskoordinaten, Masse, ggf. elektrische Ladung usw. Ein Satz von acht oder mehr Größen für jedes Teilchen wird für jeden Zeitschritt gespeichert. Die Teilchenmassen liegen bei ca. 10^8 Sonnenmassen, zwischen gespeicherten Zeitschritten (Snapshots) liegen ca.100 Millionen Jahre. Neben den Simulationen, die Teilchen interagieren lassen, gibt es Gittercodes mit feststehenden Zellen, in denen die zeitlichen Änderungen von physikalischen Größen wie elektromagnetischer Felder oder gravitativer Felder hoher Dichte untersucht werden, die sich besser für die Untersuchung z.B.

Speicherplatz benötigen. Die Rohdaten einer solchen Simulation werden in der Regel nicht an einem einzigen Supercomputer erzeugt. Die benötigte Rechenzeit von vielen Millionen CPU-Stunden muss verteilt über verschiedene Rechenzentren in der ganzen Welt eingeworben werden.

Datenvolumina und Wachstumsraten

Sowohl für Beobachtungsinstrumente als auch für Simulationen halten die Datenmengen und deren Wachstumsraten Schritt mit dem technisch gerade Machbaren. Planungs- und Bauzeit eines Instrumentes für ein Teleskop oder einer Satellitenmission liegen im Bereich von zehn Jahren, die Betriebszeiten dann zwischen drei und zehn Jahren. Die Datenaufnahme und deren Auswertung ist fester Bestandteil der Planung für das Instrument. Während es bis in die 1990er-Jahre durchaus gängige Praxis war, die genommenen Daten und deren Archivierung der jeweiligen Wissenschaftler-Gruppe anheimzustellen und der Betreiber des Instruments keinerlei Archivierung vornahm, ist mit dem Aufkommen von systematischen Himmelsdurchmusterungen (Surveys) – bei den Satellitenmissionen ohnehin – ein Umdenken erfolgt. Das derzeitige Datenarchiv der ESO, welches (bereits reduzierte) Daten der ESO Teleskope- und Satelliteninstrumente aufnimmt, enthält derzeit 65 TB, mit einer Wachstumsrate von 15 TB pro Jahr. Die ESO erwartet eine Steigerung auf 150 TB pro Jahr in naher Zukunft.[20] Neben den ESO-Archiven werden von einzelnen Kollaborationen ausgedehntere Archive aufgebaut, die neben den reduzierten Rohdaten ausgedehntere Objekt- und Auswertungskataloge enthalten. Ein Beispiel ist die mit dem 2013 in Betrieb gehenden MUSE (Multi Unit Spectrographic Explorer) Instrument verbundene Kollaboration, welche 250 TB an Daten archivieren wird. Etwa ein Drittel dieser Daten wird von der ESO in ihr Datenarchiv aufgenommen.

---

von sehr kurzzeitigen Vorgängen (einige Jahre bis einige Sekunden) beim Zusammenstoß von Schwarzen Löchern, Supernovae usw. eignen.

20 Die Vorgaben der ESO für die Archivierung sind sehr restriktiv und nicht ausreichend für eine vollständige Erschließung des wissenschaftlichen Gehalts. (Vgl. ESO-ARCH (2011)).

14 Astronomie und Astrophysik

Jahr	Survey	Datenmenge	Inhalt
1994	Digitzed Sky Survey (DSS)	~73 Gigabyte	Digitalisierte Fotoplatten
2001	Catalog of DSS	~16 Gigabyte	89 Mio. Objekte
1997–2001	2 Micron All Sky Survey (2MASS)	~200 Gigabyte	300 Mio. Punktquellen und 1 Mio. ausgedehnte Quellen
2000–2006	Sloan Digital Sky Survey (SDSS)	~6 Terabyte Katalog, 70 Terabyte Images u. Spektren	ca. 200 Mio. Objekte und 1 Mio. Spektren
2011–	LOFAR	~2 Terabyte / Tag	Radio Daten (Images)
2013–	GAIA (Satelliten-Instrument)	50 Gigabyte / Tag	1 Milliarde Objekte
ab 2014–2024	LSST	30 Terabyte / Nacht	60 Petabyte, 20 Millarden Objekte

Tab. 1: Eine Auswahl von verfügbaren digitalen astronomischen Archiven.[21]

Da nahezu alle Instrumente von internationalen Kollaborationen gebaut werden, sind nationale Archivierungsstandards von vornherein ausgeschlossen. Die jetzt in Bau- oder Planungsphase befindlichen astronomischen Instrumente haben als selbstverständlichen Bestandteil einen Daten-Management-Plan. Es ist jedoch noch längst keine weitergehende, übergreifende Standardisierung bei Metadaten erreicht. Die Archive der Kollaborationen sind verteilt über viele Institutionen, wobei sich als Trend auch feststellen lässt, dass sich in jedem Land einige Institute beim Datenmanagement besonders engagieren. Die Situation ist sehr verschieden mit der experimentellen Hochenergie-Physik, da die Datenquellen wesentlich vielfältiger sind, wobei die Datenmengen jedoch durchaus ähnliche Größenordnungen haben. Der Weg, der vom VO gewählt wurde, um die verteilten und unter-

---

21 Für die GAIA Mission werden derzeit 10^{21} Floating Point Operations (Computer-Rechenschritte) geschätzt. Die derzeitig verfügbaren Höchstleistungsrechner würden drei bis vier Jahre benötigen.

schiedlichen Datenarchive durch standardisierte Interfaces und Verfahren der Community zur Verfügung zu stellen, ist dieser Situation angemessen. Über die bei den Simulationen vorliegende Situation sagt S. Gottlöber: „Wenn man 20 Jahre zurückschaut, stellt man fest, dass auch die numerischen Simulationen der gravitativen Strukturbildung dem Mooreschen Gesetz folgen. Während die ersten Simulationen in den achtziger Jahren etwa 32^3 Teilchen behandelt haben, sind inzwischen 1024^3 Teilchen der Standard für kosmologische Simulationen mit dunkler Materie, ein Wachstum von 2^{15} über 20 Jahre. Das Moore'sche Gesetz würde 2^{13} voraussagen. Der verbleibende Faktor von 2^2 kann mit den verbesserten Algorithmen erklärt werden, mit denen inzwischen auch eine wesentlich höhere Auflösung erzielt wird. Dabei darf nicht vergessen werden, dass der Speicherbedarf für diese kosmologischen Simulationen um den gleichen Faktor angewachsen ist."[22] Dieses wird in Tabelle 2 illustriert.

Neben den digitalisierten Daten gibt es in der Astronomie viele in analoger Form vorliegende Daten. Insbesondere für die Fotoplatten, die seit 1893 eingesetzt wurden, werden erhebliche Anstrengungen unternommen, diese in digitaler Form zugänglich und nutzbar zu machen. Damit ist auch die Perspektive der Astronomie für die längerfristige Datenarchivierung umrissen: auf der Zeitskala der Veränderungen von astronomischen Objekten sind 100 Jahre wenig, so dass Daten von weit zurückliegenden Beobachtungen kostbare Informationen enthalten. Die mit der Digitalisierung der Daten zu lösenden Probleme der langfristigen Erhaltung dieser Daten sind jedoch nur in wenigen Fällen über konzeptuelle Überlegungen hinaus gekommen.[23]

---

22 Stefan Gottlöber in einem Vortrag, AIP-Seminar, Potsdam 2010.
23 Hier ist wiederum der SDSS im Verbund mit der JHU-Library ein Beispiel. (Vgl. Marcum; George (2009)).

14 Astronomie und Astrophysik

Jahr	Simulationen	Datenmenge	CPUh
1990	Zusammenstoß zweier Galaxien 32^3 Partikel	~20 Megabyte	10 000
2009	Zusammenstoß von Galaxien 1024^3 Partikel	~100 Terabyte	1 Mio.
2009–	Sterndynamos	~50 Gigabyte	100 000
2009–	Black Hole Collisions	~5 Terabyte	1 Mio.
2009–2011	Großräumige Strukturen im Universum 2048^3–4096^3 Partikel	~1 Petabyte	20–50 Mio.

Tab. 2: Schätzung von Datenmengen für astrophysikalische Simulationen.

Oft stützen sich derzeitige Überlegungen dazu auf das Moore'sche Gesetz, das ca. alle zwei Jahre eine Verdoppelung der Speicherkapazitäten voraussagt. Damit wird jedoch nur das rein technische Problem der Datenmengen angesprochen. Neben den schon vorhandenen Standardisierungen der Metadaten und Zugriffsprotokolle, deren notwendige Weiterentwicklung und dem Füllen von aufgezeigten Lücken, wird die Frage nach dem Lifecycle-Management für die Forschungsdaten immer wichtiger, wie auch die Entwicklung von Formen in der Community, die Erhaltungswürdigkeit von Daten über längere Zeiträume zu managen. Bei den Simulationen ist diese Frage vergleichsweise einfach, da nach spätestens zehn Jahren die Neuberechnung der Daten, falls erforderlich, viel weniger kostet als die Erhaltung der Rohdaten selbst.[24] Für Beobachtungsdaten ist dieses Problem sehr viel komplexer, zumal die zeitliche Dimension eine wachsende Bedeutung in der heutigen beobachtenden Astronomie gewinnt.

---

24 Diese Aussage gilt natürlich nur unter der Voraussetzung, dass eine ausreichende Langzeitarchivierung von Metadaten, Software und Anfangsbedingungen vorhanden ist.

14.4 Interne Organisation

Forschungsdaten werden in der Astronomie produziert durch:

- Einzelbeobachtungen von Forschern und kleinen Arbeitsgruppen,
- Systematische Beobachtungskampagnen und Surveys von größeren Kollaborationen und Satellitenmissionen,
- Simulationen von kleineren Rechnungen für die Anfertigung einer Dissertation, bis zu großen kosmologischen Simulationen, die von internationalen Kollaborationen durchgeführt und ausgewertet werden.

Die Verantwortlichkeit für die Speicherung der Daten und deren Archivierung obliegt entsprechend nicht einer einzelnen Institution, und eine systematische Organisation von Verantwortlichkeiten gibt es nicht.

Auf der Ebene der Einzelbeobachtung obliegt die Archivierung in der Regel dem Forscher und dem Institut. Über die DFG-Richtlinien hinaus besteht keine Regelung zur Archivierung. Es gibt Bemühungen, insbesondere durch VO und andere eScience-Projekte, Datenarchive aufzubauen und die einzelnen Forscher gezielt bei der Einbringung ihrer Daten in diese Archive zu unterstützen. Diese Arbeiten sind häufig sehr zeitintensiv und werden umso komplizierter, je länger Daten in den individuellen Systematiken der jeweiligen Forschergruppe verwaltet wurden. In der Regel ist dies auch verbunden mit der Entwicklung von passender Software und findet v.a. dort statt, wo eScience im Institut vertreten ist. Eine signifikante Verbesserung der Situation wäre hier zu erreichen, wenn die Nutzung der eScience Bestandteil der Ausbildung der Wissenschaftler würde. Die Ebene der Daten von Einzelbeobachtungen ist am ehesten einer nationalen Anstrengung zugänglich, in der einheitliche Policies für die Archivierung von Forschungsdaten festgelegt werden. Hierzu ist aber auch die Unterhaltung von Ressourcen für diese Datenarchive notwendig.

Für die internationalen Kollaborationen, die Surveys durchführen oder Instrumente bauen, ist das Datenmanagement mittlerweile fester Bestandteil des Gesamtplanes. Es ist damit jedoch keineswegs gesichert, dass der Datenarchivierung und -publizierung auch der notwendige Anteil an personellen und finanziellen Ressourcen zugeordnet wird. Wie schon beschrieben, werden die Verantwortlichkeiten innerhalb der Kollaborationen von einzelnen beteiligten Instituten, sowie auch – für Europa – durch Organisationen wie die ESO oder die ESA wahrgenommen. Eine solche Kollaboration besteht i.d.R. für mindestens ein Jahrzehnt und übernimmt in dieser Zeit den Aufbau und den Betrieb des Datenmanagements für „ihre" Daten.[25] Mittlerweile werden Survey-Daten nach einer gewissen Zeit (meist zwischen zwei und fünf Jahren) publiziert und der Community zur Verfügung gestellt. Die publizierten Daten haben oft auch eine VO-Compliance, d.h. sie nutzen die Standards und Metadaten des VO für den Web-basierten Zugriff.[26] Es zeichnet sich ab, dass in jedem Land einige Institute das Datenmanagement als einen spezialisierten Bereich gezielt fördern. Diese Entwicklung könnte auch eine Möglichkeit bieten, die Langzeitarchivierung von Forschungsdaten in der Astronomie anzugehen und einen „institutionellen Rahmen" dafür zu schaffen.

Die erforderliche IT-Infrastruktur hierfür ist jedoch erst in Ansätzen vorhanden. Zu dieser gehört neben den Datenservern auch die Bereitstellung einer effizienten Arbeitsumgebung, von Zugangsstrukturen und von Netzwerken. Darüber hinaus werden auch personelle Ressourcen benötigt, um das Datenmanagement und die zugehörige Software zu implementieren. Die durch D-Grid und AstroGrid-D zur Verfügung gestellte kollaborative IT-Infrastruktur ist noch nicht annähernd weit genug ausgebaut, um beispielsweise einen effizienten Zugang zu den Daten des LOFAR-Instruments zu gewähren. Hierfür muss in Zusammenarbeit mit den großen Rechenzentren und der LOFAR-Zentrale der Zugang der Forschergruppen zu Daten über das LOFAR Netzwerk entwickelt werden.

---

25 Die übliche Finanzierung eines solchen Projektes ist komplex, auch wegen der nationalen Begrenzungen der Fördergeber, und meist werden die Kosten für ein Instrument durch die Institute aufgebracht, die im Gegenzug garantierte Beobachtungszeiten am Instrument bekommen.

26 "The VO is in the early stages of deployment, thus much of the software that is currently being written is infrastructure software. However, 84% of the facilities surveyed by Panels A, B and C (see Appendix IV) indicated plans for a public data archive, and 53% of those are committed to publishing datasets and resources to the VO. Since these include the majority of the large data providers (e.g., ESA, ESO, LOFAR, etc.), this implies VO compliance of a much higher percentage of the actual data volume. VO projects are now ramping up support to data centres as they implement VO standards, and there is little doubt that by the end of the next decade most astronomical data will be VO compliant." (o.V. (2008), S. 80).

Bei den Simulationen sind Projekte wie die Millennium-Datenbank[27], CLUES[28] und MultiDark[29] dabei, die Archivierung und Publikation von Simulationsdaten zu erforschen. Es sind weitere intensive Entwicklungsarbeiten notwendig für die Erarbeitung von Standard-Metadaten und geeigneten Formaten für die Publikation der Rohdaten sowie für deren Verwaltung. Diese Aufgabe wird durch die Erfahrungen, die bei den Beobachtungsdaten gewonnen wurden, erleichtert. Zusätzlich schlägt die Astronet Roadmap auch die Gründung des Astrophyiscal Software Laratoy (ASL)[30] als europäische Einrichtung zur gezielten Unterstützung der Entwicklung von Simulationscodes durch die Community vor. Die Erarbeitung von Standards und Metadaten für Simulationsdaten in Kombination mit der Verbesserung und Pflege der Simulationscodes können bei Realisierung der genannten Vorhaben in wenigen Jahren zu einer signifikanten Verbesserung des Forschungsdatenmanagements in diesem Bereich führen.

Die Arbeit von eScience-Projekten wie GAVO, dem VDZ (Virtuelles Datenzentrum), der Ausbau der Services für die Community, wie z.B. das GAVO DataCenter oder der SDSS Mirror, wie auch die verstärkte Einbeziehung der eScience in die Planung und Implementierung des Datenmanagements von Instrumenten und Surveys sowie Fortführung der Entwicklungen, die mit den Simulationsdaten-Projekten Millennium, MultiDark und CLUES begonnen wurden, bildet die Basis für die Bewältigung der sich derzeit stellenden Aufgaben in der Forschungsdatenarchivierung in der Astronomie.

14.5 Perspektiven und Visionen

Gegenwärtig werden in der Astronomie einige Großprojekte durchgeführt oder vorbereitet, die extrem große Datenmengen produzieren. Meist handelt es sich um sogenannte Himmelsdurchmusterungen („Sky Surveys"), bei denen die Sterne und Galaxien am Himmel mit sehr hoher Winkelauflösung,

---

27 Vgl. GAVO (2011).
28 Vgl. CLUES (2011).
29 Vgl. MultiDark Database (2011).
30 Vgl. o.V. (2008), S. 85.

oft in verschiedenen Farb-Filtern oder gar mit hoher spektraler Auflösung aufgenommen werden. Schließlich wird nun auch noch die „Time Domain" als weitere Dimension eröffnet: Diese Aufnahmen werden zu verschiedenen Zeiten („Epochen") wiederholt, um die zeitliche Veränderung der physikalischen Parameter (Ort, Geschwindigkeit, Helligkeit) präzise zu bestimmen. Das Archiv des bereits im Jahre 2008 abgeschlossenen Sloan Digital Sky Survey (SDSS) enthält beispielsweise ein Datenvolumen von mehr als 100 Terabyte. Das in Vorbereitung befindliche Large Synoptic Survey Telescope (LSST) soll ab dem Jahre 2020 mit einer 3-Gigapixel-Kamera jede Nacht astronomische Daten im Umfang von 30 Terabyte produzieren. Bei einer Laufzeit von zehn Jahren entspricht das 100.000 Terabyte = 100 Petabyte.

Diese Größenordnung von Beobachtungsdaten wie auch die sich parallel dazu entwickelnden Simulationsdatenmengen haben damit eine Stufe erreicht, die eine Erweiterung, wenn nicht sogar Ablösung der klassischen Arbeitsmethoden der Astronomie erfordert. Bei Objektkatalogen, die Milliarden Einträge aufweisen, treten neben das Studium von Einzelobjekten das Data-Mining und andere statistische Methoden der Auswertung. Visualisierungstechniken werden immer wichtiger und bedeutsamer werden. Es wird einen Paradigmenwechsel geben: Nicht mehr die Vermessung eines einzelnen Sterns oder einer einzelnen Galaxie wird wichtig sein, sondern statistische Untersuchungen und Auswertungen werden immer größere Bedeutung erhalten. Entsprechend müssen neue Konzepte für verlässliche Datenarchivierung und effizienten Datenzugang entwickelt werden.

15 Zusammenfassung und Interpretation

Jens Ludwig

In der Zusammenschau der verschiedenen Disziplinen gewinnt man den Eindruck, dass es sich mit Forschungsdaten verhält wie mit den Tieren in der von Borges beschriebenen, angeblichen chinesischen Enzyklopädie. Sie stelle fest,

> „[...] daß ,die Tiere sich wie folgt gruppieren: a) Tiere, die dem Kaiser gehören, b) einbalsamierte Tiere, c) gezähmte, d) Milchschweine, e) Sirenen, f) Fabeltiere, g) herrenlose Hunde, h) in diese Gruppierung gehörige, i) die sich wie Tolle gebärden, k) die mit einem ganz feinen Pinsel aus Kamelhaar gezeichnet sind, l) und so weiter, m) die den Wasserkrug zerbrochen haben, n) die von weitem wie Fliegen aussehen'."[1]

Auch unter Forschungsdaten und der dazugehörigen Infrastruktur werden ganz verschiedene Dinge verstanden und ganz verschiedene Dimensionen, um Daten zu beschreiben, und Anforderungen prallen aufeinander. Diese Unterschiede können unnötig kompliziert wirken und wecken vielleicht ein Bedürfnis nach einer einzelnen, klaren Definition für die Wissenschaften insgesamt. Ein Ziel der folgenden Gegenüberstellung wesentlicher Dimensionen von Forschungsdaten, wie sie von den Autoren aus den verschiedenen Disziplinen berichtet werden, ist aber aufzuzeigen, dass diese Vielfalt zumindest überwiegend kein Defizit, Fehler oder mangelnder Entwicklungsgrad der Disziplinen ist, sondern das notwendige Resultat der Ausdifferenzierung der Wissenschaften.

Schon die elf vorgestellten wissenschaftlichen Disziplinen sind in sich komplexe Wissenschaftsbereiche. Mit vielleicht zwei Ausnahmen haben alle darauf hingewiesen, dass es sich bei ihrem Gebiet entweder um interdisziplinäre Unternehmungen handelt, in denen verschiedene Disziplinen zusammen ein Thema untersuchen (z.B. Biodiversität), oder um

---

1 Foucault (1974), S. 17.

eine stark ausdifferenzierte Disziplin, in der ganz verschiedene Themen untersucht werden (wie z.B. sehr plastisch bei den Geowissenschaften beschrieben). Die zwei Bereiche, bei denen dieser Aspekt nicht so stark im Vordergrund steht, sind die Teilchenphysik und die Astrophysik, die aber schon durch ihren Namen kenntlich machen, dass sie – ohne Anspruch auf wissenschaftshistorische Genauigkeit – als bereits selbstständige Ausdifferenzierungen der gemeinsamen Mutterdisziplin Physik betrachtet werden können.

Eine Schwierigkeit beim Vergleich des Umgangs mit Forschungsdaten in dieser groben Disziplineinteilung ist, dass bereits eine einzelne Disziplin sehr verschiedene Teilbereiche umfasst und es deshalb in ihr nicht nur eine, sondern viele Arten des Datenmanagements gibt. Aber auch eine engere Fassung der Disziplinen würde diese Schwierigkeit nicht beseitigen, denn Forschungsgebiete liegen immer quer zu Aufgaben des Datenmanagements. Es ist geradezu eines der Kennzeichen der Wissenschaft, dass für die Untersuchung ein und desselben Themas die Methoden, Instrumente und Anforderungen an Forschungsdaten vielfältig sind und sich als Teil des wissenschaftlichen Fortschritts verändern. Und so wie der Umgang mit Forschungsdaten in einer fast beliebig weit oder eng gefassten Disziplin vielfältig ist, so wird auch umgekehrt eine Methode und ein Umgang mit Forschungsdaten sich nur sehr selten auf eine Disziplin beschränken, sondern in einer Vielzahl von Disziplinen anzutreffen sein. Disziplinen haben zwar Besonderheiten, aber kein erfolgreicher Forschungsbereich ist so speziell, dass nicht andere die Verfahren für die Behandlung ihrer Themen übernehmen werden (z.B. die medizinische Magnetresonanztomografie zur Visualisierung des Gehirns in der Psycholinguistik) und damit die Besonderheiten der anderen Disziplin relativieren.

15.1 Kooperative Strukturen

Wissenschaft lebt vom engen Austausch mit anderen und von Kooperationen. In allen hier vertretenen elf Disziplinen gibt es institutionenübergreifende Kooperationen, wenn auch in unterschiedlichem Maße und aus unterschiedlichen Gründen. Die treibenden Faktoren sind dabei

15 Zusammenfassung und Interpretation

insbesondere die Untersuchungsinstrumente und die Untersuchungsgegenstände. Am auffälligsten sind vielleicht Teilchenbeschleuniger und Teleskope, die von einzelnen Institutionen weder finanziert noch effizient betrieben werden können. Aber auch wenn keine Instrumente in Gebäudegröße benötigt werden, kann die Datenerhebung so viel Aufwand erfordern, dass er nicht mehr durch einzelne bewältigbar ist und Kooperationen notwendig sind. Dies ist zum Beispiel in den Sozial- oder Erziehungswissenschaften der Fall, deren Großumfragen ein koordiniertes Vorgehen verlangen.

Auch der Untersuchungsgegenstand allein kann ein Grund zur Kooperation sein. Die Instrumente können relativ klein, unspektakulär und von Individuen oder einzelnen Institutionen handhabbar sein, aber die Größe, Entfernung oder Verteilung des Untersuchungsgegenstands kann eine Kooperation erforderlich machen, wie z.B. in der Klimaforschung und in den Altertumswissenschaften. Und schließlich ist für einige Bereiche auch die Interdisziplinarität und Fachausdifferenzierung ein Grund, Kooperationen einzugehen, um die vielen verschiedenen notwendigen Expertisen zusammenzubringen (z.B. erwähnt bei der Biodiversität, Medizin und den Altertumswissenschaften), die nicht mehr von einzelnen Wissenschaftlern allein besessen werden können.

Dies sind primär Kooperationen zu Forschungsfragen, aber auch das Management von Forschungsdaten erfolgt arbeitsteilig. Die Sozialwissenschaften und die Klimawissenschaften sind von den hier vertretenen Disziplinen diejenigen, die diese Aufgabe am stärksten institutionell gebündelt haben. Mit GESIS und dem DKRZ existieren eigenständige Institutionen, zu deren Kernaufgaben es gehört, diese Dienstleistung anzubieten. In den Geowissenschaften, der Pädagogik und zu einem gewissen Grad auch in der Psycholinguistik gibt es mit den World Data Centers, dem DIPF und dem MPI für Psycholinguistik jeweils etablierte Institutionen, die neben ihrer Forschungstätigkeit diese Aufgabe für andere mit übernehmen. In den anderen Disziplinen wird das Forschungsdatenmanagement in Föderationen durchgeführt oder mit Einzellösungen an den Institutionen, an denen die Daten anfallen.

Ob diese Einzellösungen sinnvoll und effizient sind oder nicht, ist nicht einfach zu beurteilen. Häufig wird festgestellt, dass das Datenmanagement sowohl fachspezifische als auch generische Aufgaben beinhaltet,[2] wobei erstere nicht von einer übergreifenden Einrichtung ohne Fachkenntnisse kompetent übernommen werden können. Diese fachspezifischen Anteile sprechen eher für Einzellösungen. Eine übergreifende Einrichtung kann aber oftmals für generische Dienstleistungen eine Economy of Scale ausnutzen und verfügt idealerweise über Fachkenntnisse, um auch gewisse fachspezifische Dienstleistungen effizient anzubieten. In welchem Zuschnitt Zentren nun sinnvoll sind – mit welcher Fachgranularität, mit welchen Fachkenntnissen und welchen Aufgaben – oder ob eine Einzellösung besser ist, ist weder pauschal noch einfach zu klären.

Dementsprechend ist auch die Rolle der Institutionen, die Forschungsdaten managen, im Verhältnis zu denen, die sie produzieren oder nutzen, sehr unterschiedlich. Eine klassische, übergreifende Informationseinrichtung wie eine Bibliothek oder ein Archiv ist meist für mehrere andere Institutionen oder Forschergruppen da und betreibt verschiedene Informationssysteme, die wiederum jeweils mehrere Datensammlungen enthalten. In dem Bereich der Forschungsdaten kann dieses Zuordnungsverhältnis von einer Institution zu mehreren Datenbeständen und mehreren Nutzern ganz anders aussehen. Z.B. sind in den Sozialwissenschaften Forschungsdatenzentren oftmals Einrichtungen, die im Wesentlichen die Datensammlung nur einer Quelle wie beispielsweise einer Behörde pflegen. Oder im Fall der Teilchenphysik werden die Daten einer Quelle, des LHC-Beschleunigers, nicht von einer einzelnen Institution, sondern von einer ganzen Föderation aufbewahrt, bereitgestellt und analysiert.

Auch wenn Förderer und Wissenschaftsorganisationen verstärkt die Beteiligung von traditionellen, disziplinübergreifenden Informationseinrichtungen wie Bibliotheken und Rechenzentren an Kooperationen zum Management von Forschungsdaten fordern,[3] ist nicht von vornherein klar, dass diese Einrichtungen in diesen Kooperationen eine Rolle spielen. Das ist bei Bibliotheken, deren zukünftige Rolle im Bereich der digitalen Information oft als ungewisser betrachtet wird, weniger überraschend als bei Rechenzentren. In den hier vorgestellten Kooperationen zum Forschungsdatenmanagment werden Einrichtungen der Informationsinfra-

---

2 Vgl. z.B. KII (2011), S. B125.
3 Vgl. z.B. Kapitel 2.1.3; DFG (2009).

15 Zusammenfassung und Interpretation 299

struktur ungefähr in der Hälfte der Fälle erwähnt (Geisteswissenschaften, Medizin, Geowissenschaften, Psycholinguistik, Pädagogik, Biodiversität). Rechenzentren und Bibliotheken werden etwa gleich häufig genannt und als Dokumentationszentrum wird das DIMDI erwähnt, das Deutsche Institut für Medizinische Dokumentation und Information. Bei den Bibliotheken handelt es sich um die größeren Einrichtungen, insbesondere die Deutsche Nationalbibliothek (DNB) und die Technische Informationsbibliothek (TIB) Hannover. Die Aufgaben, die die Infrastruktureinrichtungen übernehmen, sind meist das Hosting der Daten oder die Vergabe von persistenten Identifikatoren für Forschungsdaten, z.B. DOIs durch die TIB als Teil des DataCite-Konsortiums, URNs durch die DNB oder Handles durch die Gesellschaft für Wissenschaftliche Datenverarbeitung Göttingen (GWDG). Ob diese grundlegenden Services den disziplinübergreifenden Informationseinrichtungen dauerhaft eine feste Rolle in Kooperationen zum Forschungsdatenmanagement verschaffen und welche weiteren Services wie z.B. Beratungen sie anbieten können, ist wie viele andere organisatorische Fragen noch offen.

15.2 Daten und Metadaten

Auf die Frage, was für Typen von Forschungsdaten in einem Forschungsbereich anfallen, findet sich die eingangs angedeutete volle Vielfalt der Antworten. Die häufigsten Nennungen umfassen Video, Audio, Simulationsdaten, Fotos, quantitative/qualitative Daten, Digitalisate/Scans, Markup/Annotationen, Beobachtungsdaten, Statistiken, Dokumente, Experimentdaten, Zeitreihen und Fernerkundungsdaten. In einer groben Kategorisierung der Nennungen können zwei Hauptarten von Daten unterschieden werden, die als Forschungsdaten betrachtet werden: In ca. 60 Prozent der Nennungen werden die Forschungsdaten extrinsisch bestimmt, d.h. durch ihre Rolle in der Wissenschaft oder durch die Methode, mit der sie erzeugt oder benutzt werden, wie z.B. Simulationsdaten, Beobachtungsdaten, Experimentdaten, Zeitreihen, Interviews etc. Der interne Aufbau und das technische Format dieser unterschiedlichen Datentypen können hingegen sogar identisch sein. In weiteren ca. 30 Prozent der Fälle werden sie stattdessen intrinsisch durch den Medientyp charakterisiert wie z.B. Video, Audio, Markup, 3-D-Modelle etc. In diesen Fällen wird der Begriff Forschungsdaten benutzt, um einen Gegensatz zu Dokumenten auszudrücken oder zumindest zu Dokumenten, die nur als Publikation oder Artikel benutzt werden und nicht z.b. zum Protokollieren von Messdaten oder für Interviewtranskripte. Ein gewisser Prozentsatz der Nennungen lässt sich nur schwer zuordnen, wie z.b. Biomaterialdaten, die man vielleicht als durch den Untersuchungsgegenstand bestimmten Datentyp charakterisieren könnte.

Der Grund für die Vielfalt der Antworten ist, dass je nach den Untersuchungsgegenständen und den Methoden des Faches andere Unterscheidungskritieren für Forschungsdaten relevant sind. In den Naturwissenschaften kann der Unterschied zwischen Beobachtungs-, Experiment- und Simulationsdaten hinsichtlich der Kodierung und technischen Anforderungen einzelner Datensätze minimal sein, aber für die Frage der Aufbewahrungswürdigkeit und der notwendigen Hintergrundinformationen ist er entscheidend. Hingegen existieren bei sozialwissenschaftlichen Untersuchungen der Gesellschaft und des Individuums eigentlich nur Beobachtungsdaten. Die grundlegende Entscheidung, welche Aufgaben in Arbeitsabläufen des Forschungsdatenmanagements notwendig sind, wird dort an dem Unterschied zwischen quantitiven und qualitativen Daten getroffen, die z.B. in Bezug auf Datenschutz ganz anders behandelt werden müssen. In geisteswissenschaftlichen Bereichen wiederum, in denen Einzelfalluntersuchungen viel häufiger und wichtiger sind und die Heterogenität der Technologien deutlich größer ist, bilden die Medientypen – ob es sich z.B. um Fotos, Videos oder Dokumente handelt – oft die größte Möglichkeit, Daten zu kategorisieren.

Die Vielfalt dieser Charakterisierungen von Forschungsdaten macht auf die Kontextabhängigkeit und Unschärfe des Forschungsdatenbegriffs aufmerksam. Eine inhaltliche Begrenzung, was Forschungsdaten behandeln können oder was ihre Quellen seien können, macht wenig Sinn, da prinzipiell alles Untersuchungsgegenstand der Wissenschaft werden kann. Dass Daten Forschungsdaten darstellen, ist eher eine Aussage über ihre methodische Verwendung in einem bestimmten wissenschaftlichen Kontext. Wenn ein digitalisiertes Buch von einem Literaturwissenschaftler genauso wie sein analoges Pendant gelesen und analysiert wird, dann würde es üblicherweise nicht als Forschungsdatum aufgefasst werden, nur weil es digital ist. Wenn hingegen dasselbe Buch als Teil eines großen digitalen Textkorpus von Geisteswissenschaftlern nach bestimmten Mustern und Häufigkeiten untersucht wird, dann ähnelt ihre Tätigkeit unter Umständen nicht nur oberflächlich Naturwissenschaftlern, die Messdaten auswerten, sondern sie benutzen gegebenenfalls auch dieselben statistischen Verfahren oder Mustererkennungstechnologien. In diesem Fall ist es naheliegend, das digitalisierte Buch als Teil der Forschungsdaten aufzufassen.[4]

Diese Kontextabhängigkeit hat zusätzlich eine zeitliche Dimension. Daten, die gezielt für die wissenschaftliche Auswertung erzeugt wurden, können von vornherein als Forschungsdaten bestimmt werden. Allerdings können auch Daten, die nicht für die Wissenschaft erzeugt wurden, trotzdem nachträglich zu Forschungsdaten werden, wenn z.B. erst nachträglich ein wissenschaftliches Interesse für sie entsteht und sie erst dann in dieser Rolle in der Wissenschaft genutzt werden.[5] Diese Kontextabhängigkeiten und Abgrenzungsschwierigkeiten von Forschungsdaten haben zur Konsequenz, dass Entscheidungen und Abgrenzungen allein auf der Basis, ob etwas Forschungsdaten darstellt oder nicht, problematisch sein können. Eine (fiktive) Richtlinie einer Universität, dass alle Forschungsdaten durch das Rechenzentrum aufbewahrt werden und alle anderen digitalen Ressourcen durch die Bibliothek, würde sicherlich einige willkürliche Definitionen erfordern und etliche Sonderfälle hervorbringen.

Die Formate der Forschungsdaten existieren in einer Vielzahl und Vielfalt, die kaum sinnvoll wiedergeben werden kann. Alle Fachdiszipli-

---

4   Vgl. z.B. Michel et al. (2011) für eine Verwendung eines digitalisierten Buchbestandes als Forschungsdaten.
5   Wie z.B. Schiffsbücher aus der Zeit des ersten Weltkriegs, die im Old Weather Projekt mit der Beteiligung von Internetnutzern transkribiert wurden, um die darin enthaltenen historischen Wetterbeobachtungen als Wetterdaten für die Klimaforschung nutzbar zu machen (vgl. Old Weather Homepage: http://www.oldweather.org).
    Umgekehrt hat auch David Rosenthal wiederholt darauf aufmerksam gemacht, dass interessante Daten nicht gesammelt und archiviert werden, wie z.B. Internetwerbung aufgrund der hohen damit verbundenen technischen und rechtlichen Schwierigkeiten. Die wenigen Institutionen, die Internet-Archivierung betreiben, lassen die Werbung aus, die damit zukünftiger Forschung nicht zur Verfügung stehen wird. Eine ähnliche Situation ergibt sich für zentrale Dokumente des amerikanischen Präsidentschaftswahlkampfs 2008, die u.a. aus Blog-Beiträgen und YouTube-Videos bestanden (vgl. Rosenthal (2011)).

nen scheinen gemeinsam zu haben, dass über die allgemein gängigen Formate hinaus auch fachspezifische Formate existieren. Ein großer Unterschied besteht aber darin, wie die Disziplinen mit der Formatvielfalt und Heterogenität umgehen. Grob können vier Ansätze unterschieden werden: 1. Die Formate sind durch eine Richtlinie eingeschränkt, 2. die Formate sind faktisch eingeschränkt, 3. sie sind faktisch nicht eingeschränkt oder 4. sie können nicht eingeschränkt werden. Im ersten Fall gibt es für die Forschungsdaten explizite Formatvorgaben, die durch die Institution vorgegeben werden. Im zweiten Fall der faktischen Einschränkung gibt es keine Vorgaben durch die datenmanagende Institution, aber die benutzten Forschungsinstrumente liefern nur bestimmte Formate, zum Teil auch weil die Community sich schon auf einen Standard geeinigt hat. Dies ist insbesondere bei Disziplinen der Fall, die auf einzelne Großforschungsinstrumente angewiesen sind, die von einer Vielzahl von Forschern benutzt werden (Teilchenphysik, Astronomie). Wenn hingegen die Formatvielfalt in einer Disziplin nicht eingeschränkt wird, dann kann dies darauf zurückgeführt werden, dass eine Standardisierung einfach noch nicht stattgefunden hat (3.) oder dass sie als prinzipiell nicht durchführbar betrachtet wird. In sehr interdisziplinären Forschungsbereichen, in Forschungsbereichen mit vielen Innovationen und einem dementsprechenden Bedarf an neuen Formaten oder bei der Neuetablierung von Forschungsarchiven, die überhaupt erst einen Bestand aufbauen müssen, können hohe Formatanforderungen so hinderlich sein, dass Standardisierung als prinzipiell nicht durchführbar angesehen wird (4.).

Ähnlich wie bei den Datenformaten existiert auch bei den Metadatenformaten eine Flut von Standards. Jede Disziplin hat ihre eigenen Metadatenformate und viele basieren auf XML. Eine Besonderheit beim Vergleich der Disziplinen ist, dass gerade in der Biodiversität und Archäologie, in denen ein mangelndes Bewusstsein der Wissenschaftler für die Bedeutung von Standards konstatiert wird, nicht keine, sondern eine Vielzahl von Metadatenformaten existieren. Allerdings sind dies auch Gebiete, die sehr interdisziplinär sind, die eine Vielfalt von Untersuchungstechniken kennen und für deren Beschreibung deshalb eine Vielzahl von Metadatenformaten vielleicht auch notwendig ist.

Eine fehlende Standardisierung von Dateiformaten und Metadatenformaten muss nicht in jedem Fall dramatisch und ein Zeichen eines

Mangels sein. Wie oben angedeutet, kann eine Standardisierung eine Einschränkung bedeuten, die für manche Bereiche prinzipiell oder noch nicht angemessen ist. Schließlich bedeutet Wissenschaft gerade auch neue Sachen zu tun, die kein Standard sind. Für die Erhaltung der Forschungsdaten auf einer basalen Ebene der *bitstream preservation* stellen mangelnde Standards auch kein Problem dar. Die Integrität der Daten kann unabhängig von Datei- und Metadatenformaten sichergestellt werden. Eine Schwierigkeit stellen diese Formate erst auf den Ebenen der technischen und der inhaltlichen Nachnutzbarkeit dar. Eine Begrenzung der Dateiformate und der Metadatenformate ist sinnvoll, um die Anzahl der technischen Umgebungen (wie z.B. Hardware und Software) und die zur Interpretation der Daten notwendigen Hintergrundinformationen zu reduzieren, die Datenarchive beobachten müssen, wenn sie Nachnutzbarkeit in einem anspruchsvollen Sinne anbieten wollen. Dabei geht es aber nicht um das Veralten von Formaten, das fälschlicherweise bzw. in zu undifferenzierter Weise als ein Grundproblem der Langzeitarchivierung angesehen wird. Denn moderne Datei- und Metadatenformate veralten nur selten in dem absoluten Sinne, dass nirgends mehr eine technische Umgebung und Dokumentation für sie zu finden ist. Mit gewissem Aufwand können deshalb auch Daten und Metadaten genutzt werden, die in einem Fachgebiet mit stärkerer Standardisierung nicht vorkämen. Viel bedeutsamer ist das Veralten von Datei- und Metadatenformaten, das relativ zu den technischen und inhaltlichen Anforderungen der Zielgruppen ist. Es mag zwar alte Software und Emulatoren geben, mit denen die Daten im Prinzip, aber nicht mehr entsprechend der Anforderungen der Zielgruppen nutzbar sind und die deshalb ineffizient oder de facto nutzlos sind. Um eine technische und inhaltliche Nachnutzbarkeit von Forschungsdaten entsprechend dieser Anforderungen zu gewährleisten, müssen eine fortlaufende Technologie- und Zielgruppenbeobachtung und daraus resultierende Anpassungen stattfinden. Und genau um diese anspruchsvolle Nachnutzbarkeit effizient zu gewährleisten und die Anzahl der zu beobachtenden und unterstützenden Technologien und Metadaten der Zielgruppen zu reduzieren, sind Standards wichtig.

Entsprechende Anforderungen an die Aufnahme von Forschungsdaten in ein Datenzentrum werden anscheinend nur selten explizit gestellt. Es gibt zwar zum Teil Formatvorgaben (z.B. Klimaforschung) und ein allgemeines Bewusstsein der Bedeutung von offenen Formaten, aber für viele Bereiche scheinen sich diese Anforderungen dadurch zu erledigen, dass es Standardformate gibt, die ohnehin von den Forschenden verwendet werden und werden müssen, da alle Software und Instrumente darauf basieren. Vereinzelt wird von zusätzlichen Maßnahmen zur Qualitätskontrolle berichtet, wie Plausibilitätstests oder Tests auf Vollständigkeit der Metadaten.

Aufgrund ihrer stärkeren Standardisierung und Homogenität tendieren auch gerade große Datenmengen aus einer Massenproduktion dazu, sehr viel einfacher verarbeitbar zu sein. Problematischer als die Byte-Größe eines einzelnen Datensatzes, die primär eine technische Herausforderung ist, kann die Anzahl der Datensätze/Datenobjekte sein, die als logische Verwaltungseinheiten mehr Aufwand erzeugen. Darüber hinaus lässt sich weder über Forschungsbereiche hinweg, noch für einzelne Forschungsbereiche als Ganzes etwas Allgemeines über das Forschungsdatenvolumen aussagen. Die Volumina sind oft nur für ein Projekt und Instrument angebbar und rangieren dann zum Teil im Tera- bis Petabytebereich pro Jahr.

Dass ältere Forschungsdaten zur Nachnutzung zur Verfügung stehen, ist für alle Disziplinen mit wenigen Einschränkungen von hoher Bedeutung. Dies gilt insbesondere für Disziplinen, in denen die Wissenschaftler z.T. langfristige Beobachtungen durchführen und die Zustände und Veränderungen der Umwelt, des Weltraums oder der Gesellschaft untersuchen. Die Beobachtungsdaten eines Ereignisses und die Messwerte zu einem bestimmten Punkt einer Zeitreihe sind bei Verlust nicht wieder herstellbar. Ein ähnlicher Fall liegt in der Archäologie vor, in der es zwar nicht um die Beobachtung zu einem bestimmten Zeitpunkt geht, dessen Bedingungen danach nicht wiederkehren, aber bei der durch die destruktive bzw. verändernde Untersuchung der Untersuchungsgegenstand danach nicht mehr in seiner ursprünglichen Form existiert.

Ganz anders kann dies bei Messdaten aus Laborexperimenten sein. Die Geowissenschaften und die Psycholinguistik konstatieren für solche Daten, dass sie zum Teil schnell veralten, weil sie mit verbesserter Messtechnologie in höherer Präzision wieder erzeugt werden können. Bei diesen und anderen reproduzierbaren Daten werden die Kosten der Aufbewahrung und die Kosten der erneuten Erzeugung zueinander ins Verhältnis gesetzt werden müssen. Solche Daten werden unter Umständen nur für einen begrenzten Zeitraum für den Nachweis der korrekten wissenschaftlichen Arbeit aufbewahrt. Allerdings kann die Wiederholbarkeit von experimentellen Messungen mit Großinstrumenten eher theoretischer Natur sein. Die Beschleunigerexperimente der Teilchenphysik sind im Prinzip wiederholbar, aber wenn keiner der aktuell betriebenen Teilchenbeschleuniger das Experiment durchführen kann, ist die Wiederholbarkeit aus praktischen und finanziellen Gründen ausgeschlossen. Mit der Verschiebung der Forschungsfragen in der Teilchenphysik ist deshalb auch die Aufbewahrung prinzipiell reproduzierbarer Forschungsdaten wichtig.

Für wen die Forschungsdaten vorgehalten werden, reicht von einer nur forschungsgruppeninternen Verwendung (wie in der Teilchenphysik und Medizin) über eine Bereitstellung für Gruppen, die ein berechtigtes wissenschaftliches Interesse nachweisen können (z.B. Sozialwissenschaften, Pädagogik), bis hin zu überwiegend öffentlichen Datenpublikationen (Geowissenschaften, Klimaforschung). Die Bereitstellung erfolgt über zwei Wege. Zum einen über die Institution oder Föderation, die die Daten auch dauerhaft managt (GESIS/Forschungsdatenzentren, WDC, offene Kooperationen/Föderationen) und sie über Portale und Datenbanken anbietet. Technisch handelt es sich dabei um Einzellösungen und Standards werden abgesehen von der OAI-PMH Metadatenschnittstelle nicht erwähnt. Ein anderer, mehrfach erwähnter Verbreitungsweg sind Verlage und Datenpublikationen.

Die Zielgruppen und Bereitstellungswege sind eng verknüpft mit der Frage der Kontrolle der Daten und der Rechte an ihnen. Die Nachnutzung von Daten unterliegt ungefähr bei der Hälfte der Antworten Einschränkungen. Der häufigste Grund dafür ist, dass es sich um sensible Daten handelt, weil sie dem Datenschutz unterliegen. Dies stellt bei der Medizin, den Sozialwissenschaften und auch der Pädagogik keine Überraschung da, da sie direkt den Menschen untersuchen. Aber auch in Disziplinen wie der Biodiversität, in denen es vielleicht zuerst nicht erwartet wird, gibt es sensible Daten, wie z.B. Brutstätten von gefährdeten Arten. Die Lösungsansätze, die für sensible Daten verfolgt werden, schränken die Zielgruppen mit Authentifizierungs- und Autorisierungsmechanismen ein und benutzen ausgeklügelte Anonymisierungs- und Pseudonymisierungsverfahren (vgl. insbesondere Medizin).

Neben der Sensibilität der Daten sind die Datenproduzenten und ihr Anspruch auf priviligierten Zugang zu den Daten ein Hauptgrund für Nutzungseinschränkungen. Information als digitales Gut hat den Vorteil, dass sie sich nicht durch Nutzung verbraucht und es im Prinzip reicht, wenn eine Institution oder Person Forschungsdaten erzeugt und erhält, damit beliebige weitere Personen die Daten effizient nutzen können. Dies ermöglicht es einerseits, relativ einfach Open Access anzubieten, wie es z.B. bei den Weltdatenzentren (Geowissenschaften, Klimawissenschaften) Teil der Satzung ist. Andererseits hätten Produzenten wenig Anreiz den Aufwand zu übernehmen, wenn sie dadurch keinen Vorteil hätten und es keine Beteiligung oder Anerkennung durch andere Nutzer gibt. Aus diesem Grund haben sich eine Reihe von Regelungen in den verschiedenen Disziplinen etabliert. Erstverwertungsrechte und Moving Walls, die den Produzenten für eine gewisse Zeit die alleinige Nutzung garantieren, werden z.B. in den Geowissenschaften und der Biodiversität eingesetzt. In manchen Disziplinen wie der Psycholinguistik ist je nach Datenbestand auch die explizite Einholung einer Nutzungserlaubnis durch den Produzenten notwendig. Das universelle Mittel, mit dem die Nutzer dem Produzenten die wissenschaftliche Anerkennung für seine Leistungen ausdrücken, ist aber das Zitat. Die Bemühungen, das Zitieren von Forschungsdaten zu etablieren, sind deshalb wichtige Beiträge für ein sinnvolles Management von Forschungsdaten, da sie einen Anreiz dafür schaffen können.

Ein zentrales Mittel, um Forschungsdatenzitate zu ermöglichen, sind Persistent Identifier. Bereits nicht-persistente Identifikatoren sind ein wichtiges Instrument für das Datenmanagement. Da die Identifikation stabile und eindeutig abgrenzbare Datenobjekte voraussetzt, werden mit der Entwicklung eines Konzepts für Identifikatoren bereits eine Reihe von wichtigen Themen des Datenmanagements wie z.B. die genaue Definition der Objekte berührt.[6] Persistent Identifier haben zusätzlich den Anspruch langfristig stabil zu sein und damit dauerhaft gültige Zitate zu ermöglichen, auch wenn sich der Speicherort der Daten ändert. Die verschiedenen Fachdisziplinen erwähnen drei Ansätze für Persistent Identifier, von denen zum Teil auch mehrere in derselben Disziplin zum

---

6   Vgl. PILIN (2008).

Einsatz kommen: DOIs (Klimaforschung, Medizin, Pädagogik, Biodiversität, Sozialwissenschaften), die durch den DataCite-Verbund vergeben werden, der sich besonders um Standards für Forschungsdatenzitate bemüht, Handles (Geisteswissenschaften, Psycholinguistik), die die technische und syntaktische Grundlage von DOIs bilden und durch das EPIC-Konsortium für Forschungsdaten vergeben werden, und URNs (Geisteswissenschaften, Klimaforschung), die eine Untermenge der im Internet verwendeten URIs sind und insbesondere im Bibliotheksbereich verbreitet sind.

15.3 Interne Organisation

Feste Regeln und Prozesse zur Langzeitarchivierung sind nur zum Teil bereits etabliert und oft noch in der Entwicklung. Standardverfahren sind insbesondere in der Medizin vorhanden, deren Umgang mit Daten durch eine Vielzahl von gesetzlichen Vorgaben bestimmt wird. Verallgemeinert kann festgestellt werden, dass Arbeitsabläufe in Einrichtungen etabliert sind, die das Datenmanagement für Disziplinen oder Teilbereiche zentral übernehmen (wie z.B. die Weltdatenzentren in der Klimaforschung). Dies liegt vermutlich auch darin begründet, dass etablierte Prozesse zu haben Teil zu zentralen Organisationen dazugehört.

Eine andere Voraussetzung für ein Datenarchiv ist die Finanzierung. Sie ist nur teilweise durch eine institutionelle Grundfinanzierung abgesichert (Sozialwissenschaft, Klimaforschung, Geowissenschaft, Psycholinguistik) und beruht häufig noch auf Projektbasis (Geisteswissenschaften, Biodiversität, Medizin, Teilchenphysik), wobei es sich aber in einigen Fällen um sehr langfristige Projekte handelt, die eine gewisse Sicherheit schaffen. Projektmittel haben im Finanzierungskonzept der etablierten Datenarchive allerdings auch einen sinnvollen Platz, wo sie wirklich für vorübergehende Aufgaben benutzt werden, wie z.B. um die Weiterentwicklung von Services (Psycholinguistik) oder die einmalige Übernahme von sehr großen oder komplexen Datenbeständen (Geowissenschaften, Klimaforschung) zu finanzieren. Die Kostenhöhe wird von kaum einer Disziplin benannt. Als Personalaufwand werden beispielsweise für das zentrale Datenmangment des Schwerpunktprogramms „Biodiversitäts-

Exploratorien" zweieinhalb Vollzeitbeschäftigte angegeben, die Betrieb, Beratung und Weiterentwicklungen gewährleisten, aber keine inhaltliche Qualitätskontrolle realisieren können. Monetäre Kosten werden nur von der Psycholinguistik benannt, wobei knapp hunderttausend Euro jährlich für Technik und rund dreihunderttausend Euro für Personal, das das System betreibt und die Software pflegt, anfallen. Dieses Verhältnis von Technik zu Personalkosten bewegt sich damit durchaus im üblichen Rahmen, der von der Literatur mit einem Personalanteil von 70 Prozent und mehr an den Gesamtkosten benannt wird.[7] Die Gesamtkosten sind recht gering, wenn sie an den typischen Betriebskosten für Datenzentren in Höhe von 3,5 Mio. Euro pro Jahr gemessen werden, die die Kommission „Zukunft der Informationsinfrastruktur" in ihrem „Gesamtkonzept für die Informationsinfrastruktur in Deutschland" nennt.[8]

Angesichts des hohen Personalanteils an den Gesamtkosten ist es nicht verwunderlich, dass die personelle Lage der finanziellen ähnelt. Zwar gibt es meist Personal, das sich schwerpunktmäßig mit der Langzeitarchivierung befasst, aber überwiegend wird es aus Projekten bezahlt und befristet beschäftigt. Als eine Ausnahme sind hier die Sozialwissenschaften und die Psycholinguistik zu nennen, in denen zumindest teilweise unbefristetes Personal vorhanden ist. In allen Disziplinen hat das Personal meistens seine Qualifikation praktisch und nicht durch eine Ausbildung erworben.

Der Bereich Organisation bietet insgesamt ein schwaches Bild. Auch die größeren Ansätze und Entwicklungen, die organisatorische Aspekte behandeln, wie z.B. die Kriterienkataloge für vertrauenswürdige digitale Archive[9], das Data Seal of Approval[10] oder der nestor Ingest-Leitfaden[11] werden sehr selten oder gar nicht erwähnt. Zu der Kosten- und Finanzierungsfrage sind ebenfalls eine Reihe von Studien veröffentlicht worden, die die methodischen Grundlagen und eine Vielzahl von Fallstudien liefern. Vor diesem Hintergrund scheint sich zu zeigen, dass die Schwierig-

---

7   Vgl. KRDS (2010), S. 14.
8   Vgl. KII (2011), S. B122.
9   Vgl. RLG-NARA (2007); nestor (2008a).
10 Vgl. Data Seal of Approval (2011b).
11 Vgl. nestor (2008b).

15 Zusammenfassung und Interpretation

keit, die organisatorischen Aspekte und die Kosten für das Management von Forschungsdaten zu klären, nicht aus mangelndem theoretischem und methodischem Wissen resultiert. Dieses Wissen und die Technik sind bedeutsamer für den Bereich Daten und Metadaten. Die Schwierigkeiten der Organisation und Kosten liegen hingegen in der praktischen Durchführung in der jeweiligen konkreten Situation.

15.4 Perspektiven und Visionen

Es ist bemerkenswert, dass die Bedeutung von Forschungsdaten in allen Fachdisziplinen sehr betont wird, aber sehr viele Fragen noch offen sind, von denen die technischen die geringsten sind. Unter den besonderen Herausforderungen, mit denen sich die Disziplinen konfrontiert sehen, gibt es grob drei gemeinsame Themengruppen. Die erste Gruppe von Herausforderungen betrifft die Vermittlung der Bedeutung und des Nutzens des Forschungsdatenmanagements. Viele Disziplinen sehen sich bei den Wissenschaftlern mit einem geringen Bewusstsein für den Wert des Archivierens und Teilens von Forschungsdaten (z.B. Geistes- und Sozialwissenschaften) konfrontiert und wollen die Nachnutzung der vorhandenen Bestände verbessern. So sollen Daten der Klimaforschung auch für die Wirtschaft (z.B. Tourismusbrache) nutzbar gemacht werden. Komplementär zum Bewusstsein für die Aufgabe sehen die Disziplinen in der Wahrnehmung der Archive eine Reihe weiterer Herausforderungen: Um von den Wissenschaftlern als verlässliche und wertvolle Institution wahrgenommen zu werden, müssen Fragen des Umgangs der Archive mit den Forschungsdaten geklärt und kommuniziert werden. Sind die Archive vertrauenswürdig? Werden die intellektuellen Leistungen und Rechte der Wissenschaftler von den Archiven berücksichtigt (Medizin)? Ist der notwendige Persönlichkeitsschutz gewährleistet und im Rahmen von Zertifizierungsverfahren geprüft (Pädagogik)? Als dritte Gruppe von Aufgaben wird schließlich die qualitative und quantitative Verbesserung des Datenbestands benannt, wie z.B. die Ausweitung der Langzeitarchivierung auf die zur Datennutzung notwendige Verarbeitungssoftware (Teilchenphysik) oder die Weiterentwicklung von Metadatenstandards und Datenqualität (Pädagogik, Archäologie, Biodiversität).

Die praktischen Möglichkeiten, die gesehen werden, die Archivierung und Nachnutzung von Forschungsdaten zu fördern, können in einem weiteren Sinne disziplinübergreifend als eine stärkere Integration des Forschungsdatenmanagements in die wissenschaftlichen Arbeitsabläufe beschrieben werden. Dies reicht von der personellen Unterstützung der Forscher durch Datenmanagementspezialisten (Sozialwissenschaften), über die technische Einbindung einzelner Datendienste wie z.B. automatische Qualitätskontrollen und Datenrepositorien in Arbeitsabläufe (Geisteswissenschaften, Biodiversität) bis hin zur Schaffung virtueller Forschungsumgebung (Geowissenschaften). Eine langfristigere Möglichkeit und Notwendigkeit, die gesehen wird, ist es, das Thema Langzeitarchivierung in die wissenschaftliche Ausbildung mit einzubringen und schon dort das Bewusstsein dafür zu schaffen (Klimaforschung, Sozialwissenschaft, Teilchenphysik).

Über das letztendliche Ideal für das Management von Forschungsdaten herrscht angesichts der heterogenen Ausgangssituation erstaunlich große Einigkeit und Klarheit. Als Ideal wird die Existenz von fachlichen Kompetenzzentren für Forschungsdaten betrachtet, die zentral oder in einem dezentralen Verbund die Langzeitarchivierung von Forschungsdaten, Entwicklung von Standards und Beratung von Wissenschaftlern übernehmen (Sozialwissenschaften, Geisteswissenschaften, Teilchenphysik, Altertumswissenschaften, Psycholinguistik, Pädagogik, Biodiversität). Wie oben ausgeführt, wird es keine einfache Aufgabe sein, den Zuschnitt solcher Zentren zu bestimmen und zu entscheiden, wie viel von diesem disziplinübergreifenden Ideal disziplinspezifischer Zentren mit einer disziplinübergreifenden Infrastruktur realisiert werden kann. Es gibt aber keinen Zweifel, dass Zentren als der Weg angesehen werden, um die Verfügbarkeit und effiziente Nutzung von Forschungsdaten zu verbessern.

16 Erkenntnisse und Thesen zur Langzeitarchivierung von Forschungsdaten

Heike Neuroth, Achim Oßwald, Uwe Schwiegelshohn

Als Ergebnis der vergleichenden Bestandsaufnahme des Umgangs mit Forschungsdaten in den elf Wissenschaftsdisziplinen, die in diesem Sammelwerk exemplarisch zusammengeführt und analysiert wurden, lassen sich folgende Erkenntnisse und Thesen formulieren, die zum Teil die Ergebnisse des Kapitels 15 aufgreifen. Zum einen heben sie die Bedeutung der Langzeitarchivierung von Forschungsdaten aus wissenschaftlicher Sicht hervor und verweisen auf konzeptionelle und operative Sachverhalte, die als Zwischenergebnis festgehalten bzw. weitergehend geklärt werden sollten. Zum anderen gilt es auch eine Reihe wissenschafts- und gesellschaftspolitischer Aspekte zu berücksichtigen.

Übergreifende Sachverhalte:

1. Die Bedeutung von Forschungsdaten und deren langfristiger Archivierung bzw. Bereitstellung wird von allen hier vorgestellten Wissenschaftsdisziplinen betont.

2. Die hier skizzierten verschiedenen Ansätze bei der Langzeitarchivierung von Forschungsdaten in diesen Wissenschaftsdisziplinen sind nicht Ausdruck eines mangelnden Kooperationswillens über die Disziplingrenzen hinweg, sondern logische Konsequenz der unterschiedlichen Anforderungen und der praktizierten Methoden innerhalb der einzelnen Disziplinen.

3. Kooperative Strukturen innerhalb einer Wissenschaftsdisziplin sind bei der digitalen Langzeitarchivierung von Forschungsdaten die Regel und nicht die Ausnahme.

4. Häufig werden Infrastruktureinrichtungen wie Bibliotheken oder Rechenzentren als Kooperationspartner bei der Langzeitarchivierung von Forschungsdaten einbezogen. Deren Rolle und Funktion sind bislang aber nicht immer klar definiert.

5. In vielen Wissenschaftsdisziplinen sehen sich Forscher immer noch mit einer geringen Wertschätzung der Langzeitarchivierung und einer geringen Akzeptanz für die Weitergabe und Nachnutzung von Daten (data sharing) konfrontiert. Das Bewusstsein über den Stellenwert der Daten ist sowohl in den Wissenschaftsdisziplinen selbst als auch in der Gesellschaft sowie bei den weiteren Beteiligten (z.B. Bibliotheken, Rechenzentren etc.) eine wichtige Voraussetzung für weitere Diskussionen und Entwicklungen.

6. Der der eigentlichen Langzeitarchivierung vorgelagerte Bereich des Datenmanagements umfasst sowohl fachspezifische als auch generische Aufgaben. Eine enge Zusammenarbeit der verschiedenen Interessengruppen und Beteiligten erlaubt eine genaue Definition der Aufgaben- und Verantwortungsbereiche.

7. Über die zu archivierenden und die zur Verfügung zu stellenden Datenmengen und Stückzahlen können weder für einzelne Wissenschaftsdisziplinen noch für mehrere Disziplinen zusammen tragfähige Aussagen getroffen werden. Insgesamt ist aber quer über die Wissenschaftsdisziplinen ein rasanter Anstieg des Datenvolumens an digitalen Forschungsdaten erkennbar.

Forschungsdatenzentren:

1. In jenen Wissenschaftsdisziplinen, in denen sich (zentrale) Strukturen für das Datenmanagement gebildet haben, sind die Prozesse zur Langzeitarchivierung von Forschungsdaten bereits besser etabliert als in den anderen Wissenschaftsdisziplinen.

2. Datenzentren werden von vielen Disziplinen als die ideale Lösung angesehen, die Verfügbarkeit und die effiziente Nachnutzung von Forschungsdaten zu verbessern und langfristig zu sichern. Sie können zentral oder in einem dezentralen Verbund organisiert sein. Außerdem können sie innerhalb der jeweiligen Wissenschaftsdisziplin bei der Entwicklung von Standards und in der Beratung eine wichtige Rolle übernehmen.

3. Es besteht Klärungsbedarf hinsichtlich der Vertrauenswürdigkeit von Datenzentren und welche Kriterien dafür erfüllt sein müssen. Die Frage, wie diese Vertrauenswürdigkeit überprüft werden kann (z.B. Zertifizierung von Datenzentren) und wer dafür zuständig ist, ist offen.

Metadaten und Formate:

1. Nahezu jede Wissenschaftsdisziplin verwendet eigene Metadatenformate, von denen die meisten auf XML basieren. Viele Wissenschaftsdisziplinen haben in den letzten Jahren fachspezifische Metadatenformate entwickelt.

2. Forschungsdaten sind in einer fast unüberschaubaren Vielzahl und Vielfalt von Datenformaten verfügbar. Fast allen Fachdisziplinen ist dabei gemeinsam, dass über die allgemein bekannten Formate hinaus auch zahlreiche fachspezifische und proprietäre Formate genutzt werden.

3. Die einzelnen Wissenschaftsdisziplinen gehen mit der Vielfalt und Heterogenität der Formate sehr unterschiedlich um: Die verschiedenen Formate sind entweder durch eine Richtlinie vorgegeben bzw. sonst faktisch eingeschränkt oder die Formatwahl ist offen bzw. kann aus disziplinbezogenen Gründen nicht eingegrenzt werden.

4. Insgesamt setzen die Wissenschaftsdisziplinen – wo möglich – offene Formate ein. Allerdings wird dies durch vorgegebene Software oder Geräte zum Teil stark eingeschränkt. Bei einer Standardisierung ist es

hilfreich, etablierte industrielle und kommerzielle Verfahren zu berücksichtigen.

Technische Datensicherung:

1. Die technische Datensicherung stellt einen ersten Schritt der Langzeitarchivierung von Forschungsdaten dar: Durch die rein technische Speicherung von Forschungsdaten kann die Integrität der Daten unabhängig von Datei- und Metadatenformaten gesichert werden. Allerdings ist eine inhaltliche Nachnutzung der Forschungsdaten damit nicht gewährleistet.

2. Eine Begrenzung der Vielfalt von Datei- und Metadatenformaten reduziert die Anzahl der zur Wiedergabe notwendigen technischen Umgebungen (Hardware und Software) und erleichtert die Nachnutzung der Daten.

3. Die andauernde Technologiebeobachtung (technology watch) und die Beobachtung von Bedarf und technischen Gegebenheiten im Bereich der Langzeitarchivierung bei den verschiedenen Zielgruppen (community watch) dienen zur Sicherung der technischen und inhaltlichen Nachnutzbarkeit von Forschungsdaten.

Nachnutzung von Forschungsdaten:

1. Forschungsdaten werden aus unterschiedlichen Gründen für die Nachnutzung bereitgestellt, z.B. für die Kooperation innerhalb eines Forschungsprojekts, für externe Wissenschaftler oder bei der Publikation auch für die breite (Fach)Öffentlichkeit.

2. Die Wissenschaften, ihre Förderer und die (politische) Öffentlichkeit verfolgen die Diskussionen im Bereich der Nachnutzung von Forschungsdaten und die Regelungen dazu. Dies resultiert u.a. in nachdrücklichen Forderungen, Forschungsdaten zugänglich zu machen und ihre Nachnutzung langfristig sicherzustellen.

3. Der Bereitstellung und damit Nachnutzung von Forschungsdaten stehen meistens folgende Gründe im Wege: drohender Kontrollverlust über die Daten, ungeklärte Rechteverhältnisse an den Daten und datenschutzrechtliche Restriktionen. Auch der bei der Erhebung der Daten geleistete (finanzielle) Aufwand beeinflusst potentielle Szenarien einer Nachnutzung.

4. Die langfristige Zitierbarkeit und Referenzierbarkeit von Forschungsdaten ist einer von mehreren Beweggründen für die Langzeitarchivierung von Forschungsdaten. Dabei spielen persistente Identifier eine große Rolle.

Kosten, Finanzierung, Effizienz und Institutionalisierung:

1. Da Wissenschaft insgesamt eine gesellschaftliche Aufgabe ist, sind ihre Kosten von der Gesellschaft zu tragen. Die Gesellschaft kann im Gegenzug eine effiziente Verwendung der zur Verfügung gestellten Mittel erwarten. In Bezug auf Forschungsdaten und ihre Nachnutzung gibt es zwei Ansätze:

- Die Archivierung von Forschungsdaten nach ihrer Erhebung für eine spätere Verwendung oder

- die Wiederholung der Forschungsdatenerhebung. Hierbei ist zu beachten, dass sich manche Prozesse nicht wiederholen lassen (z.B. Erhebung von Klimadaten).

2. Bei Gleichwertigkeit in Bezug auf die Qualität der Forschungsdaten ist dem jeweils kostengünstigeren Ansatz der Vorzug zu geben. Für eine diesbezügliche Entscheidung müssen fundierte Kostenabschätzungen vorliegen.

3. Belastbare Aussagen über die Kosten und Kostenfaktoren der Langzeitarchivierung von Forschungsdaten gibt es bisher nur ansatzweise. Insofern können bislang auch noch keine konkreten Aussagen über Kostenstrukturen getroffen werden. Bisherige Untersuchungen deu-

ten darauf hin, dass die Personalkosten den überwiegenden Teil der Gesamtkosten ausmachen, wobei dieses Personal bisher fast überwiegend aus Projektmitteln finanziert wird.

4. Nur für einen Teil der Wissenschaftsdisziplinen konnte für die Langzeitarchivierung von Forschungsdaten bisher eine (anteilige) finanzielle Absicherung in Form einer institutionellen Grundfinanzierung etabliert werden. Die meisten Wissenschaftsdisziplinen finanzieren diese Aktivitäten (noch) aus Projektmitteln, wobei die Projekte zum Teil recht lange Laufzeiten haben.

5. Es besteht ein dringender Handlungsbedarf, die Kosten und Kostenfaktoren für die einzelnen Dienstleistungen der Langzeitarchivierung von Forschungsdaten zu klären. Nur so können nachhaltige Organisations- und Geschäftsmodelle (inklusive Finanzierungsmodelle) in den einzelnen Wissenschaftsdisziplinen entwickelt und umgesetzt werden.

6. Die Sicherung und Pflege von Forschungsdaten ist Teil des wissenschaftlichen Arbeitens. Bei einer Kostenabschätzung eines Forschungsprojektes ist der dafür notwendige Aufwand einzuplanen.

7. Bezüglich der Effizienz der Langzeitarchivierung von Forschungsdaten können Skalierungseffekte über die Bildung von Datenzentren genutzt werden. Dies kann zu neuen Organisationsstrukturen führen, die über Institutionsgrenzen hinweg angelegt sind.

Qualifizierung:

1. Es besteht dringender Qualifizierungsbedarf im Bereich der Langzeitarchivierung von Forschungsdaten, insbesondere auch im theoretisch-konzeptionellen Bereich. Bisher gibt es außer den nestor Aktivitäten wenig bis keine systematischen Qualifizierungsangebote, weder fachwissenschaftsbezogen noch für Informationsspezialisten.

2. Ein Transfer von langzeitarchivierungsrelevanten Forschungsergebnissen oder best practice-Beispielen erfolgt u.a. auch mangels systematischer Transferangebote nur eingeschränkt. Fallbasiertes Agieren

und eine z.T. sehr auf die eigene Wissenschaftsdisziplin und deren vermeintliche Singularität fokussierte Sicht verhindern bislang die praktische Etablierung disziplinenübergreifender Qualitätskriterien und Qualifizierungsmaßnahmen.

3. Perspektivisch ist anzustreben, dass das Thema „Langzeitarchivierung digitaler Forschungsdaten" in Studiengängen oder Studienschwerpunkten (z.B. data librarian, data curator[1]) und Forschungskontexten in die methodische Basisqualifizierung einfließt. Ergänzende Qualifizierungsangebote, z.B. Studienschwerpunkte oder disziplinenübergreifende Masterstudiengänge sind eine wichtige Infrastrukturunterstützung.

Gesellschaftliche Bedeutung:

1. Wissenschaftliche Ergebnisse beeinflussen in steigendem Maße gesellschaftspolitische Entscheidungen (z.B. Kernenergie, Präimplantationsdiagnostik, Pandemien, Gesundheitsrisiken). Eine spätere Überprüfung dieser Entscheidungen benötigt zur Gewährleistung der Transparenz jene Forschungsdaten, die die Grundlage für die Entscheidungen gebildet haben.

2. Die Bewahrung des kulturellen Erbes ist eine anerkannte gesellschaftliche Aufgabe. Forschungsdaten sind Teil des kulturellen Erbes.

3. Die Aufklärung von Verstößen gegen die „gute wissenschaftliche Praxis" oder auch methodischer Fehler setzt die Verfügbarkeit von Forschungsdaten voraus, die der jeweiligen Publikation oder Forschungsarbeit zugrunde liegen.

Insgesamt zeigen die in diesem Buch dokumentierte Bestandsaufnahme und die hier formulierten Erkenntnisse und Thesen, welche große (zukünftige) Bedeutung der Langzeitarchivierung von Forschungsdaten zukommt. Entsprechend hat die EU-Expertengruppe

---

1 Vgl. z.B. JISC Study (2011).

"High Level Expert Group on Scientific Data"[2] dazu sinngemäß formuliert: Daten sind die Infrastruktur und ein Garant für innovative Forschung.

Handlungsempfehlungen, die diese Zielsetzung aufgreifen, müssen in der (wissenschafts)politischen Arena erarbeitet und in politische und fördertechnische Programme auf nationaler und internationaler Ebene umgesetzt werden. Einige Handlungsfelder in diesem Bereich sind bereits von Forschung und Politik identifiziert worden:

So formuliert die oben genannte "High Level Expert Group on Scientific Data" sechs Handlungsempfehlungen[3], die die Etablierung eines internationalen Rahmens für die Entwicklung von kooperativen Dateninfrastrukturen, die Bereitstellung von Fördermitteln für die Entwicklung von Dateninfrastrukturen und die Entwicklung von neuen Ansätzen und Methoden umfassen, um den Wert, die Bedeutung und die Qualität der Nutzung von Daten zu messen und zu bewerten. Des Weiteren wird auf die Bedeutung der Qualifizierung einer neuen Generation von sog. "data scientists" hingewiesen sowie die Verankerung von Qualifizierungsangeboten in (neuen) Studiengängen. Die Schaffung von Anreizsystemen im Bereich der "green technologies", um dem gesteigerten Bedarf an Ressourcen (z.B. Energie) aus umwelttechnischen Gesichtspunkten gerecht zu werden, spielt ebenfalls eine Rolle. Zuletzt wird auch die Etablierung eines internationalen Expertengremiums vorgeschlagen, das die Entwicklungen von Dateninfrastrukturen vorantreiben und steuern soll.

Der KII-Bericht[4] betont aus einer nationalen Perspektive die Notwendigkeit von Datenmanagementplänen und Datenrichtlinien (policies) als Voraussetzung für den Austausch und die Nachnutzung von Forschungsdaten. Dabei sollten auch die Verantwortlichkeiten, Funktionen und Rollen aller Beteiligten klar definiert sein. Es werden darüber hinaus gezielte Förderprogramme für die verschiedenen Aspekte im Bereich der Langzeitarchivierung von Forschungsdaten gefordert, wobei zwischen Entwicklungskosten für den Aufbau bzw. Ausbau von Dateninfrastrukturen und Betriebskosten für den dauerhaften Betrieb inklusive Datenpflege unterschieden wird.

---

2   Vgl. High Level Expert Group on Scientific Data (2010).
3   Vgl. ebenda.
4   Vgl. Leibniz-Gemeinschaft (2011).

Der EU-GRDI2020-Report[5] geht davon aus, dass in den nächsten zehn Jahren globale Forschungsdaten-Infrastrukturen aufgebaut werden müssen um über sprachliche, politische und soziale Grenzen hinweg zu operieren. Sie sollen Forschungsdaten zur Verfügung stellen und ihre Nutzung (discovery, access, use) unterstützen. Dabei wird das Modell „Digital Science Ecosystem" eingeführt, an dem die folgenden (neuen) Akteure beteiligt sind: Digital Data Libraries, Digital Data Archives, Digital Research Libraries und Communities of Research. Dieses Modell impliziert eine zum Teil komplett neue Rollen- und Aufgabenverteilung der bisherigen Beteiligten und fordert die Schaffung neu definierter Aufgabenbereiche. Im Mittelpunkt steht immer die Sicherung und Nachnutzung von Forschungsdaten, wobei die Nachnutzung auch über disziplinäre Grenzen hinweg ermöglicht werden soll. Dazu werden insgesamt elf Empfehlungen und Handlungsoptionen formuliert, die u.a. auch vorsehen, dass neue Berufszweige und Qualifizierungswege etabliert werden müssen. Darüber hinaus wird empfohlen, neue Werkzeuge (z.B. in den Bereichen Datenanalyse oder Datenvisualisierung) und Dienste (z.B. zur Datenintegration, zum Datenretrieval oder Ontologie-Dienste) für den Umgang mit und die Nutzung von Daten zu entwickeln sowie Aspekte der „open science"- und „open data"-Konzepte zu berücksichtigen.

Die vorliegende Bestandsaufnahme der elf Wissenschaftsdisziplinen unterstreicht die oben erwähnten Aussagen. Aus dem Gesamtbild lässt sich ein dringender Handlungsbedarf erkennen, der vor allem folgende Themenfelder umfasst:

- Nationale und internationale Programme müssen initiiert werden, um den neuen und großen Herausforderungen im Bereich der Forschungsdaten gewachsen zu sein.

- Eine Neudefinition von Rollen, Aufgabenverteilungen und Verantwortungsbereichen ist nötig, um die unterschiedlichen Handlungsfelder bei der Zugänglichkeit und Nachnutzung sowie Langzeitarchivierung von Forschungsdaten abdecken zu können.

- Neue Berufsfelder und Qualifizierungsmaßnahmen müssen entwickelt werden und das Qualifikationsprofil zum Management von

---

5 Vgl. GRDI2020 Roadmap Report (2011).

Forschungsdaten muss in (neuen) Studiengängen[6] und -schwerpunkten berücksichtigt werden, um professionelle Handhabung von Forschungsdaten zu gewährleisten.

- Die Veröffentlichung von Forschungsdaten muss als unverzichtbarer Teil des Forschungsprozesses gewertet werden, um die Verifikation und Weiterentwicklung der Resultate zu unterstützen.

Abschließend bleibt festzuhalten, dass Forschungsdaten Resultat und ebenso unverzichtbare Basis wissenschaftlicher Arbeit sind. Sie müssen auch als Ressource begriffen werden, die sowohl für zukünftige Forschergenerationen als auch disziplinübergreifend immer mehr Bedeutung gewinnen. In diesem Sinne sind sie Teil des (inter)nationalen Kulturguts. Dies verlangt ihre Pflege (data curation) über ihren gesamten Lebenszyklus hinweg.

Auch wenn schon international vielversprechende Ansätze existieren und national einige Entwicklungen und Diskussionen initiiert wurden, bedarf es einer großen, national koordinierten Anstrengung, bevor die Vision „Daten als Infrastruktur" Wirklichkeit werden kann. Dieser Prozess wird sowohl disziplinspezifische als auch disziplinübergreifende Aspekte enthalten und ist in internationale Bemühungen einzubetten. Dabei sollten rechtliche, finanzielle und organisatorische Aspekte nicht behindern, sondern unterstützen. Hier ist besonders auch die Politik gefordert.

---

6   Vgl. z.B. Büttner; Rümpel; Hobohm (2011), S. 203f.

Literaturverzeichnis

Academy (2008): The Academy of Motion Picture Arts and Sciences, „The Digital Dilemma", Hollywood: http://www.oscars.org/science-technology/council/projects/digitaldilemma/ (18.08.2011).

ADS (2011): Archaeology Data Service: http://ads.ahds.ac.uk (27.05.2011).

AFS (2009): Open AFS: http://www.openafs.org (07.06.2011).

Agency for Healthcare Research and Quality et al. (2011): „Sharing research data to improve public health: joint statement of purpose", Wellcome Trust, London, UK: http://www.wellcome.ac.uk/About-us/Policy/Spotlight-issues/Data-sharing/Public-health-and-epidemiology/WTDV030690.htm (18.08.2011).

AHDS (2008): Arts and Humanities Data Service, Enabling Digital Resources for the Arts and Humanities: http://www.ahds.ac.uk (14.03.2011).

ALBERT (2011): All Library Books, journals and Electronic Records Telegrafenberg: http://waesearch.kobv.de (01.06.2011).

Alexandria Digital Library (2011): http://www.alexandria.ucsb.edu (27.05.2011).

Alliance for Permanent Access Homepage: http://www.alliancepermanentaccess.org (27.04.2011).

Allianz-Initiative (2008): Allianz Schwerpunktinitiative „Digitale Information": http://www.allianzinitiative.de/fileadmin/user_upload/keyvisuals/atmos/pm_allianz_digitale_information_details_080612.pdf (20.07.2011).

Allianz-Initiative (2010a): Allianz der deutschen Wissenschaftsorganisationen: „Grundsätze zum Umgang mit Forschungsdaten". Verabschiedet von der Allianz der deutschen Wissenschaftsorganisationen am 24. Juni 2010: http://www.allianzinitiative.de/de/handlungsfelder/forschungsdaten/grundsaetze (30.04.2011).

Allianz-Initiative (2010b): Allianz Schwerpunktinitiative „Digitale Information". AG Forschungsdaten: „Grundsätze zum Umgang mit Forschungsdaten": http://www.allianzinitiative.de/fileadmin/user_upload/Home/Video/Grundsätze%20Umgang%20mit%20Forschungsdaten.pdf (20.07.2011).

Allianz-Initiative (2011a): Arbeitsgruppe „Virtuelle Forschungsumgebungen" in der Schwerpunktinitiative „Digitale Information" in der Allianz der deutschen Wissenschaftsorganisationen: „Definition Virtuelle Forschungsumgebung": http://www.allianzinitiative.de/fileadmin/user_upload/2011_VRE_Definition.pdf (25.7.2011).

Allianz-Initiative (2011b): Schwerpunktinitiative „Digitale Information" der Allianz der deutschen Wissenschaftsorganisationen: http://www.allianz-initiative.de/de (30.04.2011).

Altägyptisches Wörterbuch (2011): Berlin-Brandenburgische Akademie der Wissenschaften: http://aaew.bbaw.de/index.html (30.04.2011).

AMIA (2011a): American College of Medical Informatics: http://www.amia.org/programs/acmi-fellowship (31.05.2011).

AMIA (2011b): American Medical Informatics Association: http://www.amia.org (31.05.2011).

ANDS (2007): *Towards the Australian Data Commons, A proposal for an Australian National Data Service*: http://www.pfc.org.au/pub/Main/Data/TowardstheAustralianDataCommons.pdf (29.04.2011).

ANDS (2011a): ANDS – Data Curation Continuum: http://ands.org.au/guides/curation.continuum.html (29.04.2011).

ANDS (2011b): http://ands.org.au/about-ands.html (29.04.2011).

ANDS (2011c): http://ands.org.au/ardc.html (29.04.2011).

ANDS Homepage: http://ands.org.au (29.04.2011).

ApaeK (2011): Archiv für pädagogische Kasuistik: http://archiv.apaek.uni-frankfurt.de (08.06.2011).

Arachne (2011a): http://arachne.uni-koeln.de/drupal/ (10.05.2011).

Arachne (2011b): http://arachne.uni-koeln.de/drupal/?q=de/node/234 (10.05.2011).

Arbeitsstelle Altägyptisches Wörterbuch der Berlin-Brandenburgischen Akademie der Wissenschaften (2011): Thesaurus Linguae Aegyptiae: http://aaew.bbaw.de/tla/ (27.05.2011).

ArcheoInf (2011): Informationszentrum für die Archäologie: http://www.archeoinf.de (27.05.2011).

Aschenbrenner, Andreas (2010): *Reference Framework for Distributed Repositories, Towards an Open Repository Environment*, Universität Göttingen: http://webdoc.sub.gwdg.de/diss/2010/aschenbrenner/ (18.08.2011).

Aschenbrenner, Andreas et al. (2010): *Generische Langzeitarchivierungsarchitektur für D-Grid, WissGrid*: http://www.wissgrid.de/publikationen/deliverables/wp3/WissGrid-D3.1-LZA-Architektur-v1.1.pdf (2011.01.14).

Aschenbrenner, Andreas; Panzer, Jörg-Holger; Pempe, Wolfgang (2010): *Roadmap Integration Grid / Repository*, TextGrid Report 1.2.1: http://www.textgrid.de/fileadmin/TextGrid/reports/TextGrid_R121_v1.0.pdf (31.7.2011).

Aschenbrenner, Andreas; Pempe, Wolfgang (2010): *Development of a Federated Repository Infrastructure for the Arts and Humanities in Germany*, TextGrid Report 1.3.1, unpubliziert.

AstroNet (2011): ASTRONET, a comprehensive long-term planning for the development of European astronomy: http://www.astronet-eu.org (18.08.2011).

ATLAS Collaboration (Duckeck, Günter et al.) (2005): *ATLAS Computing: Technical design report*, CERN-LHCC-2005-022, ATLAS-TRD-017, Juni 2005, 246pp.

AWMF (2011): Das Portal der wissenschaftlichen Medizin: http://www.awmf.org (31.05.2011).

Babeu, Alison (2010): *Rome Wasn't Digitized in a Day, Building a Cyberinfrastructure for Digital Classicists*: http://www.clir.org/pubs/abstract/pub150abst.html (18.08.2011).

Bake, Christian; Blobel, Bernd; Münch, Peter (2009): *Handbuch Datenschutz und Datensicherheit im Gesundheits- und Sozialwesen: Spezielle Probleme des Datenschutz und der Datensicherheit im Bereich des Gesundheits- und Sozialwesens (GSW) in Deutschland*. 3. Aufl., Heidelberg et al.: Datakontext.

Ball, Alex (2011): How to License Research Data, Edinburgh, UK, Digital Curation Centre. http://www.dcc.ac.uk/resources/how-guides/license-research-data (01.06.2011).

Barkstrom, Bruce (2011): „When is it sensible not to use XML?" In: *Earth Science Informatics*, No. 1, 2011 (Vol. 4), pp. 45–53.

BAS (2005): Bavarian Archive for Speech Signals: http://www.bas-services.de/basss/ (07.06.2011).

BBAW (2011): Berlin-Brandenburgische Akademie der Wissenschaften: http://www.bbaw.de (07.06.2011).

BBF (2011a): Bibliothek für Bildungsgeschichtliche Forschung, Scripta Paedagogica Online: http://bbf.dipf.de/retro-digit0.htm/digitale-bbf/scripta-paedagogica-online (08.06.2011).

BBF (2011b): Bibliothek für Bildungsgeschichtliche Forschung, Vox Paedagogica Online: http://bbf.dipf.de/vpo/digitale-bbf/vox-paedagogica-online (08.06.2011).

Beagrie, Neil; Chruszcz, Julia; Lavoie, Brian (2008): *Keeping Research Data Safe, A cost model and guidance for UK universities*, Final Report April 2008, (KRDS1): http://www.jisc.ac.uk/media/documents/publications/keepingresearchdatasafe0408.pdf (30.04.2011).

Beagrie, Neil; Lavoie, Brian; Woollard, Matthew (2010): *Keeping Research Data Safe 2*, Final Report April 2010, (KRDS2): http://www.jisc.ac.uk/media/documents/publications/reports/2010/keepingresearchdatasafe2.pdf (30.04.2011).

Beck, Erwin (2004): „German Research Programs, related to the understanding and conservation of biodiversity as an example of the impact of the Convention of Rio on an industrial nation". In: *Iyonia*, No. 1, 2004 (Vol. 6), pp. 7–18.

Behrens, Julia et al. (2010): *Die internationale Positionierung der Geisteswissenschaften in Deutschland*: http://www.bmbf.de/pubRD/ internationale_positionierung_geisteswissenschaften.pdf (30.04.2011).

Benson, Tim (2010): *Principles of Health Interoperability HL7 and SNOMED*. Health Informatics, London et al.: Springer.

Berliner Erklärung (2003): Open Access at the Max Planck Society-Berlin Declaration: http://oa.mpg.de/lang/en-uk/berlin-prozess/berliner-erklarung/ (21.02.2011).

Berman, Helen; Henrick, Kim; Nakamura, Haruki (2003): „Announcing the worldwide Protein Data Bank". In: *Nature Structural Biology*, Nr. 12, 2003 (10. Jg.), S. 980.

Berndt, Erhard; Fuchs, Frank; Vatterott, Heide-Rose (1997): *Abschlußbericht zum BMBF-Projekt „Marine Datenhaltung: Konzeptvorschlag zur effizienteren Datenhaltung mariner Parameter in Deutschland"*, Bonn: Bundesministerium für Bildung und Forschung: http://www.opengrey.eu/ item/display/10068/256648 (18.08.2011).

Bethke, Siegfried (2010): „Data Preservation in High Energy Physics – why, how and when?" In: *Nuclear Physics Proceedings Supplements*, 2010, S. 207–208 und S. 156–159.

BfArM (2011): Bundesinstitut für Arzneimittel und Medizinprodukte: http://www.bfarm.de/DE/Home/home_node.html (31.05.2011).

Bibliotheksdienst (2009): *Bibliotheksdienst*, Nr. 8/9, 2009 (43. Jg.). S. 915–916.

Bildungsbericht (2010): Veröffentlichung des Bildungsberichts 2010: http://www.bildungsbericht.de (08.06.2011).

Birney, Ewan et al. (2009): „Prepublication data sharing". In: *Nature*, No. 7201, 2009 (Vol. 461), pp. 168–170.

Blossfeld, Hans-Peter (2009): „Education Across the Life Course". In: *RatSWD Working Paper Series*, Working Paper No. 61, March 2009. http://www.ratswd. de/download/RatSWD_WP_2009/RatSWD_WP_61.pdf (24.04.2011).

BMBF (2004): Bekanntmachung über die Förderung von Forschungsvorhaben auf dem Gebiet „e-Science und Grid-Middleware zur Unterstützung wissenschaftlichen Arbeitens" im Rahmen der deutschen D-Grid-Initiative, Call 2004: „Community-Grids" und „Grid-Middleware-Integrationsplattform": http://www.pt-it.de/pt-in/escience/docs/E-science_ Call04_PTIN.pdf (24.05.2011).

BMBF (2007): Rahmenprogramm zur Förderung der empirischen Bildungsforschung: http://www.bmbf.de/pubRD/foerderung_der_empirischen_bildungsforschung.pdf (07.01.2011).

BMBF (2008): Grund- und Strukturdaten 2007/2008. Daten zur Bildung in Deutschland: http://www.bmbf.de/pub/gus_2007-2008.pdf (15.01.2011).

BMBF (2011a): Der BMBF Formularschrank. Übersicht über Fachinformationszentren und überregionale Informationseinrichtungen als Anlage zu den Richtlinien und Hinweisen. Vordrucknummern 0027, 0047, 0067a, 0087: http://www.kp.dlr.de/profi/easy/formular.html (20.07.2011).

BMBF (2011b): Der BMBF Formularschrank. z.b. Richtlinien für Zuwendungsanträge auf Ausgabenbasis. Vordrucknummer 0027: http://www.kp.dlr.de/profi/easy/formular.html (20.07.2011).

BMBF (2011c): Freiraum für die Geisteswissenschaften: http://www.bmbf.de/de/10567.php (30.04.2011).

BMBF (2011d): Geisteswissenschaften auf einen Klick: http://www.bmbf.de/pub/geisteswissenschaften_auf_einen_klick.pdf (30.04.2011).

BMBF (2011e): Hoch- und Höchstleistungsrechnen: http://www.bmbf.de/de/298.php (30.04.2011).

BMBF (2011f): Rahmenprogramm des BMBF zur Förderung der empirischen Bildungsforschung: http://www.empirische-bildungsforschung-bmbf.de (08.06.2011).

BMBF (2011g): Wechselwirkungen zwischen linguistischen und bioinformatischen Verfahren, Methoden und Algorithmen: Modellierung und Abbildung von Varianz in Sprache und Genomen: http://www.sprache-und-genome.de (30.04.2011).

Brase, Jan (2010): „Der Digital Objekt Identifier (DOI)". In: Neuroth, Heike et al. (Hrsg.) (2010): *nestor-Handbuch: Eine kleine Enzyklopädie der digitalen Langzeitarchivierung*. Version 2.3, S. 9:57–9:65: http://nbn-resolving.de/urn/resolver.pl?urn:nbn:de:0008-20100305186 (30.04.2011).

Brase, Jan; Klump, Jens (2007): „Zitierfähige Datensätze: Primärdaten-Management durch DOIs". In: Ball, Raphael (Hrsg.) (2007): *WissKom 2007, Wissenschaftskommunikation der Zukunft, 4. Konferenz der Zentralbibliothek, Forschungszentrum Jülich, 6.–8. November 2007*. Schriften des FZ Jülich – Reihe Bibliothek. Jülich: Forschungszentrum Jülich, S. 159–167.

Brughmans, Tom (2010): Connecting the dots. Towards archaeological network analysis. Computer Applications in Archaeolog, UK chapter, (CAA UK), University College London, 19–20 February 2010, London: http://www.scribd.com/doc/28194378/BRUGHMANS-T-2010-Connecting-the-dots-towards-archaeological-network-analysis-Computer-Applications-in-Archaeology-UK-chapter-CAA-UK-Universit (01.02.2012).

Brumfield, Geoff (2011): „High-energy physics: Down the petabyte highway". In: *Nature*, No. 7330, 2011 (Vol. 469), pp. 282–283.

Büchler, Marco et al. (2010): *Text Mining in the Digital Humanities*, London.

Büchler, Marco; Heyer, Gerhard (2008/2009): *Text Mining for Classical Studies*, Leipzig.

Büttner, Stephan; Rümpel, Stefanie; Hobohm, Hans-Christoph (2011): „Informationswissenschaftler im Forschungsdatenmanagement". In: Büttner, Stephan; Hobohm, Hans-Christoph; Müller, Lars (Hrsg.) (2011): *Handbuch Forschungsdatenmanagement*, S. 203/204: http://nbn-resolving.de/urn/resolver.pl?urn:nbn:de:kobv:525-opus-2405.

Budapest Open Access Initiative (2001): http://www.soros.org/openaccess (21.02.2011).

BUND (2011): Institut für Wehrmedizinalstatistik und Berichtswesen: http://www.bund.de/DE/Behoerden/I/Institut-fuer-Wehrmedizinalistik-und-Berichtswesen/Institut-fuer-Wehrmedizinalistik-und-Berichtswesen.html (31.05.2011).

CAA (2011): Computer Applications and Quantitative Methods in Archaeology: http://www.leidenuniv.nl/caa/about_caa.htm (18.08.2011).

CAA Proceedings (2011): http://www.leidenuniv.nl/caa/proceedings/proceedings_contents.htm (18.08.2011).

CAA Semantic Special Interest Group (2011): http://groups.google.com/group/caa-semantic-sig/about (02.02.2012).

CARARE (2011): Europeana Carara Project: http://www.carare.eu/eng (27.05.2011).

Carusi, Annamaria; Reimer, Thorsten (2010): *Virtual Research Environment Collaborative Landscape Study, JISC Report*: http://www.jisc.ac.uk/media/documents/publications/vrelandscapereport.pdf (30.04.2011).

Cataloging Cultural objects (2011): A Guide to Describing Cultural Work and Their Images: http://www.vrafoundation.org/ccoweb/index.htm (27.05.2011).

CDISC (2011): Clinical Data Interchange Standards Consortium: http://www.cdisc.org (31.05.2011).

cen (2011): Comité Européen de Normalisation: http://www.cen.eu/cen/pages/default.aspx (02.02.2012).

CESSDA (2011a): Council of European Social Science Data Archives, Planning Data Collection: http://www.cessda.org/sharing/planning/index.html (08.06.2011).

CESSDA (2011b): Council of European Social Science Data Archives, Sharing Data: http://www.cessda.org/sharing (12.08.2011).

CESSDA (2011c): Council of European Social Science Data Archives: http://www.cessda.org (07.06.2011).

Charles Beagrie Ltd / JISC (2010): *Keeping Research Data Safe Factsheet, Cost issues in digital preservation of research data (KRDS-Factsheet)*: http://www.beagrie.com/KRDS_Factsheet_0910.pdf (02.02.2012).

Chen, Chuming et al. (2010): „Protein Bioinformatics Infrastructure for the Integration and Analysis of Multiple High-Throughput „omics" Data". In: *Advances in Bioinformatics*, Article ID 423589: http://dx.doi.org/10.1155/2010/423589 (02.02.2012).

Choudhury, Sayeed (2010): The Data Conservancy, A Web Science View of Data Curation: http://jhir.library.jhu.edu/handle/1774.2/33952 (18.08.2011).

CIDOC (2011a): Special Interest Group: http://www.cidoc-crm.org/special_interest_members.html (10.05.2011).

CIDOC (2011b): The CIDOC Conceptual Reference Model: http://www.cidoc-crm.org/ (01.02.2012).

CLARIN (2011): Common Language Resources and Technology Infrastructure: http://www.clarin.eu/external/ (02.02.2012).

CLAROS (2011): The world of art on the sematic web: http://explore.clarosnet.org/XDB/ASP/clarosHome/ (02.02.2012).

CLUES (2011): CLUES – Constrained Local UniversE Simulations: http://www.clues-project.org (24.05.2011).

CMDI (2011): Component Metadata: http://www.clarin.eu/cmdi (07.06.2011).

CMS (2011): Data Formats and Data Tiers: http://twiki.cern.ch/twiki/bin/view/CMSPublic/WorkBookDataFormats (30.05.2011).

CMS Collaboration (Bayatyan, G. et al.) (2005): *CMS Computing: Technical Design Report*, CERN-LHCC-2005-023, Juni 2005, 166pp.

Cochrane (2011): The Corchrane Collaboration: http://www.cochrane.org. (31.05.2011).

Collaborative Manuscript Transcription (2011): http://manuscripttranscription.blogspot.com/2011/02/2010-year-of-crowdsourcing.html (30.04.2011).

Cologne Center for eHumanities (2011): http://www.cceh.uni-koeln.de/events/DH-curricular-II (27.05.2011).

Corn, Milton (2009): „Archiving the phenome: clinical records deserve long-term preservation". In: *Journal of the American Medical Informatics Association*, No. 1, 2009 (Vol. 16), pp. 1–6.

Corti, Luise; Gregory, Arofan (2010): Report back from the DDI qualitative working group, Vortrag. European DDI Meeting, Utrecht, 8–9 December: http://www.iza.org/conference_files/eddi10/EDDI10_Presentations/EDDI10_B2_LouiseCorti_Slides.ppt (20.02.2011).

DaQS (2011): Datenbank zur Qualität von Schule: http://daqs.fachportal-paedagogik.de (08.06.2011).

DARIAH (2010): DARIAH Technical Report – overview summary: http://dariah.eu/index.php?option=com_docman&task=doc_download&gid=477&Itemid=200 (18.08.2011).

DARIAH (2011): Digital Research Infrastructure for the Arts and Humanities: http://www.dariah.eu (07.06.2011).

DARIAH Homepage: http://de.dariah.eu (02.08.2011).

Data Seal of Approval (2011a): The Data Seal of Approval Guidelines, http://datasealofapproval.org/?q=node/35 (30.04.2011).

Data Seal of Approval (2011b): http://www.datasealofapproval.org (30.04.2011).

DataCite (2011): DataCite – Helping you to find, access, and reuse data: http://datacite.org (21.02.2011).

dCache (2011): http://www.dcache.org (30.05.2011).

DCC (2011a): Digital Curation Center, How to use the Curation Lifecycle Model: http://www.dcc.ac.uk/resources/curation-lifecycle-model (27.04.2011).

DCC (2011b): Digital Curation Center, What is Digital Curation?: http://www.dcc.ac.uk/digital-curation/what-digital-curation (30.04.2011).

DCMI (2011): Dublin Core Metadata Initiative: http://dublincore.org (30.04.2011).

DDBJ (2011): DNA Data Bank of Japan: http://www.ddbj.nig.ac.jp (06.07.2011).

DDI (2011): Data Documentation Initiative: http://www.ddialliance.org (08.06.2011).

DEFF Homepage: http://www.deff.dk (28.04.2011).

DEISA Homepage: http://www.deisa.eu (05.07.2011).

Deutsche Digitale Bibliothek (2011): http://www.deutsche-digitale-Bibliothek.de (27.05.2011).

Deutsche Nationalbibliothek (2011): Langzeitarchivierung: http://www.d-nb.de/netzpub/erschl_lza/np_lza.htm (30.04.2011).

Deutsches Archäologisches Institut (2009): Leitfaden zur Anwendung von Informationstechnik in der archäologischen Forschung: http://www.dainst.org/de/project/it-leitfaden?ft=all (02.02.2012).

Deutsches Archäologisches Institut (2011a): iDAIfield: http://www.dainst.org/de/project/idaifield?ft=all (02.02.2012).

Deutsches Archäologisches Institut (2011b): ZENON Bibliotheks Onlinekatalog des DAI: http://opac.dainst.org (02.02.2012).

Deutsches Literaturarchiv Marbach (2011): http://www.dla-marbach.de/dla/archiv/index.html (30.04.2011).

DFG (1998) (Hrsg): *Vorschläge zur Sicherung guter wissenschaftlicher Praxis. Empfehlungen der Kommission „Selbstkontrolle in der Wissenschaft"*, Denkschrift, Weinheim: Wiley-VCH: http://www.dfg.de/download/pdf/dfg_im_profil/ reden_stellungnahmen/download/empfehlung_wiss_praxis_0198.pdf (20.07.2011).

DFG (2006): DFG-Positionspapier, Wissenschaftliche Literaturversorgungs- und Informationssysteme – Schwerpunkte der Förderung bis 2015: http:// www.dfg.de/download/pdf/foerderung/programme/lis/positionspapier.pdf (20.07.2011).

DFG (2009a): DFG Merkblatt 60.06, Service-Projekte zu Informationsmanagement und Informationsinfrastruktur in Sonderforschungsbereichen INF: http://www.dfg.de/download/programme/sonderforschungsbereiche/ allgemeine_hinweise/60_06/60_06.pdf (20.07.2011).

DFG (2009b): DFG-Praxisregeln „Digitalisierung" zu den Förderprogrammen der Wissenschaftlichen Literaturversorgungs- und Informationssysteme: http://www.dfg.de/download/pdf/foerderung/programme/lis/praxisregeln_ digitalisierung.pdf (30.04.2011).

DFG (2009c): Empfehlungen zur gesicherten Aufbewahrung und Bereitstellung digitaler Forschungsprimärdaten, Ausschuss für Wissenschaftliche Bibliotheken und Informationssysteme, Unterausschuss für Informationsmanagement: http://www.dfg.de/download/pdf/foerderung/programme/lis/ua_inf_ empfehlungen_200901.pdf (18.08.2011).

DFG (2009d): Open Access und Urheberrecht: Kein Eingriff in die Publikationsfreiheit, Gemeinsame Erklärung der Wissenschaftsorganisationen: http://www.dfg.de/download/pdf/foerderung/programme/lis/pi_allianz_open_ access.pdf (18.08.2011).

DFG (2010a): DFG Ausschreibung „Erschließung und Digitalisierung von objektbezogenen wissenschaftlichen Sammlungen": http://www.dfg.de/ download/pdf/foerderung/programme/lis/ausschreibung_ed_objekte.pdf (18.08.2011).

DFG (2010b): DFG Ausschreibung „Informationsinfrastrukturen für Forschungsdaten" (28.04.2010): http://www.dfg.de/download/pdf/ foerderung/programme/lis/ausschreibung_forschungsdaten_1001.pdf (20.07.2011).

DFG (2010c): Merkblatt für Anträge auf Sachbeihilfen mit Leitfaden für die Antragstellung und ergänzenden Leitfäden für die Antragstellung für Projekte mit Verwertungspotenzial, für die Antragstellung für Projekte im Rahmen einer Kooperation mit Entwicklungsländern, Deutsche Forschungsgemeinschaft (DFG), Bonn, (DFG-Vordruck 1.02 – 8/10): http://www.dfg.de/download/pdf/foerderung/antragstellung/programme_ module/1_02.pdf (02.11.2011).

DFG (2011a): Ausschreibung für ein DFG-Forschungszentrum „Integrative Biodiversitätsforschung": http://www.dfg.de/foerderung/info_wissenschaft/ archiv/2010/info_wissenschaft_10_55/index.html (02.02.2012).

DFG (2011b): Fachsystematik: http://www.dfg.de/dfg_profil/gremien/ fachkollegien/faecher/index.jsp (03.08.2011).

DFG Homepage: http://www.dfg.de (28.04.2011).

DGfE (Deutsche Gesellschaft für Erziehungswissenschaften) (2006): „Anonymisierung von Daten in der qualitativen Forschung, Probleme und Empfehlungen". In: *Erziehungswissenschaft*, Nr. 32, 2006, (17. Jg.), S. 33–34.

D-Grid (2011a): D-Grid: http://www.d-grid.de (06.07.2011).

D-Grid (2011b): Die D-Grid Initiative im vierten Jahr, Zwischenbilanz und Vorstellung der Projekte: http://www.d-grid-gmbh.de/index.php?id=51 (20.07.2011).

D-Grid GmbH (2011): http://www.d-grid-gmbh.de (30.04.20119.

DHZB (2011): Deutsches Herzzentrum Berlin: http://www.dhzb.de (06.07.2011).

DICOM (2010): Digital Imaging and Communications in Medicine: http://medical.nema.org (07.06.2011).

Diepenbroek, Michael; Grobe, Hannes; Reinke, Manfred (1997): „PANGAEA – Ein Informationssystem für die Meeresforschung". In: *Deutsche Gesellschaft für Meeresforschung, Mitteilungen*, Nr. 1/2, 1997, S. 92–96.

DIF (2011): Directory Interchange Format (DIF) Writer's Guide: http://gcmd. nasa.gov/User/difguide/difman.html (01.06.2011).

digilib (2011): digilib – a versatile image viewing environment for the internet: http://digilib.berlios.de (30.04.2011).

Digitale Faustedition (2008): Antrag zum Projekt „Historisch-kritische Edition von Goethes Faust als Hybrid-Ausgabe": http://www.faustedition.net/static/dfg-grant-application.pdf (30.04.2011).

Digitale Faustedition (2010): Digitale Faustedition: Das Projekt, Historisch-kritische Edition von Goethes Faust: http://www.faustedition.net (18.08.2011).

DIMDI (2011): Deutsches Institut für Medizinische Dokumentation und Information: http://www.dimdi.de (31.05.2011).

Dittert, Nicolas; Diepenbroek, Michael; Grobe, Hannes (2001): „Scientific data must be made available to all". In: *Nature*, correspondence article, No. 414, 2001, p. 393: http://hdl.handle.net/10013/epic.16083. (02.02.2012).

DJI (2011): Deutsches Jungendinstitut, DJI-Forschungsdaten: http://213.133.108.158/surveys/index.php (18.08.2011).

DKRZ (2011): Deutsches Klimarechenzentrum: http://www.dkrz.de/dkrz/about/ aufgaben (18.08.2011).

dmg (2011): Data Mining Group, PMML Version 4.0: http://www.dmg.org/ pmml-v4-0.html (06.06.2011).

DOBES (2011): Dokumentation Bedrohter Sprachen: http://www.mpi.nl/dobes (18.08.2011).

DOBES Homepage: http://www.mpi.nl/dobes (05.07.2011).

DP4lib (2011): Digital Preservation for Libraries: http://dp4lib. langzeitarchivierung.de (30.04.2011).

DPHP (2009): Study Group (2009): Data Preservation in High Energy Physics: http://arxiv.org/abs/arXiv:0912.0255v1 [hep-ex] (30.05.2011).

DPHEP (2011): ICFA Study Group on Data Preservation and Long Term Analysis in High Energy Physics: http://www.dphep.org/ (02.02.2012).

DRIVER (2011a): Digital Repository Infrastructure Vision for European Research: http://www.driver-community.eu (30.04.2011).

DRIVER (2011b): Digital Repository Infrastructure Vision for European Research. Enhanced Publications: http://www.driver-repository.eu/Enhanced-Publications.html (30.04.2011).

dryad (2011): http://datadryad.org (06.06.2011).

Dublin Core (2011): Dublin Core Metadata Initiative: http://dublincore.org (07.06.2011).

Dublin Core-Felder (2011): http://www.agathe.gr/field?q=&t=&v=list&sort=&details=dc (10.05.2011).

eAqua (2011): Extraktion von strukturiertem Wissen aus Antiken Quellen für die Altertumswissenschaft: http://www.eaqua.net (27.05.2011).

Eckart, Wolfgang (2009): *Geschichte der Medizin*, 6. Aufl., Heidelberg: Springer Medizin Verlag.

eclipse (2011): Rich Client Platform: http://www.eclipse.org/home/categories/rcp.php (30.04.2011).

EDNA (2011): e-depot Nederlandse archeologie: http://www.edna.nl/ (27.05.2011).

EHRI (2011): European Holocaust Research Infrastructure: http://www.ehri-project.eu (30.04.2011).

ema (2002): Europeans Medicines Agency: ICH Topic E 6 (R1) – Guideline for Good Clinical Practice: http://www.ema.europa.eu/docs/en_GB/document_library/Scientific_guideline/2009/09/WC500002874.pdf (02.02.2012).

ema (2011): Europeans Medicines Agency: http://www.ema.europa.eu (31.05.2011).

Emama, Khaled El; Dankara, Fida Kamal (2008): „Protecting Privacy Using k-Anonymity". In: *Journal of the American Medical Informatics Association*, Nr. 5, 2008 (15. Jg.), S. 627–637.

EMBL (2011): EMBL Nucleotide Sequence Database: http://www.ebi.ac.uk/embl/ (02.02.2012).

Enke, Harry et al. (2010): „AstroGrid-D: Grid Technology for Astronomical Science". In: *New Astronomy*, No. 2, 2010 (Vol. 16), pp. 79–93: http://dx.doi.org/10.1016/j.newast.2010.07.005 (02.02.2012).

EPIC (2011): European Persistent Identifier Consortium: http://www.pidconsortium.eu (07.06.2011).

esa (2011): Ecological Society of America. Ecological Archives: http://www.esapubs.org/archive/default.htm (06.06.2011).

eSciDoc (2011): eSciDoc – The Open Source e-Research Environment: http://www.escidoc.org/ (02.02.2012).

ESFRI (2006): European Strategy Forum on Research Infrastructures, European Roadmap for Research Infrastructures, Report 2006: ftp://ftp.cordis.europa.eu/pub/esfri/docs/esfri-roadmap-report-26092006_en.pdf (30.04.2011).

ESFRI (2011a): European Strategy Forum on Research Infrastructures: http://ec.europa.eu/research/infrastructures/index_en.cfm?pg=esfri (02.02.2012).

ESFRI (2011b): Strategy Report on Research Infrastructures. Roadmap 2010: http://ec.europa.eu/research/infrastructures/pdf/esfri-strategy_report_and_roadmap.pdf (01.02.2012).

ESO-ARCH (2011): Science with ESO Telescopes, Science Archive and the Digital Universe: http://www.eso.org/public/science/archive.html (24.05.2011).

ESRC (2010): Economic and Social Research Council, ESRC Research Data Policy: http://www.esrc.ac.uk/_images/Research_Data_Policy_2010_tcm8-4595.pdf (01.05.2011).

ESSD (2011): Open-Access-Zeitschrift Earth System Science Data: http://earth-system-science-data.net (02.02.2012).

ETCSL (2011): The Electronic Text Corpus of Sumerian Literature: http://etcsl.orinst.ox.ac.uk/ (02.02.2012).

EU (2007): *Das 7. EU-Forschungsrahmenprogramm*, hrsg. vom Bundesministerium für Bildung und Forschung (BMBF), Referat Öffentlichkeitsarbeit, Bonn, Berlin: http://www.forschungsrahmenprogramm.de/_media/7-EU_FRP.pdf (28.04.2011).

EUDAT (2009): PARADE – Partnership for Accessing Data in Europe: http://www.csc.fi/english/pages/parade (07.06.2011).

European Commission (2009): *Community legal framework for a European Research Infrastructure Consortium (ERIC)*, Concil Regulation (EC) No 723/2009 of 25 June 2009: http://ec.europa.eu/research/infrastructures/pdf/council_regulation_eric.pdf (26.05.2011).

European Commission (2011a): APARSEN: Alliance Permanent Access to the Records of Science in Europe Network: http://cordis.europa.eu/fetch?CALLER=PROJ_ICT&ACTION=D&CAT=PROJ&RCN=97472 (18.08.2011).

European Commission (2011b): ESFRI: http://ec.europa.eu/research/infrastructures/index_en.cfm?pg=esfri (27.04.2011).

European Commission (2011c): Research Instrastructures: http://cordis.europa.eu/fp7/capacities/research-infrastructures_en.html (18.08.2011).

European Public Policy Blog (2010): Validating Metadata-Patterns for Google Books' Ancient Places and Sites, Reinhard Foertsch: http://googlepolicyeurope.blogspot.com/2010/12/more-researchers-dive-into-digital.html (10.05.2011).

Europeana (2011): http://www.europeana.eu/portal/ (02.02.2012).

EuroVO (2011): The European Virtual Observatory EURO-VO: http://www.euro-vo.org/pub/index.html (24.05.2011).

Evans, Nicholas; Stephen Levinson (2009): „The myth of language universals: language diversity and its importance for cognitive science". In: *Behavioral and Brain Sciences*, No. 5, 2009 (Vol. 32), pp. 429–492.

Fachportal Pädagogik (2011a): Videodatenbank Schulunterricht in der DDR: http://www.fachportal-paedagogik.de/filme/ (02.02.2012).

Fachportal Pädagogik (2011b): http://www.fachportal-paedagogik.de (02.02.2012).

FDA (2011): U.S. Food and Drug Administration: http://www.fda.gov (06.07.2011).

FedoraCommons (2011): http://fedora-commons.org (27.05.2011).

Feijen, Martin (2011): What researchers want, SURFfoundation, Utrecht, The Netherlands: http://www.surffoundation.nl/en/publicaties/Pages/Whatresearcherswant.aspx (30.04.2011).

Fischer, Markus et al. (2010): „Implementing large-scale and long-term functional biodiversity research". In: *The Biodiversity Exploratories*, Basic and Applied Ecology, No. 6, 2010 (Vol. 11), pp. 473–485.

FITS (2010a): Definition of the Flexible Image Transport System (FITS): http://fits.gsfc.nasa.gov/standard30/fits_standard30aa.pdf (24.05.2011).

FITS (2010b): The Registry of FITS Conventions: http://fits.gsfc.nasa.gov//fits_registry.html (24.05.2011).

FIZ Karlsruhe (2011): Leibniz Institute for Information Infrastructure: http://www.fiz-karlsruhe.de/ (02.02.2012).

Foucault, Michel (1974): *Die Ordnung der Dinge*, Frankfurt am Main: Suhrkamp.

Friebertshäuser, Barbara; Prengel, Annedore (2003): „Einleitung: Profil, Intentionen, Traditionen und Inhalte des Handbuches". In: Friebertshäuser, Barbara; Prengel, Annedore (Hrsg.) (2003): *Handbuch Qualitative Forschungsmethoden in der Erziehungswissenschaft*. Weinheim und München: Juventa Verlag.

Funk, Stefan (2010a): „Emulation". In: Neuroth, Heike et al. (Hrsg.) (2010): *nestor-Handbuch: Eine kleine Enzyklopädie der digitalen Langzeitarchivierung*, Version 2.3, S. 8:16–8:23: http://nbn-resolving.de/urn/resolver.pl?urn=urn:nbn:de:0008-20100305134 (30.04.2011).

Funk, Stefan (2010b): „Migration". In: Neuroth, Heike et al. (Hrsg.) (2010): *nestor-Handbuch: Eine kleine Enzyklopädie der digitalen Langzeitarchivierung*, Version 2.3, S. 8:10–8:15: http://nbn-resolving.de/urn/resolver.pl?urn:nbn:de:0008-20100617189 (30.04.2011).

Galaxy Zoo (2011): http://www.galaxyzoo.org (30.04.2011).

Gasser, Urs; Palfrey, John (2007): When and How Interoperability Drives Innovation: http://cyber.law.harvard.edu/interop/pdfs/interop-breaking-barriers.pdf (10.05.2011).

GAVO (2011): German Astrophysikal Virtual Observatory, Exploring Simulation Catalogues Online: http://www.g-vo.org/pmwiki/Products/MillenniumDatabases (24.05.2011).

GCDH (2011): Göttingen Centre for Digital Humanities: http://www.gcdh.de (30.04.2011).

GDI-DE (2011): Geodateninfrastruktur Deutschland: http://www.gdi-de.de (02.02.2012).

GenBank (2011): GenBank: http://www.ncbi.nlm.nih.gov/genbank/index.html (06.07.2011).

GEO (2011): Group on Earth Observations: http://www.earthobservations.org/geobon.shtml (06.06.2011).

GESIS (2011a): Leibniz Institut für Sozialwissenschaften, da|ra: http://gesis.org/dara (10.05.2011).

GESIS (2011b): Leibniz Institut für Sozialwissenschaften, Schnellsuche in den Metadaten: http://www.gesis.org/dara/suche-in-den-metadaten (08.602011).

GESIS (2011c): Leibniz Institut für Sozialwissenschaften, Über da|ra: http://www.gesis.org/dara/home/ueber-dara (08.06.2011).

GESIS (2011d): http://www.gesis.org/das-institut/wissenschaftliche-abteilungen/datenarchiv-fuer-sozialwissenschaften/ (02.02.2012).

GFZ (2011): Research Data: http://www.gfz-potsdam.de/portal/gfz/Services/ Forschungsdaten (01.06.2011).

gmds (2011): Deutsche Gesellschaft für medizinische Informatik, Biometrie und Epidemiologie e.V.: http://www.gmds.de (31.05.2011).

gms (2011): german medical science: http://www.egms.de (31.05.2011).

Goebel; Scheller (2009): Rechtsexpertise zum DIPF-Projekt „Videomaterialien", Dezember 2009, Bad Homburg vor der Höhe (Unveröffentlichter Bericht).

Goebel; Scheller (2011): Rechtsexpertise zum DIPF-Projekt „Datenbank zur Qualität von Schule (DaQS)", Januar 2011, Bad Homburg vor der Höhe (Unveröffentlichter Bericht).

GOPORTIS (2011): Leibniz-Bibliotheksverbund Forschungsinformation: http://www.goportis.de (31.05.2011).

Gradmann, Stefan (2008a): Europaeana, Keine Digitale Bibliothek: http://www.ibi.hu-berlin.de/institut/veranstaltungen/bbk/bbk-material/gradmann_europeana (18.08.2011).

Gradmann, Stefan (2008b): Interoperability, A key concept for large scale, persistent digital libraries: http://www.digitalpreservationeurope.eu/publications/briefs/interoperability.pdf (10.05.2011).

Gräsel, Cornelia (2011): „Was ist Empirische Bildungsforschung?" In: Reinders, Heinz; Ditton, Hartmut; Gräsel, Cornelia; Gniewosz (Hrsg.) (2011): *Empirische Bildungsforschung, Strukturen und Methoden*, Wiesbaden: VS Verlag für Sozialwissenschaften, S. 13–27.

Graubner, Bernd (2007): „ICD und OPS – Historische Entwicklung und aktueller Stand". In: *Bundesgesundheitsblatt*, Nr. 7, 2007 (50. Jg.), S. 932–943.

Green, Ann; Macdonald, Stuard; Rice, Robin (2009): Policy-making for Research Data in Repositories, A Guide, DISC-UK DataShare project: http://www.disc-uk.org/docs/guide.pdf (06.06.2011).

Gregory, Jonathan (2003): The CF metadata standard: http://cf-pcmdi.llnl.gov/documents/other/cf_overview_article.pdf (23.05.2011).

GRIB (1994): A guide to the code form FM 92-IX Ext, GRIB Edition, Technical Report No.17, Geneva, May 1994 (WMO TD-No.611).

GRDI2020 Roadmap Report (2011): Global Scientific Data Infrastructures, The Big Data Challenges – Short Version, September 2011: http://www.grdi2020.eu/Repository/FileScaricati/fc14b1f7-b8a3-41f8-9e1e-fd803d28ba76.pdf (17.11.2011).

Grobe, Hannes (2005): Data policy of the information system PANGAEA: http://dx.doi.org/10.1594/PANGAEA.327791 (02.02.2012).

GWDG (2011a): Gesellschaft für wissenschaftliche Datenverarbeitung mbH Göttingen: http://www.gwdg.de (30.04.2011).

GWDG (2011b): PID-Service für die Max-Planck-Gesellschaft: http://handle.
gwdg.de/PIDservice/ (02.02.2012).

GWK (2008): Gemeinsame Wissenschaftskonferenz, Königsteiner Schlüssel:
http://www.gwk-bonn.de/fileadmin/Papers/GWK-Heft-09-
Finanzstroeme2008.pdf (02.02.2012).

Hammerschmitt, Marcus: Die Uhr läuft, Die NASA hat Probleme mit den
Innovationszyklen in der IT-Industrie, Telepolis 14.05.2002: http://www.heise.
de/tp/artikel/12/12538/1.html (02.02.2012).

Handle System (2010): http://www.handle.net (07.06.2011).

Hartley, Richard; Zisserman, Andrew (2004): *Multiple View Geometry in Computer Vision*, 2. Aufl., Cambridge: Cambridge University Press.

Harvard College Observatory (2011): http://www.cfa.harvard.edu/hco/
(02.02.2012).

Hayes, James; Snavely, Noah (2009): Photo Tourism and IM2GPS: 3D
Reconstruction and Geolocation of Internet Photo Collections: http://www.
cs.cornell.edu/~snavely/courses/phototour_im2gps/index.html (18.08.2011).

HealthGrid (2011): http://www.healthgrid.org (31.05.2011).

Heath, Sebastian (2011): Mediterranean Ceramics: http://mediterraneanceramics.
blogspot.com (10.05.2011).

Heidenreich, Georg; Blobel, Bernd (2009): „IT-Standards für telemedizinische
Anwendungen – Der Weg zum effizienten Datenaustausch in der Medizin".
In: *Bundesgesundheitsblatt*, Nr. 3, 2009 (52. Jg.), S. 316–323.

Heimann, Dennis et al. (2011): Semantic Data Access within the Biodiversity
Exploratories Information System BExIS: http://137.248.191.82/UserFiles/
File/DB_workshop_Feb2011/WSDataRepositories_Marburg2011_poster_
Heimann_BExIS_Semantics.pdf (06.06.2011).

Helbing, Krister et al. (2010): „A Data Protection Scheme for Medical Research
Networks". In: *Methods of Information in Medicine*, No. 6, 2010 (Vol. 49),
pp. 601–607.

HEPIX (2011): The High Energy Physics Unix Information Exchange:
http://www.hepix.org (18.08.2011).

HERA (2011): http://www.desy.de/h1zeus/combined_results/ (02.02.2012).

Herschel, Michael (2009): *Das Klifo-Buch, Praxisbuch Klinische Forschung.*
Stuttgart: Schattauer.

Heygster, Georg; Spreen, Gunnar; Kaleschke, Lars (2007): Daily Updated
AMSR-E Sea Ice Maps: http://www.iup.uni-bremen.de:8084/amsr/amsre.html
(21.02.2011).

High Level Expert Group on Scientific Data (2010): Riding the wave – How Europe can gain from the rising tide of scientific data – Final report of the High Level Expert Group on Scientific Data: http://ec.europa.eu/information_society/newsroom/cf/itemlongdetail.cfm?item_id=6204 (18.08.2011).

Hill, Lister (1966): „The Medical Library Crisis: Billings to Medlars". In: *Journal of Medical Education*, No. 1, 1966 (Vol. 41), pp. 80–84.

HL7 (2011): Health Level Seven International: http://www.hl7.org (31.05.2011).

Hole et al. (2010): LIFE^3: A Predictive Costing Tool for Digital Collections: http://www.life.ac.uk/3/docs/Ipres2010_life3_submitted.pdf (01.02.2012).

Holzner, André; Igo-Kemenes, Peter; Mele, Salvatore (2009): First results from the PARSE.Insight project: HEP survey on data preservation, re-use and (open) access: http://arxiv.org/abs/arXiv:0906.0485 [cs.DL] (30.05.2011).

Horlings, Edwin et al. (2006): Markets of Virtual Science, Report on the economics and policy implications of an emerging scientific phenomenon. PM-1976-BMBF. Prepared for the German Bundesministerium für Bildung und Forschung (BMBF), RAND Europe.

HRK (1996): Moderne Informations- und Kommunikationstechnologien („Neue Medien") in der Hochschullehre. Empfehlung des 179. Plenums vom 9. Juli 1996: http://www.hrk.de/de/beschluesse/109_497.php (20.07.2011).

Hugener, Isabelle; Pauli, Christine; Reusser, Kurt (2006): „Videoanalysen". In: Klieme, Eckhard; Pauli, Christine; Reusser, Kurt (Hrsg.) (2006): *Dokumentation der Erhebungs- und Auswertungsinstrumente zur schweizerisch-deutschen Videostudie „Unterrichtsqualität, Lernverhalten und mathematisches Verständnis"*, Teil 3, Materialien zur Bildungsforschung, Band 15, Frankfurt am Main: Gesellschaft zur Förderung Pädagogischer Forschung (GFPF).

Huinink, Johannes et al. (2010): Panel Analysis of Intimate Relationships and Family Dynamics (pairfam). Conceptual Framework and Design, Arbeitspapier Nr. 17 des Beziehungs- und Familienpanels: http://www.pairfam.uni-bremen.de/fileadmin/user_upload/redakteur/publis/arbeitspapier_17p.pdf (30.04.2011).

humtec (2011): Brain/Concept/Writing: http://www.humtec.rwth-aachen.de/index.php?article_id=89&clang=0 (18.08.2011).

Huth, Radoslaw (2012): „Bildungsforschungsprojekte im Zeitraum von 1998 bis 2007". In: Weishaupt, Horst; Rittberger, Marc (Hrsg.) (2011): *Bildungsforschung in Deutschland. Eine aktuelle Situationsanalyse*, Berlin: Bundesministerium für Bildung und Forschung (BMBF). S. 57–111 (In Vorbereitung).

IAU-IVOA (2011): IAU Commission 5 Documentation and Astronomical Data Working Group VO: http://cdsweb.u-strasbg.fr/IAU/wgvo.html (18.08.2011).

IBM (2011): http://www-05.ibm.com/de/pov/watson/?ca=content_body&met=de_smarterplanet&re=spc (18.08.2011).

ICDP (2011): International Continental Scientific Drilling Program: http://www.icdp-online.org (01.06.2011).

icg (2011): International Crisis Group: http://www.crisisgroup.org/ (02.02.2012).

ICH (2011): International Conference on Harmonisation of Technical Requirements for Registration of Pharmaceuticals for Human Use: http://www.ich.org (18.08.2011).

ICOM (2011): International Core Data Standard for Archaeological Sites and Monuments: http://archives.icom.museum/object-id/heritage/int.html (27.05.2011).

ICSU (1987): Principles and Responsibilities of ICSU World Data Centers: http://www.wdc.rl.ac.uk/wdc/guide/gdsystema.html (02.02.2012).

ICSU (2011): International Council for Science, World Data Center: http://www.icsu.org (20.07.2011).

IDS (2011): Institut für Deutsche Sprache: http://www.ids-mannheim.de (30.04.2011).

IFDO (2011): International Federation of Data Organization for the Social Science: http://www.ifdo.org (10.05.2011).

IFLA (2011): Functional Requirements for Bibliographic Records: http://www.ifla.org/en/publications/functional-requirements-for-bibliographic-records (02.02.2012).

IFM-GEOMAR (2011): http://portal.ifm-geomar.de (01.06.2011).

IGSN (2011): http://www.igsn.org (01.06.2011).

ILTER (2011): International Long Term Ecological Research: http://www.ilternet.edu (06.06.2011).

IMDI (2007): Isle Metadata Initiative: http://www.mpi.nl/IMDI/ (02.02.2012).

IMIA (2011): International Medical Informatics Association: http://www.imia-medinfo.org (02.02.2012).

Informationsdienst Wissenschaft e. V. (2008): Warum erkrankt der gesunde Mensch? Bundesweite „Helmholtz-Kohorte" im Dienste der Gesundheitsforschung heute bewilligt, Informationsdienst Wissenschaft e. V., Bayreuth, http://idw-online.de/pages/de/news284685 (2011.02.08).

INSDC (2011): International Nucleotide Sequence Database Collaboration: http://www.insdc.org (31.05.2011).

INSPIRE (2007): Richtlinie 2007/2/EG des Europäischen Parlaments und des Rates vom 14. März 2007 zur Schaffung einer Geodateninfrastruktur in der Europäischen Gemeinschaft (INSPIRE), ABl. L 108 vom 25.04.2007.

INSPIRE (2010): Metadata Implementing Rules: Technical Guidelines based on EN ISO 19115 and EN ISO 19119: http://inspire.jrc.ec.europa.eu/ documents/Metadata/INSPIRE_MD_IR_and_ISO_v1_2_20100616.pdf (01.02.2012).

INSPIRE (2011): http://www.projecthepinspire.net (30.05.2011).

IODP (2011): Integrated Ocean Drilling Program: http://www.iodp.org (02.02.2012).

IQB (2010). Studien: http://www.iqb.hu-berlin.de/arbbereiche/fdz/Studien (08.06.2011).

IQB (2011a): Antrag auf Auswertungs- und Publikationsrechte für im FDZ am IQB archivierte Daten: www.iqb.hu-berlin.de/arbbereiche/fdz/antrag_online (02.02.2012).

IQB (2011b): Anträge am Forschungsdatenzentrum IQB: http://www.iqb.hu-berlin.de/arbbereiche/fdz/antrag/apps_show (08.06.2011).

IQB (2011c): FAQ: http://www.iqb.hu-berlin.de/arbbereiche/fdz/faq (17.02.2011).

IQB (2011d): Forschungsdatenzentrum am IQB: http://www.iqb.hu-berlin.de/ arbbereiche/fdz (08.06.2011).

ISO (2004): ISO TC37/SC4: Terminology for Language Resource Management. http://www.tc37sc4.org/new_doc/ISO_TC_37-4_N179_Terminology_ language_resource_management.pdf (07.06.2011).

ISO (2011): International Organization for Standardization: http://www.iso.org (31.05.2011).

ISOCAT (2011): ISO Data Category Registry: http://www.isocat.org (07.06.2011).

IVOA (2007): International Virtual Observatory Alliance, Ressource Metadata for the Virtual Observatory: http://www.ivoa.net/Documents/latest/RM.html (24.05.2011).

IVOA (2011): International Virtual Observatory Alliance: http://www.ivoa.net (24.05.2011).

JAMIA (2011): Journal of the American Medical Informatics Association: http://jamia.bmj.com (31.05.2011).

Jiang, Guoqian et al. (2010): A Collaborative Framework for Representation and Harmonization of Clinical Study Data Elements Using Semantic MediaWiki, AMIA Summits on Translational Science proceedings, American Medical Informatics Association, S. 11–15: http://www.ncbi.nlm.nih.gov/pmc/articles/ PMC3041544/ (01.02.2012).

JISC Homepage: http://www.jisc.ac.uk (28.04.2011).

JISC Study (2011): Skills, Role & Career Structure of Data Scientists & Curators: Assessment of Current Practice & Future Needs: http://www.jisc.ac.uk/publications/reports/2008/dataskillscareersfinalreport.aspx (17.11.2011).

Jöckel, Karl-Heinz; Hirche, Herbert; Neuhäuser, Markus (2009): „Hinweise zur Studienplanung, Biometrie und klinischen Epidemiologie". In: Rübben, Herbert: *Uroonkologie*, 5. Aufl., Heidelberg: Springer Medizin Verlag, S. 17 bis 34.

Jokat, Wilfried (2008): Ocean bottom seismometer sgy-files of refraction seismic profile 20030400 from Polarstern cruise ARK-XIX/4, Alfred Wegener Institute for Polar and Marine Research, Bremerhaven: http://dx.doi.org/10.1594/PANGAEA.708420 (01.02.2012).

JPEG 2000 (2011): Joint Photographic Experts Group: http://en.wikipedia.org/wiki/JPEG_2000#Motion_JPEG_2000 (05.07.2011).

Kaase, Max (Hrsg.) (1999): *Qualitätskriterien der Umfrageforschung*, Denkschrift, Berlin: Akad.-Verlag.

Kahn, Scott (2011): „On the Future of Genomic Data". In: *Science*, No. 6018, 2011 (Vol. 331), pp. 728–729.

Kalliope (2011): Verbundkataloge Nachlässe und Autographen: http://kalliope.staatsbibliothek-berlin.de (30.04.2011).

Källman, Hans-Erik et al. (2009): „DICOM Metadata repository for technical information in digital medical images". In: *Acta Oncologica*, No. 2, 2009 (Vol. 48), pp. 285–288.

Kansa, Eric (2011): Concurrent Session Frustration and the Web: http://www.alexandriaarchive.org/blog/ (02.02.2012).

Kanz, Carola et al. (2005): „The EMBL Nucleotide Sequence Database". In: *Nucleic Acids Research*, No. 1, 2005 (Vol. 33), pp. D29–D33.

KBV (2011): Kassenärztliche Bundesvereinigung: http://www.kbv.de (06.07.2011).

Kemp, Bob; Olivan, Jesus (2003): „European data format 'plus' (EDF+), an EDF alike standard format for the exchange of physiological data". In: *Clinical Neurophysiology*, No. 9, 2003 (Vol. 114), pp. 1755–1761.

Kennedy, Donald; Alberts, Bruce (2008): „Editorial Expression of Concern". In: *Science*, No. 5868, 2008 (Vol. 319), p. 1335: http://dx.doi.org/10.1126/science.1157223 (01.02.2012).

Kiel, Ewald (2010): „Unterrichtsforschung". In: Tippelt, Rudolf; Schmidt, Bernhard (Hrsg.) (2010): *Handbuch Bildungsforschung*, 3. Aufl., Wiesbaden: VS Verlag für Sozialwissenschaften, S. 773–789.

KII (2011): Kommission Zukunft der Informationsinfrastruktur, Gesamtkonzept für die Informationsinfrastruktur in Deutschland: http://www.leibniz-gemeinschaft.de/?nid=infrastr&nidap=&print=0 (19.08.2011).

Klump, Jens et al. (2006): „Data publication in the Open Access Initiative". In: *Data Science Journal*, 2006 (Vol. 5), pp. 79–83: http://dx.doi.org/10.2481/dsj.5.79 (01.02.2012).

Klump, Jens; Huber, Robert (2011): „WorldML vs. YaML – On the scope and purpose of mark-up languages". In: *Geophysical Research Abstracts: EGU General Assembly 2011*, Wien, Österreich, Copernicus Society, Göttingen, S. 10505: http://meetingorganizer.copernicus.org/EGU2011/EGU2011-10505.pdf (01.02.2012).

KNB (2011): Ecological Metadata Language (EML): http://knb.ecoinformatics.org/software/eml (06.06.2011).

Knigge, Michael (2009): The Research Data Center (FDZ) at the Institute for Educational Progress (IQB), Vortrag "35th Annual Conference of the International Association of Social Sciene Information Service and Technology (IASSIST)", 26.–29. Mai 2009, Tampere, Finnland: http://www.fsd.uta.fi/iassist2009/presentations/B1_Knigge.pdf (02.02.2011).

Knigge, Michael (2011): Möglichkeiten sekundäranalytischer Auswertungen von Daten aus Kompetenzmessungsstudien am FDZ des IQB, Vortrag BMBF Promotionsbegleitprogramm 3. Förderkohorte, Frankfurt am Main, 23. Februar 2011 (Unveröffentlichter Vortrag).

Knowledge Exchange (2011a): http://www.knowledge-exchange.info/Default.aspx?ID=284 (28.04.2011).

Knowledge Exchange (2011b): http://www.knowledge-exchange.info/Default.aspx?ID=285 (28.04.2011).

Knowledge Exchange Homepage: http://www.knowledge-exchange.info (28.04.2011).

Koch, Achim; Wasmer, Martina (2004): „Der ALLBUS als Instrument zur Untersuchung sozialen Wandels, Eine Zwischenbilanz nach 20 Jahren". In: Schmitt-Beck, Rüdiger; Wasmer, Martina; Koch, Achim (Hrsg.) (2004): *Sozialer und politischer Wandel in Deutschland, Analysen mit ALLBUS-Daten aus zwei Jahrzehnten*, Wiesbaden: VS Verlag für Sozialwissenschaften. S. 13 bis 41.

Koch, Manuela (2007): „Erbgänge und Stammbaumanalysen". In: Lentze, Michael et al.: *Pädiatrie*, 3, Berlin; Heidelberg: Springer, S. 262–267.

Köhler, Claus; Bexten, Erdmuthe Meyer zu; Lehmann, Thomas (2005): „Medizinische Informatik". In: Lehmann, Thomas: *Handbuch der Medizinischen Informatik*, 2. Aufl., München; Wien: Hanser Fachbuchverlag, S. 2–22.

Kommission Zukunft der Informationsinfrastruktur (2011): http://www.leibniz-gemeinschaft.de/?nid=infrastr&nidap=&print=0 (20.07.2011).

Kommission zur Verbesserung der Informationellen Infrastruktur zwischen Wissenschaft und Statistik (2001): Wege zu einer besseren informationellen Infrastruktur, Gutachten der vom Bundesministerium für Bildung und Forschung eingesetzten Kommission zur Verbesserung der Informationellen Infrastruktur zwischen Wissenschaft und Statistik, Baden-Baden: Nomos-Verl.-Ges.

Kompetenznetz AHF (2011): Kompetenznetz Angeborene Herzfehler: http://www.kompetenznetz-ahf.de/home.asp (02.02.2012).

Kompetenznetze in der Medizin (2011): http://www.kompetenznetze-medizin.de (31.05.2011).

kopal (2011a): koLibRi, kopal Library for Retrieval and Ingest: http://kopal.langzeitarchivierung.de/index_koLibRI.php.de (30.04.2011).

kopal (2011): kopal, Daten für die Zukunft: http://kopal.langzeitarchivierung.de/index.php.de (27.05.2011).

Kopp, Ina; Encke, Albrecht; Lorenz, Wilhelm (2002): „Leitlinien als Instrument der Qualitätssicherung in der Medizin – Das Leitlinienprogramm der Arbeitsgemeinschaft Wissenschaftlicher Medizinischer Fachgesellschaften (AWMF)". In: *Bundesgesundheitsblatt*, Nr. 3, 2002 (45. Jg.), S. 223–233.

Korwitz, Ulrich (2009): „Die Deutsche Zentralbibliothek für Medizin in Köln und Bonn – Zentrale Fachbibliothek und Infrastruktureinrichtung für die Forschung in der Bundesrepublik Deutschland". In: *GMS Medizin – Bibliothek – Information*, Nr. 2/3, 2009 (9. Jg.), S. Doc38.

Kosock, Hagen et al. (2010): „Elektronische Signaturen in Versorgungseinrichtungen des Gesundheitswesens – Maßnahmen und Einführungsunterstützung". In: Brömme, Arslan et al. (Hrsg.) (2010): *perspeGKtive 2010*, 2010.09.08, Mannheim: Gesellschaft für Informatik e.V. (GI)P-174, S. 69–82.

Krause, Birgit (2007): „Das Revisionsverfahren der medizinischen Klassifikationen in Deutschland". In: *Bundesgesundheitsblatt*, Nr. 8, 2007 (50. Jg.), S. 1055 bis 1060.

Krefting, Dagmar et al. (2009): „MediGRID: Towards a user friendly secured grid infrastructure". In: *Future Generation Computer Systems*, Nr. 3, 2009 (25. Jg), S. 326–336.

KRDS (2010): User Guide For Keeping Research Data Safe, Charles Beagrie Ltd and HEFCE 2010: http://www.beagrie.com/KeepingResearchDataSafe_UserGuide_v1_Dec2010.pdf (19.08.2011).

Kreusch, Julia (2010): pedocs und kopal. Fachrepositorium und Langzeitarchivierung gehen zusammen. Vortrag „4. Leipziger Kongress für Information und Bibliothek", 15.–18. März 2010, Leipzig: www.opus-bayern.de/bib-info/volltexte/2010/942/ (02.02.2012).

Krüger, Heinz-Hermann (2000): „Stichwort: Qualitative Forschung in der Erziehungswissenschaft". In: *Zeitschrift für Erziehungswissenschaft*, Nr. 3, 2000 (3. Jg.), S. 323–342.

Kuchinke, Wolfgang et al. (2007): „Elektronische Archivierung als strategische Aufgabe. – Bedarfsanalyse und Problemfelder in der klinischen Forschung". In: Jäckel, Achim: *Telemedizinführer Deutschland*, Ausgabe 2008, Bad Nauheim: Medizin Forum AG, S. 25–33.

Kuchinke, Wolfgang; Drepper, Johannes; Ohmann, Christian (2005): „Einsatz des CDISC-Standards für die vernetzte klinische Forschung in der Telematikplattform für medizinische Forschungsnetze (TMF e.V.)". In: Jäckel, Achim: *Telemedizinführer Deutschland*, Ausgabe 2006, Bad Nauheim: Medizin Forum AG, S. 338–345.

Lanconelli, Christian et al. (2010): „Polar baseline surface radiation measurements during the International Polar Year 2007–2009". In: *Earth Syst. Sci. Data Discuss.*, No. 2, 2010 (Vol. 3), pp. 259–279: http://dx.doi.org/10.5194/essdd-3-259-2010 (01.02.2012).

Lane, Julia (2009): „Administrative Transaction Data". In: *Working Paper Series des Rates für Sozial- und Wirtschaftsdaten (RatSWD)*, No. 52, Berlin: RatSWD.

Lapensis, Andrei et al. (2000): „Scientists Unearth Clues to Soil Contamination by Comparing Old and New Soil Samples". In: *Eos, Transactions, American Geophysical Union*, No. 6, 2000, (Vol. 81), pp. 59–60.

LAT (2008): Language Archiving Technology, LAMUS: http://www.lat-mpi.eu/tools/lamus (07.06.2011).

Lauer, Wilhelm; Bendix, Jörg (2006): *Klimatologie*, 2. Aufl., Braunschweig: Westermann.

Lautenschlager, Michael et al. (2005): „World Data Center Cluster „Earth System Research" – An Approach for a Common Data Infrastructure in Geosciences". In: *EOS, Transactions, American Geophysical Union*, No. 52, 2005 (Vol. 86), Fall Meet. Suppl. IN43C-02.

Lautenschlager, Michael; Reinke, Manfred (1997): *Climate and Environmental Database Systems*, Boston, MA, USA: Kluwer Academic Publishers.

Lehnert, Kerstin et al. (2006): „The Digital Sample: Metadata, Unique Identification, and Links to Data and Publications". In: *EOS, Transactions, American Geophysical Union*, No. 52, 2006 (Vol. 87), Fall Meet. Suppl. IN53C-07.

Leibniz-Gemeinschaft (2011): Kommission Zukunft der Informationsinfrastruktur im Auftrag der Gemeinsamen Wissenschaftskonferenz des Bundes und der Länder. Gesamtkonzept für die Informationsinfrastruktur in Deutschland, Empfehlungen der KII im Auftrag der Gemeinsamen Wissenschaftskonferenz des Bundes und der Länder: http://www.leibniz-gemeinschaft.de/?nid=infrastr (17.11.2011).

Leiner, Florian et al. (2006): *Medizinische Dokumentation*. 5. Aufl., Stuttgart: Schattauer.

Leinonen, Rasko; Sugawara, Hideaki; Shumway, Martin (2011): „The Sequence Read Archive". In: *Nucleic Acids Research*, No. 1, 2011 (Vol. 39), pp. D19–D21.

Lenzen, Dieter (Hrsg.) (2005): *Pädagogische Grundbegriffe*, Band 2: „Jugend bis Zeugnis", 7. Aufl., Februar 2005, Reinbeck bei Hamburg: Rowohlt Taschenbuch Verlag.

Lettens Suzanna et al. (2005): „Soil organic carbon changes in the landscape units of Belgium between 1960 and 2000 with reference to 1990". In: *Global Change Biology*, No. 12, 2005 (Vol. 11), pp. 2128–2140: http://onlinelibrary.wiley.com/doi/10.1111/j.1365-2486.2005.001074.x/pdf (06.06.2011).

LIDO (2011): Lightweight Information Describing Objects: http://www.lido-schema.org/documents/LIDO-Introduction.pdf (02.02.2012).

Liegmann, Hans; Neuroth, Heike (2010): „Einführung". In: Neuroth, Heike et al. (Hrsg.): *nestor-Handbuch: Eine kleine Enzyklopädie der digitalen Langzeitarchivierung*. Version 2.3, 2010, S. 1:1–1:10: http://nbn-resolving.de/urn/resolver.pl?urn=urn:nbn:de:0008-2010030508 (30.04.2011).

LIFE (2010): Life Cycle Information for E-Literature: http://www.life.ac.uk (25.7.2011).

Lifewatch (2011): e-science and technology infrastructure for biodiversity data and observatories: http://www.lifewatch.eu (06.06.2011).

Linked Data (2011): Linked Data – Connect Distributed Data across the Web: http://linkeddata.org (27.05.2011).

LTER-D (2011): Long Term Ecological Research – Germany: http://www.lter-d.ufz.de (06.06.2011).

Mandea, Mioara; Olsen, Nils (2006): A new approach to directly determine the secular variation from magnetic satellite observations, Geophysical Research Letters, 33, L15306.

MARC (2011): Marc Standards: http://www.loc.gov/marc/ (02.02.2012).

Marcum, Deanna; George, Gerald (Hrsg.) (2009): *The Data Deluge: Can Libraries Cope with E-science?*, Santa Barbara; Denver; Oxford: Libraries Unlimited, 2010.

Marincola, Francesco (2003): „Translational Medicine: A two-way road". In: *Journal of Translational Medicine*, No. 1, 2003 (Vol. 1), pp. 1–2.

Marine Metadata Interoperability (2011): Content Standard References: http://marinemetadata.org/conventions/content-standards (01.06.2011).

Mathworks (2011) http://www.mathworks.com/products/matlab/ (02.02.2012).

McCarn, Davis (1978): „Medline users, Usage and Economics". In: *Informatics for Health and Social Care*, No. 3, 1978 (Vol. 3), pp. 177–183.

Mechtel, Martin; Knigge, Michael (2009): EduDDI – an application of DDI 3.x for large scale assessments in education. Vortrag "35th Annual Conference of the International Association of Social Sciene Information Service and Technology (IASSIST)", 26.–29. Mai, Tampere, Finnland: http://www.fsd.uta.fi/iassist2009/presentations/D1_Mechtel.ppt (02.02.2011).

MediGRID (2011): http://www.medigrid.de (06.07.2011).

MedInfoGRID (2011): http://www.medinfogrid.de (06.07.2011).

Medjedović, Irena; Witzel, Andreas (2010): *Wiederverwendung qualitativer Daten. Archivierung und Sekundärnutzung qualitativer Interviewtranskripte.* Wiesbaden: VS Verlag für Sozialwissenschaften.

MEDPILOT (2011): http://www.medpilot.de (31.05.2011).

MEI (2011): Music Encoding Initiative: http://www2.lib.virginia.edu/innovation/mei/ (02.02.2012).

Merrill, Ray M. (2010): *Introduction to Epidemiology*, 5. Aufl., Sudbury, MA: Jones & Bartlett Publishers.

METS (2011): Metadata Encoding & Transmission Standard: http://www.loc.gov/standards/mets/ (02.02.2012).

MI (2010): MEDINFO 2010: http://www.medinfo2010.org/ (02.02.2012).

Michel, Jean-Baptiste et al. (2011): „Quantitative Analysis of Culture Using Millions of Digitized Books". In: *Science*, No. 6014, 2011 (Vol. 331), pp. 176–182: http://dx.doi.org/10.1126/science.1199644 (02.02.2012).

Michener ,William (2011): DataONE: Changing Community Practice and Transforming the Environmental Sciences through Access to Data and Tools: http://137.248.191.82/UserFiles/File/DB_workshop_Feb2011/WSDataRepositories_Marburg2011_talk_Michener_DataONE.pdf (06.06.2011).

migoe (2011): Abteilung Medizinische Informatik – Georg-August-Universität Göttingen – Universitätsmedizin Göttingen: http://www.mi.med.uni-goettingen.de/ (02.02.2012).

Mildenberger, Peter; Eichelberg, Marco; Martin, Eric (2002): „Introduction to the DICOM standard". In: *European Radiology*, No. 4, 2002 (Vol. 12), pp. 920–927.

Mochmann, Ekkehard (2008): „Improving the evidence base for international comparative research". In: *International Social Science Journal*, No. 193–194, 2008 (Vol. 59) pp. 489–506.

MODS (2011): Metadata Object Description Schema: http://www.loc.gov/standards/mods/ (02.02.2012).

MPDL (2011): Max Planck Digital Library: http://www.mpdl.mpg.de (20.07.2011).

MPI Homepage: http://www.mpi.nl (05.07.2011).

Müller, Christian et al. (2005): „Singing Icebergs". In: *Science*, No. 5752, 2005 (Vol. 310), p. 1299: http://dx.doi.org/10.1126/science.1117145 (01.02.2012).

MultiDark Database (2011): http://www.multidark.org (24.05.2011).

MuseumDAT (2011): XML Schema zur Bereitstellung von Kerndaten in museumsübergreifenden Beständen: http://www.museumdat.org (27.05.2011).

Nakamura, Kenzo et al.(2010): „The Review of Particle Physics". In: *Journal of Physics G 37*, 075021 (2010).

Nbii (2011): The World Data Center for Biodiversity and Ecology: http://www.nbii.gov/termination/index.html (02.02.2012).

NCBI (2011): The National Center for Biotechnology Information, GenBank Overview: http://www.ncbi.nlm.nih.gov/genbank/ (02.02.2012).

Nelson, Bryn (2009): „Data sharing: Empty archives". In: *Nature*, No. 7261, 2009 (Vol. 461), pp. 160–163.

NEON (2011): National Ecological Observatory Network: http://www.neoninc.org (06.06.2011).

NEPS (2011): Nationales Bildungspanel: https://portal.neps-data.de/ (08.06.2011).

NERC (2011): Natural Environment Research Council: http://www.nerc.ac.uk/research/programmes/bess/ (02.02.2012).

nestor (2008a): Arbeitsgruppe Vertrauenswürdige Archive – *Zertifizierung: Kriterienkatalog vertrauenswürdige digitale Langzeitarchive*, Version 2, Frankfurt am Main: nestor c/o Deutsche Nationalbibliothek: http://nbn-resolving.de/urn/resolver.pl?urn= urn:nbn:de:0008-2008021802 (01.02.2012).

nestor (2008b): Arbeitsgruppe Standards für Metadaten, *Transfer von Objekten in digitale Langzeitarchive und Objektzugriff: Wege ins Archiv – Ein Leitfaden für die Informationsübernahme in das digitale Langzeitarchiv*, Frankfurt am Main: nestor c/o Deutsche Nationalbibliothek: http://nbn-resolving.de/urn/resolver.pl?urn= urn:nbn:de:0008-2008103009 (01.02.2012).

nestor (2009): nestor-Deutsches Kompetenznetzwerk zur digitalen Langzeitarchivierung: http://www.langzeitarchivierung.de (20.07.2011).

nestor (2011a): Deutsches Kompetenznetzwerk zur digitalen Langzeitarchivierung: http://www.langzeitarchivierung.de (30.04.2011).

nestor (2011b): nestor Materialien: http://www.langzeitarchivierung.de/ publikationen/expertisen/expertisen.htm#nestor-materialien10 (30.04.2011).

NetCDF (2011): Network Common Data Form: http://www.unidata.ucar.edu/ software/netcdf /(02.02.2012S).

Neubauer, Thomas et al. (2010): „Pseudonymisierung für die datenschutzkonforme Speicherung medizinischer Daten". In: *Elektrotechnik & Informationstechnik*, Nr. 5, 2010 (127. Jg.), S. 135–142.

Niggemann, Elisabeth; De Decker, Jacques; Levy, Maurice (2011a): „Report of the Comité des Sages. Reflection group on Bringing Europe's Cultural Heritage Online". In: *The New Renaissance*: http://ec.europa.eu/information_society/ activities/digital_libraries/doc/refgroup/final_report_cds.pdf (02.02.2012).

NMM (2011): Numerical Model Metadata XML: http://ncas-cms.nerc.ac.uk/ NMM (06.06.2011).

NSF (2011): National Science Foundation: http://www.nsf.gov (28.04.2011).

NSF Homepage: Data Management for NSF SBE Directorate Proposals and Awards: http://www.nsf.gov/bfa/dias/policy/dmpfaqs.jsp (28.04.2011).

o.V. (2006): Berliner Erklärung über den offenen Zugang zu wissenschaftlichem Wissen: http://oa.mpg.de/files/2010/04/Berliner_Erklaerung_dt_ Version_07-2006.pdf (20.07.2011).

o.V. (2007): Computer-Panne. Japan sucht die Rentendaten; Spiegel Online, 17.12.2007: http://www.spiegel.de/netzwelt/tech/0,1518,523769,00.html (30.04.2011).

o.V. (2008): Astronet Infrastructure Roadmap 2008: http://www.astronet-eu.org/ IMG/pdf/Astronet-Book.pdf (24.05.2011).

o.V. (2009): Workshop <philtag n="8"/> an der Universität Würzburg: http:// www.germanistik.uni-wuerzburg.de/lehrstuehle/computerphilologie/philtag (30.04.2011).

o.V. (2010): Datenanalyse entlarvt „Schummelkultur" in medizinischen Studien: http://www.heise.de/newsticker/meldung/Datenanalyse-entlarvt-Schummelkultur-in-medizinischen-Studien-1158102.html (30.04.2011).

o.V. (2011a): Citizen Science: http://de.wikipedia.org/wiki/Citizen_Science (30.04.2011).

o.V. (2011b): Crowdsourcing: http://de.wikipedia.org/wiki/Crowdsourcing (30.04.2011).

o.V. (2011c): Representational State Transfer: http://en.wikipedia.org/wiki/ Representational_State_Transfer (30.04.2011).

OAIS (2009): Reference Model for an Open Archival Information System, Draft Recommended Standard, CCSDS 650.0-P-1.1, Pink Book: http://public. ccsds.org/sites/cwe/rids/Lists/CCSDS%206500P11/Attachments/650x0p11. pdf (30.04.2011).

OAIS (2010): „Das Referenzmodell OAIS – Open Archival Information System". In: Neuroth, Heike et al. (Hrsg.) (2010): *nestor-Handbuch: Eine kleine Enzyklopädie der digitalen Langzeitarchivierung*: Version 2.3, Kap. 4:1–4:16: http://nbn-resolving.de/urn/resolver.pl?urn:nbn:de:0008-2010061757 (30.04.2011).

OECD (2004): Science, Technology and Innovation for the 21st Century, Meeting of the OECD Committee for Scientific and Technological Policy at Ministerial Level, 29–30. January 2004 – Final Communique: http://www.oecd.org/document/1/0,3343,en_2649_201185_25998799_1_1_1_1,00.html (27.04.2011).

OECD (2007): OECD Principles and Guidelines for Access to Research Data from Public Funding: http://www.oecd.org/document/2/0,3746, en_2649_34293_38500791_1_1_1_1,00.html (27.04.2011).

OECD Homepage: http://www.oecd.org (27.04.2011).

OGC (2011): Observations and Measurements: http://www.opengeospatial.org/standards/om (01.06.2011).

OGC (2011): Open Geospatial Consortium: http://www.opengeospatial.org (06.06.2011).

OLAC (2011): Open Language Archives Community: http://www.language-archives.org (07.06.2011).

Old Weather Homepage: http://www.oldweather.org (19.08.2011).

online-Fallarchiv (2011): http://www.fallarchiv.uni-kassel.de/ (02.02.2012).

Open Annotation Collaboration (2011): http://www.openannotation.org (27.05.2011).

Open Archives (2011): Open Archive Initiative, Protocol for Metadata Harvesting: http://www.openarchives.org/pmh/ (02.02.2012).

OpenContext (2011): Web-based research data publication: http://opencontext.org (27.05.2011).

Ozerov, Dmitri et al. (2010): Heritage Preservation of HERA-B Collaboration heritage, Beitrag zur CHEP 2010 Konferenz: http://iopscience.iop.org/1742-6596/331/4/042018/pdf/1742-6596_331_4_042018.pdf (01.02.2012).

Page, Roderick (2008): „Biodiversity informatics: the challenge of linking data and the role of shared identifiers". In: *Briefings in Bioinformatics*, No. 5, 2008 (Vol. 9), pp.345–354.

pairfam (2011): Panel Analysis of Intimate Relationships and Family Dynamics: http://www.pairfam.uni-bremen.de/daten/datenzugang (08.06.2011).

Pampel, Heinz; Bertelmann, Roland; Hobohm, Hans-Christoph (2010): „*Data Librarianship* – Rollen, Aufgaben, Kompetenzen". In: Hohoff, Ulrich; Schmiedeknecht, Christiane (Hrsg.) (2010): *Ein neuer Blick auf Bibliotheken*, 98. Deutscher Bibliothekartag in Erfurt 2009, Hildesheim: Olms, S. 169–176.

PANGAEA (2011a): Data Publisher for Earth & Environmental Science, Publishing Network for Geoscientific & Environmental Data: http://www.pangaea.de (30.04.2011).

PANGAEA (2011b): http://www.pangaea.de (01.06.2011).

PARSE (2011): http://www.parse-insight.eu (30.05.2011).

PARSE.Insight Homepage: http://www.parse-insight.eu (27.04.2011).

Pätzold, Jürgen (2009): Swath sonar bathymetry during Meteor cruise M63/1 with links to multibeam raw data files: http://dx.doi.org/10.1594/PANGAEA.728440 (01.02.2012).

PCM (2011): http://en.wikipedia.org/wiki/Linear_pulse-code_modulation (18.08.2011).

PDB (2011): Worldwide Protein Data Bank: http://www.wwpdb.org (31.05.2011).

peDOCS (2011): http://www.pedocs.de (08.06.2011).

PEI (2011): Paul-Ehrlich-Institut – Bundesinstitut für Impfstoffe und biomedizinische Arzneimittel: http://www.pei.de/ (02.02.2012).

Perseus Digital Library (2011): http://www.perseus.tufts.edu/hopper (27.05.2011).

perspectivia.net (2011): http://www.perspectivia.net (08.06.2011).

Pfaff, Holger; Janßen, Christian; Pientka, Ludger (2007): „Versorgungsforschung und Geriatrie". In: *Zeitschrift für ärztliche Fortbildung und Qualität im Gesundheitswesen – German Journal for Quality in Health Care*, Nr. 9, 2007 (101. Jg.), S. 583–586.

Pfeiffenberger, Hans (2007): „Offener Zugang zu wissenschaftlichen Primärdaten". In: *Zeitschrift für Bibliothekswesen und Bibliographie*, Nr. 4/5, 2007 (54. Jg.), S. 207–210.

Pfeiffenberger, Hans; Carlson, David (2011): „*Earth System Science Data* (ESSD) – A Peer Reviewed Journal for Publication of Data". In: *D-Lib Magazine*, No. 1/2, 2011 (Vol. 17), http://dx.doi.org/10.1045/january2011-pfeiffenberger (01.02.2012).

Pfeiffenberger, Hans; Klump, Jens (2006): „Offener Zugang zu Daten – Quantensprung in der Kooperation". In: *Wissenschaftsmanagement Special*, Nr. 1, 2006 (12. Jg.), S. 12–13.

PILIN (2008): Information Modelling Guide for Identifiers in e-research, University of Southern Queensland: http://www.linkaffiliates.net.au/pilin2/files/infomodellingeresearch.pdf (19.08.2011).

PISA (2009): OECD Programme for International Student Assessment, Database PISA 2009: http://pisa2009.acer.edu.au/downloads.php (18.08.2011).

PISA (2011): OECD Programme for International Student Assessment, What PISA produces: http://www.oecd.org/pages/0,3417, en_32252351_32236130_1_1_1_1_1,00.html (08.06.2011).

PLANETS (2011): Preservation and Long-term Access through NETworked Services: http://www.planets-project.eu (27.05.2011).

PLEAGIOS (2011): http://pelagios-project.blogspot.com (27.05.2011).

PLEIADES (2011): http://pleiades.stoa.org (27.05.2011).

PneumoGRID (2011): PneumoGRID: http://www.pneumogrid.de/ (02.02.2012).

Poole, Nick (2010): The Cost of Digitising Europe's Cultural Heritage. A Report for the Comité des Sages of the European Commission: http://ec.europa.eu/information_society/activities/digital_libraries/doc/refgroup/annexes/digiti_report.pdf (30.04.2011).

ppo (2011): Pictura Paedagogica Online: http://www.bbf.dipf.de/VirtuellesBildarchiv/ (02.02.2012).

PREMIS (2011): Preservation Metadata Maintenance Activity: http://www.loc.gov/standards/premis/ (02.02.2012).

Prenzel, Manfred (2005): „Zur Situation der empirischen Bildungsforschung". In: Deutsche Forschungsgemeinschaft (Hrsg.) (2005): *Impulse für die Bildungsforschung, Stand und Perspektiven, Dokumentation eines Expertengesprächs, Standpunkte*, Berlin: Akademie Verlag. S. 7–21.

Primack Richard et al. (2007): „Using Photographs to Show the Effects of Climate Change on Flowering Times". In: *Arnoldia*, No. 1, 2007 (Vol. 65), pp. 2–9.

PROPYLAEUM (2011): Propylaeum, die Virtuelle Fachbibliothek Altertumswissenschaften: http://www.propylaeum.de (27.05.2011).

PubMed (2011): PubMed: http://www.ncbi.nlm.nih.gov/pubmed (06.07.2011).

RatSWD (2010a): Rat für Sozial- und WirtschaftsDaten, Building on progress – expanding the research infrastructure for the social, economic, and behavioral sciences, Opladen et al.: Budrich UniPress.

RatSWD (2010b): Rat für Sozial- und WirtschaftsDaten, Kriterien des RatSWD für die Einrichtung der Forschungsdateninfrastruktur. September 2010. Berlin: http://ratswd.de/download/publikationen_rat/RatSWD_FDZKriterien.PDF (17.02.2010).

RatSWD (2010c): Rat für Sozial- und WirtschaftsDaten, Stellungnahme des Rates für Sozial- und Wirtschaftsdaten (RatSWD) zum Entgeltmodell der Statistischen Ämter des Bundes und der Länder: http://www.ratswd.de/download/publikationen_rat/Stellungnahme_Entgeltmodell_Dez10.pdf (30.04.2011).

RatSWD (2011a): Rat für Sozial- und WirtschaftsDaten, Forschungsdatenzentren: http://www.ratswd.de/dat/fdz.php (12.08.2011).

RatSWD (2011b): Rat für Sozial- und WirtschaftsDaten: http://www.ratswd.de (08.06.2011).

RDS (2011): http://www.rat-deutscher-sternwarten.de (24.05.2011).

Reich, Jens G. (2008): „Bioinformatik". In: Ganten, Detlev et al.: *Grundlagen der Molekularen Medizin*, 3. Aufl., Heidelberg: Springer Medizin Verlag, S. 332 bis 345.

Reichman, Jim; Jones, Matthew; Schildhauer, Mark (2011): „Challenges and Opportunities of Open Data in Ecology". In: *Science*, No. 6018, 2011 (Vol. 331), p. 703–705: http://dx.doi.org/10.1126/science.1197962: http://www.planta.cn/forum/files_planta/challenges_and_opportunities_of_open_data_in_ecology_121.pdf (02.02.2012).

Reinders, Heinz; Gniewosz, Burkhard (2011): „Quantitative Auswertungsverfahren". In: Reinders, Heinz et al. (Hrsg.) (2011): *Empirische Bildungsforschung. Strukturen und Methoden*. Wiesbaden: VS Verlag für Sozialwissenschaften. S. 121–129.

Reng, Carl-Michael et al. (2006): *Generische Lösungen zum Datenschutz für die Forschungsnetze in der Medizin*. Schriftenreihe der Telematikplattform für Medizinische Forschungsnetze, Berlin: Mwv Medizinisch Wissenschaftliche Verlagsgesellschaft.

REPLIX (2011): Max-Planck-Institute for Psycholinguistics, The Language Archive, REPLIX: http://www.mpi.nl/research/research-projects/the-language-archive/projects/replix-1/replix (02.02.2012).

Rew, Rus; Davis, Glen (1990): The Unidata netCDF: Software for Scientific Data Access, Sixth International Conference on Interactive Information and Processing Systems for Meteorology, Oceanography and Hydrology, Anaheim, California, American Meteorology Society, February 1990, pp. 33–40.

Riede, Moritz et al. (2010): „On the communication of scientific data: The Full-Metadata Format". In: *Computer Physics Communications*, No. 3, 2010 (Vol. 181), pp. 651–662.

RLG-NARA (2007): Digital Repository Certification Task Force: Trustworthy Repositories Audit & Certification: Criteria and Checklist: http://www.crl.edu/sites/default/files/attachments/pages/trac_0.pdf (19.08.2011).

Robson, Barry; Baek, O. (2009): *The Engines of Hippocrates: From the Dawn of Medicine to Medical and Pharmaceutical Informatics*. Wiley Series on Technologies for the Pharmaceutical Industry, Hoboken, New Jersey: John Wiley & Sons.

Röhrig, Bernd et al. (2009): „Studientypen in der medizinischen Forschung". In: *Deutsches Ärzteblatt*, Nr. 15, 2009 (106. Jg.), S. 262–268.

Rolf, Gabriele; Zwick, Markus; Wagner, Gert (2008): „Dokumentation, Fortschritte und Herausforderungen der informationellen Infrastruktur in Deutschland". In: *Schmollers Jahrbuch*, Nr. 4, 2008 (128. Jg.), S. 631–646.

Romanello, Matteo (2010): Structured and Unstructured. Extracting Information From Classics Scholarly Texts: http://www.slideshare.net/56k/romanello-short (10.05.2011).

ROOT (2011): root.cern.ch (30.05.2011).

Rosenthal, David (2011): Are We Facing a „Digital Dark Age?": http://blog.dshr.org/2011/02/are-we-facing-digital-dark-age.html (19.08.2011).

Rots, Arnold: (2007): International Virtual Observatory Alliance: Space-Time Coordinate Metadata for the Virtual Observatory. IVOA-Recommendation: http://ivoa.net/Documents/REC/DM/STC-20071030.html#_Toc181531779 (24.05.2011).

Rsync (2011): http://de.wikipedia.org/wiki/Rsync (07.06.2011).

S@M (2011): Services@MediGRID: http://services.medigrid.de (06.07.2011).

Safran, Charles et al. (2007): „Toward a National Framework for the Secondary Use of Health Data: An American Medical Informatics Association White Paper". In: *Journal of the American Medical Informatics Association*, Nr. 1, 2007 (14. Jg.), S. 1–9.

Sailer, Maximilian (2007): „Bildungswissenschaft und Bildungsforschung. Eine Rückbesinnung auf den Gegenstand Bildung". In: Konrad, Franz-Michael; Sailer, Maximilian (Hrsg.) (2007): *Homo educabilis. Studien zur Allgemeinen Pädagogik*. Pädagogischen Anthropologie und Bildungsforschung, Münster: Waxmann, S. 127–141.

Sala, Osvaldo et al. (2000): „Global Biodiversity Scenarios for the Year 2100". In: *Science*, No. 5459, 2000 (Vol. 287), pp. 1770–1774: http://dx.doi.org/10.1126/science.287.5459.1770 (02.02.2012).

Schattauer (2011): Publishers for medicine and natural science: http://www.schattauer.de/en/magazine/subject-areas/journals-a-z/methods.html (31.05.2011).

Scherber, Christoph et al. (2010): „Bottom-up effects of plant diversity on multitrophic interactions in a biodiversity experiment". In: *Nature*, No. 7323, 2010 (Vol. 468), pp. 553–556: http://www.nature.com/nature/journal/v468/n7323/pdf/nature09492.pdf (06.06.2011).

Scheuch, Erwin (2003): „History and visions in the development of data services for the social sciences". In: *International Social Science Journal*, No. 177, 2003 (Vol. 55) pp. 385–399.

Schilcher, Matthäus et al. (2009): *INSPIRE – Grundlagen, Beispiele, Testergebnisse*. Technische Universität München.

Schildhauer, Mark et al. (2011): Using observational data models to enhance data interoperability for integrative biodiversity and ecological research: http://137.248.191.82/UserFiles/File/DB_workshop_Feb2011/WSDataRepositories_Marburg2011_talk_Schildhauer_ObsOnt.pdf (06.06.2011).

Schlögl, Alois (2009a): „An overview on data formats for biomedical signals". In: Düssel, Olaf, et al. (Hrsg.) (2009): *World Congress on Medical Physics and Biomedical Engineering*, September 7–12, 2009, Munich, Germany: Springer, 25/4, S. 1557–1560.

Schlögl, Alois (2009b): GDF – A general dataformat for biosignal,. Computing Research Repository: http://arxiv.org/abs/arXiv:cs/0608052v6 [cs.DL] (2011.02.16).

Schmücker, Paul; Brandner, Ralf; Pordesch, Ulrich (2001): „Beweiskräftige und sichere Erzeugung und Langzeitarchivierung signierter Dokumente als Basis für die Kommunikation in medizinischen Versorgungsregionen". In: Jäckel, Achim: *Telemedizinführer Deutschland*, Ausgabe 2002, Bad Nauheim: Medizin Forum AG, S. 112–116.

Schmundt, Hilmar (2000): Im Dschungel der Formate, Spiegel 26/2000: http://www.spiegel.de/spiegel/print/d-16748341.html (30.04.2011).

Schnell, Rainer (2009): *Biologische Variablen in sozialwissenschaftlichen Surveys (Biological variables in social surveys)*. Working Paper Series des Rates für Sozial- und Wirtschaftsdaten (RatSWD), No. 107, Berlin: RatSWD.

Scholl, Ingrid et al. (2011): „Challenges of medical image processing". In: *Computer Science – Research and Development*, Nr. 1/2, 2011 (26. Jg.), S. 5–13.

Schönberg, Christine (2007): Animation of micro-computed tomography of bioerosion trace Entobia megastoma made by East Australian bioeroding sponge Cliona celat: http://dx.doi.org/10.1594/PANGAEA.615181 (01.02.2012).

Schönberg, Christine; Shields, Greg (2008): „Micro-computed tomography for studies on Entobia: transparent substrate vs. radiography". In: Wisshak, Max; Tapanila, Leif (Hrsg.) (2008) *Current Developments in Bioerosion*, Erlangen Earth Conference Series, Berlin; Heidelberg: Springer-Verlag, S. 147–164: http://dx.doi.org/10.1007/978-3-540-77598-0_8 (01.02.2012).

Schöning-Walter, Christa (2010): „Der Uniform Resource Name (URN)". In: Neuroth, Heike et al. (Hrsg.) (2010): *nestor-Handbuch: Eine kleine Enzyklopädie der digitalen Langzeitarchivierung*, Version 2.3, S. 9:46 bis 9:56: http://nbn-resolving.de/urn/resolver.pl?urn:nbn:de:0008-20100305176 (30.04.2011).

Schulzeck, Ursula (2008): „Bildungsforschungsprojekte im Forschungsinformationssystem Sozialwissenschaften (FORIS)". In: Weishaupt, Horst et al. (Hrsg.) (2008): *Zur Situation der Bildungsforschung in Deutschland*, Bildungsforschung Band 28, Berlin: Bundesministerium für Bildung und Forschung (BMBF). S. 36–55: http://www.bmbf.de/pub/bildungsforschung_bd_achtundzwanzig.pdf (17.02.2011).

Schumacher, Martin; Schulgen-Kristiansen, Gabi (2008): *Methodik klinischer Studien: Methodische Grundlagen der Planung und Ausführung*, 3. Aufl., Berlin; Heidelberg: Springer.

Schwens, Ute; Liegmann, Hans (2004): „Langzeitarchivierung digitaler Ressourcen. In: Kuhlen, Rainer; Seeger, Thomas; Strauch, Dietmar (Hrsg.) (2004): *Grundlagen der praktischen Information und Dokumentation*, 5. Ausgabe, Band 1, Handbuch zur Einführung in die Informationswissenschaft und –praxis, München: Saur, S. 567–570.

SCICOLL (2011): International Coordination of an Interdisciplinary Global Research Infrastructure: http://scicoll.org (20.07.2011).

SDMX (2011): Statistical Data and Metadata eXchange: http://sdmx.org (10.05.2011).

SEDIS (2011): Scientific Earth Drilling Information Service: http://sedis.iodp.org (01.06.2011).

Seel, Norbert (2010): „Quantitative Bildungsforschung". In: Tippelt, Rudolf; Schmidt, Bernhard (Hrsg.) (2010): *Handbuch Bildungsforschung*, 3. Aufl., Wiesbaden: VS Verlag für Sozialwissenschaften, S. 551–570.

Seelos, Hans-Jürgen (1997): „Paradigma der Medizinischen Informatik". In: Seelos, Hans-Jürgen: *Medizinische Informatik. Biometrie und Epidemiologie*, Berlin; New York: Walter de Gruyter, S. 5–10.

Semler, Sebastian et al. (2004): „Pseudonymisierung für Forschungsdatenbanken und Register – TMF Pseudonymisierungsdienst für Medizinische Forschungsnetze". In: Jäckel, Achim: *Telemedizinführer Deutschland*, Ausgabe 2005, Darmstadt: Minerva, S. 209–214.

Sen, Marcus; Duffy, Tim (2005): „GeoSciML: Development of a generic GeoScience Markup Language". In: *Computers & Geosciences*, No. 9, 2005 (Vol. 31), pp. 1095–1103.

Severiens, Thomas; Hilf, Eberhard (2006): „Langzeitarchivierung von Rohdaten". In: *nestor – Kompetenznetzwerk Langzeitarchivierung und Langzeitverfügbarkeit Digitaler Ressourcen für Deutschland*: http://files.d-nb.de/nestor/materialien/nestor_mat_06.pdf (01.06.2011).

SHAMAN (2011): Sustaining Heritage Access through Multivalent ArchiviNg: http://shaman-ip.eu/shaman (30.04.2011).

Sieren, Jessica et al. (2010): Recent technological and application developments in computed tomography and magnetic resonance imaging for improved pulmonary nodule detection and lung cancer staging". In: *Journal of Magnetic Resonance Imaging*, Nr. 6, 2010 (32. Jg.), S. 1353–1369.

Simon, Rainer et al. (2010): Tag Clouds and Old Maps. Annotations as Linked Spatiotemporal Data in the Cultural Heritage Domain: http://eprints.cs.univie.ac.at/34/1/simon_2010_tag_clouds.pdf (10.05.2011).

Snow, Charles (1987): „Die zwei Kulturen. 1959". In: Helmut Kreuzer (Hrsg.) (1987): *Die zwei Kulturen. Literarische und naturwissenschaftliche Intelligenz. C. P. Snows These in der Diskussion*, München 1987.

Soltwedel, Thomas et al. (2003a): Sea-bed images of benthos from the AWI-Hausgarten area along OFOS profile PS62/191-1: http://dx.doi.org/10.1594/PANGAEA.227671 (01.02.2012).

Soltwedel, Thomas et al. (2003b): „What a lucky shot! Photographic evidence for a medium-sized natural food-fall at the deep seafloor (Heureuse surprise! Évidence photographique de la présence d'un cadavre d'animal nectonique de taille moyenne sur le plancher océanique)". In: *Oceanologica Acta*, No. 5/6, 2003 (Vol. 26), pp. 623–628: http://dx.doi.org/10.1016/S0399-1784(03)00060-4 (01.02.2012).

South, David et al. (2010): Data Preservation in High Energy Physics, Beitrag zur CHEP 2010 Konferenz: http://arxiv.org/abs/arXiv:1101.3186 [hep-ex] (30.05.2011).

SPIRES (2011): http://www.slac.stanford.edu/spires/ (02.02.2012).

SPSS (2011): http://de.wikipedia.org/wiki/SPSS (05.07.2011).

Stanat, Petra; Döbert Hans (2009): „Data in the Domain of School Education – Secondary School: Present situation, New Developments, and Future Requirements". In: *RatSWD Working Paper Series*, Working Paper No. 70, March 2009: http://www.ratswd.de/download/RatSWD_WP_2009/RatSWD_WP_70.pdf (17.12.2010).

Statistische Ämter des Bundes und der Länder – Forschungsdatenzentren (2011a): Nutzungsbedingungen der Forschungsdatenzentren der Statistischen Ämter des Bundes und der Länder: http://www.forschungsdatenzentrum.de/nutzung/fdz_nutzungsbedingungen.pdf (30.04.2011).

Statistische Ämter des Bundes und der Länder – Forschungsdatenzentren (2011b): Datenzugang: http://www.forschungsdatenzentrum.de/datenzugang.asp (10.05.2011).

Statistisches Bundesamt (2010a): *Bildung und Kultur. Personal an Hochschulen,* Fachserie 11, Reihe 4.4, Wiesbaden: Statistisches Bundesamt.

Statistisches Bundesamt (2010b): *Statistisches Jahrbuch 2010,* Wiesbaden: Statistisches Bundesamt.

STD-DOI (2011): Publication and Citation of Scientific Primary Data: http://www.std-doi.de (01.06.2011).

Sternwarte Sonneberg (2011): http://www.stw.tu-ilmenau.de/observatory/observatory.html (30.04.2011).

STOA (2011): The Stoa Consortium: http://www.stoa.org (27.05.2011).

Stoeck, Holger et al. (ILD Concept Group) (2009): The International Large Detector: Letter of Intent, Report DESY 2009-87, KEK 2009-6: http://arxiv.org/abs/arXiv:1006.3396v1 [hep-ex](31.05.2011).

Stütz, Adrian; Korbel, Jan; (2010): „Potenzial und Herausforderungen der personalisierten Genomik und des 1000-Genom-Projekts". In: *Medizinische Genetik,* Nr. 2, 2010 (22. Jg.), S. 242–247.

SURFfoundation Homepage: http://www.surffoundation.nl (02.02.2012).

Taverna, Erhard (2008): „Der Mumiendoktor". In: *Schweizerische Ärztezeitung,* Nr. 26/27, 2008 (89. Jg.), S. 1196–1197.

TDWG (2011a): Biodiversity Information Standards, Access to Biological Collections Data – ABCD: http://www.tdwg.org/activities/abcd (06.06.2011).

TDWG (2011b): Biodiversity Information Standards, Darwin Core: http://rs.tdwg.org/dwc/index.htm (06.06.2011).

TDWG (2011c): Biodiversity Information Standards, TAPIR: http://www.tdwg.org/activities/tapir (06.06.2011).

TDWG (2011d): Biodiversity Information Standards, Taxonomic Names and Concepts Group-TNC: http://www.tdwg.org/activities/tnc (06.06.2011).

TEI (2011a): Text Incoding Initiative, TEI: P5 Guidilines: http://www.tei-c.org/Guidelines/P5 (30.04.2011).

TEI (2011b): Text Encoding Initiative: http://www.tei-c.org (02.02.2012).

TELOTA (2011): TELOTA – The electronic life of the academy: http://www.bbaw.de/telota/ (02.02.2012).

TERN (2011): The Terrestrial Ecosystem Research Network: http://www.tern.org.au (06.06.2011).

TextGrid (2006): TextGrid Szenarien: http://www.textgrid.de/fileadmin/TextGrid/TextGrid-Szenarien_061212.pdf (30.04.2011).

TextGrid (2008a): TextGrid Manual, Tool Development: http://www.textgrid.de/fileadmin/TextGrid/reports/R3_5-manual-tools.pdf (30.04.2011).

TextGrid (2008b): TextGrid, Vernetzte Forschungsumgebung in den eHumanities, Nachtrag zu der am 27.06.2008 eingereichten Vorhabenbeschreibung: http://www.textgrid.de/fileadmin/TextGrid/div/090804_Nachtrag_oeffentlich.pdf (30.04.2011).

TextGrid (2009): Die textsortenspezifische Kernkodierung für Dokumente in TEI P5: http://www.textgrid.de/fileadmin/TextGrid/reports/baseline-all.pdf (30.04.2011).

TextGrid (2010): Report on eHumanities research topics relevant in the Computer Science: http://www.textgrid.de/fileadmin/TextGrid/reports/Bericht_zu_eHumanities_1_0_reformatted.pdf (30.04.2011).

TextGrid (2011a): Der TextGrid Forschungsverbund: http://www.textgrid.de/ueber-textgrid/partner.html (30.04.2011).

TextGrid (2011b): Die digitale Bibliothek: http://www.textgrid.de/ueber-textgrid/digibib.html (30.04.2011).

TextGrid (2011c): TextGrid, Vernetzte Forschungsumgebung in den eHumanities: http://www.textgrid.de (25.7.2011).

TextGrid Nutzerhandbuch (2011): http://www.textgrid.de/uploads/media/textgrid-manual-1-0-1_01.zip (31.7.2011).

TextGrid SLA (2011): Stefan Funk, Peter Gietz, Jens Ludwig, Heike Neuroth, Wolfgang Pempe, Oliver Schonefeld, Ulrich Schwardmann: TextGrid Service Level Agreements für Langzeitarchivierung (TG LZA-SLA), Interner Draft Juli 2011.

Thakar, Ani et al. (2008): „Lessons Learned from SDSS Catalog Archive Server. Computing in Science and Engineering". In: *IEEE Journal*, No. 6, 2008 (Vol. 10), pp. 65–71: http://dx.doi.org/10.1109/MCSE.2008.151 (01.02.2012).

Thaller, Manfred (Hrsg.) (2009): *The eXtensible Characterisation Languages-XCL*, Kölner Beiträge zu einer Geisteswissenschaftlichen Fachinformatik, Band 3, Hamburg: Verlag Dr. Kovac.

The Alexandria Archive Institute (2011): http://www.alexandriaarchive.org/archaeoml.php (27.05.2011).

The Getty Research Institute (2011): Electronic Publications: http://www.getty.edu/research/conducting_research/standards/cdwa (27.05.2011).

Thibodeau, Kenneth (2002): Overview of Technological Approaches to Digital Preservation and Challenges in Coming Years: http://www.clir.org/pubs/reports/pub107/thibodeau.html (30.04.2011).

TIB (2011): Technische Informationsbibliothek und Universitätsbibliothek Hannover: http://www.tib.uni-hannover.de (06.07.2011).

TIBORDER (2011): http://tiborder.gbv.de (01.06.2011).

TIMSS (2011): Trends in International Mathematics and Science Studies: http://timss.bc.edu (08.06.2011).

Tippelt, Rudolf; Schmidt, Bernhard (2010): „Einleitung der Herausgeber". In: Tippelt, Rudolf; Schmidt, Bernhard (Hrsg.) (2010): *Handbuch Bildungsforschung*, 3. Aufl., Wiesbaden: VS Verlag für Sozialwissenschaften, S. 9–19.

TLA (2011): The Language Archive: http://www.mpi.nl/research/research-projects/the-language-archive (07.06.2011).

TMF (2011): Technologie- und Methodenplattform für die vernetzte medizinische Forschung e.V.: http://www.tmf-ev.de (31.05.2011).

TreeBASE (2011): A Database of Phylogenetic Knowledge: http://www.treebase.org (06.06.2011).

TU Berlin (2011): Arbeitsstelle Pädagogische Kasuistik: http://www.ah-ewi.tu-berlin.de/menue/arbeitsstelle_paedagogische_kasuistik (08.06.2011).

TWDG (2011b): Biodiversity Information Standards, Darwin Core: http://rs.tdwg.org/dwc/index.htm (06.06.2011).

U.S. National Library of Medicine (2010): The Story of NLM Historical Collections. U.S. National Library of Medicine, Rockville Pike, Bethesda, MD, USA, http://www.nlm.nih.gov/hmd/about/collectionhistory.html#A2 (2011.04.30).

Udisti, Roberto et al. (2008): „Continuous and semi-continuous analytical methods in reconstructing paleo-climatic and paleo-environmental changes from Antarctic ice cores, Chapter 7". In: Maria Perla Colombini and Lorenzo Tassi (Eds.) *New Trends in Analytical, Environmental and Cultural Heritage Chemistry*, Research Signpost, pp. 195–232.

Ullrich, Dagmar (2010): „Bitstream-Preservation". In: Neuroth, Heike et al. (Hrsg.) (2010): *nestor-Handbuch: Eine kleine Enzyklopädie der digitalen Langzeitarchivierung*, Version 2.3, S. 8:3–8:9: http://nbn-resolving.de/urn/resolver.pl?urn=urn:nbn:de:0008-20100305123 (30.04.2011).

UNESCO (2003): Charta zur Bewahrung des digitalen Kulturerbes: http://www.unesco.de/444.html (27.04.2011).

UNESCO Homepage: http://www.unesco.org (27.04.2011).

University of Glamorgan (2011): CIDOC CRM-EH Ontology:
http://hypermedia.research.glam.ac.uk/kos/CRM (27.05.2011).

USC Shoah Foundation (2011): Preserving the Archive: http://dornsife.usc.edu/
vhi/preservation/technical.php (01.02.2012).

Vardigan, Mary; Heus, Pascal; Thomas, Wendy (2008): „Data Documentation
Initiative: Toward a Standard for the Social Sciences". In: *The International
Journal of Digital Curation*, No. 1, 2008 (Vol. 3), pp. 107–113: http://www.
ijdc.net/index.php/ijdc/article/viewFile/66/45 (21.11.2010).

Venter, John Craig et al. (2001): „The sequence of the human genome". In: *Science*,
No. 5507, 2001 (Vol. 291), pp. 1304–1351.

VERA (2011): Vergleichsarbeiten in der Grundschule, Projektgruppe VERA am
Zentrum für empirische pädagogische Forschung: http://www.uni-landau.de/
vera/ (02.02.2012).

Verband der Landesarchäologen (2011a): 20. Kolloquium des Verbandes
der Landesarchäologen: http://www.landesarchaeologen.de/verband/
kolloquien/20-kolloquium/ (02.02.2012).

Verband der Landesarchäologen (2011b): Kommission „Archäologie und
Informationssysteme". http://www.landesarchaeologen.de/verband/
kommissionen/archaeologie-und-informationssysteme/ (02.02.2012).

Verband der Landesarchäologen (2011c): http://www.landesarchaeologen.
de/fileadmin/Dokumente/Dokumente_Kommissionen/Dokumente_
Archaeologie-Informationssysteme/Dokumente_AIS_ADeX/ADeX_2-0_
Doku.pdf (02.02.2012).

VLO (2010): Virtual Language Observatory: http://www.clarin.eu/vlo/
(02.02.2012).

Voßbein, Reinhard (2010): *Datenschutz Best Practice: Ausgewählte Lösungen für die
Praxis*, 5. Aufl., Heidelberg et al.: Datakontext.

Wagner, Gert; Frick, Joachim; Schupp, Jürgen (2007): „The German Socio-
Economic Panel Study (SOEP) – Scope, Evolution and Enhancements". In:
Schmollers Jahrbuch, Nr. 1, 2007 (127. Jg.), S. 139–169.

Walporta, Mark; Brest, Paul (2011): „Sharing research data to improve public
health". In: *The Lancet*, No. 9765, 2011 (Vol. 377), pp. 537–539.

Watermann, Rainer (2007): „Effektives Lernen in der Schule. Forderungen
Heinrich Roths im Lichte aktueller Forschung". In: Kraul, Margret;
Schlömerkemper, Jörg (Hrsg.) (2007): *Bildungsforschung und Bildungsreform:
Heinrich Roth revisited*, (Die Deutsche Schule, 99. Jg., 9. Beiheft 2007),
Weinheim/München: Juventa, S. 213–228.

WDC for Climate (2011): http://www.wdc-climate.de (01.06.2011).

WDC for Marine Environmental Sciences (2011): http://www.wdc-mare.org (01.06.2011).

WDC for Remote Sensing of the Atmosphere (2011): http://wdc.dlr.de (01.06.2011).

WDCC (2011): World Data Center for Climate, Terms of Use: http://cera-www.dkrz.de/WDCC/ui/docs/TermsOfUse.html (02.02.2012).

Wefer, Gerold et al. (2010): „Daten- und Informationssysteme". In Wefer, G. et al. (Hrsg.) (2010): *Strategieschrift »Dynamische Erde – Zukunftsaufgaben der Geowissenschaften«*, Bremen: Geokommission: http://www.sk-zag.de/Dynamische_Erde.html (02.02.2012).

Wellcome Trust (2011a): Sharing research data to improve public health. Full joint statement by funders of health research. http://www.wellcome.ac.uk/About-us/Policy/Spotlight-issues/Data-sharing/Public-health-and-epidemiology/WTDV030690.htm (02.02.2012).

Wellcome Trust (2011b): Sharing research data to improve public health. Joint statement of purpose: http://www.wellcome.ac.uk/About-us/Policy/Spotlight-issues/Data-sharing/Public-health-and-epidemiology/WTDV030689.htm (02.02.2012).

Wellcome Trust Homepage: http://www.wellcome.ac.uk (27.04.2011).

WGAD (2011): The IAU Working Group on Astronomical Data: http://www.atnf.csiro.au/people/rnorris/WGAD/ (02.02.2012).

WHO (2011): World Health Organization: http://www.who.int (02.02.2012).

Wilde, Eric (2011): Grand Canyon Rim to Rim to Rim. http://dret.typepad.com/dretblog (02.02.2012).

Wilde, Erik (2009): The Linked Data Police: http://dret.typepad.com/dretblog/2009/11/the-linked-data-police.html (10.05.2011).

Wissenschaftsrat (2006): Empfehlungen zur Entwicklung und Förderung der Geisteswissenschaften in Deutschland, Köln http://www.wissenschaftsrat.de/download/archiv/geisteswissenschaften.pdf (30.04.2011).

Wissenschaftsrat (2009): Stellungnahme zum Status und der zukünftigen Entwicklung des Rates für Sozial und Wirtschaftsdaten (RatSWD), Berlin: http://www.ratswd.de/rat/dokumente/9504-09_EN.pdf (26.05.2011).

Wissenschaftsrat (2011a): Der Wissenschaftsrat: Empfehlungen zu wissenschaftlichen Sammlungen als Forschungsinfrastrukturen: http://www.wissenschaftsrat.de/download/archiv/10464-11.pdf (10. Mai 2011).

Wissenschaftsrat (2011b): Der Wissenschaftsrat: Übergreifende Empfehlungen zu Informationsinfrastrukturen, Drs. 10466-11, Berlin (28.1.2011), Berlin: http://www.wissenschaftsrat.de/download/archiv/10466-11.pdf (20.07.2011).

Wissenschaftsrat (2011c): Empfehlungen zu Forschungsinfrastrukturen in den Geistes- und Sozialwissenschaften: http://www.wissenschaftsrat.de/download/archiv/10465-11.pdf (03.04.2011).

Wissenslogs (2011): Winfried Menninghaus: Geisteswissenschaften und Neurowissenschaften – 5 Thesen: http://www.scilogs.de/wblogs/blog/gute-stube/zwei-kulturen/2008-11-12/winfried-menninghaus-neurowissenschaft-geisteswissenschaft (02.02.2012).

WissGrid (2010): Konzept eines Betriebsmodells für Virtuelle Forschungsumgebungen: http://www.wissgrid.de/publikationen/deliverables/wp1/WissGrid_AP1_D1-4_final_v2.pdf (01.02.2012).

WissGrid (2011a): WissGrid, Grid für die Wissenschaft: AP 3 (Langzeitarchivierung): http://www.wissgrid.de/publikationen/deliverables/wp3.html (30.04.2011).

WissGrid (2011b): WissGrid, Grid für die Wissenschaft: http://www.wissgrid.de (06.07.2011).

WLCG (2011): Worldwide LHC Computing Grid: http://lcg.web.cern.ch/lcg/ (02.02.2012).

WMO (2011): Vision and Mission: http://www.wmo.int/pages/about/mission_en.html (21.02.2011).

XML Homepage: http://www.w3.org/XML/ (02.02.2012).

ZB MED (2011): Deutsche Zentralbibliothek für Medizin: http://www.zbmed.de (31.05.2011).

ZfE (*Zeitschrift für Erziehungswissenschaft*) (2010): ZfE – Profil der Zeitschrift: http://www.zfe-online.de/profil.htm (17.02.2011).

ZPID (2011): Leibniz-Zentrum für Psychologische Information und Dokumentation: http://www.zpid.de (20.07.2011).

Zylka-Menhorn, Vera (2009): „Kompetenznetze in der Medizin: Vernetzte Forschung ist das Modell der Zukunft". In: *Deutsches Ärzteblatt*, Nr. 27, 2009 (106. Jg.), S. A 1404.

Verzeichnis von Abkürzungen und Erläuterungen

3-D-VR	3-Dimensional Virtual Reality
AAI	Authentication Authorization Infrastructure
ABCD	Access to Biological Collections Data
ACMI	American College of Medical Informatics
ADeX	Archäologischer Datenexport
ADT	Abrechnungsdatenträger
aECG	annotated Electrocardiogram
AG	Astronomische Gesellschaft
AHDS	Arts and Humanities Data Service
AHF	Kompetenznetz Angeborene Herzfehler
ALEPH	Apparatus for LEP Physics
ALICE	A Large Ion Collider Experiment
ALLBUS	Allgemeine Bevölkerungsumfrage der Sozialwissenschaften
AMG	Arzneimittelgesetz
AMIA	American Medical Informatics Association
ANDS	Australian National Data Service
AOD	Analysis Object Data
ApaeK	Archiv für pädagogische Kasuistik
API	Application Programming Interface
ArchaeoInf	Informationszentrum für Archäologie
ARDC	Australian Research Data Commons
ASCII	American Standard Code for Information Interchange
ASL	Astrophysical Software Laboratory
ASPERA	AStroParticle ERA Network
ASTRONET	EU-Projekt zur langfristigen Entwicklung der Astronomie im EU-Bereich
ATLAS	A Toroidal LHC ApparatuS
AV-DFG	Ausführungsvereinbarung DFG
AV-FE	Ausführungsvereinbarung FE
AV-MPG	Ausführungsvereinbarung MPG
AWBI	Ausschuss für Wissenschaftliche Bibliotheken und Informationssysteme, DFG
AWI	Alfred Wegener-Institut für Polar- und Meeresforschung
AWMF	Arbeitsgemeinschaft der Wissenschaftlichen Medizinischen Fachgesellschaften e.V.
BaBar	B and B-bar
BAS	Bayerisches Spracharchiv

BBAW	Berlin-Brandenburgische Akademie der Wissenschaften
BBF	Bibliothek für Bildungsgeschichtliche Forschung
BDSG	Bundesdatenschutzgesetz
BDT	Behandlungsdatenträger
BE	Biodiversitäts Exploratorien
BExIS	Biodiversity Exploratories Information System
BfArM	Bundesinstitut für Arzneimittel und Medizinprodukte
BGB	Bürgerliches Gesestzbuch
BIBB	Bundesinstitut für Berufsbildung
BlnDSG	Berliner Datenschutzgesetz
BMBF	Bundesministerium für Bildung und Forschung
C3-Grid	Collaborative Climate Community Data and Processing Grid
CAA	Computer Applications in Archaeology
CBD	Convention on Biological Biodiversity
CCD	Charge Coupled Device, lichtempfindliche elektronische Bauelemente
CCO	Cataloging Cultural Objects
CDF	Collider Detector at Fermilab
CDISC	Clinical Data Interchange Standards Consortium
CDS	Centre Données Astronomique Strasbourg
CDWA	Categories for the Description of Works of Art
CEN	Comité Européen de Normalisation
CENSUS	Census of Antique Works of Art and Architecture Known in the Renaissance
CERN	ursprünglich Conseil Européen pour la Recherche Nucléaire, jetzt European Organization for Nuclear Research
CESSDA	Council of European Social Science Data Archives
CIDOC	International Committee for Documentation of ICOM
CIDOC-CRM	CIDOC's Conceptual Reference Model
CLARIN	Common Language Resources and Infrastructure
CLAROS	Concordance of Greek Inscriptions
CLUES	Constraint Local UniversE Simulations
CMDI	Component-based Metadata Infrastructure
CMIP5	Coupled Model Intercomparison Project 5
CMS	Compact Muon Solenoid

Abkürzungsverzeichnis

CODATA	Committee on Data for Science Technology des ICSU
CSC	IT Center for Science (nationales finnisches Rechenzentrum)
CSV	Comma Seperated Values
D3PD	Third Derived Physics Dataset
da|ra	Registrierungsagentur für Sozial- und Wirtschaftsdaten
DAI	Deutsches Archäologisches Institut
DaQS	Datenbank Schulqualität
DARIAH	Digital Research Infrastructure for the Arts and Humanities
DataCite	Internationales Konsortium mit dem Ziel, den Zugang zu wiss. Forschungsdaten zu ermöglichen
DBMS	Database-Management-System
DC	Dublin Core
DCC	Digital Curation Center
DDI	Data Documentation Initiative
DDNJ	DNA Data Bank of Japan
DEFF	Denmark's Electronic Research
DEISA	Distributed European Infrastructure for Supercomputing Applications
DELPHI	DEtector with Lepton, Photon and Hadron Identification
DESI	Deutsch Englisch Schülerleistungen International
DESY	Deutsches Elektronen Synchrotron
DFG	Deutsche Forschungsgemeinschaft
DGfE	Deutsche Gesellschaft für Erziehungswissenschaften
D-GRID	Deutsche GRID Initiative
DICOM	Digital Imaging and Communication in Medicine
DIF	Directory Interchange Format
DIMDI	Deutsche Institut für Medizinische Dokumentation und Information
DINI	Deutsche Initiative für Netzwerkinformation
DIPF	Deutsches Institut für Internationale Pädagogische Forschung
DJI	Deutsches Jugendinstitut
DKRZ	Deutsches Klimarechenzentrum
DMP	Data Management Plan

DNA	Deoxyribonucleic acid
DNB	Deutsche Nationalbibliothek
DNS	Desoxyribonukleinsäure
DOBES	Dokumentation bedrohter Sprachen
DOC	Word-Datei
DOI	Digital Object Identifier (eingetragenes Warenzeichen)
DP4lib	Digital Preservation for Libraries
DPHEP	Data Preservation in High Energy Physics
DQ2	Don Quijote 2 (Datamanagement des ATLAS Experimentes)
DRIVER	Digital Repository Infrastructure Vision for European Research
DSDP	Deep Sea Drilling Project
DwC	DarwinCore
DWD	Deutscher Wetterdienst
eAQUA	Extraktion von strukturiertem Wissen aus Antiken Quellen für die Altertumswissenschaft
EDF	European Data Format
EEG	Elektroenzephalografie
EHRI	European Holocaust Research Infrastructure
EKG	Elektrokardiogramm
EMBL	European Molecular Biology Laboratory
EMEA	European Medicines Agency
EML	Ecological Metadata Language
EPIC	European Persistent Identifier Consortium
ESA	European Space Agency
eSciDoc	The Open Source e-Research Environment
ESFRI	European Strategy Forum on Research Infrastructures
ESO	European Southern Observatory
ESSD	Earth System Science Data
EU	Europäische Union
EUDAT	European Data (Data Management Infrastructure EU Project)
FASTA	textbasiertes Datenformat der Primärstruktur von Nukleinsäuren
FDA	Food and Drug Administration
FDZ	Forschungsdatenzentrum
FE	Forschungseinrichtung
FITS	Flexible Image Transport System
FIZ Karlsruhe	Leibniz Institute for Information Infrastructure
fMRI	Funktionelle Magnetresonanztomografie

Abkürzungsverzeichnis

FRBR	Functional Requirements for Bibliographic Records
FSU Jena	Friedrich Schiller Universität Jena
GAVO	German Astrophysical Virtual Observatory
GB	Gigabyte
GBIF	Global Biodiversity Information Facility
GCMD	Global Change Master Directory
GCP	Good Clinical Practice
GDF	General Data Format for Biomedical Signals
GDI	Geodateninfrastruktur
GDI-DE	Geodateninfrastruktur in Deutschland
GDZ	Göttinger Digitalisierungszentrum
GEO BON	Group on Earth Observations Biodiversity Observation Network
GeoSciML	Geosciences Mark-up Language
GeoTIFF	Geo Tagged Image File Format
GESEP	German Scientific Earth Probing Consortium
GESIS	Leibniz-Institut für Sozialwissenschaften
GESIS-ZA	Zentralarchiv für Empirische Sozialforschung
GFZ	Helmholtz-Zentrum Potsdam – Deutsches GeoForschungsZentrum GFZ
GIS	Geografisches Informationssystem
GMDS	Deutsche Gesellschaft für Medizinische Informatik, Biometrie und Epidemiologie e.V.
GML	Geography Markup Language
gms	German Medical Science
GND	Gemeinsame Normdatei
GPL	GNU General Public License
grib	GRIdded Binary Datenformat
GSI	Gesellschaft für Schwerionenforschung
GWDG	Gesellschaft für wissenschaftliche Datenverarbeitung Göttingen,
GWK	Gemeinsame Wissenschaftskonferenz
GWS	Grid Worker Service
HELAS	European Helio- and Asteroseismology Network
HEP	High Energy Physics / Hochenergiephysik
HERA	Hadron-Elektron-Ring-Anlage
HGF	Helmholtz-Gemeinschaft
HL7	Health Level Seven
HLEG	High Level Expert Gruppe
HSM	Hierarchical Storage Management

HTTP	Hypertext Transfer Protocol (Hypertext-Übertragungsprotokoll)
IAB	Institut für Arbeitsmarkt- und Berufsforschung
IAU	International Astronomical Union
ICD	International Statistical Classification of Diseases and Related Health Problems
ICDP	International Scientific Continental Drilling Program
ICFA	International Committee for Future Accelerators
ICH	International Conference on Harmonisation of Technical Requirements for Registration of Pharmaceuticals for Human Use
ICOM	International Council of Museums
ICSU	International Council for Science
IDAT	Identifizierende Datensatzbestandteile
IDS	Institut für Deutsche Sprache
IDSC	International Dataservice Center
IFDO	International Federation of Data Organizations for the Social Science
IFM-GEOMAR	Leibniz-Institut für Meereswissenschaften
IGLU	Internationale Grundschul-Lese-Untersuchung
IGSN	International Geo Sample Number
IGY	International Geophysical Year
ILTER	International Long Term Ecological Research
IMDI	Isle (International Standard for Language Engineering) Metadata Initiative
IMIA	International Medical Informatics Association
INBIL	Institut für bildungswissenschaftliche Längsschnittforschung
INSD	International Nucleotide Sequence Database Collaboration
inSPIRE	a) Infrastructure for Spatial Information in the European Community b) Experiment in der Teilchenphysik
IODP	Integrated Ocean Drilling Program
IPCC	Intergovernmental Panel on Climate Change
IQB	Institut für die Qualitätsentwicklung im Bildungswesen
IRAM	Institute de Radioastronomie Millimétrique
ISO	International Organization for Standardization
ISOcat	ISO Data Category Registry
IT	Informationstechnologie
IVOA	International Virtual Observatory Alliance

IZA	Forschungsinstitut zur Zukunft der Arbeit
JAMIA	Journal of the American Medical Informatics Association
JHU	Johns Hopkins University (Baltimore)
JISC	Joint Information Systems Committee
JIVE	Joint Institute for VLBI in Europe
JoSuA	Job Submission Application
JPG, JPEG	Joint Photographic Experts Group
KBV	Kassenärztliche Bundesvereinigung
KEK	Kō Energī Kasokuki Kenkyū Kikō (nationales Forschungszentrum für Hochenergiephysik, Japan)
KII	Kommission Zukunft der Informationsinfrastruktur
KIS	Krankenhausinformationssystem
KMK	Kultusministerkonferenz
koLibRI	kopal Library for Retrival and Ingest
kopal	Kooperativer Aufbau eines Langzeitarchivs digitaler Informationen
KRDS	Keeping Research Data Safe
KVI	Kommission zur Verbesserung der informationellen Infrastruktur zwischen Wissenschaft und Statistik
LAMUS	Language Archive Management and Upload System
LDT	Labordatenträger
LEP	Large Electron-Positron Collider
LHC	Large Hadron Collider
LHCb	Large Hadron Collider beauty
LiDAR-Scan	Light Detection And Ranging Scan
LIDO	Lightweight Information Describing Objects
LOFAR	LOw Frequency ARray
LSST	Large Synoptic Survey Telescope
LZA	Langzeitarchivierung
LZV	Langzeitverfügbarkeit
MARC	MAchine-Readable Cataloging (Records) Standards,
MD	Metadaten
MDAT	Medizinische Datensatzbestandteile
MEDLARS	Medical Literature Analysis and Retrieval System Online
MEDLINE	Medical Literature Analysis and Retrieval System Online (aktuell)

MEDPILOT	Portal zu medizinischen Literatur- und Fachdatenbanken
MEG	Magnetoenzephalografie
METS	Metadata Encoding and Transmission Standard
MODS	Metadata Object Description Schema
MPDL	Max Planck Digital Library
MPEG	Moving Picture Experts Group (standard for video-encoding)
MPG	Max-Planck-Gesellschaft
MPI	Max-Planck Institut
MRT	Magnetresonanztomografie
MS	Microsoft
MUSE	Multi Unit Spectrograpic Explorer
NASA	National Aeronautics and Space Administration
NEON	National Ecological Observatory Network
NEPS	National Educational Panel Study
NetCDF	Network Common Data Format
NGS	Next Generation Sequencing
NIH	U.S. National Institute of Health
NLM	U.S. National Library of Medicine
NMM	Numerical Model Metadata
NSF	National Science Foundation
OAI-PMH	Open Archives Initiative - Protocol for Metadata Harvesting
OAIS	Open Archival Information System
OCR	Optical Character Recognition
ODP	Ocean Drilling Program
OECD	Organisation for Economic Cooperation and Development
OGC	Open Geospatial Consortium
OLAC	Open Language Archives Community Standard
OPAL	Omni Purpose Apparatus at LEP
OPS	Operationen- und Prozedurenschlüssel
OPTICON	Optical Infrared Co-ordination Network for astronomy
OWL	Web Ontology Language
PACS	Picture Archiving und Communication Systems
PAIRFAM	Panel Analysis of Intimate Relationships and Family Dynamics
PANGAEA	Data Publisher for Earth & Environmental Science (eingetragenes Warenzeichen
PAT-Tuples	Physics Analysis Tools Datenformat
PB	Petabyte

Abkürzungsverzeichnis

PCM	Puls-Code-Modulation
PDB	Protein Data Bank / Dateiformat der Protein Data Bank
PDF	Portable Document Format
PDG	Particle Data Group
Peer-to-peer	Rechner-Rechner-Verbindung
PEI	Paul-Ehrlich-Institut
PERLE	Persönlichkeits- und Lernentwicklung in sächsischen Grundschulen
PhEDEx	Physics Experiment Data Export
PIAAC	Programme for the International Assessment of Adult Competencies
PI(D)	Persistent Identifier
PIK	Potsdam Institut für Klimafolgenforschung
PIRLS	Programme in International Reading Literacy Study
PISA	Programme for International Student Assessment
Planets	Preservation and Long-term Access through Networked Services,
PMML	Predictive Model Markup Language
PNG	Portable Network Graphics (Grafikformat)
PREMIS	PREservation Metadata: Implementation Strategies
Pythagoras	Unterrichtsqualität und mathematisches Verständnis in verschiedenen Unterrichtskulturen
QuakeML	Earthquake Mark-up Language
RatSWD	Rat für Sozial- und WirtschaftsDaten
RAW	Rohdatenformat, hier in Bezug auf Bilddaten
RDBMS	Relational Database Management System
RDF	Resource Description Framework
RDS	Rat Deutscher Sternwarten
REST	Representational State Transfer
RIM	Reference Information Model
RöntgenVO	Röntgenverordnung
Rsync	Remote synchronization (protocol/tool for efficient data copying)
RTF	Rich Text Format
RZ	Rechenzentrum
SARA	Niederländisches Rechenzentrum der Amsterdamer Universitäten
SBE	Social, Behavioral and Economic Sciences
SciColl	Scientific Collections International

SDSS	Sloan Digital Sky Survey
SEDIS	Scientific Earth Drilling Information Service
SEED	Standard for Exchange of Earthquake Data
SFB	Sonderforschungsbereich
SHAMAN	Sustaining Heritage Access through Multivalent ArchiviNg
SHARE	Survey on Health, Ageing and Retirement in Europe
SLA	Service Level Agreement
SOAP	Simple Object Access Protocol
SOEP	Sozio-oekonomisches Panel
SPARQL	Protocol And RDF Query Language
SPersAV	Personalaktenverordnung Soldaten
SQL	Structured Query Language
STD-DOI	Publication and Citation of Scientific Primary Data
SWE	Sensor Web Enablement
TAP	Table Access Protocol
TAPIR	TDWG Access Protocol for Information Retrieval
TB	Terabyte
TELOTA	The Electronic Life of the Academy
TERN	Terrestrial Ecosystem Research Network
ThermoML	Thermodynamics Mark-up Language
TIB	Technische Informationsbibliothek
TIFF	Tagged Image File Format
TIMSS	Third International Mathematics and Science Study
TLA	The Language Archive
TMF	Technologie- und Methodenplattform für die vernetzte medizinische Forschung e.V.
TSM	Tivoli Storage Manager
TXT	Textdatenformat
UCD	Unified Content Descriptors
UML	Unified Modeling Language
UNEP	United Nations Environment Programme
UNESCO	United Nations Educational, Scientific and Cultural Organization
URI	Universal Resource Identifier
URL	Uniform Resource Locator
URN	Uniform Resource Name
VDZ	Virtuelles Datenzentrum
VERA	Vergleichsarbeiten in der Grundschule

VLBI	Very Long Baseline Interferometrie
VLT	Very Large Telescope
VO	Virtual Observatory
WDC	World Data Center
WDCC	World Data Center for Climate
WDC-MARE	World Data Center for Marine Environmental Science
WDC-RSAT	World Data Center for Remote Sensing of the Atmosphere
WDS	World Data System
WehrMedStatInstBw	Institut für Wehrmedizinalstatistik und Berichtswesen der Bundeswehr
WGAD	Working Group on Astronomical Data
WGL	Wissenschaftsgemeinschaft Gottfried Wilhelm Leibniz e. V.
WHO	World Health Organization
WLCG	Worldwide LHC Computing Grid
WMO	World Meteorological Organization
WR	Wissenschaftsrat
wwPDB	Worldwide Protein Data Bank
WWW	World Wide Web
xDT	Bezeichnung einer Gruppe von Daten(austausch)formaten
XLS	Excel-Datei
XML	Extensible Markup Language
ZAW	Zentralarchiv für Wehrmedizin
ZB MED	Deutsche Zentralbibliothek für Medizin
ZBW	Deutsche Zentralbibliothek für Wirtschaftswissenschaften
ZfE	Zeitschrift für Erziehungswissenschaft
ZIB	Zuse-Institut Berlin
ZPID	Leibniz-Zentrum für Psychologische Information und Dokumentation

Autorenverzeichnis

Bambey, Doris
Deutsches Institut für Internationale Pädagogische Forschung (DIPF)
bambey@dipf.de

Broeder, Daan
Max Planck Institute for Psycholinguistics
daan.broeder@mpi.nl

Dally, Prof. Ortwin
Deutsches Archäologisches Institut (DAI)
generalsekretaer@dainst.de

Dickmann, Frank
Universitätsmedizin Göttingen, Georg-August-Universität Göttingen,
Abteilung Medizinische Informatik
fdickmann@med.uni-goettingen.de

Drude, Dr. Sebastian
Johann Wolfgang Goethe-Universität Frankfurt am Main,
Vergleichende Sprachwissenschaft
und Max-Planck-Institut für Psycholinguistik, The Language Archive
Sebastian.Drude@mpi.nl

Enke, Dr. Harry
Astrophysikalisches Institut Potsdam (AIP)
henke@aip.de

Fless, Prof. Friederike
Deutsches Archäologisches Institut (DAI)
praesidentin@dainst.de

Förtsch, Prof. Reinhard
Archäologisches Institut der Universität zu Köln
foertsch@mac.com

Fritzsch, Dr. Bernadette
Alfred-Wegener-Institut für Polar- und Meeresforschung
Bernadette.Fritzsch@awi.de

Gülzow, Dr. Volker
Deutsches Elektronen-Synchrotron (DESY)
volker.guelzow@desy.de

Kemp, Dr. Yves
Deutsches Elektronen-Synchrotron (DESY)
yves.kemp@desy.de

Kleiner, Prof. Matthias
Deutsche Forschungsgemeinschaft (DFG)
matthias.kleiner@dfg.de

Klump, Dr. Jens
Helmholtz-Zentrum Potsdam Deutsches GeoForschungsZentrum – GFZ
jens.klump@gfz-potsdam.de

König-Ries, Prof. Birgitta
Friedrich-Schiller-Universität Jena
birgitta.koenig-ries@uni-jena.de

Ludwig, Jens
Niedersächsische Staats- und Universitätsbibliothek Göttingen
ludwig@sub.uni-goettingen.de

Mauer, Reiner
GESIS – Leibniz-Institut für Sozialwissenschaften
reiner.mauer@gesis.org

Neuroth, Dr. Heike
Niedersächsische Staats- und Universitätsbibliothek Göttingen
neuroth@sub.uni-goettingen.de

Nieschulze, Dr. Jens
Max-Planck-Institut für Biogeochemie Jena
und Georg-August-Universität Göttingen, Strategische Forschungsentwicklung
jens.nieschulze@zvw.uni-goettingen.de

Oßwald, Prof. Achim
Fachhochschule Köln
achim.osswald@fh-koeln.de

Pempe, Wolfgang
Das Deutsche Forschungsnetz (DFN)
pempe@dfn.de

Quandt, Dr. Markus
GESIS – Leibniz-Institut für Sozialwissenschaften
markus.quandt@gesis.org

Reinhold, Anke
Deutsches Institut für Internationale Pädagogische Forschung (DIPF)
reinhold@dipf.de

Rienhoff, Prof. Otto
Universitätsmedizin Göttingen, Georg-August-Universität Göttingen,
Abteilung Medizinische Informatik
haegar@med.uni-goettingen.de

Rittberger, Prof. Marc
Deutsches Institut für Internationale Pädagogische Forschung (DIPF)
rittberger@dipf.de

Scheffel, Prof. Regine
Hochschule für Technik, Wirtschaft und Kultur Leipzig
scheffel@fbm.htwk-leipzig.de

Schwiegelshohn, Prof. Uwe
TU Dortmund
uwe.schwiegelshohn@udo.edu

Strathmann, Stefan
Niedersächsische Staats- und Universitätsbibliothek Göttingen
strathmann@sub.uni-goettingen.de

Wambsganß, Prof. Joachim
Zentrum für Astronomie der Universität Heidelberg (ZAH)
jkw@uni-hd.de

Winkler-Nees, Dr. Stefan
Deutsche Forschungsgemeinschaft (DFG)
stefan.winkler-nees@dfg.de

Wittenburg, Peter
Max Planck Institute for Psycholinguistics
peter.wittenburg@mpi.nl

Weitere Titel aus dem vwh-Verlagsprogramm (Auszug)

nestor Handbuch Eine kleine Enzyklopädie der digitalen Langzeitarchivierung Version 2.0, hrsg. v. Heike Neuroth, Achim Oßwald, Regine Scheffel, Stefan Strathmann, Mathias Jehn
2009, ISBN 978-3-940317-48-3, 620 S., nur 24,90 € (D), 25,60 € (A), 37,90 CHF
Pressestimmen: Rundbrief Fotografie 16 (2009), Heft 4, S. 30–32: *Die Sammlung an Kompetenz ist beachtenswert, das Thema dringlich. Man kann sich nur wünschen, dass mit der Herausgabe dieses Handbuches auch in der Öffentlichkeit das Bewusstsein für die Bedeutung der Bewahrung des digitalen kulturellen Erbes gefördert wird. Für direkt Betroffene und Fachleute ist es eine unerlässliche Arbeitshilfe im Kampf gegen das „Dark Age", den Verlust digitalen Kulturerbes (oder auch „nur" der persönlichen digitalen Daten).*
VÖB-Mitteilungen 62 (2009), Heft 4, S. 80–81: *In 19 Kapiteln wird der Leserin/dem Leser das Feld der digitalen Langzeitarchivierung von organisatorischen Fragen, Workflows, Metadaten und Erhaltungsstrategien bis hin zu praktischen Maßnahmen Formate, Kosten und Zugriffsmodelle betreffend aufbereitet. Besonders gelungen der Bogen von der Theorie zur Praxis [...] Die „kleine Enzyklopädie" hält aber, was der Name verspricht: es ist ein Buch, das man gerne zum Nachschlagen zur Hand nimmt, um sich dann „festzulesen".*
RESTAURO, Heft 3/2010, S. 94: *Als Sammlung wichtiger Beiträge über die Langzeitarchivierung digitaler Objekte bündelt dieses Handbuch [...] den aktuellen Wissensstand und bietet dem Leser einen anschaulichen, gut strukturierten Einstieg in ein komplexes Themengebiet.*

Reihe „Schriften zur Informationswissenschaft"

M. Heckner: Tagging, Rating, Posting
2009, 27,90 €, ISBN 978-3-940317-39-1

S. Mühlbacher:
Information Literacy in Enterprises
2009, 32,90 €, ISBN 978-3-940317-45-2

M. Maßun: Collaborative Information Management in Enterprises
2009, 28,90 €, ISBN 978-3-940317-49-0

T. Memmel: User Interface Specification for Interactive Software Systems
2009, 33,90 €, ISBN 978-3-940317-53-7

A. Ratzka: Patternbasiertes User Interface Design für multimodale Interaktion
2010, 33,90 €, ISBN 978-3-940317-62-9

M. Prestipino: Die virtuelle Gemeinschaft als Informationssystem
2010, 30,90 €, ISBN 978-3-940317-69-8

A. Warta: Kollaboratives Wissensmanagement in Unternehmen
2011, 30,90 €, ISBN 978-3-940317-90-2

J. Griesbaum, T. Mandl, C. Womser-Hacker (Hg.): Information und Wissen: global, sozial und frei?
Proc. des 12. Internationalen Symposiums für Informationswissenschaft (ISI 2011)
2011, 36,50 €, ISBN 978-3-940317-91-1

M. Görtz: Social Software as a Source of Information in the Workplace
2011, 31,90 €, ISBN 978-3-86488-006-3

Reihe „Web 2.0"

F.-R. Habbel/A. Huber (Hg.):
Web 2.0 für Kommunen und Kommunalpolitik
2008, 27,50 €, ISBN 978-3-940317-36-0

A. Hutter: Watchblogs: Medienkritik 2.0? 2009, 27,90 €, 978-3-940317-12-4

M. Mara: Narziss im Cyberspace
2009, 27,90 €, ISBN 978-3-940317-46-9

R. Stephan:
Cyber-Bullying in sozialen Netzwerken
2010, 20,90 €, ISBN 978-3-940317-64-3

F.-R. Habbel/A. Huber (Hg.):
Wirtschaftsförderung 2.0
2010, 29,90 €, ISBN 978-3-940317-68-1

H. Frohner: Social Tagging
2010, 26,90 €, ISBN 978-3-940317-03-2

R. Bauer: Die digitale Bibliothek von Babel Über den Umgang mit Wissensressourcen im Web 2.0
2010, 26,90 €, ISBN 978-3-940317-71-1

J. Jochem: Performance 2.0
Zur Mediengeschichte der Flashmobs
2011, 24,90 €, ISBN 978-3-940317-98-8

G. Franz: Die vielen Wikipedias
Vielsprachigkeit als Zugang zu einer globalisierten Online-Welt
2011, 27,50 €, ISBN 978-3-86488-002-5

Reihe „E-Learning"
E. Kaliva: Personal Learning Environments in der Hochschullehre
2009, 25,90 €, ISBN 978-3-940317-40-7

S. Graf: Identity Management und E-Portfolios 2009, 33,50 €, 978-3-940317-55-1

S. Panke: Informationsdesign von Bildungsportalen
2009, 32,90 €, ISBN 978-3-940317-59-9

A. S. Nikolopoulos: Sicherung der Nachhaltigkeit von E-Learning-Angeboten an Hochschulen
2010, 32,50 €, ISBN 978-3-940317-60-5

U. Höbarth: Konstruktivistisches Lernen mit Moodle - *2. Aufl.* -
2010, 31,50 €, ISBN 978-3-940317-77-3

J. Drummer: E-Learning im Unterricht
2011, 22,90 €, ISBN 978-3-940317-84-1

M. Krüger: Selbstgesteuertes und kooperatives Lernen mit Vorlesungsaufzeichnungen
2011, 31,90 €, ISBN 978-3-940317-88-9

D. Ammer: Die Umwelt des World Wide Web Bildung für nachhaltige Entwicklung im Medium World Wide Web aus pädagogischer und systemtheoretischer Perspektive 2011, 31,90 €, 978-3-940317-86-5

T. Strasser: Moodle im Fremdsprachenunterricht
2011, 28,50 €, ISBN 978-3-940317-92-6

M. Nagl: Game-Assisted E-Learning in der Umweltbildung
2011, 28,50 €, ISBN 978-3-940317-94-0

D. Schirmer et al.: Studieren als Konsum Veralltäglichung und Degendering von E-Learning
2011, 27,90 €, ISBN 978-3-940317-83-4

C. Biel: Personal Learning Environments als Methode zur Förderung des selbstorganisierten Lernens
2011, 24,90 €, ISBN 978-3-86488-001-8

Axel M. Blessing: Personalisiertes E-Learning
2012, 29,90 €, ISBN 978-3-86488-007-0

Reihe „Game Studies"
R. T. Inderst/P. Just (Hg.): Contact · Conflict · Combat Zur Tradition des Konfliktes in digitalen Spielen
2011, 29,90 €, ISBN 978-3-940317-89-6

M. Mosel: Deranged Minds Subjektivierung der Erzählperspektive im Computerspiel 2011, 27,50 €, 978-3-940317-96-4

M. Breuer: E-Sport – eine Markt- und ordnungsökonomische Analyse
2011, 31,90 €, ISBN 978-3-940317-97-1

B. Sterbenz: Genres in Computerspielen – eine Annäherung
2011, 24,50 €, ISBN 978-3-940317-99-5

Reihe „Medientheorie"
H. Hillgärtner: Das Medium als Werkzeug 2008, 30,90 €, ISBN 978-3-940317-31-5

W. Drucker: Von Sputnik zu Google Earth Über den Perspektivenwechsel hin zu einer ökologischen Weltsicht
2011, 25,90 €, ISBN 978-3-940317-82-7

Reihe „Medienwirtschaft"
K. Huemer: Die Zukunft des Buchmarktes Verlage und Buchhandlungen im digitalen Zeitalter
2010, 24,90 €, ISBN 978-3-940317-73-5

J.-F. Schrape: Gutenberg-Galaxis Reloaded? Der Wandel des deutschen Buchhandels durch Internet, E-Books und Mobile Devices 2011, 17,90 €, 978-3-940317-85-8

B. Blaha: Von Riesen und Zwergen Zum Strukturwandel im verbreitenden Buchhandel in Deutschland und Österreich
2011, 24,90 €, ISBN 978-3-940317-93-3

J. Stiglhuber: Macht und Ohnmacht der Unabhängigen Independent-Verlage und ihre Verortung
2011, 26,90 €, ISBN 978-3-86488-003-2

Reihe „E-Business"
S. Sobczak/M. Groß: Crowdsourcing
2010, 24,90 €, ISBN 978-3-940317-61-2

C. Noack: Crossmedia Marketing Suchmaschinen als Brücke zwischen Offline- und Online-Kommunikation
2010, 33,50 €, ISBN 978-3-940317-78-0

Reihe „E-Humanities"
C. Russ: Online Crowds Massenphänomene und kollektives Verhalten im Internet
2010, 31,50 €, ISBN 978-3-940317-67-4

weitere Reihen im vwh-Programm
(s. www.vwh-verlag.de):
- Typo|Druck
- Multimedia
- **Kleine Schriften**

vwh Aktuelle Ankündigungen, Inhaltsverzeichnisse und Rezensionen finden sie im vwh-Blog unter www.vwh-verlag.de.
Das komplette Verlagsprogramm mit Buchbeschreibungen sowie eine direkte Bestellmöglichkeit im vwh-Shop finden Sie unter www.vwh-verlag-shop.de.